湖南网络作家群

欧阳友权◎主编

海豚出版社
DOLPHIN BOOKS
中国国际出版集团

图书在版编目（CIP）数据

湖南网络作家群／欧阳友权主编．—北京：海豚
出版社，2019.6
ISBN 978-7-5110-4564-5

Ⅰ．①湖… Ⅱ．①欧… Ⅲ．①网络文学—文学研究—
中国 Ⅳ．①I207.999

中国版本图书馆 CIP 数据核字（2019）第 006728 号

湖南网络作家群

欧阳友权　主编

出 版 人	王　磊	
责任编辑	杨文建　谭文雯	
美术编辑	贺智敏	
责任印制	于浩杰　蔡　丽	
法律顾问	殷斌律师	

出　　版	海豚出版社
地　　址	北京市西城区百万庄大街 24 号
邮　　编	100037
电　　话	010-81528114（销售）　010-68996147（总编室）
印　　刷	廊坊市海涛印刷有限公司
经　　销	全国新华书店及各大网络书店
开　　本	16 开（710 毫米×1000 毫米）
印　　张	21.5
字　　数	341 千
版　　次	2019 年 6 月第 1 版　2019 年 6 月第 1 次印刷
标准书号	ISBN 978-7-5110-4564-5
定　　价	78.00 元

目　录

（以姓氏拼音为序）

1. 白子洛：笔下有情，心中有爱

【作者档案】

白子洛，原名周世杰，女，出生于 1990 年 5 月，湖南武冈人，毕业于天津财经大学，2012 年开始正式在网络上进行创作，现为云起书院的签约作者。

白子洛从小热爱写作，闲来无事时经常会去淘书，阅读和写作已成为她日常生活中不可或缺的一部分。她常常会用纸笔将自己的所思所想记录下来，为创作积累素材。她的作品以言情小说为主，剧情跌宕起伏，语言风格简洁清新，受到广大网民读者的追捧。

【主要作品】

《99 度甜：贪玩小妻捡回家》，现代言情题材作品，2015 年 3 月首发于云起书院，310 万字，已完结。该作品写的是在娱乐圈打拼的女孩禾沐与京都的太子爷、娱乐圈的霸主湛万皇之间的一系列感情纠葛。

《报告妈咪，爹地要骗婚!》，现代言情题材作品，2014 年 10 月首发于花语女生网，50 万字，已完结。

《1 号霸宠：总裁老公，超给力!》，现代言情题材作品，2017 年 5 月首发于云起书院，201 万字，已完结。

《999 霸宠：高冷军少，求别撩》，现代言情题材作品，2016 年 6 月首发于云起书院，111 万字，已完结。

【代表作评介】《99 度甜：贪玩小妻捡回家》

《99 度甜：贪玩小妻捡回家》是白子洛的代表作之一，这部作品主要讲述的是在娱乐圈打拼多年的女孩禾沐与京都太子爷湛万皇之间的一段曲折动人的爱情故事。禾沐因为受不了被相恋已久的男友孟一航欺骗和背叛，于是偷走了她与孟一航投入众多心血的电影作品《苍穹》，因此遭到了孟一航的威胁与追杀。禾沐迫不得已决定向娱乐圈的霸主湛万皇示好，从而得到湛万皇的庇护与帮助，这样才能顺利将《苍穹》这一作品完成并且上映。在一系列机缘巧合之后，禾沐与湛万皇产生了真正的感情，而禾沐也有了湛万皇的孩子。在坎坷的爱情路上，他们经历了湛万皇的妹妹、母亲以及郁家小姐等人的蓄意破坏和阻挠，但也得到了湛万皇的爷爷、奶奶以及郁逸辰等人的支持和帮助。在小说的最后，禾沐与湛万皇过上了幸福美满的生活。

这部小说在场景描写方面颇有特色。它没有像其他的现代言情小说那样单纯而机械地描写城市里车水马龙的生活，一味地让读者沉迷于富贵繁华之中。它在描绘大都市里繁华热闹的场面的同时，还着重描写了田园、森林里的独特风景与恬淡环境。这让整日在城市之中奔波忙碌的读者们在阅读之时，可以欣赏那些风光秀丽、引人入胜的山水田园美景，醉心于流水淙淙、清澈见底的溪流与河水，休憩于郁郁葱葱、斑驳树影的草地之上，使读者们能够暂时忘却现代城市中的纷纷扰扰，沉浸于这风光之中。在小说中，城市与乡村这两类地点和场景不停地穿插与转换，使读者在脑海中容易建立起较为立体的时空观念，在阅读之时不容易产生阅读疲劳。

不仅如此，在这部小说之中，作者还建立起了庞大的人物关系网，如其中涉及的湛、孟、郁几大家族之间的利益关系，再比如郁逸辰、孟一航等人背后错综复杂的人物社会关系等。白子洛用细腻的笔触向读者们缓缓梳理着这些杂乱的关系，没有简单堆砌人名，因此不会像其他一些小说那样，在读完全部内容之后连故事中的大致人名都还全无印象。这种细腻的笔法使人读上去就像是一位温柔的少女在缓缓打理着自己的一团秀发，复杂而清晰的人物谱系使得这部小说具有厚重感与条理性，作品内容不会显得空洞，阅读过程也不会枯燥乏味。

小说创作要讲究对矛盾冲突的描写，而戏剧性的矛盾冲突在现实生活中是很少出现的，因此小说中绝大部分曲折离奇的情节都来源于虚构。但白子洛的作品注重细节的刻画，善于捕捉不同人物在不同时刻的内心活动，充盈着人物的个性与情感。从几大家族与警察局之间的庞大关系，到禾沐与湛万皇之间的儿女私情，这些小说中的情节不仅给人以强烈的真实感，而且人物的个性也彰显得淋漓尽致。

白子洛想要通过自己的作品传达给读者们一个观念：无论你身处怎样的环境之中，无论你现在的经历与处境有多么糟糕与无奈，在这个世界上总是有一份属于你的完美爱情在等待着你。同时，她也在告诉我们，美好的爱情并不能凭空降临，只有当自己不断地进步，才能收获这样一份感情。在作品的最后，小说中的男女主人公湛万皇与禾沐经历了许多的误会、怀疑与矛盾之后，步入了幸福的轨道。这说明，真正的感情是能经受得住考验的。人们似乎对言情小说存在这样的惯性思维，总觉得女主人公必须依附于男主人公，才能过上美满幸福的生活。而白子洛打破了这一惯性思维，在这部小说之中，女主人公禾沐并不是一味地接受湛万皇的帮助，她自身的条件也很优秀。她不仅漂亮善良，而且对人情世故有自己独到的理解，待人处事也有自己的一套原则。在《苍穹》上映期间，她遇到困难懂得如何去与各方力量周旋，即使与湛万皇有了感情纠葛以后也绝不放弃自己的目标与追求。由此可见，网络作家白子洛一直所提倡的绝不是一方完全依附于另一方的爱情，而是旗鼓相当、势均力敌的爱情。在笔者看来，这正是这部小说与其他同类型小说最大的不同之处，也是创新之处。

我们常说，文字有洗涤人心灵、发人深省、引起人共鸣等诸多作用，好的文字与作品常常给读者带来心灵上的慰藉与提升。那我们何不沉心于作品之间，在复杂的现代都市生活之中，活出真正的自我；在文字这一汪清澈的泉水之中，荡涤自己的内心；在繁复纷杂的世界中，牢记自己的初心，收获一份属于自己的感情。

（刘京京　执笔）

2. 半弯弯：创造现代言情的"吸粉"之作

【作者档案】

半弯弯，原名王慧，女，出生于 1996 年 9 月 15 日，湖南武冈人，掌阅书城知名签约作家。她的文学创作之路始于大学时光。大学期间，一位好朋友在网络上发表了自己的作品，后来在朋友的带领下，王慧也加入了网络文学创作大军。大学毕业以后，她成为了一名专职网络作家。王慧擅长现代言情类型的故事刻画，自涉足网络文坛以来，吸粉无数。

【主要作品】

《霸道帝少惹不得》，首发于掌阅书城，344.2 万字（截至 2018 年 3 月 20 日），连载中。

该作品在掌阅书城同类热销榜中名列第三，获得 185.3 万人点赞、94.1 万人收藏和付费阅读、4 万多名读者持续追文。共有 5801 位读者进行评分，好评度高达 9 分，在掌阅书城言情小说类排行榜中名列前茅。《霸道帝少惹不得》书圈中，累计发帖量达 78808 条。

【代表作评介】《霸道帝少惹不得》

故事梗概

小说讲述的是女大学生言安希和霸道总裁慕迟曜之间的爱情故事。言安希参加聚会喝醉醒来后，发现自己与未婚夫慕天烨的哥哥慕迟曜同床共枕。慕迟曜是慕城里首屈一指的钻石王老五，他在事后娶了名不见经传的言安希为妻子。慕天烨要挟言安希，要她当他安插在慕迟曜身边的眼线，言安希得知这一切都是自己原先的未婚夫为了争夺家产而设置的一场局，对此气愤又失望。慕迟曜对言安希关爱有加，不仅帮助言安希治疗她弟弟的病，还让所有欺负言安希的人付出了代价。在这段感情中，不断有人在质疑、破坏和离间她和慕迟曜之间的关系，所以言安希十分没有安全感，慕迟曜则用实际行动表明他对言安希坚定如初。两人在相知、相处和相爱的过程中渐渐心意相通，言安希和慕迟曜经历重重磨难和考验后，终于有情人终成眷属，还收获了爱情的结晶。

小说里配角的故事线条也十分饱满。除了男女主角之外，夏初初和"小舅舅"厉衍瑾是小说里话题度最高的一对情侣。夏初初的妈妈厉妍离婚后，带着已是高中生的夏初初回到厉家大宅，此时厉家掌门人厉衍瑾对夏初初表现出超越长辈关爱的异样情愫。厉衍瑾是厉家养子的事情不为他人知晓，夏初初在不知真相的情况下开始了一段凄美缠绵的"禁忌之恋"。厉衍瑾受伤失忆，昔日恋人乔静唯从中作梗，自称是厉衍瑾现在的女朋友，将夏初初与厉衍瑾这对苦命情侣拆散。夏初初难忘旧情，情伤之际带孕离开了这座伤心的城市。四年之后，夏初初带着女儿夏天重回故地，和厉衍瑾解除误会之后，才知道自己一直是对方最爱的人。除了这对恋人之外，慕迟曜的妹妹慕瑶和沈北城之间的感情纠葛也十分精彩。沈北城和慕瑶是青梅竹马的朋友，两人对这份友谊都十分看重，谁也不愿轻易开口表达情愫。目睹身边好友历经坎坷又重获幸福之后，沈北城勇敢求婚，两人喜结连理，过上了幸福美满的生活。

作品赏析

从内容来看，作品最突出的特点是用不同的爱情故事诠释人间百味。

首先，人物形象生动饱满，主角和配角刻画了百态人生。人物的刻画是否成功在某种程度上决定了小说的成败，成功的人物形象塑造对整部小说的阅读体验和定调都有着举足轻重的作用。在该作品里，主角和配角的人生轨迹随着故事的推进一步步清晰可见。言安希作为女主角，是言情小说里典型的"麻雀变凤凰"的人物设定，作者把言安希刻画成一个善良和有担当的人，即使生活压力再大，也仍然对生活抱以乐观和积极的态度。言安希面对强权绝不畏惧，敢于对不良势力说"不"，是一个有自己道德底线的人。即使生活在不公平的社会境遇中，她还是依靠自己的努力赚钱为弟弟治病。正是她这种积极乐观的性格吸引了男主角的目光。这部小说虽然是以"霸道帝少"作为标题，但是故事描写的却是女主角言安希和她的好友夏初初人生成长的酸甜苦辣，言安希在嫁给慕迟曜之后，故事才算真正开始。言安希要面对她和丈夫之间迥然相异的人生成长轨迹和生活状态，要适应崭新的豪门生活，也要面对重重考验。嫁给慕迟曜，言安希的人生轨迹发生了天翻地覆的变化，但是她的善良和勤劳的本质没有因为突如其来的财富而改变。

与女主角苦难的人生不同，慕迟曜在这部小说里的形象就是天之骄子，坐拥慕城的财富和人脉，是这座城市里首屈一指的企业家和钻石王老五。慕迟曜的人生是令人艳羡的，但也不尽完美，他的父母感情不和，而且他从小就在争权夺利和尔虞我诈的环境中生活。早以为看透了人性本恶的他在同父异母的弟弟慕天烨的设计下，娶了慕天烨的未婚妻言安希为妻子，他深深痛恨狡诈诡变的社会，性格里的正直和专情让他难以相信他人。言安希的出现是他新的生活开端。慕迟曜的人物性格特征与以往总裁文的人设特点不同，他虽然坐拥人间富贵，也有过失败的感情经历，但是他对于爱情和婚姻的向往和乐观与言安希是始终一致的。在小说里，虽然一直有反派角色破坏他和言安希的感情，但是他对于这段感情始终坚定维护，面对误会和陷害的时候，他始终选择相信和保护言安希。在作者笔下，两位主角原本的人生轨迹完全不同，但是他们内心对于美好的爱情和温暖的家庭生活那份始终如一的向往是完全一样的，因此无论面对何种刁难，这份珍贵的爱情历久弥新。

配角的人物描写也十分精彩。厉衍瑾的人物设定和慕迟曜相比，虽然有相似，但是写法完全不同。厉衍瑾的故事是从言安希的好友夏初初登场时开始，进而逐步展开，厉衍瑾是夏初初的"小舅舅"，在这段不容于世的"禁忌之恋"里，厉衍瑾的爱情态度始终坚定而决绝。和慕迟曜不同的是，厉衍瑾从很早就发现自己对这位没有血缘关系的外甥女有不一样的情感，即使误会使他们分隔重洋，他心中带恨地看着夏初初远走他国还生下了生父不详的女儿，但是他对于夏初初的钟爱始终不变。值得关注的是，在厉衍瑾和夏初初的爱情故事线索里，其他人的故事也相当精彩，无论是因为一己私欲不愿成全养弟和女儿的厉妍，还是为了自己爱情的私欲无所不用其极来拆散厉衍瑾和夏初初的乔静唯，作者用寥寥几笔便将女性配角的无奈和对命运的抗争写得鲜活，在她们的故事里没有绝对的作恶，百态人生都是自己的选择。有的人选择为了欲望作恶多端，有的人选择面对命运不公而乐观努力，是非曲直，自在读者心中。

其次，情节设置环环相扣，矛盾与反转酣畅淋漓。灰姑娘的故事脉络在现代言情小说里是十分受欢迎的故事桥段，这迎合了女性读者对爱情和婚姻生活的美好幻想，也是女性读者最喜闻乐见的故事情节。不过，由于灰姑娘的情节过于流行，故事难免有流俗的嫌疑。要将灰姑娘和王子的爱情故事描写得不落俗套，非常考验作者故事创作的功底。女主角言安希是一个不一样的灰姑娘，嫁给男主角慕迟曜后，她人生新的大幕拉开了，危险和矛盾接踵而至。《霸道帝少惹不得》迎合了当下网络小说女性读者对于"总裁文""玛丽苏文""爽文"的需求，女性读者在选择言情小说读物的时候通常喜爱男主角帅气专一、对女主角宠溺有加等人物设定以及"嫁入豪门""有情人终成眷属"等桥段。女主角的人物设定出身平凡又积极努力，某种程度上折射了大多数现代女性的现实生活现状和性格特点，容易使读者找到共鸣和强烈的人物代入感，而"总裁文""玛丽苏文"和"爽文"的类型写作在女性读者群中有较高的接受度。

《霸道帝少惹不得》能够在掌阅言情小说榜上长盛不衰，引发讨论热潮，缘于作者在矛盾设置和环环相扣的故事发展上精彩的表现力。以套路化的故事情节为基础确实容易流俗，但是要把故事情节写得波澜壮阔，始终产生新的矛盾和情节"爆点"，却不是一件容易的事情。《霸道帝少惹不得》是一部典型的现代言情小说，在男女主角的爱情故事和婚姻生活里，有两个人因为生活理念和成长环境不同而产生的矛盾和争执，也有因为外界的压力和反派人物的陷害而带来的矛盾冲突。男女主角的爱情在共面磨难中愈加稳固和加深，两人对于爱情始终如一的态度使不少女性读者为之动容。许多人在这部小说的讨论圈里自发更帖，希望延伸和补充新的温馨番外。此外，在男女主角的爱情故事脉络里，有一条始终影响两人关系的线索——慕迟曜的前任情人秦苏。秦苏是一个和言安希性格天差地别的女性角色，慕天烨从故事的开头就暗示言安希，慕迟曜之所以会选择和言安希结婚是因为言安希和秦苏有许多相似之处。慕迟曜的婚姻是"移情"之举，这些暗示在言安希心中投下涟漪，使她对自己的婚姻生活始终报以惴惴不安的失落，也引发了她和慕迟曜的信任危机。而秦苏的出场也使得言安希面临前所未有的人生危机，她的家庭和事业面对多重考验，故事节奏十分紧张。随着矛盾的激化和解决，男女主角之间的情愫在经受考验之后反而加浓，读者的心情也随之波澜起伏。

《霸道帝少惹不得》表达出了女性独立意识的觉醒与狂欢。在许多现代都市言情故事里，女性角色的描写往往比较单一，"白莲花"式、出场自带"金手指"的女性角色曾经一度受到热捧，这类女主角缺乏独立面对和解决困难的能力，他们所面对的困难大多在异性的帮助下成功解决。所有的男性心甘情愿地为之付出，所有的反派角色都是如同小丑一样的存在，刷了几次存在感之后就被女主角身边的人以各种借口收拾干净。诚然，这样的"爽文"存在即合理，但是剧情设计和价值观不能反映真实的人生现状，也会给青少年读者带来不良的阅读影响。《霸道帝少惹不得》的人物设置和剧情设计，有意避开了"金手指"的设定，女主角言安希虽然有丈夫的呵护、疼爱和身旁好友的协助，但是她面对所有的苦难险阻时，都是以独立乐观的姿态来勇敢地面对和解决的。言安希没有叹息命运的不公，也没有对反派人物过多地迁怒和憎恶，她始终珍惜生活里的幸福细节，经营好自己的家庭和事业，兢兢业业地工作，这种勤恳的生活态度感染了许多读者。传统观点里，女性角色多如同蒲苇一样，虽然坚韧如丝，但是始终还是依靠男性来解决冲突和矛盾。在《霸道帝少惹不得》里，慕迟曜会主动为言安希复仇，但是言安希不会以此为依赖，而是努力成长成一棵能够和心爱的人并肩的大树。小说传达了对女性独立自主生活态度的一种赞赏和激励，作者笔下女性角色始终闪耀着坚韧的光辉，无论是对女性主角还是配角的刻画，都包含了独立的性格特质以及对人生和责任的理性思考。

言情小说的读者以女性偏多，感性的文字描写和缠绵悱恻的爱情故事往往能够给女性读者带来关于爱情的思考和共鸣。在王慧的小说里，爱情是生活的养分，更是一种生活姿态。有情人终成眷属虽是老生常谈，但是受人喜欢的主人公能够在小说里美满幸福地生活下去，多少也为读者增添了不少对爱情和生活的向往。

（游兴莹　执笔）

3. 不信天上掉馅饼：
"接地气" 的网络写作

【作者档案】

不信天上掉馅饼，原名刘丰，男，生于 1970 年 10 月，湖南娄底人，起点白金作家。刘丰成长于传统文学的熏陶下，喜欢路遥先生的《平凡的世界》以及王小波先生的"时代三部曲"，偏爱写实的作品。2009 年，刘丰开始进行文学创作，早期从事传统文学创作，后转向网络文学。刘丰痴迷于网络文学创作，为安心创作，辞掉了工作。刘丰创作作品的主要类型为都市类，也创作了少量仙侠类小说。刘丰是个务实主义者，他的笔名"不信天上掉馅饼"便是他文风的真实写照。其作品偏写实，鲜有浮夸，也很少用"金手指"的手法。刘丰认为凡事都需要自己的努力，所以刘丰笔下的主人公大多是踏实本分之人。

【主要作品】

《重生之衙内》，都市言情题材作品，2009 年 8 月发表于起点中文网，64 万字，已完结。

《大魔神》，仙侠题材作品，2011 年 6 月发表于起点中文网，64 万字，已完结。

《官家》，官场沉浮类网络小说，2011 年 11 月发表于起点中文网，638 万字，已完结。2012 年《官家》获百度小说风云榜前十名，同年该作品荣登起点中文网月票榜第一名。目前《官家》在起点中文网获得点击量超千万，推荐量超百万。

《绝对权力》，2012 年 12 月发表于起点中文网。

《大豪门》，仙侠题材作品，2013 年 11 月发表于起点中文网，475 万字，已完结。

《我本飞扬》，都市题材作品，2015 年 12 月发表于起点中文网，248 万字，已完结。

《天九王》，都市题材作品，2017 年 7 月发表于起点中文网，134 万字，正在更新中。

【代表作评介】《重生之衙内》

《重生之衙内》是一本长篇都市小说，一共两千一百四十章。作者共花费五年多的时间，查阅了大量资料，以笔抒怀，终于完成此作。小说讲述了"草根"柳俊穿越到幼年的故事。柳俊借助对未来的预见力和勤奋聪颖从草根阶层一步步走上上层社会，并成功带领村民发家致富、引导全国人民走上富强之路。《重生之衙内》讲述官场体制内有关权力、金钱和派系斗争的故事，主线"严柳一派"的描写着重展示了官场的正能量。

"严柳一派"崛起于改革的大潮中，在严玉成与柳晋才（柳俊的父亲）的带领下，成长为心系百姓的官场一派。在官场上，"严柳一派"富有野心，充满谋略，但一直坚守着底线和原则。"严柳一派"敢为天下先，基于柳俊的启发，严玉成推行"要致富，先修路"的策略，积极发展基础设施。在政绩和为民众谋福利间，"严柳一派"毫不犹豫地选择了后者。为了提高人民生活水平，他们积极实施"稻田养鱼"，甚至不惜与强权作斗争。

严玉成与柳晋才的晋升，带动了"严柳一派"在官场势力的壮大。许多官员不忘初心，以严玉成、柳晋才为榜样，与他们一道为民谋利。尽管这些派系新人不具备柳俊所具有的对未来的预见性，然而这并不影响他们为人民谋利的热情。

小说成功塑造了以唐海天为代表的一批为民谋利的官员形象。唐海天原本是县委领导班子的接班人，但是由于地委直接提拔严玉成与柳晋才，唐海天升迁的机会落空，沦为县委的第三把手。唐海天认为，严玉成有长年的工作经验，在各个方面都能担起大梁，但是柳晋才不过是因三篇顺应时事的文章才被破格提拔上来，既没经验，又没资历。唐海天尽管对柳晋才心存偏见，但当柳晋才提出各项对民生有好处的措施时，他转变了对柳晋才的看法。由于在为民谋利上保持了高度的一致性，唐海天抛弃了对柳晋才的偏见，和他成为了惺惺相惜的知己。在唐海天和柳晋才看来，当官的目的在于服务民众。公社主任服务一公社的民众，国家领导为全国人民做贡献。官职越大，影响的民众就越多，其承担的任务便越艰巨。

柳俊作为书中的主角，是作者塑造得最为成功的形象。柳俊是一个恋家恋乡的人。在重生回柳家山大队时，柳俊非常激动，因为那是他那段珍贵的童年时光的安放地，在那他和家人度过了一段幸福的时光。即便离开家乡多年，柳俊仍然对家乡的一砖一瓦都记忆犹新。作者用这一小细节让柳俊这一小人物真实而丰满。在作者笔下，柳俊是有血有肉的"恋乡人"。柳俊的家乡柳家山大队是一个偏僻多山，并不富饶的地方。在柳俊和严柳系等人对柳家山的长期改造下，柳家山改变了模样。作者对柳俊进行了细致的描写。在小说中柳俊会甜甜地吃父亲奖励他的糖果，会因为外婆送给他红薯而兴奋不已。尽管已四十多岁，但当柳俊与家人在一起时，他还是像孩子一样天真和快乐。随着年龄的增长、阅历的增多以及地位的提高，柳俊的个人形象也在悄悄地变化，这让柳俊的形象更加丰富饱满。

在小说前半部分，作者将柳俊塑造成一个胸无忧国忧民大志，只盼活得滋润的平凡人，但随着小说情节的演进，柳俊展示了他的另一面。柳俊富有高尚的理想及抱负，希望大众都能过上好日子。为了改善人民的生活，柳俊提出"稻田养鱼""栽种金银花"等方案。柳俊在帮助"严柳一派"升迁的同时，也不断为百姓谋幸福，让大家过上富足生活。柳俊努力帮助江友信、梁经纬等人，因为柳俊认为他们是有真才实学、能踏实办事的人。柳俊选择严玉成、周先生作为父亲和自己的良师益友。随着了解的深入，柳俊发现严玉成、周先生不畏权威，不同流合污，一心办实事，因此，越来越敬重他们。柳俊不滥用权力，只是谨慎地利用权力一步步实现自己为民谋利的抱负。柳俊有时畏首畏尾，因为柳俊担心自己的介入会改变历史轨迹，会影响他人的生活。但每逢大事，柳俊却能当机立断，该出手时就出手。柳俊展示了谨慎和大胆的双面本色。在作者笔下柳俊是一个尊师重道，虚心学习，勤奋刻苦的人。柳俊一开始没有惊天动地的大梦想，他在平凡中不断进步，在聚光灯之外积极生活。然而，由于来自未来，柳俊具有未雨绸缪的超能力，他常常能做出些"非凡之事"。这赋予了柳俊这个形象真实性与多面性。小说中，柳俊凭借超能力击败曾欺负他的对手，但他从未置人于死地，而是化解矛盾。作者没有一味地迎合装腔作势心理，而是从细节处展示主角大度、能屈能伸的一面，从细节处展示柳俊成功的原因。

在小说的后半部分，柳俊的形象上升到更高的高度。"侠之大者，为国为民"。柳俊，及"严柳一派"，均是为国为民的实战者。正如作者在后记中所言："我给大家勾勒的，是一个美好的梦想，一个不可能真实存在的乌托邦，但我还是要写，要去讴歌一些美好的品德。"通过主角的形象我们已经能大概了解到作者所要描绘的美好世界了。在这个美好世界中，祖国富强，人民幸福。

柳俊前世虽是草根阶层，但一直在关心着国家的发展状况，因此才能在穿越后胜任新的角色。柳俊从经营修理铺开始，慢慢地进行资金积累，从制造业慢慢转入服务业，他在创造巨大的商业财富的同时，也带动了当地的经济发展，如柳家山地区。经济的发展不仅成就了柳俊，也缓解了就业问题，就业意味着脱贫，脱贫则是人民生活红火最直接的体现。当柳俊在经济上取得巨大成就的时候，他却选择了入仕。柳俊知道，无论他在商场取得多么大的成就，他所能惠及的仅仅是小部分人民群体。尽管腾飞实业发展总公司获取了巨大的商业成功，可它仅仅能惠及柳家山附近的村民，全国还有无数个柳家山，李家山。要想让这些地区的人民全部实现脱贫，柳俊只能站在另一个高度上，为国家富强做出自己的贡献。于是，柳俊入了仕。最终，柳俊获得了引导人民富强、振兴国家的机会。

小说塑造的人物众多，除了柳俊之外，还有温润儒雅的柳晋才，有"英雄气概"的严玉成，学识渊博、特立独行的周先生，善解人意的阮碧秀，爽直的解英，娇憨的严菲等。作者对人物的描写有详有略，其中对严柳颇下笔墨。作者以严柳为中心，铺开画卷。小说有浓墨，有飞白，疏密结合，浓淡相宜。

《重生之衙内》章节很多，但结构安排得当。小说缓缓深入而不紊乱，大小事件交错，让读者始终有新鲜感。文中涉及不少专业知识，如历史、商业、官职名序等，其中不少涉及政治、商业、情感等各方面内容。不难看出作者的细心与匠心。小说中叙述的内容颇为丰富，有些详尽细致，趣味十足。但有些地方略显拖沓，如在描述煤矿修电机一事时，作者用了两个章节，篇幅冗长。作者将主角的心理直白地写出来，作者的评论也时常出现，对文本的干预较强，在一定程度上减弱了文本的客观性。虽然有的事件有些凑巧，但作者能灵活运用各种手法，"化腐朽为神奇"，使故事丰富生动，且立意高远。小说语言较朴实，平铺直叙，不浪漫夸张，有时引用诗句典故，有时使用方言俚语，雅俗兼得，文学性强。

《重生之衙内》是一篇成功的网文。虽说是官场争斗文，但是文中却无限蕴含着执政为民的思想。该文融入了作者丰富的生活体验以及对人生价值的思考，是一部既能"快餐阅读"的网文，也可发人深省的佳作。小说对主角的设定从最广大的草根阶层的感受出发，让无数网友具有带入感。虽说作者讲述的是他人的故事，但是读者却能从这些故事中切实地看到自己幻想的生活。

《重生之衙内》区别于其他的网络小说。此文是官场文，并涉及穿越这一大众主题，但是小说却呈现出不一样的格局。按照一般小说的套路，为了情节的更好发展，作者通常会选择穿越到"架空"的朝代，在一个架空的朝代里，作者可以更加自由地发挥自己无边无际的想象力。但是在此文中，作者选择从中国的真实历史发展轨迹出发，特意从大改革前夕至改革开放以来国家发生的一系列变化着手，让小说更加地贴近历史，贴近生活。但是这样的写法是很有风险的。因为它描述的是真实的历史进程，部分读者也是这段历史的见证者。如果作者在写作的过程中稍有偏差，便会被大家所发现甚至进行攻击。这就要求作者对历史、经济、政治等方面有比较精深的研究，不能单纯地想当然。

《重生之衙内》是一本包含历史、经济、政治、农业等知识的网络小说，小说立足于现实，展示我国改革开放以来的官场变化。作为一部网文佳作，《重生之衙内》让读者看到了官场的变迁，也看到中国的变迁。

（李金凤　李楠　执笔）

4. 菜刀姓李：烽火狼烟，盛名传奇

【作者档案】

菜刀姓李，原名李晓敏，男，1979 年生，湖南邵阳人，现居深圳，中国网络文学军事小说领域代表作家之一，代表作长篇小说《遍地狼烟》《代号传奇》《我的民国》等。目前菜刀姓李是新浪网、横店影视签约作家，同时管理自己的网络文化公司，并担任中国作家协会会员、湖南省作家协会全委会委员，身兼网络作家、编剧和公司总经理等多种身份。

"菜刀姓李"是李晓敏的战旗，赋予李晓敏一股韧劲，帮助李晓敏闯出了天下。李晓敏在接受华声在线的采访时说道："当年湖南的一代名将贺龙元帅，就是拿着两把菜刀闹革命的。网络写作的门槛低，能人很多，我要想在网络写作这条路上闯出名堂来，就跟'闹革命'差不多，所以我取笔名'菜刀姓李'。都说我们湖南人霸得蛮，我也想霸一下蛮。"李晓敏就是凭着这股子敢打敢拼的精神，踏上网络文学创作的道路。

2008 年 10 月李晓敏完成了他的首部作品，这部题为《小报记者》（出版时更名为《举报》）的小说是李晓敏初涉网络文学的"试水之作"，小说长 25 万字，发表于 17K 文学网。2009 年秋天，在蛰伏历练多年后，李晓敏重操旧业，又开始了网络小说的创作。此次他不再是蜻蜓点水地尝试，而是破釜沉舟地力挽狂澜。正如李晓敏自己所说"我也想霸一下蛮"。为了专心写作，他甚至辞去原本稳定的工作，成为专职网络作家。在此之前，他从事过自由撰稿、报刊编辑、记者、广告策划等多种和文字打交道的工作，在全国各大报纸杂志发表小小说、故事、散文、纪实文学等各类作品近 200 万字。李晓敏毅然投身于网络小说创作的浪潮，他不写网络热门题材，却专注受众面窄、写作难度偏高的"冷门"军事题材。2009 年李晓敏的第一部长篇网络小说《遍地狼烟》横空出世，这部首发于新浪网的作品总点击量超过 1 亿次，受到大批书迷欢迎，成为新浪原创 2009 年最热军事小说。小说获国内多家报纸全文连载，并且被多家网站签约连载。在小说出版成功签约后，这部小说的独家影视改编版权又成功被横店影视制作公司收购，不久被改编成同名电影和两个版本的同名电视连续剧以及在线游戏。

2009 年的这个夏天，对李晓敏和他的书迷都是特别的一段时期。在这段日子里，李晓敏一炮而红，从一个默默无名的草根作家一跃成为多家媒体争相专访的网络文学军事小说创作的领军人物。各种名誉接踵而来，鲜花与荣誉将李晓敏包围。《遍地狼烟》为李晓敏赢得了首届全国网络文学创作大赛一等奖、新浪网 2010 年度最具爆发力作者奖、2010 年中国网络作家提名奖、湖南省青少年网络文学奖、第二届中国出版政府奖网络出版物奖（中国新闻领域最高奖）等多个奖项。李晓敏凭借这部作品入围第八届茅盾文学奖 80 强，成为第一个入围茅盾文学奖的网络作家。新浪、网易、搜狐等门户网站推出关于李晓敏的专题报道，先后有 CCTV、湖南卫视、北京卫视、《人民日报》等数百家知名媒体对其创作经历和作品进行报道。

【主要作品】

《小报记者》（出版时更名为《举报》），都市题材小说，2008 年 10 月首发 17K 文学网，为李晓敏首部网络长篇小说。

《遍地狼烟》，战争题材小说，2009 年 7 月首发新浪文学，被评为"迄今为止最好看的狙击手题材小说"。小说短短三个月占据各大门户网站的原创榜单前列，付费读者达 400 多万人（次）。这部小说的成功不是偶然，而是一个卧薪尝胆的写手厚积薄发的结果，经得起读者和流量的双重考验。

《我的民国》，2010 年 5 月首发新浪，次年 5 月完稿，实体书（精装本）在 2013 年 7 月出版。这部小说延续了《遍地狼烟》的叙事手法，故事惊险离奇，环环相扣，是李晓敏的转型之作。

《代号传奇》，2017 年 11 月首发于阿里文学，连载中，计划创作 200 万字，实体出版五部。这是他创作的第一本现代军事题材小说。这部小说书写了一个少年英雄成长蜕变为特种兵王的传奇故事。读者不仅可以见证一个身世离奇的不良少年从年轻士兵蜕变成为一个超级兵王的传奇经历，还能领略书中首度披露关于我国"最神秘"军队鲜为人知的作战细节，全景再现一个年轻兵王和一种特殊军人的铁血传奇，带来别样的阅读体验。2017年11月，《代号传奇》首发阿里文学，第一个月就获得上万关注，现已有数家影视公司正在和阿里接触谈版权。据李晓敏透露，在动笔之前，他心里十分忐忑和纠结，甚至表示"迟迟不敢动笔"。《遍地狼烟》为他在网络军事小说领域带来了盛名，同时也给他带来了无数双审视的眼睛。为了写好这本书，他花了一年多的时间筹备。作为一名资深军迷，他对军事资讯本就十分痴迷，家里长期订阅各类军事报刊。李晓敏持续订阅《世界军事》七八年。长期、广泛地阅读军事资讯为李晓敏积累了大量的军事知识，让他对军队管理、各式武器和军队历史等如数家珍。另外，李晓敏还经常与军人交往，深入了解军人的真实生活。在创作时，李晓敏会查阅文章中军种的相关资料，绝不随意编造，力求展现一个真正的特种军人的职业生涯。李晓敏表示，对正在创作的这部长篇军事小说《代号传奇》比较满意，书中讲述一种"另类"神秘军人的存在，那些特殊军人传奇般的人生经历引人入胜，在某方面甚至比《遍地狼烟》更加精彩。

【代表作评介】《遍地狼烟》

《遍地狼烟》是菜刀姓李的第一本长篇军事小说，这部小说有关于成长、民族、爱情、抗日的故事。山村少年牧良逢本是猎户人家的孩子，天生擅长枪支运用，枪法奇准，因开枪击伤欺压一位寡妇的国民党军官，踏上了与日寇厮杀的征途。小说主人公从菜鸟新兵成长为高手，成长为抗日传奇英雄，人物形象生动丰满，刚柔并济，有血有肉，故事发展跌宕起伏，悬念层出不穷，结局出人意料，有一种很强烈的阅读快感。

"军事题材的书为什么一直很热？我想，这是因为有一批军事迷的热捧，而我们每个人心里也都有个英雄梦。作者的《遍地狼烟》，就像都梁的《亮剑》、兰晓龙的《士兵突击》一样，塑造了我们所需要的英雄。"作家荆墨在向读者分享自己的读后感时写道。身为一名军事小说爱好者，他在阅读这本书后立刻被书中那个草根英雄的传奇故事吸引，"书中人物有血有肉，真实、淳朴，个性张扬，生活气息很浓，让人感觉非常真实。生动的军事故事，更贴近人们的心灵，很容易唤起人们的英雄情结。此刻，我们希望那个人不是高高在上的，甚至想让那个人比我们还卑微，只有这样，有时候，我们会想自己就是那个草根英雄。"

《遍地狼烟》成功之处在于塑造了牧良逢这样一位性格鲜明、敢爱敢恨的草根英雄形象。牧良逢本是一位山村少年，后蜕变成长为让敌人闻风丧胆的抗日狙击手英雄，其突出的个性，以及对战术战略的运用，均让人印象深刻。牧良逢百步穿杨的枪法和过人的英雄胆识令人佩服。牧良逢身上体现的忠肝铁胆、大侠义气真正地征服了他身边的人。牧良逢的行为激发了人们做英雄的冲动。例如，为了帮助其他部队的士兵追回军饷，牧良逢不惜与长官发生冲突，进而牵出好几个贪污军饷的高级军官，以至于贪污的后台，36军的少将师长打算置其于死地。在这紧急关头，正是牧良逢在对抗侵略者时所展示出的英勇豪迈的精神，鼓舞了他身边的人，让他们奋不顾身对牧良逢展开营救。我们看过了太多的"集体"英雄和"官方"英雄的小说，《遍地狼烟》的特点在于细致的人物塑造。这部小说中的人物，如孤儿神枪手牧良逢、个性十足的寡妇柳烟、知恩勇敢的阿贵、活泼单纯的王小田等，可爱而性格特异。他们在作者笔下仿佛有了真正的灵魂，这种灵魂超越了作者本身的局限，满足了时代对人性化道德模范的呼唤，引发读者的共鸣，让读者产生灵魂的震撼。

军事小说本是不讨喜又不热门的题材，创作军事历史小说的作家更是如履薄冰。李晓敏在写作之前必须做大量准备工作，除了了解当时的政治、经济、文化等大方向的发展趋势，还需要了解那个时代衣食住行等一些微小又能体现差异的细节。另外，除了保证自己的故事精彩外，李晓敏还要明确自己写出的东西要有史可据，以免让细节暴露出背后功课的不足。菜刀姓李是个军迷，他的书中充满了枪械介绍、作战分析等方面的知识，因此他的小说让军事迷和准军事迷们过足了瘾。值得一提的是，小说描述了国民党军内部的嫡系王牌、杂牌军和地方团练民防部队等，展示了军统、地方警察、地方基层政府之间错综复杂的关系。小说让读者仿佛回到那个年代，让人了解民族危亡年代国民党军在正面战场上抗日的历程，以及国民党军政界的腐败风气。李晓敏为了创作好这本小说，在动笔之前就查阅了200多万字的资料，在写作的过程中，每天还要写下几千字的读书笔记。《遍地狼烟》是他呕心沥血之作，为之花费的心血和时间是他之前作品的数倍，从字里行间可以看出作者的用心，那些纷至沓来、致以褒扬的读者就是最好的证明。

有网友分享了一些关于这部小说的有趣细节，比如说故事的开头牧良逢救了一位飞机失事的飞行员，在1938年的冬天，真的有一位美国飞行员从天而降吗？这是一个非常具有浪漫色彩的开头，为故事增加了神秘和惊喜，也让很多读者心中产生疑惑，这是作者虚构的还是确有其事？事实上，在1937年至1945年曾帮助中国人民共同抵抗日本入侵的中国空军美国志愿大队"飞虎队"，其指挥官、"人称飞虎将军"的克莱尔·陈纳德就是美国人。陈纳德帮助中国组建自己的空军飞行队，和中国人民同仇敌忾，共同打击日寇，还曾受到蒋介石和宋美龄的亲切接见。这表明当时确实有一部分美国飞行员在中国的战场上发挥了一定的作用。不过也有读者在阅读《遍地狼烟》后发现，牧良逢在除三奸人时使用的StG突击步枪不符合史实，按时间推算，这种枪是1942年才开始研制，1944年被德军应用，与文中的时间不符。这里确实犯了一个常识性错误，我们也不需吹毛求疵，毕竟文学化的东西是史实与想象兼而有之，是经过作者的艺术化加工的，它源于生活而高于生活。

"网络文学同样可以承担弘扬主旋律的使命。"中国著名评论家、《文艺报》编辑梁鸿鹰说。《遍地狼烟》完全颠覆了梁鸿鹰过去对网络文学的看法。梁鸿鹰原以为网络就是青年人文字游戏、情感玩闹的场所，不会有人有意识地写主旋律。而《遍地狼烟》"很阳刚，很男人"，不但获得了政府奖，作品还深入涉及一个很重要的主题。菜刀姓李曾说，不能用通俗文学和纯文学来定论一部作品的"艺术性"和思想层次。文学作品只有好作品和不好的作品之分，纯文学和网络文学是一样的，只是载体不同罢了。菜刀姓李以湖南人的"霸得蛮"，一把菜刀砍去半壁江山，从烽火狼烟里杀出网络文学的困境，在盛名之下奋勇前行，卧薪尝胆继续书写传奇。

（张玉梅　执笔）

5. 蔡晋：中医世家，网文人生

【作者档案】

蔡晋，原名就叫蔡晋，1983年生，湖南益阳人。湖南网络作协发起人之一，现为湖南省网络作家协会副主席，起点中文网大神级签约作者，网络文学知名作家。蔡晋曾获"第二届网文百强大神"奖项以及"移动创作名家""阅文集团大神作家"等殊荣。蔡晋擅长都市小说的创作，影响力巨大。其多部作品繁、简体字版均已出版，销售良好。蔡晋先后已发表《欲海医心》《龙图腾》《重生世家子》《至尊医道》《超级英雄》等多部高人气作品，总字数达2000万，总点击量过亿，获得广大读者的好评。目前蔡晋首发在创世中文网的新作《傲天弃少》正在火热连载中，已经累计有66.25万字。

初见蔡晋，他一身笔挺的黑色西装，双臂环抱于胸前，目光坚定，充满力量。如同他的创作风格，独到，犀利，浑厚。他与网络文学相识于微时，更像是一对故友。从2006年与起点中文网签约至今，蔡晋已发表作品中有不少是"都市医生文"，这与他学医出身，曾从事七年医疗工作的特殊经历密不可分。蔡晋出生于中医世家，家人本希望他将来能够传承家业，殊不知他真正的志向在丰富奇妙的文学世界中。

初中时，蔡晋偶然与小说结缘便深陷其中，从武侠到言情，从历史到玄幻，各式题材无不涉猎。他说，"每打开一本书，就好像打开了一扇神奇的大门"。小说为他的生活注入了新鲜的活力，为他的生命旅程赋予了别样的意义。21世纪正是互联网发展的新时代，蔡晋偶然接触到网络文学，便沉浸其中。但网文断更、更期不稳定等问题让蔡晋倍感煎熬。于是他灵光一现：干脆自己写！2002年，他以笔名"血海无涯"模仿《中华再起》创作了他的处女作——《日不落帝国》，竟意想不到地收获了不少读者的认可，这让他坚定了自己的创作信念。带着这份义无反顾的热忱，蔡晋结束了七年的从医生涯，成为一名专职作家。

2006年，蔡晋与起点中文网签约，成为该网站的签约作家。过亿的点击量，庞大的读者群，足以证明"阅文集团大神作家"的称号实至名归。作为一名80后作家，蔡晋兴趣爱好之丰富广泛，令笔者也啧啧称叹。阅读汲取营养，旅行走遍天下，瞭望大千世界，领悟自然之美，皆是他终生热忱之事。开阔的视野，为他的文学创作开辟了一片广阔无垠的天地。作为一名"接地气"的网文大神，内涵段子、快手等即时娱乐软件也是蔡晋日常生活中必不可少的娱乐工具，不仅可以使他放松心情，也可以使他在其中吸收到新鲜气息，为网文创作注入新活力。

起点中文网曾评价蔡晋是"都市医生文第一人"。但他却从未停止过突破自己，神话仙侠题材将成为他的一片新天地。随着写作经历的十几年磨砺，内心深处酝酿十年的故事即将显现于文字间。

【主要作品】

《欲海医心》，2006年7月17日发表于起点中文网，共81.94万字，已完结。

《龙图腾》，2007年8月27日发表于起点中文网，共125.25万字，已完结。

《重生世家子》，2011年12月20日发表于起点中文网，共380万字，已完结。

《极品医圣》，2013年5月20日发表于起点中文网，共484万字，已完结。

《超级英雄》，2015年2月5日发表于起点中文网，共280万字，已完结。

《至尊医道》，2015年11月6日发表于起点中文网，共463.82万字，已完结。

《傲天弃少》，2017年10月9日发表于创世中文网，目前累计66.25万字，连载中。

【代表作评介】《龙图腾》

故事梗概

　　《龙图腾》讲述了一段逝去的远古历史。这是关于龙的传奇。书中的主人公是来自湖南的地道长沙伢子张山，他自小痴迷于武侠小说，从部队复员后来到上海成为一名保安，却阴差阳错穿越到原始社会，因机缘巧合成为弱小部族"鹿部落"的首领，并取名为"陆山"。现代人的先进思维和生活经验使得陆山在原始社会大放异彩，他亲自向部落成员传授网鱼、挖陷阱等新型狩猎手段，建造和不断完善房屋住所，还以培育种植农产品等方式来提高部落人民生活水准。为了丰富部落民众的精神生活，他提出"节日"的概念，并加以庆祝。他建立"巫教"、创立文字，进行文化同化来统一思想。组建军队、颁布法典、培养人才、部落制度转型、建立激励制度等一系列措施极大地增强了鹿部族的实力和影响力。在部族发展蒸蒸日上之际，与周边其他部落的关系成为不得不提上日程的重要事宜，在与以共部落为代表的对立派和以齐部落为代表的归顺派的周旋中，鹿部族的综合实力不断壮大，并建立"鹿城"：制造货币并推广，实行私有制改革，建立新的部落制度（一院八部），兴修水利，蝗虫治灾，农产品深加工，现代化军队制度改革等措施实施后的成效显著，使鹿族成为名副其实的一霸。

　　由于超前的奴隶解放大潮，整个部族摆脱了原始社会遗留的旧习气，迎来自由平等的和谐氛围，不断的吞并和扩张使得鹿族拥有了绝对雄厚的实力，建国"鹿帝国"，后改名"华夏帝国"。二十年后，鹿帝国建立三十年之际，陆山决定将帝国皇位传给自己的长子承威，今后祖祖代代世袭皇位，并励精图治使鹿帝国呈现空前盛世。鹿帝国以鹿角、马首、牛耳、蛇身、鱼鳞、鹰爪和鳄尾组成"龙"的图腾。无数部落，无数血脉融合而成的龙图腾，见证和缔造了泱泱中华和无数华夏子孙的源远流长的历史。

作品赏析

　　《龙图腾》始发于 2007 年 8 月，完本共计 125.25 万字，是蔡晋签约起点中文网后第二部作品，作品中他脱离自己的医学经历，以通俗易懂的语言风格、大胆独特的想象为我们展示了一个不一样的蔡晋。穿越文屡见不鲜，但难得的是一篇有新意、有个人创作特色的穿越文。蔡晋做到了后者。在穿越文占据网络文学大半壁江山的情况下，"今穿古"更是占了其中很大一部分比例。其中穿越到汉朝，唐朝，清朝，更是诸多网文作家的喜爱与偏好。故事内容上，更是一贯喜好以古风为背景来讲述一段缠绵悱恻的旷世绝恋。千篇一律的框架与构思让人难免产生阅读疲劳。作为与起点中文网正式签约以后的一部力作，蔡晋的《龙图腾》却另辟蹊径，宛如一缕清风，在众多穿越文中显得别具一格，与众不同。这种与众不同可以用"新颖别致"来概括，并且主要体现在以下几方面：

一是选取的穿越背景不落俗套。

在《龙图腾》中，蔡晋一反常态选择"原始社会"作为穿越后的社会背景。在这样特殊的时代背景下，文字尚未形成，生产力水平低下，人们以部族为单位群居，都过着质朴简单的狩猎生活。这使得小说在情节上没有过多的复杂难耐的情感纠葛和过于戏剧化的矛盾冲突，一切都原始而简单。而主人公却来自科技高速发展，经济文化高度繁荣的 21 世纪。一个现代人穿越到原始部落，这种人物自身背景经历与所处自然、社会背景形成强烈的反差，既引发了读者的好奇心，又增添了作品本身的趣味性。在开阔读者想象力的同时不禁引发读者思索：作为 21 世纪的人类出现在这种原始生存环境中，的确饶有趣味，他将如何生存？他与原始人类之间又会发生什么妙趣横生的故事？他的到来又会对原始社会产生什么影响？让读者既好奇又期待。

二是探索新的作品主题。

对于喜好阅读穿越题材小说的读者来讲，不难发现以往穿越小说的主要内容以爱情故事为主，才子佳人，郎才女貌，在穿越文中屡见不鲜。与之相比，《龙图腾》所表达的主题显然更加宏大和深远。蔡晋以自己独特的男性视角，从宏观上对中华文化的起源以及发展做出了一些"想象性"的思考和探索，富有个性。并且将主人公陆山作为主导因素，进入一片未经开垦的原始土壤，将主人公作为现代人拥有的思维、技能与经验运用到原始社会中，经过众志成城和大家的不懈努力，最初贫穷弱小的部落一步步发展壮大为不可一世的"华夏帝国"。可以说，《龙图腾》旨在发挥作者奇特无比的想象，带领读者去探索社会由最初原始状态开始的发展脉络，进而缔造一个精神王国，更可贵的是将泱泱华夏源远流长的历史做了赞扬与思考。

三是艺术细节的奇思妙想。

对于如何引导和带领鹿部落逐渐强大，直至建立"华夏帝国"（后改为"龙帝国"），并且将帝国扩展到人口 1700 万，城市 34 个的巨大规模，在每一步的进程中，一点一滴的细节中，都足以体现蔡晋超越常规却又符合事实的独特想象。例如，文中的陆山为了加强部落凝聚力，提高部落成员的文化信念和仪式感，在鹿族部落里确立了"春节"的概念，并独创了一系列节日庆祝活动。笔者看到这里不禁大呼蔡晋想象力丰富，细想更觉得有道理可循。文末写华夏帝国的缔造，有对中华传统文化追根溯源的意思。在这样的思路中，确立"春节"概念不但妙趣横生，更是照应了作品主题。其他诸如创造文字，实行家庭制度，颁布法典，建立军队，制造货币，建造水利、交通、通讯设施，乃至"电"的发现，这些情节看似模仿现代社会，却依然令人不得不为作者脑洞之大而叹服。

"金无足赤，人无完人。"好的文学作品亦是如此。细品《龙图腾》之际，颇有些许"白璧微瑕"之感，虽无伤大雅，但仍可进一步完善。

通俗语言风格的双面性。通读《龙图腾》，全文的语言通俗易懂，有一定的"口语化倾向"，这在雅俗共赏的同时，也导致语言风格不够书面化，尤其在"原始社会"的时代背景下，这种过于白话的语言风格与小说所处大环境略显违和。这会使得读者在阅读此作品时的代入感不强烈，觉得此作品缺乏引人入胜之感。

人物塑造方面着力较轻。整部作品的重点是讲述原始鹿部族在现代人陆山的带领下一步步壮大为一代帝国的发展历程，所以在顾全情节发展大局的前提下，对主要人物的描写刻画则着墨较少，这可能会导致读者对作品中的人物印象不是很深刻，人物形象塑造得不够丰满，并且缺乏一定的立体性。

人物之间的对话略显单薄。语言描写是揭示人物性格特征、使小说情节更加引人入胜的关键要素之一，而《龙图腾》中人物之间的对话比较浅显，大部分对话只表达字面的意思，缺少一些隐晦的暗语。且各人物的说话风格没有特别明显的区别，造成人物形象比较单一，缺乏一点鲜明性和深刻性。

（李萌　田晨越　执笔）

6. 晨露嫣然：匠心经营"玛丽苏"

【作者档案】

晨露嫣然，原名杨莉，女，1980 年生，土家族，常德石门县人，2010 年开始网络小说创作。湖南省网络作协常务理事，湘潭市网络作协副主席，现居长沙。晨露嫣然学法律出身，做过记者，后开始进行网络文学创作。2010 年下半年成为新浪签约写手，2012 年进入鲁迅文学院第五期网络作家班学习。作为一个高产作家，晨露嫣然所获得的成就令人瞩目。红袖添香编辑晓满曾经介绍，晨露嫣然以笔名莫颜汐创作 10 余部热销作品，曾数次蝉联红袖订阅榜、鲜花榜、月票榜等各类榜单前十名，还获得红袖华语言情大赛数次提名，曾经多次获奖，深受读者喜爱。以笔名莫颜汐出版《游凤戏龙女状师》，繁体《至尊小太后》，拥有有声小说《游凤戏龙女状师》《奉旨七嫁，狂妃贵不可言》的版权。

晨露嫣然还以笔名雪珊瑚出版影视作品《你才玛丽苏》，拥有《攻妻99式，总裁大叔回家爱》的有声小说和漫画版权。晨露嫣然还曾获华语言情小说大赛优秀作品奖，华语言情小说大赛最佳出版图书奖等。晨露嫣然偏爱写古代架空题材与现代都市题材，这从她的书名可见一斑：从《凤御凰，霸道帝君一宠到底》《王牌小皇后》，到最近出版上市的《游凤戏龙女状师》等，都属于古代言情系列。这些作品在网站的点击率颇高，有着一大群铁杆粉丝，她也因此被封为"红袖言情天后"。晨露嫣然一直对古代言情小说情有独钟，对此她解释道："这让我可以无限放开我的想象力，无拘无束、天马行空，还能纵横江湖，策马飞跃云霄间。"晨露嫣然所写的现代都市题材小说，如《你才玛丽苏》，同样获得了极高评价与关注。

晨露嫣然非常喜欢写故事，一写就停不下来，喜静。她在写了一本书之后毅然辞掉了媒体的工作，全身心投入写作中。因为以前从事媒体行业，她接触了很多社会新闻，看到生活中许多真实面，所以她并不想写网上那些千篇一律的"水晶鞋""灰姑娘"故事。

在她的那些现代言情作品中，不完全是架空和浮夸，也经常反映现实问题，让读者感受生活的真善美，鼓励读者充满勇气，努力去创造好生活。晨露嫣然的文章很容易引起读者的共鸣，因为她写出了读者对现实的心声和对生活的幻想。一个作家的思想经常可以从其作品中窥探一二，晨露嫣然将自己的生活感悟注入文字，按照她自己的话说就是"我自己就是一个平凡的'中年美少女'，在生活中遇上的困境，相信很多姑娘都会遇上，所以会引起共鸣"。

看过晨露嫣然作品的读者会发现，晨露嫣然特别喜欢表达人性，她笔下的人物都具有独立的人格特征。她创作的时候会侧重每个角色的人物设定，从性格、行为到长相、身份，甚至星座、生日，都会精准设置，所以她创作出来的人物形象饱满。晨露嫣然提及网络文学市场对作者来说有许多的限制，很多题材不让碰，很多人性的死角不能深挖，所以很多网络作家的写作浮于表面，这可能也是晨露嫣然所遗憾的。

晨露嫣然一直认为，喜欢看小说，尤其是言情小说的女人不容易老。在晨露嫣然看来，只要是文字，就是要起到启发作用的。纯文学若都不能让人看进去，怎么起到启发别人和使人进步的作用，阳春白雪是一个小圈子里欣赏的，而网络写手面对的是一个庞大的群体，这个群体分很多种人。能服务普通大众，为普通大众写故事她觉得很开心，能让妈妈们、职场铁娘子、家庭小煮妇们从中得到快乐，她也很快乐。

【主要作品】

2010 年，杨莉开始以笔名晨露嫣然在新浪原创连载小说。主要为以下作品：

《恋上枕边人：高官的暗夜新娘》，都市言情类小说，首发于新浪原创，11 万字，已完结。

《红颜劫：莲妖倾城》，言情类小说，首发于新浪原创，已完结。

《新鲜恋人：婚后决定爱上你》，言情类小说，首发于新浪原创，已完结。

《唯有深爱：妻限一百天》，言情类小说，首发于新浪原创，连载中。

《冷清帝君慵懒妃：宫砂罪》，言情类小说，首发于新浪原创，连载中。

《豪门夜爱：失贞未婚妻》，言情类小说，首发于新浪原创，连载中。

《豪门夺爱：冷枭束手就情》，言情类小说，首发于新浪原创，已完结。

《帝王专宠：霉女七公主》，言情类小说，首发于新浪原创，已完结。

晨露嫣然还以笔名莫颜汐在红袖添香网站上连载小说。主要作品有：

《强势攻婚，总裁大人爱无上限》，言情类小说，2016年2月4日起连载于红袖添香，已完结。

《游凤戏龙女状师》，言情类小说，2014年1月3日起连载于红袖添香，已完结。

《奉旨七嫁，狂妃贵不可言》，言情类小说，2014年7月8日起连载于红袖添香，已完结。

《顶级蜜恋，总裁大人热恋99度》，言情类小说，2016年9月2日起连载于红袖添香，连载中。

《闪婚掠爱，总裁宠妻至上》，言情类小说，2015年6月16日起连载于红袖添香，已完结。

《钻石暗婚，总裁轻装上阵》，言情类小说，2015年8月19日起连载于红袖添香，已完结。

《凤御凰，霸道帝君一宠到底》，言情类小说，2015年8月10日起连载于红袖添香，已完结。

《王牌小皇后》，言情类小说，2013年7月25日起连载于红袖添香，已完结。

《神秘总裁，玩够了没》，言情类小说，2016年11月16日起连载于红袖添香，连载中。

晨露嫣然可谓是一个多产作家，她还有一个笔名，雪珊瑚，她以笔名雪珊瑚在栀子欢文学网上连载小说，详细情况如下：

《玻璃鞋》，都市言情类小说，2018年3月12日起连载于栀子欢，已完结。

《你是我的阴谋爱情》，都市言情类小说，2018年1月12日起连载于栀子欢，已完结。

《掌上娇妻，二婚宠入骨》，都市言情类小说，2017年10月26日起连载于栀子欢，已完结。

《新妻不乖，我的先生太傲娇》，都市言情类小说，2017 年 6 月 2 日起连载于栀子欢，已完结。

《你才玛丽苏》，都市言情类小说，2017 年 4 月 5 日起连载于栀子欢，已完结。

《第一宠婚，老公坏坏爱》，都市言情类小说，2016 年 12 月 19 日起连载于栀子欢，已完结。

《攻妻 99 式，总裁大叔回家爱》，都市言情类小说，2016 年 7 月 21 日起连载于栀子欢，已完结。

【代表作评介】《你才玛丽苏》

《你才玛丽苏》是晨露嫣然的代表作，连载于栀子欢文学网。这部在大神之路"超级故事"创作大赛中迅速脱颖而出的作品，连载仅仅一个月，点击量便超过了 7000 万，同名新浪话题阅读量已达 190 万，引发全网超 20 家网络文学平台和微博平台读者热议，并且登上了亚洲好书榜榜首。《你才玛丽苏》还进行了实体书出版。

女主角苏玛丽 27 岁，摩羯座人，外冷内热，口硬心软，都市职场女性。苏玛丽性格略有些急躁，对自己和工作、他人要求非常严格。苏玛丽是个标准的女强人，她原本家境普通，却靠自己的打拼，成为 LE 影业的制片人。然而由于事业上的两次失利，苏玛丽的工作和生活陷入僵局，她急需打破困境。

男主角池风 30 岁，金牛座人，深重温和，心理医生。池风因为小时候的一次事故导致眼盲。苏玛丽与池风二人曾在网上聊过四年，但苏玛丽做了制片人之后，所有的时间都投在了工作上，二人很少聊天。池风特地搬来，做了苏玛丽的邻居，一直默默付出和陪伴苏玛丽，并以独特的方式，向苏玛丽证明了世界上有简单并且温暖的感情存在。

《你才玛丽苏》是一部披着游戏皮和穿越皮的治愈型小说，女主苏玛丽是大龄未婚女青年。她在事业上升期，突然遭遇破产，再加上母亲催婚，她陷入了迷茫与抓狂。在这种情况下，她收到了一部寄件人不明的 VR 游戏机。这种游戏机可以让玩家穿越进不同的玛丽苏文里，成为受尽男主男配宠爱的傻白甜女主。生活工作失意的苏玛丽决定到游戏里当一回受尽万人宠爱的女主，放松发泄一番。

由于作品与 VR 虚拟游戏即科技挂钩，内容形式新颖，作品受到了很大的关注。这本书很引人注目的一点是将现代科技元素融入小说当中。在人物设定上也颇有新意，以往的言情小说对人物设定多是帅气多金，或霸道总裁，或王爷皇帝，很少出现池风这样的男主角，双目失明，在人物设定上对以往女频中出现的男主形象有了很大的颠覆。晨露嫣然认为，传统的"霸道总裁式"的套路实在是离我们的生活太远，总裁和高富帅离我们的生活太远，那不是普通人的生活，也不是生活的本来面貌。读者都是普通人，就像《你才玛丽苏》里面的苏玛丽，他们过着普通的生活，爱着普通的人。所以普通人的故事才能表达人性，触动人心，引起读者共鸣，让他们有一种代入感。

《你才玛丽苏》是一部将普通人真实的情感体验与天马行空的游戏穿越想象相结合的作品，现实与虚拟的结合是小说的一大亮点。在《你才玛丽苏》这本书中，晨露嫣然披着言情的外衣，借女主苏玛丽之口传递出一种真实的人生困境。作为职场女强人的苏玛丽，在虚拟的 VR 游戏中不断提醒自己，虚幻不能代替真实，梦就是梦，毫无价值，毫无用处，与其花时间在里边沉迷，不如抓紧可以利用的分分秒秒，去做实事，做事业。然而，当她被现实的事情所纷扰，却仍然无法克制地进入游戏。这正是现代很大一部分人的真实缩影，在巨大的压力下，借助虚拟世界的生活暂时缓解一下巨大的心理压力。虚拟世界的生活如尼古丁、酒精一样，暂时或者长久地麻痹现实生活中人们的神经。

同时，晨露嫣然借男主人公池风之口，揭示了一个永恒的失去与珍惜命题。失明的池风说道："生命是一种很奇特的存在，你拥有很多的时候，反而觉得生命很烦，很轻。直到失去了一些东西的时候，你才发现你能看到星辰大海有多幸运。"这还是人的生存困境之一，无法把握的美好。那么这些人生困境是如何真实地传递出来的呢？那就不得不提及小说另一大特色，即上文所提及的作者对于主人公内心世界的塑造。晨露嫣然坦言，这本小说女主人公所传递出的价值观是作者自己价值观的心理映射。晨露嫣然将苏玛丽对初恋那份单纯的情感描绘得十分细致。同时，晨露嫣然对于女主少年时期所遭遇的家庭问题、恋爱问题、校园问题都有较为详细的描述，这进一步丰富了人物的内心情感世界。这种大规模的关注人物内心、关注自我情感投射的描述方式，颇有几分传统文学的味道。

女主苏玛丽面临的父母逼婚压力也是当下许多青年所感同身受的。这样的情节设置使许多读者在苏玛丽的身上看到自己的影子。因此，苏玛丽与她的母亲正是这千万个小家庭的缩影。假如作者能够进一步深化，那么颇有些文学典型性的意味。但我们仍然可以从中看出晨露嫣然对于剧情设置与现实生活贴近所做的努力。

然而，不可否认的是，《你才玛丽苏》也存在一些问题，在遣词造句上，文学底蕴稍欠火候，部分剧情不够连贯，剧情稍显薄弱无力，同时也存在一些言情网文所存在的普遍性问题，如小说的思想性缺乏、深刻性不足、稍显"口水化"等。尽管如此，这部作品还是被大量作家看好。他们认为，这类新题材背景的故事在市场上还比较少见，融入元素多样化，阅读起来具有极强的故事逻辑和趣味性。

目前《你才玛丽苏》的版权已被某公司买下，对于作品影视化，晨露嫣然说："这让我更加充满信心，想去创作更好更精致的作品，写很多很多好的故事来回报大家。"晨露嫣然认为，现在网文有三个方向：订阅向、IP向、出版风。越来越多的好故事化为电影，在银幕上与读者朋友们见面，让想象中的人物立体地呈现出来，这是一件非常令作者骄傲的事。

一直酷爱读书的晨露嫣然从生活中文学作品中获取灵感，当笔者问道，是什么支持着她写了这么多部小说并且写了这么多年，晨露嫣然的回答很简单："喜欢！"当大家都在忙着欢欢喜喜过年的时候，晨露嫣然每天仍然在辛勤码字，保持自己作品的更新。爱生活，爱写作的她，用自己的文字感动影响着别人，同时做一个欢喜的自己。

（寇梦鸥　执笔）

7. 乘风御剑：一剑御此生

【作者档案】

乘风御剑，原名何坚，男，湖南衡阳人。阅文集团下辖网络小说网站签约作家。湖南省网络作家协会会员。2009 年，乘风御剑以作品《剑噬天下》作为处女作出道，这部作品获得了当年的起点小说推荐榜第一名，并开辟了一种全新的修炼体系——"剑修"，因此获称"起点第一剑"。

或许每个男孩的心里都藏着一个武侠梦——年少时和三五好友无数次地翻阅着泛黄的书页，讨论着小说里的故事情节，向往着策马扬鞭和快意恩仇，也沉迷于故事中主人公神奇的际遇和神秘的宝典秘籍，想象着自己有朝一日也能像他们一样成为盖世英雄。如今被称为"起点第一剑"的乘风御剑也是如此，深受年少时曾看过的武侠小说的影响，"白衣独行，仗剑天涯，大部分男孩子都有这样的想法。"乘风御剑这样说。从初中时代开始，乘风御剑就开始尝试一些小剧情的创作，十几年来笔耕不辍。2008 年，他放弃了原有的工作，正式踏上了网络小说创作之路。

说到为什么会选择这个职业，乘风御剑的答案也很简单，就是喜欢这个行业，他认为将自己心中构思的剧情一一展现出来，并且能够得到读者认可，这样的感觉很美妙。"打字时敲击键盘的声音让我有种弹钢琴一般的享受感"，因此，为了抒心中之想，感读者之共鸣，享受心中的愉悦，他选择成为一名职业网络作家，将自己脑海中虚构的那个宏大的瑰丽世界，用自己的笔，一点一点地勾勒还原出来。

悠悠数载，岁月如梭。乘风御剑凭借其丰富的想象力和熟练的文笔，逐渐在虚拟的网络世界里构建起属于自己的小说王国，他的作品逐渐被大家认可，"乘风御剑"这个名字也被越来越多的人所熟知。当然，成功的过程不是一帆风顺的：在创作的文风逐渐成熟确立之后，乘风御剑无可避免地遇到了瓶颈，如何在小说本身存在的不合理性和剧情的合理性之间寻找平衡，是目前最令他感到困惑和头疼的事。他认为："小说本身就是最大的不合理，因为我以写玄幻为主，而玄幻小说世界中的东西基本上是不存在的。"文学文本的构造始终来源于生活，如何使自己的玄幻小说既富有天马行空的瑰丽想象，又能够符合现实逻辑的合理性，是乘风御剑目前正在思考的问题。此时的乘风御剑就像他笔下小说的主人公一样遭遇了修炼的瓶颈，但这只是暂时的，在不断的创作和实践中，乘风御剑终将找到自己想要的答案，像他的名字一样，自如驰骋在文字的天空之中。

【主要作品】

《剑噬天下》，2009 年 8 月 24 日首发于起点中文网，约 118 万字，已完结。

《无上真身》，2010 年 2 月 23 日首发于起点中文网，约 186 万字，已完结。

《星神祭》，2010 年 12 月 2 日首发于起点中文网，约 144 万字，已完结。

《求败》，2011 年 6 月 30 日首发于起点中文网，约 195 万字，已完结。

《一剑凌尘》，2012 年 1 月 19 日首发于起点中文网，约 190 万字，已完结。

《纵剑天下》，2012 年 10 月 21 日首发于起点中文网，约 189 万字，已完结。

《诸天祭》，2013 年 7 月 16 日首发于起点中文网，约 28.57 万字，已完结。

《天诛道灭》，2013 年 9 月 23 日首发于创世中文网，约 293 万字，已完结。

《弑天剑仙》，2014 年 10 月 20 日首发于创世中文网，约 276 万字，已完结。

《剑主苍穹》，2015 年 9 月 22 日首发于创世中文网，约 284 万字，已完结。

《剑道之王》，2016 年 9 月 16 日首发于创世中文网，约 144 万字，连载中。

《混元剑帝》，2017 年 4 月 28 日首发于起点中文网，约 288 万字，连载中。

【代表作评介】《剑噬天下》

乘风御剑的主要作品有《剑噬天下》《天诛道灭》《求败》《诸天祭》等。其中，《剑噬天下》这部小说作为乘风御剑的开山之作，对其创作生涯的影响和意义也是最为重大的。

《剑噬天下》这部小说主要讲述了剑修凌云不断追求剑道至高境界的故事。故事伊始，主人公凌云在向修炼界第一高手挑战时惹怒了当时国家元首之女江雪，江雪为报自己被羞辱之仇擅自调动父亲的命令追杀凌云，凌云忍无可忍决定反击复仇。经过了一场恶战之后，就在他即将夺去江雪生命之时，国家元首的真龙之气骤然出现将他吞没，再次醒来时，他已重生成为了异世界里一名叫作林城的剑修。在新的世界里，凌云了解到了许多从前未曾了解的修炼知识，也获得了比地球更为充足的灵气，在这个充满机遇和挑战的世界，凌云仍然没有放弃对至高境界的追求，在修炼的道路上愈行愈远，最后在安宁偷生和慷慨赴死之间选择了后者，身殒道消。

这部小说是乘风御剑的第一部小说，早期创作的缺点在前两卷中暴露得比较明显，对于影响故事情节发展的配角人物的塑造过于简单化、粗俗化，典型的例子就是导致凌云重生到异世界的关键人物江雪。在小说中为江雪设定的人物性格是娇俏蛮横的，因此她被凌云激怒拿出手枪想要逼凌云和她动手的情节描写尚属于合情合理，但是故事到后来，江雪竟动辄发动国家武装力量去消灭凌云，这样的情节设定略显牵强，也把江雪的性格描写得过于夸张化了。其他少数的女配角，也是千篇一律的"美女"，极其脸谱化。另外，故事前期主角的性格发展也存在一定的偏离，一方面说他性格淡漠，不在乎除了剑道修炼以外的事情，另一方面又写他因为被别人污蔑而感到愤怒，将找麻烦的剑士击败。

但是随着小说情节的发展，作者的文笔也逐渐老练成熟起来，剧情发展和人物性格也逐渐趋于合理，小说的主题和推动情节发展的主线越来越清晰明了，也令读者加深了对众多人物不同性格特点的了解。除此之外，这部小说吸引人的地方还在于作者在小说最初建立的宏大的世界观。主角凌云所重生的异世界是由神灵剑之君主寂流光所主宰的大陆，其中又分为十种文明，其文明的程度是由所拥有的剑师以及从神灵手中得到恩赐的多少决定的。不仅仅主角需要打怪升级，每一个国家也需要在竞争中不断地提高自己的文明等级，向着最高文明努力。作者描绘的这个想象空间虚拟与现实交织，既拥有神话传说中的魔法"斗气"，又具备现代社会中的武器装备巡空战舰。这样一个奇特的将幻想世界和现实世界相结合的世界观，正是小说的独到之处和引人入胜之处。

问及作者《剑噬天下》与其他作品的不同之处，他认为，《剑噬天下》相对于其他作品来说更为简单纯粹，不论是主角的性格还是小说的剧情发展方面。主角凌云不谙人情世故，这使得他的内心更为纯粹，也使得他能够从始至终保持自己的初心，忠诚于自己手中之剑，不为外物所动摇。从小说的最初，凌云挑战修炼界第一高手东离，想要寻找自己修炼的突破口，到后来攀登到修炼的制高点，凌云的本心从来没有变过。而与凌云相对的角色，云柔，从某种意义上说，则现实且复杂许多。小说中有一段写到她和凌云再次相遇的场景，凌云得知了"琉璃"的真名，云柔回答他"当日在灰色之森，我们不过初次相见，并不熟悉，所以在姓名方面对你有所隐瞒，这和你自称凌云时的戒心一样"。凌云和云柔刚有苗头的情感发展出现了裂缝，由此越行越远，分道扬镳。作者这样解释凌云和云柔不可能走到一起的原因：纯粹的人接受不了太复杂的感情，云柔是帝国的公主，她的出身和接受的教育注定她无法像凌云一样简单纯粹，云柔这个角色对于作者而言象征着现实的考虑，而凌云则是真真正正属于小说世界中的理想人物，这样的两个人注定有缘无分。凌云与云柔的这一段朦朦胧胧似是而非的感情，也为这部以男主的成长为主线的小说增添了一抹亮色。

总体而言，尽管《剑噬天下》这本小说在前期的描写中存在着比较明显的缺点，但是在后期逐渐明了的主线中，宏大有趣的世界观设定，简单纯粹、保持初心的主角，着墨不多但是意味深长的感情描写，都是这部小说值得读者一阅的闪光之处。

（梁羽函　执笔）

8. 打死都要钱：手执玄幻网文，
笑傲浩瀚苍穹

【作者档案】

打死都要钱，原名刘成，腾讯文学签约大神，著名玄幻作家，作品风格热血，构思别具一格，擅长对高潮剧情节奏的把握，深受读者喜爱。迄今为止，共创作网络小说作品 6 部，累计字数 1610 万。所创作的作品收获大批读者的喜爱，《万道剑尊》更是影响广泛，获得 576 万收藏、7738 万阅读和 101 万赞赏。

【主要作品】

《求魔灭神 . A》，2013 年 3 月 6 日首发于创世中文网，167.9 万字，已完结。

《通天神血》，2013 年 5 月 29 日首发于创世中文网，165.2 万字，已完结。

《求魔灭神 2》，2013 年 7 月 18 日首发于创世中文网，124.4 万字，已完结。

《重生之我为神兽》，2014 年 1 月 31 日首发于创世中文网，293.8 万字，已完结。

《武极苍穹》，2014 年 1 月 31 日首发于创世中文网，208 万字，已完结。

《万道剑尊》，2015 年 4 月 23 日首发于创世中文网，651.3 万，连载中。

【代表作评介】《武极苍穹》

小说写的是在以武为尊的天道宇宙，谁的武力最强，谁就能称霸世界，践踏万物苍穹，睥睨众生。在这天道宇宙中又有着许多的星界，其中以太荒星界、辰界等为主要的星界。辰界又控制着古南大陆、武神大陆等众多物质位面。武神大陆以中域天云十二州最为繁华，高手云集，青州更是强大武者的聚集地。而武者的修炼关键在于吸收世间万物灵气为己用，武者一切力量的根源乃是自身的灵气。武者又有不同的等级：大武者、武君、武皇、武圣、武帝、武神（万象境）、归元境、神虚境、领主、界主、星主、主宰、天道至尊。而每一个等级又有不同的阶段，比如星主又分为普通、三流、二流、一流。修炼者要想修炼成功，最重要的还是要有异人的天赋，其次，突破的契机和自身的努力也很重要，很多武者需要几十亿年甚至更多的时间才能突破成功。

作品以武神大陆乌山脚下陆家庄内的 12 岁修炼者陆轩参加唤灵大典为开始。陆轩在唤灵大典上召唤出三道灵力符文，灵力符文代表了一个人修炼的天赋，也决定了一个人的修炼命运。陆轩的三道灵符虽在这陆家庄的众多修炼者中最高，但在武神大陆中却是一般。陆轩在机缘巧合下，救下青州之主——酒帝寂无痕，即酒老。酒老为报答陆轩救命之恩，赠与他三滴灵液与修炼功法归一诀。自此，陆轩的灵力符文增长到八道，另外两滴灵液尘封在体内。陆轩摇身一变成为了超级天才。陆轩擅以棍为兵器，从小学习棍道，又在其父帮助下学习惊云十八式。在三年一度的乌城大比武上，陆轩打败少年天才姚宏，一举成名，八道灵符的超级天才也成为东焱域各宗门争抢的对象。最后，陆轩选择拜在酒老的道道宫下为弟子。两年后陆轩成为大武者，酒老赠与的一红一紫的两滴灵液开始吸收，九道灵力符文出现，陆轩成为了一品巅峰修炼者。之后，陆轩前往混乱之地接受历练任务，突破大武者极限，解封酒老的第三滴灵液，灵力符文升到十道。

陆家遭仇人屠杀，陆轩决定报仇，血洗青云阁，杀死仇人慕枫。此后他踏上前往青州之路，寻找自己的师尊酒老。途中，他救下慕云晴，学习血神宫的血神变秘术。又被黑袍人强行掳到棍冢，学习棍道，修炼最强领域。陆轩受棍魔血天辰之托参加禁魔大会，夺取冠军，获得宝物万象天源果、紫昀棍等。他从武君突破到武皇，并通过传送通道到达中域。天血宫林逸与丘墓追杀陆轩，冰冥教圣女（慕云晴）救下陆轩。陆轩参加慕云晴招婿大会，夺得冠军。之后，陆轩前往皇陵灵海吸收灵气，不甚被卷入皇陵灵海之内，误入宝库，只有通天碑认主方可离开。陆轩通过九年九世轮回，成功认主，离开了此地，并获得罗天神、乌帝笔记等宝物。

陆轩来到青州，见到酒老。为不给酒老丢人，他闭关修炼，从武皇突破为武圣巅峰，并修炼乌帝笔记。出关后陆轩前去十方域历练。演练钻研罗天神，打败幽州少主，成为血榜第一。酒老出关，天云十二州联盟，盟主为青州酒帝，结束了10年青州幽州战乱。陆轩成为青州少主。10年后，陆轩迎娶慕云晴。因为慕云晴为冰冥之体，助陆轩突破为武圣极限。中域动荡，幕后黑手为万傀宗少主任天穹。陆轩大战任天穹，却遭重伤，阴差阳错地来到古南大陆——武神大陆的第一代武神武祖创建，成为九转星宗弟子，他前往古南界历练，突破到棍魂巅峰之境，并创出最强绝招"乌光"。陆轩遇到武祖，在其帮助下，突破到武圣十三转，并获得突破武神的方法。其后陆轩成为古南宫第二代宫主，带领古南宫的强者来到武神大陆，打败任天穹，灭了万傀宗，获得任天穹体内武祖的第三滴精血，他寻得契机闭关一年，突破成为武神。

5年后，辰界六星殿吴氏家族前来寻找武神大陆的第七代武神，陆轩被带离武神大陆前往六星殿。辰界一出生就是武帝（万象境），因此隐藏血脉的陆轩在辰界地位低下，同时觉醒第二天赋神通——改变时间流速。在六星殿内，陆轩隐藏自己的实力，潜心修炼17年。在机缘巧合的情况下，得到落云公子的帮助，学习了棍道黑宇衍变的第一招，之后他加入护卫队10年，又经过血狼山的历练，杀死吴青夺得生死令，突破到万象镜九层，前去生死楼历练。陆轩历尽千辛万苦通过生死楼三级试炼任务，通过改变时间流速，经过几千年参悟血雨世界第一卷，创出最强绝学"毁灭"，突破成为神虚境。于是陆轩为武神大陆报仇，囚禁吴氏一族，重修六星殿，改名为武神殿。

之后，陆轩外出游历300年，闭关7000年（改变时间流速）参透血雨世界第二卷。到达太荒星界内的虚空界闯荡，练就"湮灭"一绝。前去九天河历练，被虚空潮汐卷到赤红世界，被困在此地3800年，突破为领主，身法跨入"幻"层次。陆轩加入古龙一族，觉醒第二血脉，在时空神殿内突破为七星领主，以暗黑领主的名声威震天下。回到辰界，改变时间流速，800年参透毁灭规则的内涵。陆轩被天宝大人带到神国，经过4500年陆轩闯过十二星宫成为毁灭主宰真传弟子。随后陆轩前往忘川河历练，忘川河内的灭神塔为古氏（天地至尊）建造，他用2万余年的时间打败灭神塔第一层世界的三大君王，突破成为界主，获得金色羽翼宝物，便离开。

此时，四大心魔将太荒星界搅得天翻地覆，陆轩杀死他们中的大哥和四弟，得到宝物血魔宝。之后，陆轩打败前来报仇的二流星主九曲宫宫主，暗黑界主名扬天下。接下来3万年时间，陆轩陪伴家人，环游世界。归来后，陆轩勇闯地下龙宫，历练棍道。之后，他又闭关修炼直接突破为一流星主，成为七曜宫的第三位宫主。陆轩再闯灭神塔，闯入第七层，闭关修炼6万年，修炼天道循环，成为绝对的顶尖一流星主。经过88万年，陆轩闯过第八层，参透封天术，见到古氏。他被古氏封印的元氏冲破封印，重现天道宇宙，400多个星界因元氏一族而消失。最终，陆轩闭关70亿年（改变时间流速），修炼成天道至尊，打败了元氏，成为天道宇宙的新领袖！

作者以不拘一格的想象力，庞大而完善的世界观设定，荡气回肠的激昂剧情打造了优秀玄幻小说《武极苍穹》。小说高潮之处更是令人几欲击节高歌，自然有值得读者赞美喜爱的理由。

小说具有天马行空的想象力和绚丽多彩的世界观设定。作者擅长于想象，充分发挥了玄幻的优势，小说中很多想象让人叹为观止。首先是浩渺的宇宙，包括武神大陆、古南大陆，在此之上又有辰界、太荒星界等众多星界，且都存在于天道宇宙中。在小说的各个世界设定里，远古战场或者遗迹，荒蛮、厮杀随处可见，也随处可历练。在小说尾声部分，更是出现元氏首领为恢复元气，化身黑洞吞灭星界的奇幻事件。读来仿佛看到现实的影子，而又是一个比现实更加奇妙丰富的世界。另外小说中陆轩每到一个新的地方，故事的布局架构也都令人耳目一新。武神大陆的天云十二州，古南大陆的九转星宗，六大元老，十八神君，六十四神将，燕州的四宗三府，辰界的六星殿六氏，等等，总能有新鲜的世界观展现在读者面前。陆轩的历练场所也不断转变，包括禁海魔域的天梯挑战、地下皇陵的通天碑九生九世轮回、十方域的三大战区、灭神塔通关打怪、生死楼不同阶段的任务等等都有各自的规则。作者将一个个充满神奇和奇幻的世界呈现在读者面前，令读者有种应接不暇的快感。

小说具有跌宕起伏的剧情，峰回路转、扑朔迷离的故事。小说描写了男主陆轩从零起步，不停地打怪升级的故事，故事大气磅礴，给人不断的惊喜。男主陆轩的武力升级刷新了读者的认知。他每一次的突破既是成功，又是新的起点。虽整体大框架是单线条，但小说中的每一卷，甚至每一章节都充满了扑朔迷离的剧情，使读者手不释卷。

　　小说分为26卷，每一卷几乎都是一个全新的地图，可以相互独立，但每一卷又相互牵扯推动剧情的发展。可以是通过宝物的获得来推动陆轩在别的地图中武力的升级，或者剧情的发展。例如，陆轩在皇陵之灵中获得的夺天造化丹救了酒老一命，在通天碑中获得的武神之心帮助其在日后突破为武神。也可以是陆轩历练之处埋藏着巨大的秘密，而这秘密又是推动陆轩不断升级的动力和方法。比如灭神塔其实是天地至尊古氏所建，只为寻找可以修炼封天术之人，陆轩也是通过这封天术才打败元氏，成为新世界的领袖。作者用一个个不同的地图镶嵌在一个大的世界观故事中，形散而意不散。比如从小说一开始乌山下陆轩的两滴灵液，到古南大陆的陆轩成为九转星宗弟子，在神殿中历练时遇见武祖，再到陆轩成为辰界六星殿的"囚徒"，横向来看这是不同地图中不同的故事，但纵向来看这就是武祖从一开始布下的复仇六星殿的故事。小说故事宏大而紧凑，内容发散离奇同时又相互牵扯。

　　作者的文笔朴实凝练，战斗场景描写得激烈刺激。他通过朴实凝练的笔触将小说中一个个战斗场面描写得栩栩如生，三两笔就把武技、战术间的切磋展现得淋淋尽致，读来甚是热血澎湃，酣畅淋漓。比如陆轩与任天穹一战中，"任天穹面色依旧平淡，身如鬼魅，幻化而出，一时间虚空当中竟直接留下了十数道他的残影，轻而易举便避开了陆轩的攻势……"作者通过"鬼魅""幻化"两词，向读者展现了任天穹的神秘与强大，同时又通过描述"残影"展现了其灵活潇洒。作者寥寥几笔，既突显了任天穹，也从侧面体现了战斗场面的变幻莫测。同时男主陆轩总是在战斗中，以较低的武力层级战胜武力值较高的强者，使得本来铁定会输的战斗获得胜利，那种满足感让读者热血澎湃，也成为了小说的一大特色。

　　小说以弱肉强食适者生存为总体价值观，谁的武力值大，谁就可以称霸世界，睥睨众生。这个世界残酷，失败者只有死的结局，但这个世界也是积极进取、不断向上的世界。每一个人毕生的目标都是努力修炼，不断提升自己的武力值。世界赠我以荆棘，我以怀抱回之。同时，作者在展开一个新的地图时，男主陆轩的武力值总会变成最低，新的地图中总是有一生下来就与陆轩辛苦修炼的武力相同甚至更高的修炼者，这种因出身不同而造成的差异，虽然客观存在，但作者同时也会描述这样一群先天优越的人总有一些无法克服的劣势。如辰界中的人一出生就是万象境，但很容易根基不稳，血脉复活的几率也非常少，而武神大陆的修炼者则刚好相反。每个人生而不同，显现出来的优势各有差异，但总体来看，又相差无几，整体平衡。

同时小说也存在一些缺点。陆轩升级过快，寥寥数语，不是闭关修炼就是困于某处历练，一遇机缘巧合就突破了某种境界，让读者有一种疑惑感。而且每次战斗获胜也是轻而易举，吊打武力值更高的强者，几乎没有失败过，且每次都是通过陆轩过人的天赋和宝物帮助取胜，这种描述的方法，缺少人物的逆境磨炼与自我反思。另外，如若作者对小说中的秘术、宝物等加以具体阐述，则会大大增加小说的魅力值。例如陆轩最后参透的生命规则、毁灭规则、时空规则、生死规则，作者可以对这四种规则的奥秘或者意义进行更深一步的描述，以此来探讨宇宙根本性原理，则会更有意义。

总体来说，《武极苍穹》的励志、热血，带给了读者一个不拘一格、奇伟瑰丽的玄幻故事。小说既有奇幻的色彩，也有现实的影子，加上创作者个人的哲学气质和想象力，读来热血沸腾，酣畅淋漓。

（张迪　执笔）

9. 独孤求剩：笔下风云，剩者为胜

【作者档案】

独孤求剩，原名宋春波，男，生于 1984 年，湖南张家界人。湖南省网络作家协会会员。2010 年进军网络小说，后成为黑岩网签约作家。2017 年加入网络作家协会。已经完成《红粉佳人》《我的大姐大》等都市小说，并完结了代表作长篇悬疑刑侦类小说《悬案组》，于 2017 年节选出版。

独孤求剩，独孤求胜。当我们好奇独孤为什么求的是"剩"而非"胜"的时候，他这样说：当初原本是想"求胜"的，取个好兆头，后来意识到在网文这个竞争激烈的领域中，剩者为胜，坚持到最后的才是真正的胜利者。于是有了"独孤求剩"这个极具个人特色的名字。

独孤求剩是一个从穷苦生活中走出来的网络文学作家。他自小父母离婚，兄弟三人由奶奶拉扯长大。初中时，他为了补贴家用而辍学外出打工。在广东度过的四年打工生活艰苦且回报很低，他对生活充满了迷茫与不安。他说："觉得我的人生如果就这么下去，永远也难以有出头之日。于是我就回家考兵。"功夫不负有心人，17 岁那年冬天，独孤考中了，第二年他就去当了兵。

两年的当兵生涯给了独孤与众不同的生活经历。第二年恰逢江泽民主席在福建视察东南沿海部队，独孤有幸被选中去参加了那次小规模的阅兵式。对于他而言，这是一次改变一生的阅兵。"阅兵集训的那两个月真的好苦，每天睡在军用机场的战斗机库里，福建沿海地区的太阳特别大，白天在机场跑道上训练，往远处一看，热气翻腾。我们每天必须坚持训练十几个小时。那时腿肿了两个多月却不敢说，不想被淘汰，真的是憋着一股气只想参加这次阅兵。"

面对这些曾经的苦楚，独孤总是笑笑。他说："没有这些经历，我是写不出这些小说的，我念的书不多，笔下很多故事多是亲身经历的，有着生活的影子。"

进入网络文学领域，对独孤求剩而言，是偶然，更是生命的必然。"当时真是我最不得志、最落魄的一段时期。"迫于生计，独孤硬生生挤进了这个完全不熟悉的领域。然而万幸的是，从小爱读书的独孤真的擅长讲故事。对他来说，从读书到写书像是个顺理成章的过程。独孤喜欢看书，不论小说、杂志、报刊，只要是纸质的东西，只要一拿在手上，他便会从头到尾一字不落地全部看完，少看了一句话心里就不舒服，不看完舍不得丢，像是形成了一种强迫症。他是一个爱书的人。

接触网络文学七年，写小说已经成为独孤生活中十分重要的部分。签约黑岩后，独孤坚持着日更一万字，几乎全年无休地工作，虽然累却也甘之如饴。在多年的努力与积淀下，独孤总算实现了初入网络小说行业时那个朴素的梦想。从最初的一点钱也不挣，到后来的每月两三百贴补家用，现如今他终于能靠写小说养活一家人。

问起独孤求剩以后的打算，他说："当然还是接着写小说啊，我真的很爱这一行，干着喜欢的事还有钱赚，何乐而不为？我会一直写下去，写到写不动为止。"

【主要作品】

《悬案组》，刑侦类题材作品，2015 年首发于黑岩网，665 万字，已完结。

《我的大姐大》，2016 年首发于黑岩网，845 万字，已完结。

《红粉佳人》，2017 年首发于黑岩网，638 万字，连载中。

【代表作评介】《悬案组》

《悬案组》网络版截稿已经两年，如今网络版与纸质书并行。网络版发表半年后，在黑岩网上的点击量近 2000 万；纸质书只截取了网络版的三个故事，难以窥探全书的整体风貌，但也做到了相对独立，小而精。

独孤求剩受早些年出名的"江西挖眼男童案"启发，作品架构以"挖眼男童"为引子，涉及五个家庭，跨越两代人。全书以林明俊为第一人称进行叙述，站在一个初入警察系统的菜鸟的角度讲述了一个又一个险象环生的大案，牵连出与林父相关的上代恩怨。同时，小说又以 ZV2 病毒作为暗线贯穿作品始终，跨越 30 多年的病毒秘密最终引出的是一部血泪的冤屈史。

猎奇是《悬案组》的一大特点。小说中各类线索交织，剧情线错综复杂，险象环生，极大地满足了读者的猎奇心理。更值得一提的是在这部两百多万字的"大部头"小说里，绝大多数的伏笔、疑点都得到了解决。然而令人遗憾的是，作品前期铺垫过长，冗杂又跳跃的剧情逐渐消磨掉了读者们的阅读意志；悬疑断案的后期伴随着盗墓、长生不老等元素的引入，在进一步引发新的情节高潮的同时，也一定程度地背离了原本的世界观设定。悬疑向玄幻偏移的定位虽然给予了读者们"爽点"，但也造成了小说在一定程度上逻辑发展的断层。但与此同时，高强度的、密集式的、为猎奇而猎奇的剧情使整个故事长时间呈现出直线发展模式。前一个疑点还没来得及解决，更多的疑点早已接踵而来，越来越多的不明因素密集涌进，这在迅速吸粉的同时，也为"如何符合逻辑地结尾"埋下很大的隐患。尤其是孤独求剩作为悬疑写作的新人，如此操作带来的风险更大。随着林父宝藏而产生的长生不老的诱惑在引发剧情高潮的同时，也无奈体现了剧情发展的疲态。《悬案组》在背离悬疑刑侦题材的路上越走越远。

独孤求剩好用第一人称的写法，《悬案组》依旧如此。男主角的第一人称视角大大地拉近了作者与读者间的距离。在悬疑的背景下，第一人称感同身受的作用体现得越发明显。尤其在平民式男主角的加成下，读者更加容易迅速地融入整个故事。可相对来说，悬疑也是一个能够充分暴露第一人称缺陷的类型。平凡的主角，伴随着第一人称，用主角来推动剧情发展相对吃力。于是，在主角的"菜鸟"阶段，为了剧情的顺利进行，作者不得不另辟蹊径。独孤对此选用了两套解决办法，第一，插入作者话语，开启"上帝视角"，弥补第一人称叙事的不足；第二，启用了大量配角，借配角之口讲述主角所不知道的东西，用庞大的配角群推动剧情发展。插入作者话语这种变相的"上帝视角"既可以推动剧情发展，也可以为过于平凡的主角增添一些爽点来吸引读者。与此同时，类似于"他现在还年轻，永远不知道 xxx""xxx，当然这都是后话了"等这类台词为主角发声的次数较为密集，很大程度上给读者以突兀的感觉，使故事难以按照其内有的、正常的逻辑发展下去。如此看来，用配角推动情节发展的做法似乎更具优势。

但众所周知，庞大的配角群体会不可避免地带来庞大的扁平化人物群体。令人庆幸的是，在《悬案组》中，独孤求剩成功地塑造了一干配角，他们为推动情节发展起到了良好的作用，如赵晓天、李大逵、周融或是前期完全处于背景角色的林父等。纵观全书，周融是最受欢迎的一个角色。他是一个背负着血海深仇、强大而寡言的人物。他可以在腿被野猪夹子夹伤的情况下追逐嫌疑人二三十千米，永远行动在追凶的第一线。他从来不多说一句话，冷情冷心的外壳下有一颗重情重义的心，受林父之托来到男主角林明俊身边，在危急时不着痕迹地施以援手。

林父则是全书最复杂的人物之一。这是一个在很多时候性格自相矛盾的男人，他的出场很靠后，并且带着"死而复生"的光环。在林父未出场的故事里，他存活于无数人的记忆中。他是林母心中的好丈夫，是老王、刘志强、李大鹏等反派心里没人性的恶魔，是警察系统里的一个争议颇大的人物。有人相信他无罪，有人认定他是个强奸犯，有人觉得他属于犯罪团伙……等到林父出场，事情变得更加错综复杂。林父的死亡是一场自导自演又被多方利用的大戏，他假死不单纯是为了保全家人，更重要的是他要获取那批宝藏。他渴望巨额的财富和长生不老。他重视家庭，然而他妻子的悲剧是他自己一手造成的。儿子林明俊被迫卷入这个两代人的恩怨，被多方势力逼迫陷害，这也属于林父本身计划的一部分。因此，林父是个很复杂的形象，立场捉摸不定，他给了读者充裕的想象与自我创作的空间。

除去猎奇特色，角色立场不明是《悬案组》的另一个特点。客观来说，除去男女主以及开头便明晰的小反派，其余的角色立场不明，正正邪邪，亦正亦邪。以林父为代表，其人物立场在全书的反转不下于三次。在某种程度上，角色立场模糊对于塑造复杂人物性格以及提高情节张力有着积极的促进作用；但从另外的角度而言，过于模糊尤其是大面积的人物模糊式处理，一定程度上也会造成情节与人物形象的混乱。这种模糊立场的设定，很大程度上受猎奇心理的影响。模糊的立场设定方便带来情节的反转，一方面能给人峰回路转的快感，另一方面也是圆回剧情的需要。

无论如何，作者独孤求剩在《悬案组》中塑造了一些出彩的配角，这是很难得的。不过，伴随着剧情的发展，庞大的配角体系也逐步暴露出更多的缺点，其中最明显的就是主角形象的扁平化。林明俊，这个原本第一主角的成长空间受到了极大的挤压，直到最后也似乎碌碌无为。周融、赵晓天这些独具魅力的配角的塑造成功，在读者群体，尤其是女性读者群体里的呼声越来越高，最终全面超过各方面平凡的男主角形象。在读者群高强度的呼声下，作者孤独求剩选择放弃男主角林明俊原有的成长线，转而不遗余力地对周融、赵晓天的形象进行丰富与拓展。这样的做法，吸引了更多女粉丝的涌入，在《悬案组》连载阶段，甚至一度出现了男女读者比例 1 :10 的状况。故事原本的男女主角的形象就不够丰满，作者后期也不再花精力去塑造，最后造成了纸片人式的男女主角形象。

这样的局面，在传统文学领域是极少见甚至是没有的。但这种情况又是确确实实地发生在了《悬案组》这本网络小说的连载过程中，这在网络文学界也绝非个例。网络文学特有的写作方式很大程度上造成了这个问题的产生。每日连载的模式使读者更多地参与到了文本创作的全过程，而《悬案组》则淋漓尽致地体现了读者话语权的扩大。据独孤求剩表示，连载《悬案组》之时，便有一个超过 300 人的读者讨论群，每时每刻都在上演着读者与读者、读者与作者间的讨论交流。这种集众智的做法，为《悬案组》的成功带来了很大助力，也留下了不少的遗憾。

总而言之，《悬案组》是一部值得阅读、适合阅读的网络小说，它有不少缺点，却也足够吸引人。

（方益群　向晨月　执笔）

10. 独孤逝水：对文学的坚守，源于爱

【作者档案】

独孤逝水，原名刘云，曾用笔名独孤纯水，男，湖南益阳人。原旗峰天下知名作者，现任湖南网络作协理事。他的作品《美女保镖》在线阅读取得了不错的成绩。2014 年他转战创世中文网，在 QQ 书城中创出了 400 万收藏的记录，在整个收藏榜上排名第一，销售量亦名列前茅。作品《校花的贴身狂少》于 2015 年成为阅文第三本单章订阅破 10 万次的作品，占据销量榜前两名长达半年之久。同年签署阅文集团大神级合约。现在单章订阅已有 14 万次，收藏量 490 万。

早在 2009 年读高中的时候，网络文学创作的梦想就深埋在他的心中，天生对文字的敏感和热爱使得他坠入网络文学创作的世界不能自拔。2010 年，初次开始网络文学创作时，由于各种客观条件的限制，他只能用老式按键手机，把文章一字一句地输入 QQ 空间的私密记事本，然后反复核对检查，之后再匆匆赶去网吧发布文字。他说，当初用手机码字，至少写了七八十万字，虽然最后只拿到了不超过一千块的稿费，但是回想起来，那种纯粹和执着仍使自己感到无限的鼓舞和骄傲。如今，随着网络文学潮流的兴起和对网文认识的逐步加深，他不断超越自己，努力在创作中寻找创新点和突破点，在提高作品质量的同时不断增强作品的时代性和创新性，这也是他能在优胜劣汰的网络文学世界中顽强生存的一个重要原因。他说，一生只做一件事，自己会专注于网络文学创作，希望能够把这件事做好。最近，他同时开了三本书，一天大概写一万五千多字，即使是卡文的时候被催稿，他宁可断更，也不会乱写去凑字数。面对庞大的任务量，他表现出异于常人的冷静和认真，网友们也因此一直钦佩他、支持他。

独孤姓出自刘姓，起源于北魏时代北鲜卑部落，是汉光武帝刘秀的后

代。刘秀之子刘辅的裔孙刘进伯官度辽将军，在攻打匈奴时失败被俘，囚禁于独山（今辽宁省海城境内）之下，他的后代有尸利单于，曾为谷蠡王，其部落号独孤部，传至六世孙罗辰时，随北魏孝文帝迁居洛阳，遂为河南人，以其部落名为姓氏，称为独孤氏。逝水，既指一去不返的流水，也暗喻流逝的光阴。北齐颜之推《颜氏家训·勉学》："光阴可惜，譬诸逝水。"唐许浑《重游练湖怀旧》诗："荣枯尽寄浮云外，哀乐犹惊逝水前。"清俞蛟《梦厂杂著·游踪选胜·万柳堂记》："几曾逝水留云住，犹记残花扑酒香。"清纪昀《阅微草堂笔记·姑妄听之一》："舞衫歌扇，仪态万方，弹指繁华，总随逝水。"单单从独孤逝水之名，便可窥见作者刘云的知识面之广泛，文学涵养和积累之深厚，正所谓听之名而知其人之不凡。

【主要作品】

《美女保镖》，2012 年 4 月 23 日首发于旗峰天下小说网，约 381 万字，连载中。

《校花的贴身狂少》，2014 年 1 月 15 日首发于创世中文网，约 579 万字，已完结。

《校花的超级狂医》，2016 年 6 月 6 日首发于创世中文网，约 127 万字，已完结。

《都市之无上医神》，2017 年 5 月 18 日以"独孤纯水"的笔名首发于创世中文网，约 217 万字，连载中。

《都市之至尊修仙》，2017 年 11 月 10 日首发于创世中文网，约 72 万字，连载中。

《重生之极品仙尊》，2017 年 11 月 16 日首发于创世中文网，约 81 万字，连载中。

【代表作评介】《校花的贴身狂少》

《校花的贴身狂少》的男主角陈楠是武学奇才，用毒高手。陈楠下山寻找小师妹叶依依，却意外成为校花保镖，从此一个"妖孽般"的学生诞生了。他追校花，整恶霸，都市称尊，纵横天下；修古武，灭黑道，横扫八方，踏上人生巅峰。

陈楠是武者，体内有心魔，乃是上古时期的魔道至尊，握有裂苍手、破天杀、三元归一、逆乱九式、棋道圣法、龙帝大日印、龙帝天山印、乾坤大挪移、戮神七步、御空飞行、生死轮回双世界、诛天剑指、生死寰灭等绝招。而女主叶依依，亦是陈楠一生挚爱之人，陈楠成为永恒大帝后，叶依依被封为左天后。她性格冷淡，清丽脱俗，喜穿一身白衣，武器为银铃索，武学资质不在陈楠之下。为帮陈楠治头痛之疾，在火麟山上守护混元火莲两年，最终血战各方强者，帮师兄夺得火莲，自己也因此重伤垂死，身染麒麟毒火，只能封于灵气浓郁的仙灵谷中疗伤。后来，陈楠历经一番辛苦，治好了她。在她的眼中，没有天地，没有神魔，只有一个人——师兄陈楠。为了陈楠，她可以不顾一切。苏清清，她是陈楠的另一个一生挚爱之人，陈楠成为永恒大帝后，苏清清被封为右天后。她的性格外向，活泼动人，又有点任性，此外她疑为其祖先仙灵圣女转世之身，曾被九阴魔女收为义女。武器为白玉莲台（仙灵圣女的极道神兵）。她勇敢大胆，爱憎分明，为了陈楠甘愿放弃一切。

一本书的成功，最重要的无疑是主角的塑造，《校花的贴身狂少》中男主人公陈楠这样一个外表萌蠢实则腹黑、霸气热血又有一点小猥琐的青年形象刻画鲜明，令人眼前一亮。这不仅体现了作者丰富的想象力，更是作者写作功力的展现，用环环相扣的故事情节，将主人公的形象一点点地在读者的脑海中勾勒出来。除了男女主角，作者还设定了许多配角，对其刻画也很成功，比如霍欣雅、柳甜甜、江小米、楚温柔等人物，还有其他辅助角色，比如玄天机、玄天罡、仙灵圣女、朱雀神女、魔道至尊等，这些人的性格外貌、成长背景、神态语气方方面面都有不同，各自精彩。

作者独孤逝水在小说中构造了一个比较完整的修炼体系，如人间有武者、修真者、魔法师和妖修，修炼等级依次是内功入门，入道，齐道，御道，彻地，通天，仙域，天君，至尊，域主。小说情节引人入胜，人物繁杂，但作者的写作思路清晰，作品结构严谨，内容连贯。作者对于小说情节设定的复杂多样性更是令人惊叹，在一本都市文中，不仅有都市小说暧昧不明的情感描写，更有玄幻小说中的热血战斗，军事小说中的兄弟情义……令读者耳目一新，读起来欲罢不能。从题材上看，《校花的贴身狂少》属于玄幻小说，具有丰富的想象性和幻想性，背景架空，没有现实基础。也正因为失去了现实的制约，一切可以纳入文本的元素都可以成为作者写作的源泉，作者也可以不受任何拘束和牵绊，具有较大的创作空间。

同时，加上作者本人的生活经验和经历的丰富性，其作品能够紧跟时代的潮流随时变化写作方向，具有更多时代的、青春的气息，获得更多读者的接纳和喜爱。

艺术来源于生活，网络文学的创作不仅需要作家本身具有较为丰厚的文学知识积淀，而且更重要的是作家要用心，要细致，要善于从实践中得到对生活真实和别具特色的感悟。为了更好地描写主人公飙车的一个情节，独孤逝水在网上查找资料的同时，也开始研究关于车的各种知识，每当在路上听到特别的发动机声音或者排气声时总会立马回头寻找，各种改装店、二手店和朋友圈中玩车的好友都是他每天必定会关注的，吃饭或者睡觉前总会轻轻在手机上划过各类汽车的评测内容，他甚至亲自去尝试买车、改装车。在此过程中，他养成了对车的痴迷与热爱，同时也为自己的网络文学创作提供了丰富的经验，令故事情节更加如行云流水，精彩纷呈。

但另一方面，艺术却又是高于生活的，无论个人的经历多么精彩，都不能原封不动地将其写进小说，小说必须虚构，必须想象。单纯的真实生活是没有艺术表现力的，如果文学作品只是一味地展现真实，没有艺术加工，就会显得平淡无奇，缺乏审美欣赏的价值，读者读了之后也会感到索然无味，味同嚼蜡。独孤逝水深知这一点，于是在他的作品中，我们既可以看到真实世界的影子，又可以看到天马行空的想象，加以适当的虚拟和构想，打破旧有的思维墙壁，注入新鲜的血液。他创作的都市小说很接地气，没有脸谱化的描写，而是将故事娓娓道来，渐渐让读者融入其中，体会到小说中人物的喜怒哀乐，给予读者一种获得感和认同感，虚幻而不落窠臼，缥缈而不失真实。

网络为文学的发展提供了一个开放的、自由的平台，逐渐形成了与传统文学多元共生的局面。许多青年作家更是厚积薄发，形成了属于新一代青年所代表的一种网络文化。面对可喜的网络文学热潮，独孤逝水深感荣幸能够成功地搭上时代的列车，在作品篇章的字里行间，在热烈的回应和激烈的评论之中，在会心的感悟和灵魂的喜悦中，创作出耀眼的文字并带来思想的碰撞，给人以阅读的快感，以艺术的感染，以思想的教化。日益严峻的网络文学形势不容小觑，草根出身的网络文学作家想要跻身前列并获得荣光，也实在是一件不容易的事情。像大多数在夹缝中生存的网络文学作家们一样，独孤逝水痛并快乐着，既享受着他热爱的工作，又感受着它所带来的疲惫与痛苦。一个月更新 40 多万字，是什么样的写作状态？基本上一个月没有出门，睁开眼的第一件事，就是码字。茶不思饭不想，每天早晨准时起床，一天有十六七个小时坐在电脑前，整个大脑都处于高度兴奋状态。在无数个睡眼惺忪的夜晚里，他无数次想放弃码字，又无数次打消念头、坚定决心，无数次练笔、码字、积累、沉淀，自己选择的路，他跪着也要走完。对网络文学的热爱，独孤逝水二十年如一日地坚守着，一生只能做一件事，就把事情做好、做实，甚至做到极致，他这样想着，便也这样做着。

（向兴格　张沁心　执笔）

11. EK 巧克力：一笔热血书辉煌

【作者档案】

EK 巧克力，男，本名罗煌，1987 年出生于湖南岳阳，曾在岑川中学和平江五中相继就读，2010 年至今在起点中文网发表作品，现已签约阅文集团，成为阅文集团大神作家、网络文学知名作家，其文风热血轻快，剧情跌宕起伏。从事写作以来，EK 巧克力的作品受到千万读者追捧，在起点各大榜单都占据一席神位，直至 2018 年，EK 巧克力已累计创作 9 部作品，作品字数逾 1400 万字，其代表作品《剑逆苍穹》获得书友月推荐榜（2017 年 5 月）第十三名，《至尊箭神》累计获得 30 万张推荐票，《超武穿梭》累计获得 30 万次点击量，《纯阳真仙》累计获得 10 万个收藏，而《至尊箭神》《无量真仙》《剑逆苍穹》《纯阳真仙》皆在台湾出版繁体字版，《剑逆苍穹》简体字版由长江文艺出版社出版，正在出版中。

【主要作品】

《长生修神传》，2010 年 6 月 22 日发表于起点中文网，仙侠类型作品，现已完结，全书 14.79 万字。

《纯阳真仙》，2011 年 6 月 5 日发表于起点中文网，仙侠类型作品，现已完结，全书 271.26 万字。

《剑逆苍穹》，2012 年 8 月 16 日发表于起点中文网，玄幻类型作品，现已完结，全书 383.03 万字。

《无量真仙》，2014 年 1 月 22 日发表于起点中文网，仙侠类型作品，现已完结，全书 302.17 万字。

《至尊箭神》，2014 年 11 月 11 日发表于起点中文网，玄幻类型作品，现已完结，全书 257.54 万字。

《仙城纪》，2016 年 6 月 12 日发表于起点中文网，仙侠类型作品，现已完结，全书 24.59 万字。

《超武穿梭》，2017 年 6 月 2 日发表于起点中文网，玄幻类型作品，现已完结，全书 80.25 万字。

《斗神战帝》，2017 年 10 月 20 日发表于起点中文网，玄幻类型作品，正在连载中，累计已有 42.64 万字。

《超星空崛起》，2018 年 1 月 18 日发表于起点中文网，玄幻类型作品，正在连载中，累计已有 43.02 万字。

【代表作评介】《至尊箭神》

《至尊箭神》是 EK 巧克力的代表作之一，曾创下累计获得 30 万张推荐票的骄人业绩，这部小说主要讲述了地球人叶星穿越到星辰大陆逆袭为巅峰武道至尊的故事。在小说中主角叶星通过超级电脑连接器进行游戏内测时，遭遇故障，穿越到了一个名叫星辰大陆的地方，成为青叶镇叶家大少爷。在星辰大陆上武者可以感应诸天万界的星辰，吸收星辰之力修炼武道，叶星感应到的是与其他人截然不同的黑色旋涡状力量，而他更发现自己的大脑与"玄幻世界"游戏的超级电脑融合了，成为了名副其实的"超脑"，于是叶星决定利用自己的特殊天赋向武道巅峰进击。叶星修炼速度十分惊人，他一一击败各路对手进入天沧城和紫山学院进行修炼，在紫山学院的招生比赛中，叶星与天才少女韦轻萱成绩惊艳众人，更生出相惜之情。在紫山学院，叶星虽然受到老师和同学的欺压却靠自己的努力不断突破，与韦轻萱成为紫山学院实力最高的两人，此时，叶星所处的落星国的敌对国东扶国发动战争，叶星、韦轻萱等人率领大批弟子出战，并击退东扶人。战后，紫山侯将韦轻萱托付给灵月宗，并亲传叶星箭道，收其为徒，指导其成为落星国落星宗的弟子。叶星在落星宗中快速成长，更在阵法学习上显出骄人天赋，而韦轻萱则愈加神秘，因觉醒了罕见的处女座星相被紫沁王带走。随后，叶星也觉醒了混洞星相和射手座星相两个星相，因其特殊星相，叶星的修炼境界不断提高，同时还进化了自己的超脑。在成长过程中，叶星打败了青云地区的六大公子，也与东扶宗、日月宗等结仇，落星宗因此遭到联合伏击被灭，叶星为报仇灭了东扶宗、日月宗等。此时，叶星也觉醒了第三种火焰星相并继续在星辰大陆上闯荡，在东神洲后辈大比拼之前，叶星重逢了好友黑彪。黑彪告知他，他是统治星辰大陆的大元王朝口中的乱世妖星，大元王朝一直想杀他，这令叶星十分激愤，更有了新的目标，那便是推翻大元王朝。为了找出叶星，大元王朝在星辰大陆进行天才选拔赛，叶星将计就计，趁此提升自身能力。在大赛上，叶星重逢了韦轻萱，并在星空大擂台上战胜大元王朝的高手成为第一，去往其他星空大陆修炼，回到星辰大陆后韦轻萱告诉了叶星自己的身世，原来她是宇宙至尊轮回至尊的女儿，前世因遭人陷害被父亲用轮回大法送到星辰大陆重生修炼，叶星也告诉了她自己的身世，二人互许终身。在暗星教与大元王朝的斗争中，星辰大陆上黑狱之海的时空裂痕扩大，被死灵侵入，死灵王借助暗星教教主之子卓玉鹏的身体与大元王朝里应外合，重创暗星教，也逼得叶星离开了星辰大陆。在星月大陆上，叶星开始了新的历练，他参加了高等大陆暗星大陆暗星神殿的弟子选拔，历经各种战斗，他以第一的成绩被选拔进暗星神殿，在暗星神殿中，叶星不断成长并突破了王者，他趁此回到星辰大陆，灭了大元王朝，令暗星教成为星辰大陆的统治者。在叶星和韦轻萱离开星辰大陆前往暗星大陆时，轮回至尊突然出现，将韦轻萱带走。为了与爱人厮守，叶星再次回到暗星神殿修炼。在突破准神后，叶星终于来到轮回圣地。此时，轮回至尊正在招婿，叶星一一败敌，迎娶了轻萱。然而紫薇至尊野心膨胀，想要一统天星位面，并抢走了轻萱，叶星为了夺回妻子并打败紫薇至尊，再入星辰秘境，领悟了有至高威力的四大法则，并突破了真神，与轮回至尊一起救出了轻萱。叶星和轻萱、轮回至尊前往死界救出了韦轻萱的母亲，但叶星却暂时留在了死界，在死界中，叶星打败混洞至尊，并在星辰殿的帮助下继续领悟法则，经过一千多年，叶星终于将五种最强法则领悟到了第三层并离开了死界。叶星打败了紫薇至尊等人，在7397岁那一年，叶星领悟了所有的天道法则，成为位面主宰——至尊箭神。

作为EK巧克力最为出名的长篇小说之一，《至尊箭神》和大多数热门玄幻小说一样，有着天马行空的想象力、宏大的世界观以及令人热血沸腾的"爽点"。作者将玄幻小说打怪升级的模式写到了极致，在阅读时令读者身心愉悦，心潮澎湃，它的"爽点"创作手法更满足了普罗大众在现实中的幻想，使众人游走于生活边缘时的想象跃然纸上，这令读者在疲惫之余得到了精神上的释放与自由，也成为《至尊箭神》备受追捧的原因所在。

　　《至尊箭神》的最大特点之一在于其题材的特殊性，玄幻类题材是典型的男频题材，因为它不仅契合年轻男性刚入社会的热血追求，更保留了对世界的幻想，契合作者和读者的爱好，呼应了网络文学的虚拟性和想象性。全书情感充实，行文自然，由点及面的创作手法贯穿全文，也突显了站得越高看得越远的人生意境。从整本书来看，千余章节的庞大内容体系情节流畅，叙述完整，从青叶镇到宇宙位面的世界格局随着主角叶星武道的提升逐渐向读者展开，奇幻的冒险情节和充满想象的武道世界给读者，特别是年轻读者以新鲜的阅读感受；从章节安排来看，小说节奏紧凑，宏大的布局之下矛盾交织，始终令人处于紧张的阅读状态之中，而主角们的层层历险更包含了爱情与友情、个人与团体等元素的耦合与分裂，在紧密铺陈的情节之下，小说拥有了罂粟般的吸引力。

　　以"我"为至尊，使个性人物增光添彩。《至尊箭神》的第二大特点是鲜明的人物形象。在人物塑造上，小说以主角叶星为线索，塑造了韦轻萱、黑彪、紫山侯等鲜活且极具故事性的人物。在小说世界里，大部分人都以能力高低论英雄，武道境界越高越被人所畏惧尊敬，相反则经常受到高能力者的打压甚至谋害，正因如此，平等、谦虚、与人为善等品质在小说中才愈加显得弥足珍贵。主角叶星奉行"人不犯我我不犯人"的人生守则，在大多数情况下，其性格也是虚怀若谷、谦和宽容，但一旦遭受了不公平待遇，叶星就会以自己的方式使恶人得到惩罚，这种爱憎分明、有恩必报有仇必偿的人物性格是现实生活里社会人所缺少的，也令叶星这个角色充满魅力。网络文学作品的受众往往在现实中受到莫大的压力，情感不能尽情释放，行为与思想经常背道而驰，但在《至尊箭神》中，主角甚至配角都相对单纯，受到欺压便会奋起反抗，只要努力就能逆袭为"神"，从商业的角度来考量，读者更希望在文学的虚拟空间内触碰到这类性格和思想都更为单纯的角色，他们容易使读者产生代入感，从而抒发对现实的不忿，寻求梦想的激荡，而强大的人物魅力也可以在某种程度上弥补长篇网络小说笔力不足的通病，令小说散发着长久的吸引力和生命力。

　　张弛有道，逆袭爽文释放现实压力。《至尊箭神》的第三大特点是从读者出发设置的"爽点"。"爽点"指网络小说中能够令读者在阅读时产生极大的愉悦感，甚至使人血脉贲张、欲罢不能的情节，而"爽点"设置与运用取决于小说主角远超常人的人生际遇和一次次的成功。"爽点"可谓是玄幻类型网络文学的标志，且常常与"金手指"搭配使用，异次元世界中，读者自我代入小说主角，随主角在一次次冒险中赢得胜利，从而获得快感，《至尊箭神》更将这种双管齐下的"爽点创作"运用得炉火纯青。主角叶星从一个"废体"成长为天星位面的至尊主宰，其间历经普通武者、星侯、真人、尊者、王者、准神、真神、至尊、最强最尊、位面主宰十个阶段，而每个阶段又各有九次升级，其间每次升级所经历的战斗和胜利都是全文的"爽点"，大小"爽点"交织，使小说读者的自我代入感增强，在肾上腺素的刺激下，小说文字释放了人性本能的快感，也使生活中受到的压力一并释放，填补了读者因现实生活而丧失的生命力。另外，小说的主旨因励志有了一定升华，叶星的成长之路充斥着外人的嘲笑和打击，但不论后来遇到多少困难，他总是坚持不懈地修炼，从未放弃过自己的梦想，更将这种远超常人的努力贯穿始终。励志的内容主旨十分符合青少年乃至中年受众的口味需求，"莫欺少年穷"的人物内心更呼应了读者内心的呐喊，与作者酣畅淋漓的写作手法相辅相成，使小说更加契合读者内心。从接受美学来讲，一部作品只有在读者的理解和诠释中才能表现出实际的审美价值，而《至尊箭神》多重"爽点"的设置能够使作品被更多人接受和喜爱，它的生活价值在被受众所认可时得以体现，使其不失为一个成功的网络文学商业作品。

但《至尊箭神》也有一些玄幻类小说的通病，比如"金手指"的运用过于夸张、文字重复、情节缺乏创新等。主角叶星的成长之路十分顺利，在无数次冒险中也是逢战必胜，这使整体故事缺乏曲折性，主线剧情过于平坦，文章主旨欠缺深度，"爽点"虽多但"记忆点"不足。文中频繁出现"给我死""给我败"一类词，文字运用过于频繁单调，也降低了小说的可读性。与大多数玄幻类小说一般，《至尊箭神》也是讲述了一个普通人通过层层升级逆袭成为大人物的故事，主角奋斗期间不断遭遇他人打压陷害，但幸而遇到善解人意的女主角与之一起奋斗，这类情节是吸引年轻读者的有力元素，但网络文学中已有不少类似作品，同质化程度较高，显得整本小说创新度不够。另外，小说的暴力情节稍多，这对读者可能会产生一定的负面影响。作为战斗类小说，杀伐情节是重要组成部分，但可以通过对角色思想、行为的把控，降低其所占的比重。网络文学是新兴的文学，是年轻的文学，其受众也以年轻人特别是青少年居多，假如小说充斥着暴力思想，其辐射的受众也将受到影响，这对于价值观尚未完善的青少年来说存有一定的教育隐患，对于心智成熟的成年人来讲也有激发极端情绪的忧虑。因此，以战斗为小说元素，在创作时融入宽容温和的价值观是十分必要的，"世界以痛吻我，我却回报以歌"的世界观更可以提升小说的思想境界。

综合来看，《至尊箭神》是一部突出的玄幻类网络文学，其内容打动人心，令人在阅读之时心潮澎湃，欲罢不能。这部小说也取得了优异的成绩，点击量一直活跃在各类榜单前列，是一部出色的网络小说。小说在创作上虽有值得改进的地方，但总体而言是一部值得完整阅读的网络文学作品，从主角身上，我们能得到这样的启发：只有不断努力登上新的境界，人生才会不留遗憾。

（孙敏　执笔）

12. 二目：建造异界"科技城池"

【作者档案】

二目，原名陈睿，曾用笔名悔恨 Grief，男，出生于 20 世纪 80 年代，湖南长沙人，摩羯座，土木工程师兼职网络作家。起点中文网签约作者，签约时间 2016 年 3 月，曾登上阅文集团旗下起点中文网公布的"2016 年网络文学十二天王榜单"，被誉为"奇幻人气王"。

二目的创作渊源可以追溯到他的童年时期。学校周边的书摊和漫画书店，尤其是其中的科幻、奇幻类的作品，是他作品创作的最初养分。《龙枪传奇》是他的奇幻启蒙作，《魔法学徒》《全职猎人》《三体》等小说与漫画也是他的最爱。不仅如此，他对历史、军事等其他领域的作品也广泛涉猎，这为他的创作提供了更多的"建筑材料"。他说："喜欢看那种历史大势下，不可被阻挡的车轮滚滚向前，因此就有了这部作品。""为了追女朋友（现在的老婆），去精品店买了一个漂亮的本子，像是写日记一样把对她说的话写下来，放学前交给她，到第二天再拿回来，翻看她给我写了些什么。这在当时算得上胆大妄为之举了，每天交换本子时就像地下特工一样，生怕被老师发现。到了高中，和女朋友上了不同学校，联系方式就成了写信。我几乎每周写一封，现在这些信大部分都留存下来，堆起来差不多有手肘高。"二目这段在曾经的访谈中所谈到的最初的"创作"历程，充满了爱的"写作训练"，为他如今的小说创作打下了有利基础。二目妻子的支持对他的写作有至关重要的意义。"二目"这一笔名的由来，即因他最初的创作冲动来源于妻子，他也就取他和妻子名字笔画的一部分"目"和"木"。

尽管很多人认为二目在写出第一部超长篇网络小说时就取得了不凡的成就，甚至可以说是"半部封神"，整个历程出乎寻常的顺利。但实际上他也经历了很多创作甚至生活的"瓶颈期"，"只能慢慢调整，逼着自己写下去，过了那个坎就恢复了"。

最初，小说创作对于二目来说是枯燥工作中的精神趣味的寄托。现场工程师的工作一方面是荒郊野外、漫长离家的项目，另一方面是没有可供娱乐的活动，这样的生活让他感到厌倦。他说："我当时特别希望写出一本书，也就不用老随着施工队跑，可以安稳地回到老家做事，一想到这，创作的念头就更强烈了。"二目认为，"我只是一个普通的网络作家"，"尽力去描写一个自己喜欢的故事"。他把创作变成让自己有激情去做的事，并且相信充满了作者情感的纯粹的作品一定会受到读者的喜爱。

【主要作品】

《放开那个女巫》，奇幻题材作品，2016 年 3 月 30 日首发于起点中文网，作品正在连载中。这部作品上架以来一直位列热销榜前十，是奇幻日销售纪录的创造者，起点主站均订超过 4 万，位列"2017 中国原创文学风云榜 top10"，同时也备受外国读者的关注，由粉丝自发翻译，以 *Release that Witch* 为名连载于中国网络文学英译网站 Volare novels，也掀起了女巫同人图绘画的热潮。如今已在起点国际版正式上架（https：www.webnovel.com）。

【代表作评介】《放开那个女巫》

故事梗概

现代机械工程师程岩穿越到和想象中的欧洲中世纪完全不同的、具有魔力的女巫大陆，成为了灰堡国四王子罗兰·温布顿，开始了其保护、"收集"女巫的探险历程。他凭借女巫们的特殊能力以及自己的科学知识和能力解放领地的生产力，并不断扩展自己的领地，同时开始了对"这个世界究竟是怎样的"问题的不断探索，带领女巫和民众抵御魔鬼，开启一段奇幻的"种田"之旅。

作品赏析

《放开那个女巫》这一书名源自周星驰喜剧电影《破坏之王》的经典台词，以及流行语"放开那个女孩"。正如其引人注目的名字一般，作品内容也另辟蹊径，不同于套路千篇一律的种田文，开创了新的女巫种田流，也以"科技是第一生产力——女巫是第一生产力"带来了网络小说中科技与魔幻结合的新思路。

1. 非全知全能的主角设定

就种田文本身而言，它更多地寄托着我们渴望完全按照自己的构想顺利生活，或是一种期待可以重返过去、补全遗憾的想法。因此，文中的主角都拥有超乎常理的"金手指"，例如穿越前自带的全领域的天才技能，或是作弊利器"系统"和"空间"，帮助自己完成"高筑墙、广积粮、缓称霸"的目标。越来越多类似的主角设定就使得这类作品缺乏新意，使这类作品的创作进入疲乏期。但《放开那个女巫》中的主角，现代机械工程师程岩，无论是穿越前还是穿越后，都更加贴近普通人的设定：理工科成绩优异，对专业知识掌握较好，并且在发展势力的过程中更多依靠熟知的科技知识，而不是较多奇幻小说中通用的武力。一方面，程岩这一角色设定别出一格，使得故事叙述更加真实、亲切，读者容易被代入，亲身体验种田之旅。程岩为了完成种田大业，仅靠不算全面的数理化知识、工程师经验以及穿越后的王子身份是不够的，辅助者便合理地出现了，这辅助者即拥有魔力的女巫。现代科学与魔力的融合，科技就此借助魔力形成基础结构并飞速成长。另一方面，就故事发展节奏而言，程岩开篇快速进入穿越后的角色设定，接受了环境并以符合原主行为习惯的方式进行了"改日再判"的裁决决定，穿越原因也以"催促进度，加班猝死"简要概括，马上开始规划未来。罗兰的新面貌直接进入读者视野，拉开主要情节序幕，教人迫不及待期待后续。

2. 科技端细节充实

种田文这类写作一般需要刻画主角在新世界中建立自我势力的过程，因而故事发展要符合逻辑，尽量减少不符合发展逻辑的硬伤。这就要求故事细节更加充实完善，整体发展自然流畅。

《放开那个女巫》中对科技一端的细节描写是很翔实的。无论是小说中复刻科技成果所需的理论原理，还是从制作到实验各环节，都有铺垫，而且表述合理、完整，并未因"幻"而过度超出我们现实所知的科技。小说将已知的科学真实融合魔力运用到异空间中，科技 bug 较少。这一点和二目大学所学土木专业的理论知识以及工程师的职业经验不可分割。除此之外，专业的工具书、科普文献以及网上的资料都是二目的参考，而那时的各科教材中许多涉及"种田"本质的理论都能找到。就如第十二章中对水泥制造流程的叙述："水泥的生产流程说起来很简单，将石灰石碎成粉末状后与黏土、铁粉混合，用干法或湿法煅烧成熟料，再同石膏一起磨细即可使用。原料都很普通，铁粉难以大量制得可以不放，关键在于熟料的煅烧温度。""他只知道这个温度几乎和铁的熔点相近。"实际上，铁的熔点为1538℃，煅烧水泥所需温度在1350℃～1450℃，确实较相近，并且前两章对煅烧水泥原材料的出现也进行了合理铺垫，并与之后的城墙建筑过程衔接自然，对建筑理论也进行了合理解说，并非凭空编造。二目读研时与机械专业的室友的日常交流也为创作提供了不可或缺的帮助，机械与土木构成了小说中工业兴起的两大基石。工业发展所需的第一原动力，解放人力和畜力的蒸汽机（"它的原理图是每个机械狗都耳熟能详的，简单点说，就是一个放大版的开水壶。烧开的蒸汽被导入气缸，推动活塞和连杆，将热能转化为机械能。"）以及守卫与扩张领土不可或缺的热武器所涉及的机械原理大概便赖于此。

另一方面，罗兰在认识、分析女巫魔力本质及其在工业发展中对现代科技生产过程的可替代作用也更多地从科学的角度出发。例如，女巫烛火的魔力作用可以将接触到的物体维持原有特性一段时间。在罗兰眼中"固化物体状态完全称得上无价之宝，关键就在于'常态'一词上。受到加热冷却、摩擦、受力等各因素影响，金属会疲劳，结构会变形"。"烛火能有效改善劣质金属的机械强度。"这种用科学去解读和描述魔力、用基础科学知识重构魔法的现象，是小说中一大亮点。

二目通过现代具象眼光所描述的魔力给读者带来了一种独特的震撼人心的美。例如，"身后的火把同时炸开，犹如获得了纯氧一般，爆发出夺目的光芒。""呈自然火苗状的黑火突然变成了一块立方体。还未等所有人反应过来，块体又扩散为一张黑布，几乎覆盖整个桌面，接着它向中心收拢，逐渐变为一条立起来的直线。"除火焰本身给人的炙热夺目感外，女巫安娜的火焰在科学视角下则更令人惊艳。火焰的形态一定程度上代表着安娜的特质，安娜通过火焰确认自己所追寻的"圣山"，她的坚韧也正如最终形态的"黑火"一般内敛却可爆发出巨大的能量，这种描写给读者带来了一种独特的审美感知。

3. 主角的个性表现

一部小说的核心是人物塑造。无论任何题材，最终目的都是塑造典型的人物形象，而人物形象又通过细致的情节与环境显现。二目细腻而厚实的文字功底，着实为情节环境的构造增色。他的作品情节画面感很强，在过往的访谈中他也说"因为喜欢绘画，自己最自豪的能力是看到文字就能想象出画面，也能把画面写成文字"。整部小说逻辑严密，故事发展娓娓道来，一步步为未来发展做铺垫。它的鲜明主线主要体现在：一是罗兰利用现代科学从高起点来发展扩张自己的领地；二是罗兰带领大家战胜魔鬼。除主线视角叙述外，二目还通过支线的发展视角来辅助，如通过大王子、三王女视角来展现各自领地发展与夺王之战，促进主线发展。二目擅长以新的"爽点"重新引发阅读兴趣，节奏把握良好。这样快节奏的发展以及本身女巫角色能力、形象差别较大的设定，一定程度满足读者的理想化情景。不过，这种写法也产生了主角形象塑造相对模糊的问题。罗兰更多地只起到了提供科学理论与发展计划的作用，性格特征并不显著，在一众抢眼的女巫中，存在感有所减弱。女巫中除性格较鲜明的夜莺外，令读者印象深刻并被记住的也较少。同时众多数量的女巫也使读者猜测小说是否会走向男主坐拥"后宫"的情节，但二目表示至多只有安娜与夜莺，这样才能够保持情节构造的趣味。

4. 正能量包容

在种田文的发展中，想要称霸，就会充斥着敌我阵营的交锋。小说中的矛盾冲突小至个人，大至国家。尽管《放开那个女巫》中关于战争的场面描写略有不足，更多的是局部的小战争，从中还未看到宏阔的帝国，但在冲突中也看得到政治斗争的原始和血腥、上位者的冷酷。然而，更多出现在读者眼前的是人物具有正确的世界观、人生观、价值观，读者在趣味阅读中同时接受着正能量的传递，为小说人物的勇敢正义而振奋。

罗兰（程岩）作为从现代而来的人，观念中首要的信仰就是"人人平等"。在他来到这个世界，看到女巫的不公甚至残酷遭遇，首先是期望能够保护她们，使她们能够与常人一起和谐生活，接着才是借用她们的能力开展理想中的生产建设。在开篇罗兰决定去见女巫安娜而受到侍从的劝阻时，劝说大臣"不敢直面邪恶，又怎么有战胜邪恶的勇气"。罗兰尽管不认同女巫是邪恶的，但也尽力走温和路线，逐步改变群众从属的错误认同。另一方面，就金钱观而言，罗兰以及三王女嘉西亚，都没有把财富作为目标，"这些金龙藏在柜子里没有任何意义，不用时它们就跟石头一样，只有当你花出去，它们才能体现自身的价值。关键在于，花掉它们不等于失去它们，只要使用得当，你获得的回报将远超它们自身”。现实也当如此，眼前的利益是微小的，我们要以更为长远、豁达的眼光去前行，而不是一味守财。

小人物的能量发出光芒时，反而更加耀眼。“骑士应该勇于和不公做斗争，应该不畏强权，保护弱者。”巡逻队的灰狗尽管是从平民而来，却能意识到骑士真正的存在意义，并为骑士精神而献身，拒与背叛者同流合污，他的同伴布莱恩也抱着同样的信仰，为骑士精神而战，带着灰狗的理想一起奋斗。这样的骑士精神以及朋友之义，是读者需要在如今纷繁复杂的社会中静心思考的。

《放开那个女巫》以其独特的视角将科技与西方奇幻融合，用深厚细腻的文笔向读者展现了奇异魔力辅助下科技飞腾的画面，激情澎湃地讲述着罗兰掀起的一场异界独一无二的工业革命，并一往无前地探索新世界的未知、战胜魔鬼的热血故事。这部小说将正能量潜移默化，是值得我们细细品味的作品。

（任书凝　执笔）

13. 贰蛋：用网文故事体悟生命情怀

【作者档案】

贰蛋，原名邓楚杰，男，生于 1991 年 11 月 14 日，湖南宁乡人。2012 年毕业于湖南城建职业技术学院，后就读于湖南城市学院，在此期间开始接触网络小说并尝试网文创作，不久之后辍学，目前主要从事网文创作。

贰蛋大学期间沉迷小说，经常挑灯夜读。直到大学最后一年，为了赚取外快、补贴生活，开始尝试写作网络小说。写作生涯的第一个月，拿到八百元全勤奖，赚取了人生第一桶金，这使他备受鼓舞，开始全力投入网文写作中。而后与人合伙经商，期间也不断尝试写作。两年后经商失败，转让店铺，重新拾起网文创作。目前已经组建家庭，过上了较为稳定的生活，自言颇感知足，其人生理想是能够衣食无忧，每日写写书，无事旅旅游。

【主要作品】

《我的都市修行路》，2017 年 3 月首发于黑岩阅读网，303 万字，2018 年 1 月 27 日完结。该作品属于现代都市玄幻类小说，自上线以来，获得 800 万余次点击量以及 1 万余次收藏量，吸引了大批忠实粉丝。

【代表作评介】《我的都市修行路》

故事梗概

作品讲述了一位名叫庄严的网吧主管，在送漂亮老板娘颜白雪见闺蜜时被卷入阴谋旋涡，意外和老板娘发生关系，而后刚出酒店便被几个黑衣大汉挟持，抛到河里。将死之际，被一神秘老头救下。其后两年，跟着神秘老头游历大江南北，并练得一身好武艺。回到县城，决心查出当日事情之真相。可回到原来工作的地方，却得知颜白雪已经被家族调走，现在情况不是特别好，管理县城产业的人已变成颜白雪的叔叔。在颜家，她这位叔叔和颜白雪是不同的派系。

庄严不愿就此放弃，陪伴父母一段时间后，离开县城，前往省城荆市。迫于生计，庄严不得不在省城寻找工作。在人才市场遇到招工的魅力KTV主管玉姐，前往魅力上班。刚到魅力的第一个夜晚，便以实力赢得寝室内几位同事的"尊敬"。但好景不长。一天夜里，玉姐在包厢中被一个叫冯勤勤的公子哥非礼，整个魅力无人敢拦。庄严念着玉姐对他的恩情，毅然冲进去，将玉姐从冯勤勤手里救出来，并且打了冯勤勤一顿。谁知道冯勤勤乃是地下老大冯不温的儿子。冯不温亲自杀到，魅力KTV老板满脸都是要放弃庄严的意思。然而，出乎意料的是，冯不温为人竟然极为柔和，不仅没有找庄严的麻烦，而且还对庄严颇为客气。雷正霆是个见风使舵的墙头草，见到冯不温看中庄严，竟然提拔庄严作为魅力主管。这本是好事，却引得魅力的其余几位老主管不满。他们合力挤压庄严，连玉姐都选择沉默。倒是老鸨里面有位叫花姐的，因为在其余主管手下待不下去，带着手下小妹们过来投奔庄严。庄严总算在魅力勉强站稳脚跟。其后，一次意外，救得被人追杀的冯不温。冯不温投桃报李，到魅力喝酒，为庄严壮声势。雷正霆将庄严提拔为副总，使得另外几位主管彻底没了想法。就在这个时候，庄严在魅力无意中看到柳研。柳研就是那晚和颜白雪见面的闺蜜。庄严向柳研询问颜白雪现在的电话，却被告知不知道。这使庄严非常疑惑，也担心颜白雪是不是出了什么问题。可没想到的是，就在几天后的夜里，下班回家的庄严就遇到杀手。杀手是冯不温派来的，没有杀他，只是十招败庄严，逼迫他离开荆市。冯不温让杀手传话，庄严惹到惹不起的人，连他也护不住，只有离开荆市才可能活。在这个雨夜，庄严如丧家之犬，逃到与荆市隔江而望的江市。

几经辗转，到达江市一偏僻的村落——清水村中，并且寄居在一户黄姓人家里。这户人家总共只有两人，爷爷黄老伯，孙女黄晴晴。庄严和爷孙俩相处得很不错。黄老伯寿诞那天，从村外来了不少豪车。庄严这才知道，原来黄老伯以前是江市的风云人物。现在他的这些干儿子、女儿们，也个个成就不凡。得黄老伯开口，庄严跟了其中的老三。他称呼三叔。在荆市的遭遇，让庄严意识到，只有变强才能够查出当日事情的真相。三叔专门做帮人寻找珍宝的生意，在黑白两道都吃得很开。庄严跟着他到缅甸寻找五彩翡翠，意外救下缅甸某部司令成绪仁孙女成小敏，并且和成绪仁交好，还得到不少极品翡翠，可谓大获丰收。而在回国的火车上，更是遇到颜白雪。颜白雪已经有了小孩儿，名为溪溪，正是庄严的骨肉。

现在，颜白雪在江市通往缅甸的航线上做列车乘务。她是实在忍受不住家族中的冷言冷语，才从荆市出来的。不知是谁将她当时失身于庄严的事情传扬出去，使本有婚约的颜白雪身败名裂。庄严看出来溪溪是自己的孩子，对颜白雪又心中有愧，于是对颜白雪百般呵护。颜白雪上班时，就帮她带溪溪，陪她去缅甸。休息时，就带溪溪到处去玩。这让颜白雪对庄严渐渐敞开心扉。庄严也因为一次争风吃醋而结识江市的地下龙头、家族公子哥谢甚源，并拜托谢甚源调查柳研。可刚刚得知柳研真相，却听闻父亲出事的消息。庄严悄悄赶回荆市，被冯勤勤撞见，行踪暴露。冯不温舍命相救，幕后真凶温家浮出水面。

庄严回到江市，开始崭露头角，并成为谢甚源的得力助手。冯不温在荆市被人杀害的消息传到江市，庄严发誓要为他报仇，覆灭温家。其后，前往谢家神农架基地进行秘密特训。这是地下家族培养高手的方法。训练中遭遇生死危机，神秘老头及时出现，救下庄严，并教庄严伏羲八卦经。庄严成为内劲级别高手，在神农架单枪匹马杀到温家训练高手的基地中，并且灭杀温家的内劲高手。再回到江市，溪溪改口叫爸。庄严和颜白雪确立关系，温家高手到江市找麻烦。黄老伯亲自出手，打败温家诸高手。自此，庄严和温家的斗争到白热化阶段。其后，庄严到神秘势力所在的药仙谷中参与拍卖，并机缘巧合成为药仙谷供奉，接连得到"悲离""欢合"两枚上古玉佩，得知草木秘境之谜。他练功时出现差错，差点走火入魔，却意外成就九股内气，不俗底蕴初露行迹。他回到江市和谢家大少谢甚源达成共识，以不俗武力助谢甚源夺权。再到秘境双波岛，得遇神兽灭蒙，并和海蛇族相识，成为海蛇族神使，与海蛇族圣女产生感情。内气达到内劲上师级别时，荆市传来消息，父亲受伤住院，庄严不顾凶险，决然回到荆市。在荆市杀温家高手，随后中了温家诸多高手的埋伏，艰险逃离，投奔玉姐，而后又在玉姐的帮助下前往以前魅力的老鸨花姐家中躲避，得知冯不温之死的秘密。

庄严伤好后上柳家，斩柳家诸多强者。有人暗中相助庄严父母离开温家，庄严又前往温家，以强悍武力压得温家俯首。自此，温家覆灭，庄严大仇得报。然而缅国传来消息，成老司令遇险，庄严毅然前往缅国相助，此后，庄严回到荆市大婚时，蛊族老祖突现，天地大变，上古百族同时出世，修仙之风在地球盛行开来。庄严前往药仙谷，却被药仙谷巫老垂涎丹方，遂与巫老反目成仇，含恨逃离药仙谷，远遁双波岛。哪知此时海蛇族正巧被同为上古遗族的宿敌赢鱼族进攻，庄严帮助海蛇族打败赢鱼族，并得到上古无上经书《琉璃药王经》。庄严再回到江市时，修为已是不同凡响。他前往上古谭家秘境，压得谭家俯首。蛊族金丹再临江市，庄严的师傅神秘老头子再度现身，以强悍实力斩杀蛊族金丹老祖，其后灭蛊族秘境。庄严成为修仙界新秀，与各族圣子齐名。应风族圣子邀约，庄严参加诸圣子、圣女宴会，大出风头，却被风族金丹强者暗算，结下仇怨。逃离后，庄严逼迫药族交出灵药，得以成就金丹，并在江南某秘境成立势力——圣宗。风族不想庄严崛起，率领大军杀至。庄严和老头子等人前往药仙谷，药族被迫低头，派遣强者相助。风族败退。地球修仙界短暂恢复平静。

庄严和各族天才争锋，逐渐声名鹊起，最后联合雨族，覆灭风族，并得到大日诀、聚灵阵。没承想聚灵阵惹得雨族垂涎，大祭司和圣女齐齐来讨要，闹得不欢而散，和雨族隐隐结下仇怨。庄严在人世间游历炼心。数年后，修仙界再起大乱，上古遗族不甘平静，要做这世间之主。诸多古族联手进攻紫禁城。圣宗毅然与众古族决裂，庄严为劝夸父族退军，不惜自毁一枚金丹，让夸父族首领震动，兑现诺言退军。紫禁城外，现代军队和众古族联军对峙，情势危急。庄严和老头子前往双波岛，斩杀双波岛上的神兽海夔牛，炼制夔牛鼓，随后和古族进行决战。夔牛鼓威力无穷，让古族大军的灵兽没有建功。圣宗诸多强者和古族强者进行厮杀，一战双方都是死伤无数，最终古族联军败北。一役后，圣宗在地球上的地位几乎无法撼动。庄严修为突飞猛进，已成为地球最强者，以一人之力，便压得众古族强者都抬不起头来。圣宗探索地球上的各个秘境，得悉上古之谜。原来上古中的神话人物都确实存在过，并且并未如传说中那样消亡，而是前往了仙界。只是，现在的修仙者找不到通往仙界的路径。直到庄严去给女儿溪溪参加家长会时，遇到一疯老头，才得知海底还有个神秘祭坛。这祭坛可能是通往仙界的传送阵。圣宗诸强者潜心研究祭坛，庄严不懂这个，前往龙族交换修行法，得到水源经，数法同修，前所未有。从龙族出来时，再度意外遇到那个疯老头。海域忽起狂风骤雨，无数龙卷风，有空间裂缝忽然出现，庄严为救疯老头，被裂缝吞噬。疯老头神智恢复苏醒，告诉庄严这里已是仙界。他以前也是在海域上遇到空间裂缝，和妻子意外来到仙界，但是他妻子却在仙界丧生，他因时时刻刻念着妻子，才得了那失心疯。庄严接受这个事实后，准备到仙界的仙宗中去求法。疯老头留在深山中陪伴妻子孤坟。自此，庄严开始他在仙界中的冒险，并无时无刻不想着回到地球去。

作品赏析

　　作者用天马行空的想象力为我们讲述了一个看起来似乎略显老套的故事。但就是这样一个略显老套的故事，贰蛋却可以用细腻的笔触娓娓道来，或诙谐调侃，或飞舞激扬，不经意间，以俗套的故事套出了不一样的情怀和理念。小说以小人物作为整个故事的出发点，男主从一个小小的网吧主管逐渐蜕变成修为甚高的英雄，在经历种种磨难和历练之后试图告诉我们这样一个道理：人始终无法逃脱命运的掌控。小说的最后，男主似乎已经强大到无人能及，却始终难以抵挡内心的没落。面对命运，任何人都只能俯首称臣，再强大的个体，在命运面前也如尘埃一般渺小。因此，整部书中关于阴谋和勇敢的描写是可操作的、具体的，而悲哀却是贯穿始终的主线。似乎只有当我们真正经历过人生的起起落落之后，才能体悟到生命的意义和价值之所在。

　　玄幻小说因其时间和空间的非限制性，有着无穷无尽的发展可能，更能表现更深远和宽广的主题，但如今多数作品，都在自我意淫中争个你死我活，更谈不上什么主题。相对而言，《我的都市修行路》尽管在文笔上略显青涩，但作者在情节把控和人物性格塑造方面的表现还是可圈可点的。从这一点来看，贰蛋的文字功底应该是相对不错的，平实的叙事，淡淡的描述，虽然不是每字每句深究，但结构紧凑，内容也能让人产生无限遐想。而人物塑造上，主角配角性格塑造都显得有理有据，读起来并不觉着突兀，虽然在人物刻画方面不免有相对理想化的描写，但却没有落入种马文的俗套，看到最后，也没有一次类似于其他同类小说那样所谓的限制级火辣刺激的描写。这样看来，该作品在内容方面绝对要高于现在大部分网络小说。

所以总的来说，《我的都市修行路》还是有其本身的阅读价值在的。用作者自己的话来说，《我的都市修行路》表面上是修仙练道，其实修心才是他真正想要表达的思想。但是这样一部作品，并没有走类型小说的路子，而是披上了玄幻的外衣，似乎只有这样才能被网络所接受，才能积攒所谓的人气。但不管怎么样，我们应该尊重这个选择。而本书最大的缺点恰恰也在于此——模式化严重，或许由于本书作者的理工背景，在此之前并没有接受系统的写作训练和实践，创作经验以及对文本的整体掌控能力仍有待提高，同时又受到网络层面的浮躁性和商业性的影响，照搬小人物迅速成为英雄，奇遇成为改变命运的最佳方式等"屌丝逆袭"式的套路，多多少少还是会影响整个故事情节的走向以及读者的阅读兴趣，这当然也是现今玄幻类小说的整体弊病之所在。

总而言之，创作玄幻小说作为现如今网络文学兴起的一种现象，自有其发生发展的原因，也有其存在的必要，但如何引导玄幻小说朝着正确而健康的方向发展，才是玄幻小说作者未来要思考的问题。

（王国莉　执笔）

14. 愤怒的香蕉：
以精品意识写家国天下

【作者档案】

愤怒的香蕉，原名曾登科，男，1985 年生，湖南衡阳人。起点中文网大神级作家，湖南网络作家协会副主席。2017 年获得第二届网络文学双年奖银奖，同年获得茅盾网络文学新人奖，2017 年 2 月在"第二届网文之王"评选中位列百强大神之一。

至今愤怒的香蕉已推出《异域求生日记》《隐杀》《异化》《赘婿》等数部网络小说，在网络上产生了巨大的影响。愤怒的香蕉擅长生活情境和情感描写，文笔细腻，文章内容温馨。愤怒的香蕉的每部作品都吸引了众多的读者，并在论坛、贴吧、知乎、豆瓣等网络平台上引起了广泛的讨论。愤怒的香蕉的文学风格独树一帜，文学理念遵从自己的内心。愤怒的香蕉在创作时精益求精，他像匠人般打造自己的作品，也正因为如此，他的书粉存在着既想催更又不想催更的矛盾心理。

愤怒的香蕉的不少作品在市场上表现良好，《赘婿》一书的影视版权已被上海腾讯影业文化传播有限公司购得。截至目前，作为超级 IP 的《赘婿》总点击量已将近 2000 万，斩获 394 万张推荐票。这部小说在连载期间长期盘踞原创风云榜历史类前三甲、推荐票榜历史类前五。《赘婿》多次获得书评月活跃度榜前十名、书友月点击榜前十名、单月月票榜前十名的佳绩。《赘婿》可谓是历史类网文的扛鼎之作。

"埋下、浇灌、孕育一颗梦的种子"

小学四年级时，坐在曾登科前排的同学用日记本写了一本小说，让曾登科羡慕不已。曾登科开始每天写作，从改写《圣斗士》《七龙珠》开始，下笔天马行空。作家梦开始在少年曾登科的心中扎根。

曾登科对阅读格外感兴趣，他的阅读范围非常广泛，从武侠小说、言情小说、漫画书到古典名著、现代名著。中学时，曾登科读遍学校周边书店里的书。成年后，曾登科去了广东工作，每当发工资时他总会去买几本文学名著。在这段时期，曾登科读遍名著。曾登科尤其喜欢路遥的《平凡的世界》，这部作品他前前后后共读过几十遍。

在网络小说发展的白金时代，曾登科开始尝试在起点中文网写网络小说。2007年时，曾登科与起点中文网签约，成为全职作家。曾登科回忆这段经历时说："（我）纯粹是出于兴趣去写，从来没有想过靠写作赚钱，现在成为网络作家，是无心插柳。"《异域求生日记》是曾登科创作的第一部网络小说，这部小说因华丽的文笔和奇特的故事情节，备受读者推崇，而曾登科的《赘婿》作为他的代表作，代表了曾登科在网络文学界所达到的新高度。

如今曾登科已推出数部受人欢迎的作品，在网络文学界被尊为大神。然而，曾登科并未因此骄傲，而是依然保持着那份谦虚和温和。谈及写作，曾登科说："我整个学生时代的作文都是反面教材，那时候确实不太会写，没有弄清楚写文章的诀窍，后来有一天突然就想通了，慢慢地就懂了。学生时代可能是太喜欢写文，把写文看得很玄，认为有很多很多标准和技法，反而禁锢了自己。"在曾登科看来，写作中，文字只是载体，重要的是思维的传递。"当我们写下一句话或者一段文字时，看看它能不能尽量多地将思想传递到读者的脑子里，只有达成这个结果才是对的。"曾登科认为，写作只有两个步骤，第一步是花几个小时在脑子里看到自己的作品，第二步是花几个小时写出来。曾登科说："对我来说，灵感很容易得到。但问题在于如何将各种灵感编织起来，让很多情节互相纠缠升华，这是纯粹的脑力劳动。如果只谈灵感，我走路坐车听歌的时候，各种乱七八糟的情绪其实都是。"

"选择，是自己的"

更新，不敢敷衍。网络小说发展到现在，已经与资本市场高度融合，作家的收益更是直接与小说的数量和字数挂钩，在此背景下，日更几万字是网络作家写作的常态。然而曾登科的更新速度一直很慢，起初粉丝认为他更新慢是因为懒，但随着了解的深入，才知道他更新慢是因为在细琢作品。曾登科把自己看作是"除了睡觉，都在思考、写作"的"手艺人"，不敢敷衍读者。曾登科认为只有写到自己满意的时候才能将作品上传到文学网站。有一次为了写好一章，推翻重写了4遍，等得到3000字的成果时，他才猛然发现自己已经13个小时没有吃喝。

近年来，愿意付费阅读网络文学的读者越来越多，一些网络作家凭借写作发财。但对曾登科来说，写作不是为了赚多少钱，而是希望到50岁的时候，能写出文笔如同《滕王阁序》般流畅、故事如同《平凡的世界》般丰满的作品，能写一本可以告慰自己一辈子的书。

"50岁是我的分水岭，可能那时候脑子不太活跃了不会写作了，希望在50岁前，我能尽可能地达到自己能力的极限。在这之前，我的时间都得花在提升上。"在曾登科的眼中，每一本书都是走向终点之前的一个练笔。这本书弥补写作中一个缺点，下本书发现另外的缺点，再去弥补。"从《隐杀》对大场面、线索的掌控力还不够，到《异化》后期每一章起承转合的基本解决，现在《赘婿》更加成熟。"

文以载道

2014年，曾登科前往鲁迅文学院高级研修班学习了两个月，这两个月给他带来了新的启发，老师的学问和讲解使曾登科获益匪浅。曾登科的脑子里装着几十个故事，不过在曾登科看来，故事本身并不重要，重要的是作者想通过故事表达什么精神，传递什么思想。

曾登科是网络小说界少有的以美学和文学价值观去写作的人。某个作者喜欢某个角色，就像喜欢艺术品一样。对曾登科来说，塑造好这个角色，能带给他最大的成就感。他并不会特别偏爱某一个人物，在他看来，人物是为了文章中表达的思想服务的，通过人物形象或剧情传递出思想，有时简单有时复杂。

"传统文学与网络文学可以结合"

网络文学的发展曾经不被看好，诚然，网络文学降低了写作的门槛，使得作品良莠不齐。但网文界有不少作家正在对两者的融合和共同发展进行思考并做出贡献。曾登科表示，过去的文学体系其实是包括了严肃文学和通俗文学的，如今的网文无疑是通俗文学的代表，而传统文学则走向了严肃文学的一端。

在写作中，曾登科发现，阅读严肃文学需要一个思辨的过程，一个人如果在他的学习阶段没有养成看严肃文学的爱好，他离开学校之后，基本上一辈子都不会再接触文学了。

"我写网文或传统文学，就是寓教于乐。"曾登科说，传统文学教给我的是对思维、情绪乃至哲理深层挖掘的手法，而网络文学使一些道理更容易被人认同，通过文学作品来说明一些道理就是跟读者对话。网文和传统文学相结合，可以自然而然地成为梯子，让人更容易往上走。

与作家们的接触，让曾登科感受到传统文学和网络文学之间的割裂非常严重。曾登科认为，文学有阶梯性，传统文学在注重内涵的同时，也该考虑到可读性，网络文学不能是"快餐"，要给读者以思考，两者能够结合，才是完整和健康的文学体系。如今，他的写作和探索更倾向于如何结合两者，通过传统文学传递给网络文学有益的养料，通过网络文学给传统文学注入新的活力。

【主要作品】

《异域求生日记》，玄幻题材小说，2006 年发布在起点中文网，第一部已完结。

《隐杀》，玄幻题材小说，2007 年 11 月发布在起点中文网，已完结。

《异化》，玄幻题材小说，发布在《隐杀》之后，连载中。

《赘婿》，架空历史类小说，2011 年 5 月发布于起点中文网，387.14 万字，连载中，历史类网文扛鼎之作。

【代表作评介】《赘婿》

"有人曾站在金字塔高点，最廉价数不清妒忌与艳羡，走过了这段万人簇拥路，逃不过墓碑下那孤独的长眠。"这便是作者写在《赘婿》前的引言，从这引言中就可窥见曾登科在这部小说里埋下的"野心"。曾登科以网络小说为根基，却志在超越网文本身的规约，打通网络小说与中国古典小说和"'五四'新文学"以来的现代小说之分野。

2009 年 12 月曾登科发表了一篇楔子《蓝梓与芥末》，发表不到 10 章便进入起点签约作者新书榜前五名，拥有极高人气。曾经曾登科因为对自己作品的开头不满意，写过很多个实验性的开头，其中一篇就是如今《赘婿》的开头。2011 年 5 月，时隔两年，曾登科将曾经写过的开头续写，于是起点中文网上出现了一部现象级的作品。

《赘婿》截至目前共更新 387.14 万字，讲述一个受够了勾心斗角、生死打拼的金融界巨头一不小心穿越到了古代，进入商贾之家中最没地位的入赘女婿身体的故事。面对家国天下事，本已不欲去碰的男主，却又如何能避得过？

作品依托于架空的武朝末年，岁月峥嵘，天下纷乱，金辽相抗，局势动荡，百年屈辱，然终得见结束的第一缕曙光。天祚帝、完颜阿骨打、吴乞买、成吉思汗铁木真、札木合、赤老温、木华黎、博尔忽、博尔术、秦桧、岳飞、李纲，忠臣与奸臣的较量，英雄与枭雄的博弈，胡虏南下，百万铁骑叩雁门，江山沦陷，生灵涂炭，一个国家与民族百年的屈辱与抗争，先行者在哭泣、呐喊与悲怆……与此同时，江宁城中，暗流涌动，一个商贾家毫不起眼的小小赘婿，正在很没责任感地过着他那只想吃东西、看表演的悠闲人生……

故事主线是家国天下，是宁毅等人挽救大厦将倾的武朝。主角宁毅从现代穿越到古代苏州商贾之家，性格平和的他在新婚入赘之际被人打晕，醒来见到自己的夫人苏檀儿，并在秦淮河畔结交了下棋的秦老，在豫山书院任教之时结识聂云竹。后苏檀儿以朋友的身份和宁毅交往，逐渐了解和认可他，在杭州之行中更是加深了彼此的默契。作者前期着重笔墨书写武朝盛景，江宁晨风，颇有暖风熏得游人醉之感。后宁毅成为左相秦嗣源阵营中的一员，先后灭方腊，平梁山，抑粮价，御金兵。故事犹如南宋，国之栋梁在政治倾轧中被打压，秦相死于昏君奸臣之手，宁毅震怒，金銮殿怒斩皇帝，反出朝廷。至此，该作品上半部完结，塑造出宁毅、苏檀儿、聂云竹、康贤、秦老、元锦儿、陆红提、刘西瓜、李师师、王狮童等一系列生动鲜活的角色。下半部延展上半部剧情，融入更多的思考，述说天下人天下事，从绝望的呐喊中生出坚定与豪情，完全展开下半部的核心——"革命"，革新旧有之命，革新旧有之民。

曾登科的作品素来都以画面感强烈著称，在他笔下，文字仿佛拥有魔力，他能将故事铺成长卷，延展开便是画面。《赘婿》更是将这种画面感做到极致，无论是宁毅和苏檀儿的生活戏还是宁毅与聂云竹的感情戏，都让人产生强烈的代入感，细腻逼真的描写仿佛将情境放置在你的脑海中回环，商战戏和战争戏更是节奏紧张、恢宏阔大，酣畅淋漓。

在精练浅白的文笔加持下，其画面感与清晰感更是令人心旷神怡，日常叙事淡雅清丽，武打戏气势如虹，感情戏婉转坚隐。曾登科在语言的锤炼上到达了相当的高度，不但烧出了白话的"原味"，更形成独特的个人风格，于细腻缠绵中蕴含着爆发的力量。

文中主线明晰，高潮迭起，以宁毅为主线塑造了一众立体鲜活的配角，诸如风骨清白的左相秦嗣源、志大才疏且神经质的皇帝、报国无门血洒北地的武道宗师周侗、品行高洁而自强的聂云竹、善良助人的李师师，他们活在书中的立体世界里。不足的是，后期因为侧重对宏观的刻画，使得对宁毅的刻画稍显薄弱，多种网文元素的植入也让其中的角色产生些微矛盾。

小说的后半部着重通过角色之口说出作者的思想。宁毅在尝尽大时代的悲欢离合后，看清了小人物的辛酸无奈。他被卷入乱世中，开始尝试用自己的方式去挽救这个国家。正如吉云飞所写——"愤怒的香蕉借一个架空的武朝，将中国的历史之轮从宋代推衍到近代，重溯现代文明的起源，再论'启蒙''革命'的道理：不平天下就无以治国，没有国就谈不上家，而这一切的根基在于'立人'，个人不需要再通过'家国'才能抵达天下——显然，这样的思想资源来自'五四'以来的启蒙价值观。"曾登科在自创的"身—家—国—天下"结构下重新探讨"天下兴亡，匹夫有责"这自古以来便有的道理，沿着书中的人物探索儒学传统之道。写此书时，曾登科不但充分调动了中国古典小说宝藏和西方现代文学资源，更继承了"'五四'新文学"以来的文学传统，以"网络人的身份"对历史、对当下进行深入思考，使得《赘婿》成为网文中"集大成"之作。

2017年《赘婿》在第二届网络文学双年奖上获奖，正如评语所语："《赘婿1》集商城、军事、架空历史等网络文学元素于一身，以家国天下的宏观视野、从容细腻的文学笔调，娓娓道出宏阔时代里的生活细节和情感悸动。作者充分吸收了中国古典小说元素，也调动了西方现代文学资源，表现了对历史、对自身所处时代命运的深刻体察与思考，使这部作品的意义超越了网文本身，具有'经典潜质'。"这个评价可谓实至名归。

（朱安逸　执笔）

15. 疯狂冰呃哮：超级电脑的当代传奇

【作者档案】

疯狂冰呃哮，原名王李，男，1986 年生。自 2006 年开始创作网络小说，目前已不再从事小说创作，转而在连载网任职主编及编写培训教程。目前正在负责运行一本众创 IP——《玄门志怪录》。

【主要作品】

《超级电脑》，2009 年首发于起点中文网，次年完结，142 万字，由台湾河图出版社出版。截至 2010 年 7 月，累计获得 5000 张月票；截至 2011 年 1 月，累计获得 10 万个收藏；截至 2012 年初，累计获得 1000 万点击量。

《最终镜像》，2011 年首发于起点中文网，完本后由台湾九星出版社出版。

《入世花都》，2014 年首发于创世中文网，由台湾九星出版社出版。

【代表作评介】《超级电脑》

故事梗概

小说讲述了发生在大学校园里的一场传奇：男主人公陈旭的电脑在开学第一天被偷，于是他用不易褪色的笔在一张很厚的纸上向未来的子孙写下一封"求救信"。出乎意料地，一分钟之后，一台来自未来的电脑从天而降。从此，陈旭的人生发生了天翻地覆的变化。

故事一开始，陈旭通过其孙子陈斐寄来的这台超级电脑"小敏"查出偷电脑的贼，诊断出周围同学患的隐性疾病，破解了 X 组织开发出来用以袭击全网的病毒，捉住了道貌岸然的杀人凶手胡霍。陈旭由此声名鹊起，成为了网络上神秘的黑客大神——SMMH。在此期间，陈旭通过超级电脑提供的虚拟幻境功能加强训练，不断提高自身的身体素质与格斗等级，为之后的打斗奠定基础。

陈旭和一群朋友以及三位女性伙伴（管奕、高晓节、湛晶）一起开发网络游戏，在游戏中宣扬中国武术，获得第一桶金。他开了一家蛋糕店，并与"紫罗兰"公司的易水寒一起研发制作液体防弹衣。而后，一首《恶魔之歌》让陈旭得知某些歌曲通过影响人的潜意识，甚至能使人自杀。于是，充满正义感的陈旭利用《大悲咒》"以其歌之道还治其歌之身"，巧妙地破解了《恶魔之歌》对人潜意识的催眠作用。撒旦组织的成员蝎子因此自杀，就此埋下了双方仇恨的种子。在陈旭引蛇出洞的计谋下，撒旦组织被瓦解。陈旭从组织成员米瓦德的记忆中，得知传国玉玺下落不明。

不久后，网络上展开了一场黑客大赛，在这场看不见硝烟的战争中，陈旭拜湛晶为师，抓了伦敦的 3500 只"肉鸡"。他利用超级电脑的虚拟功能增加练习时间，通过与队友的多线操作而成功胜出。从黑客大赛中，陈旭获得了灵感，以中文来编写计算机语言，并将编好的系统命名为"汉语言"。

陈旭与管奕、高晓节、湛晶三个女孩子去迪拜旅游，惊奇地发现米瓦德的灵魂其实没有死，竟变成了数据"寄宿"在一个女人的身体中。经过一场战斗，米瓦德被打败，传国玉玺也找到了。陈旭意识到体能的重要性，主动到特种部队接受了为期三个月的训练。

回国后，陈旭破解了电脑的第一重密码，获得超声波武器与高科技增高鞋。在破解了第二重密码之后，陈旭获得了"拟态"。他成功入侵美国军方系统，借助美国军队的力量破除菊花党的追杀，并将计算机技术卖给"恶魔"，获得"通吃岛"的主权。

"通吃岛"正建设得越来越好之时，却受到了 X 组织和塔罗组织的威胁。此时，类似于人工智能的米瓦德再次出现。通过科学家的求证，他们预测世界上存在不被正史记录的更古老的文明——位于"姆"大陆，并发现独角兽化石。

独角兽化石引来世界各组织的争夺，而陈旭发现管奕之父是塔罗皇帝幻化出来的，其后母黄秀莎则是 X 组织的领头人，两大邪恶组织互相勾结，意欲不轨。在管奕之父即塔罗皇帝与黄秀莎参观通吃岛之际，陈旭将其引入虚拟幻想大厅并软禁于内，塔罗皇帝自爆的同时也将黄秀莎炸死。

作品赏析

整部作品就像是一个现代的武侠世界，书写着属于黑客江湖里的恩仇与情长。陈旭是被"超级电脑"塑造出来的英雄，他就像掉入山洞后得到武林秘籍的少侠，从此修炼得道，披荆斩棘，威风凛凛，金光闪闪。

小说故事呈线性展开，节奏明快，情节紧凑；时代感强烈，青春气息浓厚；语言通俗朴素，对话亲切异常；篇章分布均匀，话本特点显著；结局圆满，有情人终成眷属，彰显善恶有道。

作者通过一台来自未来的电脑，不动声色而巧妙地展开了在计算机、足球、医药学、生物学、历史、武术、商业等各个领域的知识普及；在面对两难的选择时，常常借主人公之口阐述观点，却又不"赶尽杀绝"，留给读者自我思考的空间与余地。

相比于其他的青春校园网络小说，《超级电脑》的重点不在描写爱情，而在书写主人公自身的经历与成长。在这个传奇故事中的"大世界"里，所有的人性元素几乎都到了场。

为了更全面地表现人性与引发思考，小说设置了两条线来推动情节的发展。

第一条线是陈旭与世界的较量及其引发的思考。

在这里，"世界"的含义很广。它既是超级电脑的到来对陈旭生活造成的影响，也是超级电脑本身因违背"天道"而带给科学的挑战；既是千里之外不受控制而发生的自然灾害，也是周围与己相关的食品安全问题与谋杀案；既是身边的人与陈旭发生的俗世纠葛与情感羁绊，也是善恶两端人性的赤裸展现。

陈旭在同世界博弈的过程中所做的考量同时也为读者提供了进一步思考的对象。

首先是社会资源公平问题，或说时间的公正性问题。在小说中，陈旭一开始因为要面子而参加了自己一窍不通的足球比赛，却通过超级电脑的虚拟幻境功能，利用睡眠时间在梦中得到专门训练，最终获得胜利；后来，陈旭参加黑客大赛，同样在虚拟环境中魔鬼式地训练自己的体能与计算机技术，从而大获全胜。毫不夸张地说，正是因为陈旭"投机取巧"地利用了夜晚的时间，他一路走来才能够所向披靡。他凭借时间对他的优待向世界邀宠，但这对他人来说是不公平的，这多少有些"胜之不武"。陈旭也深知这一点，但他坦然地接受了这种"特殊照顾"，他认为社会最大的现实就是："人生来就不是在一个起跑线上的，有资源不去用才是傻子"；"外在的因素也是成功的一部分"。

毫无疑问，社会意义上的公平是个相对的概念，永远的、绝对的公平从来都不存在。但从很多方面来说，时间的公平性是社会有序运转的潜在条件，它在大多数时候充当了衡量个人素质的变项。考试标准的时间规定可以测量一个学生专业知识程度的深浅，世界公认的时间认知可以探测一个人对光阴的珍弃与努力程度的多少。

那么，对陈旭的问题又应该如何看待呢？物理学有一个著名的"守恒定律"，你得到了一些，也必将失去一些。陈旭得到了训练的时间，同时也必须接受虚拟场景中真实的身体感知与情感体验，那些疼痛是无法去除的。我们只能说，陈旭多出来的时间，是超级电脑赋予他的礼物，高科技的到来必将不断节约人类的时间成本，而陈旭，或许只是这项福利的先行者。

其次是时空错乱与重叠问题。超级电脑是陈旭这个少侠的"武林秘籍"和"秘密武器"，陈旭通过这台电脑进行了许多作为，根据"蝴蝶效应"，这些"作为"或多或少都对未来产生了一定的影响，而陈旭在后期甚至在网络上与美国白宫和国际警察有过牵绊，他的"作为"或许改变了未来也未可知。对此，小说的解释是时空节点制，即在两点之间能发生任何事。从陈旭接到电脑的日子到这台电脑本应存在的时间——2086 年 4 月 6 日为止，这段时间本身就是一个大的时间段，在这个时间段内，陈旭就是世界的主角。在这个通过电脑而连接起来的时空循环中，只要不太过分，理论上说，陈旭做任何事情都不会对历史造成影响，前提是在 2086 年 4 月 6 日之前时光机必须被发明出来。

现有的时空穿越理论主要分为平行宇宙理论（在你改变了历史的一刹那，你也进入了平行宇宙）和单线宇宙理论（即使你穿越回去，也无法改变历史），二者均有自己的信徒。显然，陈旭与超级电脑的故事建构在与上述两种理论均无关系的另一种时空理论之上，时间节点理论的出现，使得时间节点段内的日子变得玄幻而不可思议，但一切又是那么真实，仿若一个用高科技搭建出来的"楚门的世界"。历史是一个有自我意识的幽灵，它会阻止外来因素对它的改变。小说后来提出了"天道"的概念，认为"天"

自有"道理",世界有它自己运行的一套规律,人类若过于猖狂,大自然自有对策。既如此,将时空节点制看作是对时空理论的延伸与想象力的扩展,或许是一个新的视角。

最后,是对一夫一妻制的思考。虽然,一夫多妻在世界多国不被法律允许,但仍是从古至今存在的现象,并在世界若干国家是合法的。

小说叙写了陈旭的多次重要经历,故事平台覆盖了多种领域。重要的情节与不断引人深思的问题共同造成小说跌宕起伏、大气磅礴的风格。一个个小高潮的涌现为文末的大高潮理清了线索、塑造了人物,同时增强了小说的吸引力与可读性。

第二条线是陈旭与三位女生的感情发展。

在艺术上,小说彰显的就是一个"敢"字。作者敢天马行空,敢坦率质疑,主人公便敢想敢做,同时保持对科学与事实的敬畏之心。

疯狂冰咆哮通过简洁有力的对话与心理活动描写展现了陈旭心智的成熟与个人形象的转变:从一开始只想拿着超级电脑满足个人私欲、获得女孩子青睐的"小混混"到关注食品健康、研发"汉语言"、为四川地震做防患准备的心怀天下的男子汉,从渴望获得关注与赞扬的普通少年到希望湛晶认领SMMH名号的心智成熟的男人,从只会依靠超级电脑的"小白"到能够虚心向湛晶学习计算机知识的世界顶级黑客,陈旭的成长是有目共睹的。

但若除去"超级电脑"的"超级"加成,主人公的光环与色彩都将消失,"陈旭"也只不过是一个普通的热血青年,"泯然众人矣"。这一场传奇,与其说是陈旭在他的黄金时代所经历的一趟异于常人的探险,不如说是一个对未来充满幻想却又无力改变现状的男孩关于超能力的一场美梦。而在这场梦里,陈旭所做的事,恰好是那个时代几乎所有同龄男生的臆想。

或许,只要愿意寻找,每个人都能找到属于自己的小小"超级电脑"。它能激励你不断努力,永远保持赤子之心;它能帮助你提高自己的能力,越来越优秀。它或许是你热爱的专业,或许是你擅长的某项手艺,或许是令你受益良多的一本书,或许是点亮你生命之灯的良师益友。它从很远的地方来,将与你共写很多故事。

当然,小说也存在一些不足。主人公生活内容的繁复及接触对象的高级与对问题解决手段的轻易形成一个巨大的断面。陈旭遇到的大问题也许是一般人一辈子也无法触碰到的，但他的应对却有太多的"轻而易举"——被电脑病毒入侵后轻而易举地成为黑客之神，遇到杀人凶手之后轻而易举地破案，检测到食品不合格后轻而易举地研发新产品，发现两大邪恶组织的野心后轻而易举地瓦解了两大组织……对于这些棘手的问题的破解过程，作者本应有更多发挥的余地，却被作者"轻而易举"地带过了。过多重大情节的堆砌未免使得故事缺少细节，流于浮夸，仿佛故事正要有一个爆发点，仔细一看，发现是个哑炮，使作品读起来有一种"空"与"假"的感觉。

　　总体而言，《超级电脑》倚靠其丰富的想象力和引人深思的思想魅力在青春校园类网络小说的画布上染了一道鲜丽的色彩。从某种意义上说，它是我们窥探青春期男孩内心世界的望远镜与放大镜。

（邓雅斓　执笔）

16. 疯狂小强：文学初心，网络追梦

【作者档案】

疯狂小强，原名谢坚，曾用笔名月之子，男，生于 1983 年，湖南醴陵人。连载网 CEO，烤猫矿机董事，李笑来比特基金 LP，小强矿机创始人，网络创作辅助工具"玄派"创始人，网络小说家。著有《超脑黑客》《超级系统》《黑客传说》《人工生命》等科幻类题材小说。而疯狂小强与比特币结缘的方式更是让人瞠目——原创作品使他接触到了比特币和区块链。进行网络创作的同时，也致力于研究并解决当下网络文学圈的需求和痛点。

因为在大学期间就被同学称呼小强，后来与三个朋友一起分别以"疯狂"开头起了笔名，"疯狂小强"的笔名由此而来。疯狂小强从小酷爱阅读和写作，脑海中时常冒出奇怪的想法，也经常从故纸堆中"寻宝"，乐此不疲。中学时期读四大名著、名人列传、四书五经、金古黄温梁。期间偶尔尝试创作，虽然文笔稚嫩，但他乐在其中。

大学期间，疯狂小强正式开始尝试网络文学创作。2005 年，疯狂小强在合肥一所"211"高校读大二，学计算机专业的他，家中遭遇变故，迫于经济压力，开始尝试网络写作。他是一个讲究方法论的人，并不是盲目地埋头就写，而是先研究那些很火的作品，研究它们是怎么火起来的。半年后，他以笔名"月之子"，凭借第一部作品《人工生命》，成为起点中文网的签约作者。没指望能赚到钱的他，赚了近 6000 块钱，第一次尝试就尝到了网络写作的甜头，从此就一发不可收拾了。他的第一部作品顺利签约，后续持续改进，一部比一部好。

毕业后疯狂小强全职写作，期间为了创业，多次中断写作，做过软件开发，当过电商，开了若干公司。他走南闯北，最终发现，写作依然是他内心最热爱的事。但是到 2009 年，他遇到了创作瓶颈，为了专注写作而养

成的昼伏夜出的作息习惯令他身心俱疲，每天任务繁重的更新也令他倍感煎熬。另外，写网文大多是临时构思，边想边写，如此一来很容易受读者影响，做出一些错误的决策，久而久之，作家本身都怀疑自己是否适合写作。当处于这样的瓶颈期时，疯狂小强会选择休息一段时间，找点其他事情做。例如业余写写代码，做做网站，或者通过多看小说、电影、动漫以及新闻来找寻灵感。

相比其他行业，网络文学具有门槛低、投入少、风险小的特点，如果作为一种职业或者创业，是非常适合年轻人进入的。但是，将兴趣爱好转变为一种职业亦会令人产生倦怠感，而且也正是因为门槛低，所以网络文学作品数量巨大，网络文学作家的竞争也非常激烈，要想快速站稳脚跟，光有爱好和热情是不够的，还要有一定的方法。疯狂小强说写自己最擅长的东西是自己探索出的一条捷径，因为大学是学计算机的，所以他写作的题材偏向于黑客和技术流，这样他写出来的东西与其他网络作家也有所区别，更容易脱颖而出。

写过网络小说的人知道，为人物取名字这事虽然简单，却是网络文学创作中最频繁的环节之一。技术出身的疯狂小强，觉得这可以通过技术手段解决，2011 年 12 月，他基于自己和其他网络作家朋友的需求，做了一个名为"玄派"的名字生成器挂在了网上，在网络文学圈很受欢迎，这也让疯狂小强接触到了很多新老网络文学作者。写作之余，他开始研究起网文圈的需求和痛点。

疯狂小强总结出当下网络文学生态存在的几大问题，其一就是现有的推荐机制对新人很不友好。目前大多数平台都推崇 PK 机制，这种机制更有利于对规则熟悉且已经完成一定积累的老作家，大大提高了新人作家入行的门槛；与此同时，PK 机制也导致了网络小说作品同质化严重，抄袭借鉴横行。"颠覆现有的网络文学生态，是我一直想做的事。"为了解决这些"痛点"，疯狂小强和他的团队正在开发一个基于区块链技术的原创文学平台——连载阅读。这一平台覆盖内容发布、版权众筹、IP 交易三大核心功能。他表示，这一平台能真正实现"读者免费阅读，作家写有所偿"。并且，在这一平台上，"作品版权 100% 属于作家自己，作家的收入和阅读平台无关，只要有自己的粉丝，经营好读者社群，就能获得收入"。

【主要作品】

《人工生命》，2006 年首发于起点中文网，约 35 万字，已完结。

《黑客传说》，首发于起点中文网，约 83 万字，已完结。

《超级系统》，2010 年 6 月 2 日首发于起点中文网，约 92 万字，已完结。

《超脑黑客》，2012 年 4 月 15 日首发于起点中文网，约 201 万字，已完结。

《修仙高手再战都市》，2017 年 3 月 15 日首发于起点中文网，约 257 万字，已完结。

【代表作评介】《超脑黑客》

《超脑黑客》是疯狂小强于 2012 年发布的一本关于黑客的小说，写作灵感源于《超级系统》。故事开始于 20 世纪 80 年代，当时，故事的主人公林鸿还是一个小学生，一直以来，林鸿给周围人，包括老师、同学、邻居甚至自己的父亲的印象，都是一个智商有问题、傻乎乎的孩子，几乎所有人都轻视他，他也适应了这样的环境。在一次意外事故中，林鸿脑部受了伤，因祸得福变成了"超强大脑"。林鸿的父亲曾经承诺，如果林鸿在考试中可以取得好成绩，就带林鸿去见他妈妈。在此之前，林鸿并没有将自己的智慧暴露出来，他觉得平时老师传授的知识以及考试题都非常简单，所以每次都是交白卷，成绩倒数，但是这一次为了能够见到妈妈，他非常认真地做了试卷并且取得了好成绩。老师、同学都嘲笑他：一个平时成绩倒数的人考了这么好的成绩，一定是抄袭别人的，甚至连他的爸爸都不相信他，回家后还揍了他一顿，林鸿也无意过多解释。

后来有一次，爸爸让他去卖废品，他认识了废品站的老徐头，在废品收购站，他发现了老徐头的秘密。在老徐头的废品收购站里有十分隐蔽的地方，那里藏着老徐头许多珍贵的书。这些书都与电子通讯有关，并且他偶然发现了老徐头的电台，对此产生了极大的兴趣，他还试图制作矿石收音机，在这过程中，他拜了老孙头为师学武强健体魄。因为他经常趁老徐头不在的时候使用电台对外发出信号，后来给老徐头惹了麻烦，所以老徐头搬走了，他把自己做好的被老徐头视为工艺品的矿石收音机送给了老徐头作为纪念品。

在这过程中，林鸿的父亲得知了自己儿子是天才的事实，林鸿也在成长路上按照自己把握的分寸在班级里一步一步稳步前进，后来同学们也都接受了林鸿是天才的事实，林鸿得到了别人的尊重甚至追求。林鸿的聪明智商使他不满足于现状，学校里教授的知识他早已烂熟于心，他便产生了跳级的想法，其实这对他来说是小菜一碟。后来林鸿在一次偶然的机会下被老孙头的孙子带进城接触到了电脑，对此极为震撼，并且产生了极大的兴趣。这便是后来林鸿走上黑客道路的起源。在小说的结尾，时间到了2020 年，林鸿早已成为了一个拥有数亿资产的大公司的老总，首次试验并成功发布了比特币这种虚拟货币，给人们带来了极大的便利。经过网民们呼吁最终在小说世界中各国联合成立了"第五维网络民主联邦共和国"，并且对外发布了《独立宣言》，但是同时，在那个时代也产生了例如生化危机之类的一系列问题，在灾难严重的背景之下，建立了以第五维联邦为核心的地球联邦的雏形。新的时代完全到来，人类社会也在不断向前发展。

《超脑黑客》是疯狂小强网络写作步入正轨后创作的一部小说，文笔熟练，情节紧凑，思路清晰，文章的主线是林鸿的成长过程以及作者想要向大家展示的一些最新科技，其中还表达了作者本人对最新科技的思考。小说布局宏大，其中主人公的一系列发明、实验，以及作者展示的最新科技，给人以极强的震撼力。作者对于林鸿这个主人公的形象刻画十分鲜明，令读者深陷角色的魅力中无法自拔。《超脑黑客》语言凝练干脆，情节设置具有极强吸引性，各个章节的名字都非常清晰明了，同时也不失趣味性以及吸引力。而且作品中有许多细节与内容都和作者本人的经历有关，所以有很大的现实可读性。疯狂小强本身是学计算机的，小说中所有相关术语的运用也非常专业，他将计算机的有关知识融入小说中，例如第一次将比特币这种虚拟货币引入网络文学创作中，具有较强的前瞻性。可以说《超脑黑客》为读者展示了关于未来世界构想的宏大蓝图，令人叹为观止。

（刘敏　执笔）

17. 公子夜：文学有门径，
励志写"爽文"

【作者档案】

公子夜，原名丁晓倩，生于 1989 年，湖南衡阳人，全职写手，趣阅中文网签约作者。掌阅收入榜排名前十，粉丝数 85 万人，点赞次数 212 万次，书圈评论 18 万条。

【主要作品】

《神医废柴妃：鬼王别缠我》，2015 年 12 月 16 日首发于趣阅中文网，约 384 万字，连载中。

【代表作评介】《神医废柴妃：鬼王别缠我》

《神医废柴妃：鬼王别缠我》（以下简称《神医》）是一部古代言情及玄幻小说，讲述了废柴小姐和冰山王爷之间爱恨纠葛强闯天下的故事。主人公南宫浅是华夏医药世家的传人，穿越后从不能修炼、人人欺负的废物，一步步走上斗气和魔法双修的强者之路，故事中不仅有温暖的亲情，珍贵的友谊，生死相随的爱情，还有主人公的身世之谜，刺激有趣的冒险之旅和励志拼搏的精神。

该小说深受众多读者喜爱，情节曲折动人，是当代网络小说中典型的"爽文"类型作品。想要把小说写得让读者读起来"爽"，并不是简单地堆砌打怪升级、众多异性追求的情节就能够达到的。典型的"爽文"情节几乎众所周知，但如何组织故事情节，如何埋下铺垫和伏笔，如何把握节奏，从而使读者感同身受，产生强烈的代入感和畅快感，却是需要作者花工夫的。《神医》这部小说能够得到众多读者的追捧，与作者深谙并熟练掌握

"爽文"写作的技巧是分不开的。作品长达数百万字还未完结，读者却不离不弃一直追更，由此即可凸显此书的魅力。

在当代网络小说界，可以说是得市场者得天下，大多数网络小说创作者的目的即是通过吸引更多的读者来增加自己写作的收入，吸引的读者越多，收入也就越高。由此网络小说的创作尽可能迎合更多受众的喜好，而不以较高的文学性作为标准。网络小说的文笔追求流畅简练，明白易懂，而《神医》这部小说的文笔在明白易懂的基础上更是加入了网络流行语的因素，且多用单成一段的感叹短句，表达或戏谑或强烈的语气，这种感叹句几乎遍布全篇，有时用于营造紧张氛围，但更多出现在人物心理描写时，而这样的心理描写和传统心理描写有一定区别，在表达人物心理时，这样的心理描写带有一定作者主观评论的意味，很自然地使故事中人物的心理与作者的心理达到了某种意味上的贯通和连接，是主人公与作者之间的一座桥梁。同时，这种轻松娱乐的语气似乎也是作者与读者的互动，使读者在作者的牵引之下产生反响和共鸣，也是作者与读者之间的一座桥梁。《神医》的这种写作风格，无论是网络用语频出还是感叹连发，都在拉近作者、作品与读者之间的距离，使读者感到熟悉、亲切、轻松。这样的轻松感和互动感也是部分读者畅快感的来源之一。

和许多网络言情文不一样，《神医》中的主人公不会善良到被欺多次还宽容忍让的程度，他的生活中没有纠结成团的陷害误会，没有拖泥带水，有的只是机敏玲珑，快意恩仇，狠绝果断，不对恶势力做一丝妥协忍让。这也是这部小说让人觉得"爽快"的重要原因之一。《神医》长达数百万字，能够写出如此长的篇幅说明作者的想象力十分丰富，只有胸中有物，才能笔下有物。整部小说涉及的场景众多，人物繁多，事件更是错综复杂，单单故事中主人公去过的生存界面就有玄天大陆、星月大陆、苍穹、司月境、修罗界、斗神界、灵界、神界、魔界、天界、创世神殿等十几种之多，其中更是涉及众多国家和势力，众多种族，众多空间规则、修炼规则等。作者不仅给我们讲述了一个故事，更是创造了一个世界，一个比现实世界更加绚烂缤纷、奇幻莫测、千姿百态的世界。

故事虽然是虚构的，世界也是虚构的，但细节的真实感却是不可或缺的。细节的真实感包括情节逻辑的合理性、细节描写的精巧细致、虚构事物的充实饱满等。《神医》在这些方面是有所欠缺的。首先，小说中部分情节设置逻辑稍显幼稚，经不起推敲。如文中大部分反派似乎智商太低了，且行为举止比之实际生活中会发生的情况稍显夸张和失真，部分对人物反应的描写不符合常理及其在小说中的身份。虽然没有大的逻辑漏洞，但细节逻辑方面真实感不够强烈。其次，缺乏精致的细节描写。不论是人物描写、事物描写还是场景描写，细节方面处理得都不是很好，或是没有进行细节描写，只写个大概，一笔带过，或是细节描写不够显示出该事物的独特性且不够生动。小说写作的重点几乎都放在了情节的叙述和铺陈上，忽略了其他方面的修饰和雕琢。第三，小说中有不少虚构的现实生活中不存在的事物，作者能够想象出各种千奇百怪的事物的轮廓，却没能好好地在轮廓之中填上丰满的血肉。如文中主人公向青云宗老祖学习"阵中阵"，作者能想出"阵中阵"这样厉害的阵法，却不能具体地写出来它厉害在何处，它的原理是什么，一下子就失掉了真实感，读者正想探索这"阵中阵"究竟要怎么破，却没有下文了，一下子就从小说中的情节跳回现实，想到"原来作者在虚构，而且虚构不下去了"。也就是说作者不能自圆其说。文中关于斗气和魔法的修炼方法所言也甚少，也就是说关于这个世界最基本的规律构建得不够扎实，那么这个世界就不能让人信服。除此之外，《神医》中女主人公当然经常会用到医术（与现实生活中的医术不同），而小说同样大多只描写了女主的医术如何厉害，如何医毒双绝，对具体治疗过程，用药过程的描写却很少。

接下来谈谈这部小说的人物。《神医》中人物繁多，大部分人物脸谱化，非善即恶，尤其是各处的配角，处理方法几乎都一样。除了主人公和她的伙伴们，其他大多是使坏的配角，许多配角坏起来就像是同一个人，几乎都瞧不起主角，然后嫉妒主角，陷害主角，这些配角没有明显的区别。除此之外，主人公在成长的路上结识了越来越多的朋友，前后多达数十个，且大部分时间都处于结伴同行的状态，常常是十数人出现在同一场景里。这样人物与人物之间的区别就显得格外重要。文中塑造人物的方法首先是通过外貌描写。对于容貌，这部小说中女主的男性朋友几乎都是俊美非凡，女性朋友几乎都是明艳动人，外形上区别记忆的点较少。再就是表情，小说中人物的表情描写几乎模式化，缺乏多样性，也就缺乏独特性。

在塑造人物方面，作品的一大成功之处是在故事中展现出了人物不同的个性。根据《神医》的结构，主人公每经历一个小故事通常就能结交几个朋友，在每个小故事中，新朋友就是该故事的主角，通过具体的故事情节来塑造具体的人物个性。值得肯定的是，小说中每个分故事都做到了各不相同，即使同样写爱情，每对情侣之间的感情也截然不同。这样的描写使人物的性格向立体性、独特性发展，人物形象更加丰满可感。

然后是通过语言描写塑造人物形象。文中常有主人公及其伙伴共十数人同时存在的场景，在这样一个场景里进行语言描写，每个人物分到的笔墨就很少了，甚至常常一部分人一直在当背景板。尤其是在对同一个事件进行探讨议论时，考虑到场景中有那么多人，作者要费尽心思地安排大家都发一次言，这样一没处理好就会感觉到人物话语之间的僵硬排列。其次，人物语言的个性化特征不够强。作者虽然有意识地通过语言特征来展现人物的个性特征，如战无极的淡漠高冷，落风影的温和儒雅，东方陌的放荡妖娆，但由于人物众多，没能给每个人物都安排一个截然不同的性格，因此具有相同性格元素的人物就很多。如东方陌、夜千然、北子安三人都具有轻佻不羁的性格元素，花非花、即墨寒、楼雪衣三人同为族长都具有高贵优雅的气质元素。《神医》中对人物语言的描写则未能很好地塑造出互相区别的独特的人物形象。公子夜也有意识地希望将人物性格的独特性写出来，但笔力不够，越是配角下的功夫就越少，以至于小说读完后再回想某些配角，竟没有一个给读者留下清晰的印象。

小说中人物描写的薄弱之处还有人物性格的发展，整部小说从头到尾人物的性格几乎是固定不变的，主人公一路披荆斩棘境界不断提升甚至直至巅峰，然而心理似乎并没有成长过。一开始的性格心理状态就是作者满意的状态，作者将自己喜爱的性格三观贯穿整部小说，使主人公再无性格心理方面的成长变化，这也是这部小说的缺憾之处。

《神医》作为一部言情小说，情节上男女主角的情感发展轨迹有一大亮点，也是众多读者所喜爱的看点。小说前半部分是男主高冷，女主倒追，后来男女主双双失忆，男主又爱上了女主，女主却不爱男主，男主反过来追女主，如此女追男、男追女的情节都有了，满足了读者对不同爱情模式的阅读需求，也正是这一情节转折使读者直呼新颖有趣，不落俗套，获得读者的广泛赞誉。

同时，《神医》作为一部玄幻修真小说，情节主线是主人公的不断修炼升级。整个修炼过程分成几个大段，也就是以几个不同的大任务作为阶段目标进行分段叙述，如帮战无极解毒、对抗星月大陆等反派势力、寻找父母、对抗七杀等大目标；大段又分为很多中段，如其中为尽快进入斗神界寻找父母的大段分为召唤青龙、玄武等四大神兽，找齐神兽守护者，获取修炼法宝，进入修炼宗门等分段；中段又分为很多小段，如找齐神兽守护者的中段分为帮即墨寒和南笙消除误会，唤醒楼雪衣，救走苏倾倾等分段。整部小说的结构清晰流畅，同时大故事套小故事，故事与故事之间也并不是截然分开的，互有伏笔和联系。各分段之间故事结构基本相同，只不过级别越来越高，行文之势颇如滚雪球，雪球越来越大，形状却没什么变化。在漫长的数百万字的作品中，主人公一路升级，势如破竹，然而读者依然看得津津有味，不觉枯燥，说明作者对小说情节的节奏把握得较好，适应了读者的心理节奏。另外，还需要提到的是小说中的场面描写，从全书的阅读体验来看，作者若是能更多花些功夫来雕琢，效果必定会更好。书中出现频率最高的是打斗场面，而小说中的打斗场面描写火候欠佳。

　　整体来说，《神医》是一部优秀的"爽文"类型小说，但即便在"爽"的标准下，本书依然有极大的提升空间。

（冯甜甜　执笔）

18. 皇甫奇：有梦想的人生更精彩

【作者档案】

皇甫奇，原名夏云，男，生于 1985 年，湖南攸县人，现居湖南株洲。2009 年毕业于河南科技大学国际经济与贸易专业。原起点中文网白金作家，曾被评为起点年度作家。2016 年，签约中文在线旗下 17K 小说网。2017 年 2 月，在第二届网文之王评选中位列百强大神。

皇甫奇小学五年级就开始接触武侠小说，曾看完一个图书馆馆藏的 3000 多本小说。高一开始接触网络小说，喜欢的作品有撒冷的 "YY 之王" 三部曲、玄雨的《小兵传奇》和老猪的《紫川》，也看过 "四书五经"、《唐诗》、《资治通鉴》之类的传统书籍。高二开始入行网文写作，最初在 "幻剑书盟" 投稿，早期作品有《太古天帝传》《不死帝巫》。大二开始用皇甫奇的名字发表作品，因《飞升之后》一炮而红。此后一边上学一边写作。2009 年大学毕业，开始专职写作。2010 年为转换心情与工作环境，在北京人天书店有限公司做过图书编辑。后来又重新开始专职写作。

皇甫奇把写作当作一种爱好，也当作梦想，当作为之奋斗的事业。他自我评价 "因为梦想，人生才变得不平凡"。皇甫奇每次写作时，都会合理安排时间，劳逸结合。在遇到瓶颈时，会在墙上贴满便利贴，把可能遇到的问题都写下来，并找出解决办法。作为一名专职网文写手，皇甫奇也曾遭到家人的反对，认为他从事的不是一份正经职业，后来随着他的成就越来越大，家人也渐渐习惯并接受。谈及现在的成就，皇甫奇认为自己还在路上，还不能谈论成功与否。

【主要作品】

《飞升之后》，2007 年 9 月首发于起点中文网，2009 年 10 月完结，

315.54万字。总点击量过亿，位列百度小说排行榜前十。

《无上真魔》，2009年11月首发于起点中文网，2010年9月完结，81.64万字。

《大周皇族》，2010年11月首发于起点中文网，2012年5月完结，371.22万字。点击过千万，位列百度小说排行榜前十。

《神座》，2012年9月首发于起点中文网，2014年1月完结，327.68万字。

《帝御山河》，2014年4月首发于起点中文网，2016年4月完结，418.09万字。

《人皇纪》，2016年7月首发于17K小说网，连载中。2016年度中国网络小说排行榜半年榜中排名第六。

《源世界之昆仑域》，2017年8月首发于创别书城，2017年10月完结，31万字。

以上七部小说均为玄幻题材。

【代表作评介】《飞升之后》《无上真魔》《大周皇族》

在皇甫奇的所有作品中，《飞升之后》《无上真魔》《大周皇族》的关注度较高，其中《飞升之后》是皇甫奇的第一部作品，也是他的代表作。作品讲述的是主角风云无忌飞升之后的故事。适逢魔族、血族、人族、天堂之间争斗不断，而人族势力最弱，在外备受其他三族的压迫，在内各方势力又互相诘难，真可谓内忧外患。飞升之后的风云无忌虽对人族的境遇感到迷茫和压抑，却仍然入太古，修武学，以求变强。后来不幸被困魔界，看到了众多为守护人族安宁而甘愿被囚禁被奴役的同胞，内心深有感触，发誓要带领人族摆脱现有困境。于是他创剑域，收弟子，将飞升者集中在一起。后来又悟出元神三分法，将第一分身即心魔投入魔界，以此消耗魔族势力；第二分身即本尊，在宇宙中不断追求更强大的力量；第三分身留于太古，左右征战，一统太古，成为人族第五至尊。最后，风云无忌带领整个太古与魔族对抗，发起第二次神魔大战，最终战胜。结局太古殒没，西门依北、孤独无伤等人身死，风云无忌三神合一，终成剑之主神。

《飞升之后》之所以受到如此多读者的喜爱，在笔者看来原因有三：

其一是贯穿于整本书中的"物竞天择，适者生存"法则。自古以来，只有强者才能得到尊重，才能保证在历史的潮流中不被抛弃。在次元中，人类之所以能成为万物之灵，是因为相对于其他生物来说，人类是强者。而在宇宙之中，在魔族、血族、天堂、人族四族中，人族却又成了弱者。既为弱者，就免不了被觊觎、被压迫。魔族皇子可以肆意侮辱我人族女子致死，甚至于几百万人族被困魔界不敢反抗，只因当时的人族已经再经不起一次战争了。所以，人族要想在整个宇宙中生存下去，只有变得更强大。风云无忌深知这一点，才不断地呼吁"力量，绝对的力量，足以战胜一切的力量"。他甚至渐渐舍去人类的七情六欲，唯一剩下的就是一颗想要变强的心。

其二是蕴含于作品中的情感内涵。这种情感内涵表现为主角们为了人族崛起而不惜奉献一切的责任感、使命感。在小说开篇作者就点明了"生而为男，不求与天地共存，但求死得其所"。何谓死得其所，那便是为了人族的崛起。这是风云无忌和无数太古人族的梦想，是其存在的意义。为了这个目标，君千殇在神魔之战中化作轮回巨轮，只为防御位面缺口。西门依北和孤独无伤则用超越身体极限的力量击杀数亿妖魔，以致生命力燃烧殆尽，最终化作轻烟，在虚空中消散。风云无忌战后虽然成神，但也丧失了七情六欲。在书中，为了人族的强大，无数人做出了牺牲，他们虽死，却印证了开篇所说的"死得其所"。

其三是小说中出色的人物塑造。无论是主角还是配角，个个性格鲜明，有血有肉。主角风云无忌强大，富有正义感，能在看到人族女子受辱时挺身而出，大战刀域，也能在被困魔界时忍辱负重，正印证了"天将降大任于斯人也，必先苦其心志，劳其筋骨，饿其体肤，空乏其身，行拂乱其所为，所以动心忍性，曾益其所不能"。同时风云无忌也有柔情。成神之后，面对苦苦爱恋、等待他的幽若和傲寒烟，他留下了两滴眼泪，化作他的样子陪伴她们度过剩下的年华。而风云无忌妻子、轩辕之女凤妃，孤傲却深情，深爱着风云无忌。在风云无忌成神丧失所有记忆、情感之时，她义无反顾地化作朱雀，只为永远留在风云无忌的身边，无怨无悔。出场短暂的幽无邪一开始是抢夺玄冥卷的反派，可他并非十恶不赦的恶魔，他深爱自己的儿子，在疯魔之后将毕生功力传于风云无忌，最后只求风云无忌能杀死路西法，为其儿子报仇。其他配角如君千殇、西门依北、孤独无伤也都被作者刻画得栩栩如生。细细读来，让读者不得不为每一个人动容。

正是由于出色的人物刻画、贯穿全书的责任感，乃至"物竞天择，适者生存"的生存法则等，才让《飞升之后》受到众多读者的喜爱。皇甫奇也因此在网文界一炮而红。

《无上真魔》是皇甫奇的第二部作品。小说讲述的是生活在都市中的少年林君玄，在一次回乡祭祖中遇到了传说中的豺狼拜月，并由此进入了一个陌生而新奇的世界。这是一个神话之源的世界。在这个世界，林君玄发现了很多与现代世界的神话传说息息相关的秘密，并开始了修道法、习剑道、一路升级的生活，最终成为天地霸主级的存在。《无上真魔》是皇甫奇的转型之作，但是由于作者自身原因，小说完结较早，让很多读者表示遗憾。直到今天，还有很多读者发消息表示喜欢这部作品，永远等待续写。

《大周皇族》是皇甫奇的第三部作品，于2010年连载于起点中文网，共371.22万字。如果说《飞升之后》是一部充满了民族大义的作品，那《大周皇族》则是一部关于亲情的小说。小说的主人公方云，是方家次子，上古大帝禹的后裔，一直以来致力于儒学圣贤之道。文章开始，便是方云重生到十四岁。在上一世，兄长方林率军与北狄作战，不幸战败，被截掉一只腿，废去一身武功，后郁郁寡欢，自刎于房中。三年后，父亲四方侯方胤通敌叛国，被达州人皇击杀。母亲为夫守节，自尽于府。至此，方云丧父失母，家抄族灭。重生回来的方云想要改变这一局面，开始弃文从武，加入人皇军队，强大自己，保护家人，在一次次的劫难中晋升官位和提高修为，最终逆天改命，改变了自己和家族的命运。

《大周皇族》是一本商业化小说，却也夹带着作者个人情感的东西，这种东西便是小说中关于亲情的描写。皇甫奇认为，相比于爱情，世界上真正永恒不变的是亲情。亲情可以超越道德、大义，超越一切。文章开始，方云是为了救家人的性命才开始弃文从武，走上逆天改命的道路，最后功成名就之时，他也没有留恋官场、富贵，而是回归家庭，回归一家人团团圆圆、幸福平静的生活。这是皇甫奇在这本商业小说中夹带的个人情感，也是他对生活的理解——平平淡淡才是真。

皇甫奇的《飞升之后》《无上真魔》《大周皇族》一脉相承，贯穿着同样的思想，即追求存在的意义。在《飞升之后》中，主角风云无忌选择的是为一个种族奋斗，从而实现自己存在的意义。在《无上真魔》中，林君玄选择为自己而活，追求自己存在的意义。在《大周皇族》中，方云认为保护家人、维护亲情是自己存在的意义。皇甫奇书中思想追求的转变与他不同阶段的人生经历有关。写作《飞升之后》时，皇甫奇正值大二，风华正茂，挥斥方遒，有着远大的理想抱负和澎湃激情，体现在书中就是风云无忌肯为民族正义奉献一生的情怀。而写作《无上真魔》时，皇甫奇已然毕业，作为一个应届毕业生，他正视身上肩负的责任，想要寻找自我存在的意义。写作《大周皇族》时，皇甫奇已经结婚，并成为一名父亲，那时的他更看重自己的家庭和亲情，追求平平淡淡、团团圆圆的生活，所以就有了书中方云这个人物形象。总的来说，这三部作品风格不紧不慢，故事娓娓道来，情节跌宕起伏，其中《飞升之后》为其巅峰之作，立意不凡，虽属于网络小说，但却不拘泥于网络小说的俗套，主人公为的不是自己，而是全人类，为全人类的生存和延续而奋斗，感情真挚。

从《飞升之后》到《无上真魔》《大周皇族》，再到近年的《人皇纪》《源世界》，皇甫奇一路收获过赞美，也遭遇过非议。值得庆幸的是，皇甫奇是一位"在路上"的作者，也希望他能在未来给我们带来更多更好的作品。

（郭宁宁　执笔）

19. 吉祥夜：日更不辍的
"勤劳小蜜蜂"

【作者档案】

吉祥夜，毕业于湖南师范大学，湖南省作家协会会员，职业教师，红袖添香的签约作家，多届华语言情小说大赛冠军获得者，出版小说多部，作品签约影视多部。文字优美，情感细腻，擅长在温暖的基调下演绎故事背后的波涛汹涌，是一个非常活跃、非常勤奋的作家，已创作网络小说10多部。

2009年进入红袖，尝试自己写作。

2012年，出版《一念路向北》并获华语言情小说大赛冠军，本书乃网络连载各大榜单第一作品，破网站月销售纪录，且被改编成电视剧《一念向北》，已于2016年在央视8套播出。

2013年，出版《在遗忘的时光里重逢》并获华语言情小说大赛年度总冠军，影视版权已售出。网络连载月票榜第一，各榜单均榜首。

2014年，完成《一路上有你》，实体书预计2018年上市，已签约影视改编，各榜单榜首作品，获华语言情小说大赛冠军，其兄弟篇《夏末晚良辰安好》影视也已签出。

2015年，《有风自南》入选北京市新闻出版广电局2016推优作品，2016作协评定中国网络文学年度好作品，实体书2018年春季上市。连载时网站榜单榜首作品。

2016年，《听说你喜欢我》连载时横扫所有榜单第一，入选2016中国作家协会重点作品扶持项目，在中国作协的2016中国网络文学排行榜半年榜中排名第五，入选2017北京市新闻出版广电局向读者推荐的优秀网络文学作品，获上海出版局2016中国网络文学好作品。影视项目已启动，出版实体书已上市，取得当当新书热卖榜第二的好成绩，入选当当网 2017 好书榜。

2016 年，创作《写给鼹鼠先生的情书》，在中国作协的 2017 中国网络文学排行榜半年榜中名列第三，获第二届现实主义题材网络原创大赛优胜奖，已签约出版，影视改编项目即将启动。

【主要作品】

《一念路向北》，现代言情题材作品，2012 年 6 月 11 日首发于红袖添香网，104.36 万字，已完结。

《在遗忘的时光里重逢》，现代言情题材作品，2012 年 11 月 18 日首发于红袖添香网，170.56 万字，已完结。

《一路上有你》，现代言情题材作品，2015 年 5 月 20 日首发于红袖添香网，114.36 万字，已完结。

《有风自南》，又名《一念长风起》，现代言情题材作品，2015 年 9 月 14 日首发于红袖添香网，64.6 万字，已完结。

《听说你喜欢我》，曾用名《一个人的一往情深》，现代言情题材作品，2016 年 3 月 10 日首发于红袖添香网，79.6 万字，已完结。

《写给鼹鼠先生的情书》，现代言情题材作品，2016 年 10 月 25 日首发于红袖添香网，32.82 万字，已完结。

【代表作评介】《听说你喜欢我》

《听说你喜欢我》是吉祥夜所著的一部长篇小说，连载时横扫所有榜单第一，入选 2016 中国作家协会重点作品扶持项目，在中国作协的 2016 中国网络文学排行榜半年榜中名列第五，成为 2017 北京市新闻出版广电局向读者推荐的优秀网络文学作品。该小说的影视改编项目已启动，出版实体书已上市，取得当当新书热卖榜第二的好成绩，登上当当网 2017 好书榜。

✍ 故事简介

《听说你喜欢我》讲述了阮流筝和宁至谦之间的爱情故事，作为学妹的阮流筝喜欢上学长宁至谦，但是宁至谦已有女友董苗苗。由于宁至谦父亲的一段风流往事，宁至谦和董苗苗只能决绝地分手。宁至谦知道阮流筝喜欢他，对阮流筝说："听说你喜欢我？""那我们结婚吧。"故事就是从这里开始的。

出嫁那天，阮流筝躲在房间里，将出国的 offer 撕成一条条，只为了嫁给她心爱的宁学长，婚后的宁至谦对阮流筝极尽宠爱，但那只是假象。人人都说他是好老公，她拯救了银河系才能嫁他。可是她知道，他是银河系里一颗星，她不过地上一个人，星固然明亮耀眼，却离她千里万里远。他待她所有的好只不过用来抵消他的一句对不起，因为他心口那颗抹不去的朱砂痣不是她。宁至谦对阮流筝很好，却是没有用心的好，宁至谦去美国进修的前一个晚上，他们极尽缠绵，导致了阮流筝不幸意外怀孕，是宫外孕。阮流筝嘱咐婆婆不要告诉宁至谦这件事，她希望可以在他打电话回来时自己告诉他，但是一直到手术结束，他都没有打电话回来。这件事使阮流筝心灰意冷，并做出了离婚的决定。

离婚后阮流筝成功考研到了南方，潜心学习，渐渐地以为自己已经淡忘了宁至谦，而宁至谦由于工作能力突出，在北雅第一医院神经外科成了主任医师。宁至谦没有选择淡忘阮流筝，相反，他照顾阮流筝的家人，和阮流筝家人的关系很好。

六年后，阮流筝的弟弟阮朗在离校前打伤了人，气得阮流筝的父亲冠心病发作，阮流筝匆匆赶回家，并做出留在北京工作的决定。她在西城医院找到工作，一段时间后被派到北雅医院进修神经外科，成为了宁至谦的学生。他们别后重逢。到这里为止，小说的小虐部分结束，此后小说走向温情部分。

两人在医院经历了蔡大妈的儿子不孝顺来医院闹事的事件；见证了作为军人的沈归和受到疾病折磨却开心乐观的小雨之间的爱情。同时，他们也目睹了谭雅的丈夫江成不照顾高烧的儿子而出去和情人约会出了车祸给谭雅带来的伤害，以及谭雅得知事件后的坚强。在生活中，阮流筝莫名其妙成了宁至谦收养的儿子宁想的妈妈，宁想助攻希望爸爸能追回妈妈。阮流筝相亲遇到了嫌弃她过去又喜欢自夸的相亲对象。她还被因为撞车而相识的薛伟霖追求，她养的小狗和薛伟霖的小狗举行了婚礼。宁至谦让流筝加入了他的课题组，带流筝去母校进行讲座，宁至谦吃了太辣的食物胃疼，流筝照顾他。宁想的亲生妈妈想要带宁想回去；阮流筝被绑架去做手术，成功获救。宁至谦再次出国，每天都想着流筝，流筝在这个时候去了戈壁的医疗队，宁至谦回国以后也去了那附近，在一次援救行动中，阮流筝出了意外，宁至谦不顾劝阻执意去救流筝，最后流筝获救，宁至谦在失踪、短暂昏迷后醒来……在这些温馨感人的事件中，宁至谦逐渐表明了自己的心意，"你挑人的眼光堪忧"，"等你遇到比我好的再说"，"在一起久了总是会有感情的"，"唔……经过实际考察和理论思考，大概的结果是，世界上不会再有人比我更适合你了"。而阮流筝虽然一直希望可以忘掉宁至谦，但事实上她的心里一直有宁至谦，他们在每一个事件的摩擦中感情逐渐深厚，然后复婚。

在婚礼结束后流筝出现了和上一次宫外孕相似的现象，检查后发现流筝怀孕了，这一次是宫内孕，并且有两个孕囊，只是有点先兆流产的现象，在医院住了几天就回家了。阮流筝怀孕期间，宁至谦也出现了怀孕时的全部反应，患上了拟娩综合症这样的幸福病。流筝生了一对龙凤胎，取名宁遇和宁茵，在宁遇和宁茵还是婴儿的时候，宁至谦亲力亲为照顾他们，流筝心疼他就带着孩子回了娘家，在孩子不再过度依赖父亲的时候才搬回去。小说最后以宁想生病去世，宁茵出国作为结局。

作品赏析

《听说你喜欢我》以男女主情感为主线，在男女主别后重逢的背景下，演绎出一个个温馨感人的小故事，表现了医生和病人之间、医生和病人家属之间、医生和社会之间、医生和医生之间以及医生和自己家人之间多重关系，并且反映了当今热点社会问题。

医院接收了一个病人——蔡大妈，65岁，右眼视物不清，视力范围不到一米，左眼视力也仅有0.5。病变位于鞍上池前部，与两侧视神经密切相关，需要做右额开颅脑膜瘤切除手术。老人没有钱，虽有一儿一女，但是蔡大妈住院期间，费用来自街道捐款，每天来医院看她的也只有居委会的人。她的儿子只出现了一次，来劝蔡大妈不做手术，因为费钱。后来，蔡大妈试图自杀，她的儿子又来了医院，借蔡大妈自杀事件敲诈医院。这就是蔡大妈的儿子对蔡大妈的态度。相反地，看一下宁至谦等医护人员对蔡大妈的态度，作为医生的宁至谦在蔡大妈住院期间，对蔡大妈和颜悦色，尽心照顾，丝毫没有因为蔡大妈的经济状况而差别对待，甚至因为蔡大妈的情况而倾注了更多的关注。在蔡大妈的儿子来医院闹事的时候，宁至谦看似是为了保护流筝而出手打人，实质上也含有对蔡大妈儿子不孝顺行为的愤怒。而在蔡大妈帮助儿子与医院作对时，宁至谦对蔡大妈的态度依旧，没有半分不耐。作为一个医生，宁至谦的最高职责就是与疾病作斗争，保护病人的健康。无论世事如何纷扰，在生命面前都不值一提，他只要做好治病救人这件事就够了。所以，病人的情况在宁至谦眼里是最重要的，不会因为病人的经济状况、病人家属的恶劣态度就改变对病人的态度。在他心里，委屈是自己的，生命是别人的。面对生命和病人的时候，委屈真的没有那么重要。

阮流筝和家人一起去逛庙会，碰到一个老大爷突发脑溢血晕倒在地。流筝立刻上前为老大爷做了紧急处理，等到救护车到来，她和救护车一起回到医院，配合做检查。宁至谦闻讯赶来，在没有病人家属到来的情况下，没有人为手术担责，他们也坚定地决定了要给老大爷做手术。在医患关系如此紧张的时代，在没有家属同意的情况下，在手术成功没有奖励、手术失败却有惩罚的情况下，宁至谦的选择仍然是手术。同时宁至谦的领导刘主任嘴上说着反对，行动上却是去为宁至谦摆平，让他没有后顾之忧。在这种时候，我们就会明白，促使他们做出决定的是医生的职业道德。在病人面前他们想到的只有生命，其他的一切都不重要了。

医患关系的紧张是多方面的原因造成的，也许错的是医生，也许错的是患者。但是，当患者在病床上的时候，作为医生，他们会全力以赴使患者早日康复。

阮流筝在宁至谦再次进修期间接到科主任的命令，要她加入医疗队，远赴戈壁。她在短暂的犹豫后点头同意了，她的犹豫是因为担心父亲的健康还有那个还在海外的宁至谦，但是她还是同意了。将毕生奉献给医疗事业，将更多的人从疾病中解救出来，是阮流筝的理想。那么，越是条件艰苦的地方越需要医疗，所以她去了。在那个条件艰苦的戈壁，她治病救人，为这个小地方的医疗做出了贡献。甚至后来，在沙漠里有人失踪，需要医疗队和救援队一起进入沙漠时，她也没有犹豫，就这样进去了沙漠，遭遇了不幸。如果不是宁至谦来找她，她就失去了生命。在接到要进入沙漠的通知的时候，她不会不知道有危险，但是她还是义无反顾地进去了。作为一个医生，在社会需要她的时候，她没有时间去顾及自己，只是尽力去做对社会有意义的事，做对医疗工作有意义的事，这就是她最想做的事。

在医院，一台手术需要很多医护人员的配合，甚至需要跨医院进行手术来保障病人的安全。在宁至谦父亲的前情人住院的时候，那边医院的医生指出，只有宁至谦来做手术才会有大的成功率。所以，医院联系了宁至谦，希望宁至谦可以做这个手术。但是，这个病人是让宁至谦母亲伤心的那个人，宁至谦的母亲不希望宁至谦去做这个手术。宁至谦出于对医生道德的考虑，尽力说服了母亲让他去做这个手术。他相信，他的母亲会理解他。做医生的，别说是父亲的前情人，就算她是个罪犯他们也得救。审判不是他们的事，救了人才可以交给司法机关。这台手术虽然最终没有进行，但是他们确是真切地想要去做这台手术。

一台手术，两个医院共同商量讨论手术方案，他们间的配合都是为了治病救人。医生与医生之间的关系也是医德的一个重要方面。在这台手术里，还牵扯到了医生与医生家人之间的问题。像谭雅和她老公的婚姻问题就是因为医护人员太辛苦，没有足够的时间陪伴家人，才导致的悲剧。作为一个医务工作者，他们选择了病人，选择了社会，有时候就会顾不上自己，亏欠了家人。

听说，每一个从事医疗工作的人都曾立誓："我志愿献身医学，热爱祖国，忠于人民，恪守医德，尊师守纪，刻苦钻研，孜孜不倦，精益求精，全面发展。我决心竭尽全力除人类之病痛，助健康之完美，维护医术的圣洁和荣誉，救死扶伤，不辞艰辛，执着追求，为祖国医药卫生事业的发展和人类身心健康奋斗终生。"在吉祥夜的这本书中，我看到的就是这样的医者精神。书中的男女主人公都是合格的医务工作者，他们隐藏在爱情背后的医德让人感动。这部作品反映了当今社会的热点话题，希望每一个医务工作者都可以像书里的医务工作者一样，每一个患者都可以享受到医生最好的治疗。

（李桓　王慧婷　执笔）

20. 极品妖孽：战魂里苏醒的快意青春

【作者档案】

极品妖孽，原名严新，男，生于 1996 年，湖南常德人，掌阅文化签约作家。中国作家协会会员，湖南省互联网协会理事，鲁迅文学院第十届网络文学作家高级研修班毕业生。极品妖孽于 2012 年 9 月出道，著有小说《吞噬永恒》《绝世战魂》。其作品《吞噬永恒》一经发布，便成为 91 熊猫看书热销前十的作品，作者被誉为 95 后网络文学代表作家之一。2015 年 7 月转战掌阅文化，并发布小说作品《绝世战魂》，这部作品成为百度风云榜前五十作品，获得读者超过 10 万元人民币的打赏，销量已破千万。在 2017 年 2 月第二届网文之王评选中，极品妖孽也位列全国百强大神。虽是 95 后，但截至目前极品妖孽已经有了 5 年多的写作经历。其作品《吞噬永恒》现已完结，另外一部《绝世战魂》仍在"掌阅 iReader"平台连载当中。

2012 年，正读高二的极品妖孽用一部《吞噬永恒》来展示自己讲故事的本事，彼时年龄不足 20 岁的他，一切才刚刚开始。后来，在新的连载平台上，极品妖孽的《绝世战魂》又被称为"黑马"，很快从众多新书中脱颖而出，连续赢得掌阅男生追书榜的优秀名次，成为掌阅打赏系统上线以来，第一部获得百万联盟打赏的非大神作品。2015 年 10 月，纯新书《绝世战魂》更是取得了掌阅月票榜第六名的成绩。自《绝世战魂》上架收费以来，连续多日销售破万，可以说是创造了掌阅新人新书的销售奇迹。作品连载至 80 万字时，还荣登掌阅首页火热推荐，在多位老牌作者的火热作品中脱颖而出。一本《绝世战魂》在书友圈积累了粉丝一万两千多个，书友发帖评论一万多条，是掌阅平台粉丝发言频率最密集、互动热情最高涨的作品之一。

在大学期间，极品妖孽学习的是与网络安全相关的专业，同是以网络为依托，但网络文学创作与他本身的专业可是大有不同。同样用键盘，他却开辟出了与身边人全然不同的道路——手下依旧繁忙，可敲出的不再是单调的代码，而是一个个鲜活的人物、一个个扑朔迷离的故事，还有那充满血雨腥风的玄幻江湖。

年轻的极品妖孽虽然表示自己现在还存在不少问题，比如读书不够多、对于写作理解得也不够、经历的事情也不算丰富等，但现在亮眼的成绩已经证明了他不俗的实力，以及未来无限的可能。从当初"学习之余坚持写作"的在校大学生，到现在成为万千粉丝喝彩的职业网络文学作家，极品妖孽在他寄托了梦想与追求的文学道路上不断前行，相信年轻的他一定能像自己说的一样"写出自己的风格，写出一部让绝大多数人都拍案叫绝的好书"，也相信一定会有更多人看到这个心怀侠情的年轻人笔下那一篇篇精彩绝伦的故事。

【主要作品】

《吞噬永恒》，2012 年 9 月首发于 91 熊猫看书，约 547 万字，已完结。

《绝世战魂》，2015 年 7 月首发于掌阅文化，约 529 万字，连载中。

【代表作评介】《绝世战魂》

《绝世战魂》是极品妖孽一炮打响的代表作品，连载于掌阅文化，截至 2018 年 3 月底已更新 529 万余字，2300 余章，故事仍在进行当中。

《绝世战魂》这部小说讲述的是：在苍岚大陆这个空间内，但凡是武者都要以武魂沟通天地，进行修行，提高自我。故事中，秦家的家族少主秦南在机缘巧合之下，获得了一缕来自太古神秘的战神之魂，觉醒了战神之魂，在玄灵宗弟子考核上，大败方家天才，力挽狂澜，进入玄灵宗内。在玄灵宗内，因武魂等级，秦南大受欺凌，但他绝不服输，击败外门天才林子萧，获得万象大比拼第一名。在外门内院弟子考核上，外门大长老动用权力，黑白不分，秦南遭受打压，愤然反抗，引得宗门轰动。后与宗主之子结仇，前往龙虎山脉，初遇战神左瞳，修为、武魂狂升，重返宗门，斩杀外门内院第一，问鼎巅峰，后宗主归来，晋级武皇，召开寿宴，引来青龙圣地使者，准备对太上长老、秦南下手，秦南一怒之下，斩杀宗主之子，引得惊变，昔日杀皇唐青山再度出世。

在《绝世战魂》的世界里，人物关系复杂多样，情节走向曲折而充满悬念，其中主要人物有——

秦南：小说第一男主人公，小城临水的秦家少主，为人重情重义，无所畏惧，战无不克。在秦南10岁的时候，曾意外被天雷劈中，从而获得了来自太古时期神秘的战神之魂。在18岁武魂觉醒仪式上，秦南悄悄献祭自身武魂，唤醒了战神之魂，从而开始了一场逆天之旅。目前实力为地仙圆满。

妙妙公主：遗失药园的公主，贪财，调皮，任性，爱喝酒，她本体是九转灵仙参，有着一定可能问鼎武神。在遗失药园破灭之后，她身受重伤，陷入了沉睡，直到秦南偶然将她唤醒，让她重见天日。这让她开始恢复自身，准备为遗失药园的覆灭报仇！

飞越女帝：固执，冒险，无情无欲，爱吃烤鱼，是孤儿，只拥有黄级十品武魂，遭受到不少欺凌，但她坚定心中的强者之梦。她因不满苍岚大陆的武魂规则，从而自创逆天功法，逆天改命，突破诅咒，挑战苍岚天神，成为万古以来第一个飞升之人，从而被称为飞越女帝。

穆木：穆府大小姐，身有重病，生性温柔，有着远大的抱负和理想，与秦南邂逅，后来遭到奸人所害。她曾三次误会秦南，秦南失望之际，与她断绝来往。穆木得知真相后，万念俱灰，尔后为了秦南，踏入强者之道，成为一代女神。

唐青山：在青龙圣地之中，他因为自身天赋和机缘，击败无数天才，风头强劲，凡是他黑刀所指的方圆五里之内，不留活口。却不料在下域十大禁地之一的死亡之海，因奸人算计，他心爱的女子永镇死亡之海，化作孤魂。从此他退出下域，开始寻找解除诅咒的希望。直到心爱女人化成他手中之刀，他也从此踏上杀神之道。

《绝世战魂》和同类的玄幻小说一样具有一套自身的内部设定：小说中的人物有鲜明的等级划分：淬体境、先天境、武王境、武宗境、武皇境、武尊境、武圣境、武祖境、武帝境、武神境、人神、地神、天神、人仙、地仙、天仙；又有四极之境：力之极、意之极、境之极、心之极，又称极境；武道境界，四极之上，名为道境，道境有道纹、道火、道晶、道玉之分，凝聚道晶，则为道境大成；修为达到天仙，并且掌握了四极之境后，就可以被称为盖世霸主；天仙之上，是为问道，然后达到一定地步，可以被称为九天至尊。在各个等级之间存在巨大的不可逾越的差异，需要花费长时间努力一步步修行。

同样，作为玄幻类故事，《绝世战魂》有不同的法宝划分：后天、先天、王道、皇道、尊道、圣道、帝道；以及珍禽异兽：龙虎妖宗（天龙雷虎血统）、钻天兽（太古第一种族）。

《绝世战魂》中的势力划分也很明晰：苍岚大陆分为上域、下域，下域之中，有着两大圣地，名为青龙圣地、飞扬圣地。在上域中，分别是东洲、南洲、西洲、北洲、中洲，中洲为大陆核心。所谓的九天仙域，在上古时期，指的是中天、羡天、从天、更天、晬天、廓天、咸天、沈天、成天。后来经过一系列的变化之后，九天仙域被化为了三十三个小仙域，又名三十三重天。

另外故事中有部分特殊物品：1. 战神躯体：死去的战神，自身的肉体，四分五裂，分散下来，辅助战神传人；2. 奇草灵药：三魂花（一朵花瓣为一魂，三花齐开三魂聚，逆天而行遮天机，死神不索三魂命）；3. 神兵宝物：断神刀（一代炼器大师、武帝强者断天大帝，突破武神无望，以自身肉体为刀身，以自身功法所学为刀纹，以武神雷劫炼之）。

作为一部玄幻类的网络文学作品，《绝世战魂》也充满了玄幻小说的特色，处处体现出作者奇幻、丰富的想象。在小说中，作者塑造了一个较为完整的时空体系，对于人物的设定、等级等都通过主人公的所见所闻和一步步升级逐渐铺展开来。不论是时空设定、主人公能力，还是整个苍岚大陆的种种生命形态上都体现出了出色的幻想性。

《绝世战魂》中的出场人物数量相当多，以主人公秦南为代表的重要人物往往体现出较为鲜明的性格和爱恨情仇，在不断升级的道路上顺利前行，令读者很容易代入其中，在主角披荆斩棘的过程中大呼过瘾。但是与此同时，《绝世战魂》人物塑造也时有一些过于扁平化的问题，在以主角秦南为中心的人物群中，好、坏的分界经常显得十分清晰，且主人公的升级相比其他人要容易太多，使得部分人物显得较为单薄，而且也有落入现在流行的玄幻类作品窠臼的感觉。但或许正是这样的人物设定，让"好人"得到好结果，让坏人受到应有的惩处，如此更能使读者感受到阅读的痛快之感。

在情节的处理上，《绝世战魂》也带来了环环相扣、步步为营的阅读体验，小说的视野在主人公生命历程的前行中一点点打开，情节也一步步发展而逐渐复杂化，符合大多数人阅读习惯的同时，又调动起了读者的阅读兴趣，使读者对于接下来未知的情节发展充满期待，在连载中不能自拔。另外，在《绝世战魂》的粉丝圈中最常看到粉丝们呼唤作者极品妖孽快来"填坑"，解答主人公秦南前世的身份之谜和引导整个故事的战神秘密，这样吊人胃口的"坑"挖掘了无数读者的猎奇心理，使其想要探寻故事最后的结局和奥妙，为小说赢得了相当多长期跟读的固定读者，相信这也是《绝世战魂》能够取得亮眼成绩的重要原因。

正如极品妖孽本人所说："网络文学的主旋律一直都是正能量"，《绝世战魂》的主题引导亦是如此。在小说书迷的评论中有："秦南一步步向更高的领域前进，每次都是险中求进，用无比坚韧的信心跟意念，创造了一个又一个的奇迹！秦南告诉我们：要有一颗坚韧的心，要有不屈不挠的精神，坚持最为重要，要想成功，遇到事情不要怕，要勇于面对，勇敢向前！对朋友可以两肋插刀，对敌人绝不心慈手软，让敌人望而生畏！总结：人生在于折腾，在于不断前进！"可以看到，《绝世战魂》为读者们带去的不仅仅是精彩的故事、痛快的江湖，还有对人心的鼓舞，这样的主题引导是很多网络文学作品所应当追求的。

《绝世战魂》人物性格的刻画、情节的描写、字里行间的痛快之感都能给予读者属于玄幻小说的美的感受和爽的体验，但也存在网络小说共有的通病，尤其是语言的运用方面。《绝世战魂》的语言使用显得过于浅白，缺乏作为小说作品所应有的书面化语言，语句过于口语化，还掺杂使用了不少网络流行语。同时还有部分章节、语段中语句内容在较短篇幅中重复，读来难免感到一些累赘、无味。总体上小说语言的文学性有所欠缺，一方面与作者自身的文学积累有关，另一方面也是作者受同一题材网络文学作品的共同趋势影响的结果，以及网络小说快速阅读的要求所致。语言的浅显在一定程度上限制了小说的深度和灵动感，也在部分精彩情节的叙述里起到减分的作用。不过相信作者极品妖孽在更多的写作实践中，小说语言的问题能够被逐渐化解，届时他的作品也一定能够吸引更多读者。

（刘婧婧 执笔）

21. 寂寞读南华：从宦海沉浮到仙侠奇缘

【作者档案】

寂寞读南华，原名熊星，曾用笔名南华，男，生于1982年10月，现居常德市石门县。2008年开始创作，是阅文集团的大神级作家，2017年创作《夺位》（出版并改编为影视作品），新作历史题材小说《夺嫡》正在连载。作品中的想象天马行空，行文流畅，故事精彩，是少有的官场和玄幻都能写成功的作家。代表作《仙王》《布衣官道》和《官策》等。

从影响力看，《仙王》，2014年4月2日累积获得5万张推荐票，2014年3月30日累积获得两万个收藏，2014年3月30日登上了起点首页的强力推荐榜；《官策》，2012年3月27日累积获得150万点击，2012年11月26日累积获得8万张推荐票，2012年10月18日登上了起点首页热点封面推荐；《布衣官道》，2011年11月30日登上了起点首页热点封面推荐，2011年11月20日累积获得30万张推荐票，2011年10月4日累积获得500万点击。

【主要作品】

《金融巨人之再活一次》，2009年8月27日首发于起点中文网，约56万字，已完结。2013年6月1日出版，更名为《投资高手》。

《九龙魂》，2009年11月28日首发于起点中文网，约13万字，已完结。

《布衣官道》，2010年2月12日首发于起点中文网，约437万字，已完结。

《诛天至极》，2011年11月16日首发于起点中文网，约43万字，已完结。

《官策》，2012 年 3 月 19 日首发于起点中文网，约 363 万字，已完结。

《仙王》，2014 年 2 月 14 日首发于起点中文网，约 323 万字，已完结。

《圣人门徒》，2015 年 6 月 20 日首发于起点中文网，约 143 万字，已完结。

《天河大帝》，2016 年 3 月 15 日首发于起点中文网，约 30 万字，连载中。

《都市狐仙养成记》，2016 年 9 月 13 日首发于起点中文网，约 50 万字，连载中。

《夺位》，网络首发，约 32.5 万字，已完结。2016 年 9 月 1 日由友谊出版社出版。

《夺嫡》，2017 年 11 月 1 日发表于磨铁中文网，约 81 万字，连载中。

【代表作评介】《仙王》

《仙王》主要讲述了一代学霸朱鱼南柯一梦，发现自己穿越到华夏世界，开始了自己的逆袭之路，从一个小小的后天修士，依靠自身强大的实力和难得的机缘一跃成为仙王的故事。《仙王》是寂寞读南华的转型之作，在此之前他作为一个优秀的都市小说作家为读者所推崇，尤其是两部官场小说《官策》与《布衣官道》，被众多网友评为"中国最好的官场文"。《仙王》故事发展的大体脉络和大部分修仙小说类似，都是主角通过穿越或重生的方式进入另一个世界，因各种机缘巧合和主角光环一路升级，最终获得所在世界的最高成就。《仙王》在浩瀚如烟海的网络小说中，不是最优秀的，甚至也不是寂寞读南华个人最优秀的作品，却是一部诚意满满的作品。作为一个官场写手，修仙玄幻小说并不是作者擅长写的类型，作者为此进行了很多尝试，作者也曾坦言这是自己写得最努力的一本小说。下面对书中的情节、人物、存在的缺陷以及书中一些有意思的细节做一些简单的评析。

首先是情节。最吸引读者的是精彩的开篇，《仙王》的开头是非常引人入胜的，曾经是废柴的主角朱鱼穿越到另一个世界，脑海中自带盘古图，不仅自身条件好，还有高人相助，从一个人人耻笑的低级弟子一跃成为南海修仙学院的精英弟子。虽然《仙王》和大部分爽文的套路一样，主人公一路顺风顺水，升级神速，但不会让人产生强烈的审美疲劳。原因大概分为以下三点：首先，最开始朱鱼的很多机缘都是有根有据的。不像很多爽文主人公的好运来得莫名其妙，朱鱼刚穿越到南海修仙学院就自带盘古图，因为他前世最喜欢博物馆里的盘古图；朱鱼能在低级弟子课堂上击败后天修士高柔，也是因为前世作为学霸懂得学习方法，重视基础，如此种种。其次是朱鱼的成长快中有稳，朱鱼进步快，但也没有到神速的地步，他第一次与高柔斗法险胜不是因为他的实力强于高柔，而是因为朱鱼找到了高柔的弱点。当然朱鱼实力大增后依然选择住在低级弟子公寓，不仅赢得了同住的低级弟子的好感，也博得了大部分读者的好感。最后是小说开篇人物性格鲜明，条理清晰。开篇围绕南海一个地方来写，不管是南海修仙学院还是南海朱家，其中的等级制度、人物关系和前因后果都描述得清清楚楚，包括各个人物的性格也是比较鲜明的，除了主角朱鱼，令人印象深刻的角色还有注重基础深藏不露的严谨师尊，鬼马天才少女田小丹，自视甚高刁蛮泼辣的高柔等。这些都是开篇可圈可点之处，但随着故事的发展，开篇的大部分人在魔族大战中死去，小说在人物塑造方面也开始走向一个下坡路。

开篇大约占全书的五分之一，短短的篇幅将朱鱼在南海逆袭后一路升级，南海覆灭成为魔化大陆，朱鱼建立南海城，朱鱼弃南海城入西陵郡这些情节紧凑地安排到一起。纵观全书，这一部分朱鱼的修炼境界虽然只从先天到入虚，进步远远不及后面，但为中后期的飞速成长打下了坚实的基础。前期故事发展的节奏快，但这不妨碍情节紧凑有条理，也合情合理。人物个性鲜明，与情节相辅相成，是全书的精华之处。

小说后面的情节就是讲述朱鱼突飞猛进一路飙升的过程，从四海城到楚歌，从华夏世界到玄武世界，从万寿到仙王。这些是会让人大呼过瘾，但很难再有前期描写朱鱼在磨难中成长，在困境中前行时的那种读来令人激动紧张的感觉。从情节来说符合一般爽文的套路，略显拖沓但也中规中矩。

其次是人物。小说共有1000多章，300多万字，在如此长的篇幅下必然会出现很多人物。主人公朱鱼自不必说，贯穿首尾，但小说有一个很大的缺陷是其他人物像走马灯一般匆匆闪过，并未给人留下深刻的印象，对于云峰、高柔、安未风等前后都有露面的角色刻画力度也不够。主人公在书中世界里的时间和空间跨度都很大，身边的人不断更替是不可避免的，但随着情节的推进和主人公神速的进步，后来出场的人物越来越扁平，他们的语言行动和心理似乎都是为了配合主人公的发展而来，且出场的时间越来越短，这不仅拖拉了情节，也让主人公的性格发展陷入僵局。

朱鱼作为本书唯一的主角，他的进步之神速，经历之丰富，是人们无法想象的。作者在塑造这个人物上也花了很大心思，前期在南海修仙学院中朱鱼完成了逆袭，从被人耻笑到万众瞩目，骄傲是有的，更多的是满满的少年心气。朱鱼也是爱南海的，在南海有他的恩师、朋友、亲人甚至是敌人和仇人，在南海的日子是他最快乐的一段日子。然而在南海覆灭后，朱鱼九死一生活下来，却失去了南海的所有人，这时朱鱼的性格发生了变化，志得意满的少年气性在仇恨和日日夜夜的修炼中消磨殆尽，一个更加神秘沉郁的朱鱼出现了。但朱鱼的性格在中后期没有什么太大的变化，即使他进步神速，顺风顺水，经历丰富，却很少出现迥异于前期的性格。我们可以清楚地看到朱鱼修为的变化，从万寿、化神、天师、地仙到最后的仙王。我们可以清楚地看到朱鱼掌握了丰富的独门秘籍，可以看到他从华夏世界到玄武世界以及参加星际大战的过程。但是关于这个人物的具体形象却湮没在他的经历修为中。作为一篇爽文，阅读快感是读者的首要追求，有时候为了庞大的线索和情节，作者也可在人物性格和形象的刻画方面做出适当的让步，但如果有一个有血有肉生动鲜明的形象会让整本小说锦上添花的。

书中有两个很有意思的设置。第一个是般若芥子，般若芥子是朱鱼的父亲朱炎子送给朱鱼的一件至宝，书中设定为上古至宝，芥子纳须弥，外形是一个小小的石头，里面却有一方世界，在这个神秘的世界里也蕴藏了无数宝藏。这件至宝多次救朱鱼于危难之中，还贮藏了朱鱼得来的无数珍宝，可以说是功不可没。芥子纳须弥出自佛经，佛家以"芥子"比喻极为微小。须弥山原为印度神话中的山名，后为佛教所用，指帝释天、四大天王等居所，其高八万四千由旬，佛家以"须弥山"比喻极为巨大。芥子纳须弥，也就是极微小的东西却能容纳极其巨大的意思。第二个是红尘宗，书中介绍了很多宗门，而红尘宗在天下十八宗中是以古怪神秘出名的宗派，红尘就是混迹红尘的意思，红尘宗的修士基本都在红尘中打滚，赌场，酒肆，妓院，商行，可能都有红尘宗修士的影子。红尘宗修士张桐趁朱鱼修炼"俗子仙缘"之时将朱鱼引入红尘宗并使其迈入红尘之门，朱鱼作为红尘宗的弟子修炼都在红尘中，融入红尘世界，体会红尘百态，再领略大道，走上仙路。大多修仙都讲究在清净的境地中修炼，接近一种类似看破红尘的境界，红尘宗的有趣之处就在于修士需经历红尘中的酸甜苦辣才能真正领悟大道，这其中体现了道家的某些思想，因为道家讲究的是红尘练心，如："小隐隐于野，中隐隐于市，大隐隐于朝"，"小隐在山林，大隐于市朝"等，说的都是一个意思：那些所谓的隐士看破红尘隐居于山林只是形式上的"隐"而已，而真正达到物我两忘的心境，反而能在最世俗的市朝中排除嘈杂的干扰，自得其乐，因此他们隐居于市朝才真正体现了心灵的崇高。这两处让人读来觉得妙不可言，为作者的想象力折服，这也归功于作者知识涉猎之广，没有对于古典文化和佛经的涉猎与理解，是断然写不出这样的情节的。

如果说上面两种设定是作者的巧妙借鉴与想象力结合的典范的话，那么有些设定就有搬弄前人珠玉之嫌。比如朱鱼在修炼"逆天改命"时第二个秘境叫做笑傲江湖，以及修炼神功之前的"挥刀自宫"和楚不群此人以及他进入蓬莱仙境后不男不女的形象，基本上都是在模仿金庸武侠小说《笑傲江湖》中的设定与情节。这样单纯的文字搬运，自然也达不到文学创作中陌生化的原则，也就无法被读者接纳。文学创作并非不能相互借鉴，不能集百家之所长，但文学创作最主要的还是作者自己的东西，借鉴学习都是为了站在巨人的肩膀上看得更远。《仙王》这些对经典名著几乎照搬的部分，是本书并不成功、受读者诟病的部分。

作者是从写都市官场小说转型而来的，修仙小说和官场小说是两种截然不同的类型，修仙文的写作非常考验作者的想象力和对整个故事的架构能力。这一点《仙王》做到了，能在一个俗成的套路下将故事写得引人入胜，精彩绝伦，也是作者的功力所在。从书中很多地方都可以看到作者对古典文化和书籍了解颇深，并将其中的精华部分与自己的想象结合，应用到自己的小说中，小说中的炼气士修炼境界分别是后天、先天、入虚、万寿、化神、天师、地仙（陆地神仙）、虚仙（天仙）、金仙、真仙（星君）、仙王（天君）、神将、天王、道祖。这里面一部分来源于作者想象，一部分来源于道教中的神仙体系。除此之外，作者还深受武侠小说的影响，尤其是金庸的作品，金庸小说在很大程度上可以看作大部分网络爽文的始祖，尤其是在主人公通过各种机缘巧合得到高人相助或者某本秘籍，潜心修炼后声名大噪这样的情节，影响了一大批网络作家。在《仙王》中也有类似的情节，朱鱼在与滴血重生的神魔斗争中落入下风，被神魔逼近血池溶化，朱鱼被溶化后又重塑全身，不仅修为大增，也获得了滴血重生的能力。

强者崇拜是作者贯穿全书的思想。作者认为实力就是一切，无论贫富贵贱，只要有了碾压别人的实力就可以在这个世界中称王称霸。且不论这一理念是否合理，但全书的发展都基本靠这个观念支撑着，朱鱼能一路飙升顺风顺水，都是因为他所在的世界认可绝对的实力。在这个大的方向领导下还有其他的一些理念设定做支撑，如朱鱼能够进步得如此神速有很大一部分原因是朱鱼将基础的符道研究得炉火纯青，作者一再宣扬基础的重要性等同于建房子之前的地基；又如，从一个境界修炼到另一个境界，很重要的一个节点是领悟大道而不是触摸大道，很多具有跨越到另一个境界能力却不得的人就是因为没有真正领悟大道，这也启示人们对于真正的智慧要心存敬畏，简单的接触不能算真正的了解和领悟。

虽然《仙王》作为一本网络爽文，首要任务是让读者最大程度获得阅读的快感，但寂寞读南华也在创作的过程中倾注了自己的情怀。文中讲述了一个少年从一无所有到称王天下的故事，虽然故事还未看完就能一眼望到结局，但少年在这一过程中经历了什么是需要细看端详的。年少时的心气荣耀和历经的无数波折，催使他不断增强自己的实力，而实力的增强不仅要靠环境，更要靠那一份念念不忘的初心，这大概就是作者最想表达的。

（秦佳男　执笔）

22. 江南活水：网文天地，官场风云

【作者档案】

江南活水，男，原名李世锦，生于 1969 年 9 月 26 日，湖南冷水江人，湖南省网络作家协会会员。江南活水这个笔名，既来源于"问渠那得清如许，为有源头活水来"这句诗，也因作者本人五行缺水，以及出生地所在的冷水江市有资江穿城而过，故取此名。他的另外一个笔名"湖漾清波"，也一样和水有所关联。

对文学情有独钟的江南活水，曾经做过八年的文秘工作，闲暇时间也会进行文学作品的写作，但涉及的范围大都是纯文学。所以进行网络小说的创作，对他而言是一件偶然又必然的事情。由于自身工作性质的原因，写作是其无法割舍的一部分，这使他具有良好的写作基础和素养。加之，他对文学和写作的浓厚兴趣，以及对官场现状最真实最深刻的体会，这些构成了他进入网络小说创作领域的必然因素。而真正让江南活水决定进入网络小说创作领域的契机，便是 2011 年国庆节放长假时在办公室写完材料后的他，一时兴起看了几章网络小说，读来却并不令人满意，便有了要进行网络小说创作的最初想法。

对于网络小说这片陌生的领域，江南活水可谓是初来乍到，一无所知。因为工作所需的公文创作毕竟和网络小说创作有太大不同，甚至可以说是千差万别。所以他只能从最基础的用键盘打字开始，慢慢地去摸索和学习。在寻找网站依托的艰难过程中，他首先进入红袖添香网站并与之签订了合约，后来受邀进入 17K 小说网。在那里，他创作了《花都神医》，作品上架后便获得了当月新书订阅数的第二名，这也是其第一部赚钱的作品。然而《花都神医》是幻想小说，没有现实基础做依托，虽然取得了很大的成绩，但是当他写到 100 万字的时候，觉得太过荒唐，便草草地做了结尾。2012

年，他着手创作《仕途天骄》，这本书虽然也有杜撰的成分，但是它有了更多的现实基础，作者更多地投入了自己对人生和官场的体会和感悟。所以这本书相对于《花都神医》是一个提升，也因此获得了更多的关注，上架后便获得了新书订阅数的第一名。

面对广大的读者群体，江南活水是认真负责的。就《仕途天骄》来说，其读者群体十分广泛，有省委宣传部副处长、律师协会秘书长、基层公务员、大学讲师以及初进官场的年轻人等。这些或是有阅历、有丰富人生经验的中年人，或是正在积累社会经验的年轻人，这些读者给予他的支持，给他带来了极大的欣慰和鼓励，使他在接受读者反馈意见的过程中可以保持初心，坚持自己的最初写作思路，从而在创作中不被读者左右，形成自己的创作风格。

【主要作品】

《窦漪房传奇：玉钗记》，2011 年 11 月 6 日首发于 17K 小说网，5.8 万字，已完结。

《花都神医》，玄幻题材作品，2012 年 2 月 4 日首发于 17K 小说网，102 万字，已完结。该小说讲述了一个颓丧绝望的大学生冷笑天拥有神奇医术后，名誉和财富席卷而来，自此游戏花丛、纵横官场、遨游商海，成为达官贵人、名媛淑女心中无所不能的"冷真人"的故事。

《仕途天骄》，2012 年 12 月 7 日首发于 17K 小说网，371.8 万字，连载中。

《重生纨绔大少》，2014 年 8 月 4 日首发于 17K 小说网，2.6 万字，已完结。

【代表作评介】《仕途天骄》

《仕途天骄》是目前仍在 17K 网站上连载的一部都市小说，可以说是江南活水极具代表性的作品之一。作品发表之初，便在 17K 小说网上获得了新书订阅数的第一名，后来连续 11 个月获得都市类订阅榜的第一名。2014 年《仕途天骄》因特殊原因在渠道上下架，2016 年年底，《仕途天骄》在凤凰网上架，推荐后每天销售额达到了两三万元。2017 年 2 月《仕途天骄》开始在 17K 网站上连载。2017 年上半年一直稳居凤凰网畅销总榜的前五名，在凤凰网最高日销售额达到三万多元，影响广泛，成就颇高。

天江省新冷县地税局科员叶鸣原本才华横溢，却被上司忌惮打压，只能委曲求全地做一个普通科员。偶然状态下，他发现自己暗恋的女同事陈怡被局长李立骚扰，于是他冲冠一怒为红颜，忍无可忍地暴打了上司，受到记大过处分，被迫下岗半年。下岗期间，他游历省城，无意间目睹了一场血腥的刺杀行动。他凭借高超的武功和敏捷的身手，救下了被杀手围攻的省纪委副书记李润基，顺理成章地得到了李书记的赏识，成为其心腹，也因此邂逅了高官贵女夏楚楚。夏楚楚对其一见倾心，并极力推荐其与富豪千金陈梦琪结识。而从学生时代就开始爱慕叶鸣的陈梦琪，多年来为了寻找叶鸣得了相思病和忧郁症，在相亲节目上苦苦地等待他的出现。为了治好陈梦琪的忧郁症，叶鸣只能与陈梦琪牵手，被迫成为富豪陈远乔的准女婿，得到了陈远乔在黑道的小弟龚志超的保护，龚志超便成为他日后在新冷办事的有力推手。而此时结交官场贵人的叶鸣，地位早与从前不同，不仅自己升了官职，还为好朋友徐飞成为地税局一把手牵线搭桥。但在税务局，同为局长的欧阳明，因不满叶鸣突如其来的升职，用卑劣的手段组织人联合起来秘密告叶鸣阴状。叶鸣采取计谋降服了欧阳明手下的势力。后来，在欧阳明出事时，他却不计前嫌，组织解救欧阳明，笼络了人心。局内人心齐整，乘胜追击，税务局开展了大规模的整治行动，叶鸣结识了夏霏霏、夏娇等人。整治行动的过程中，省委书记鹿知遥途经新冷调研，偶遇叶鸣，秘密调查后发现叶鸣是自己寻找多年的儿子。由此，鹿书记成为了叶鸣之后在官场晋升的强有力的后盾。在评选资源枯竭型城市中，叶鸣在夏楚楚的朋友张嫣的带领下，请求鹿念紫的帮助，却被鹿念紫拒绝。拒绝后的鹿念紫在父亲鹿知遥的点拨下才知道，叶鸣是自己同父异母的弟弟，之后给予了叶鸣或多或少的帮助。与此同时，整治行动的进行触及了以李博堂李智父子为代表的众多人的利益，他们的违法行为被揭露，对叶鸣进行打击报复成为他们的首要目标。他们从欧阳明下手，通过贿赂引导欧阳明，使其触犯税务局规章后自杀，又利用龚志超、陈怡二人与叶鸣的关系环环算计叶鸣，企图整垮以省纪委副书记李润基为代表的群体。在关键时刻，鹿知遥和李润基发挥权力的作用一步步化险为夷。之后，夏楚楚和叶鸣订婚，叶鸣的孩子鹿奔奔出生，叶鸣调往省城。至此，叶鸣在新冷县的官场纠葛大致结束。

调往省城后，叶鸣进入省委党校进行学习。但他一开始便受到副班长严长庚等人的打压，通过章英芝与叶鸣的通话、鹿知遥为党校题字、李润基前来上廉政党课一系列事件，许多人得知叶鸣的真实身份。严长庚在之后的学习工作中，对叶鸣百般刁难，不经意得罪了卿涛市长和佘楚明，受到了处分。与此同时，叶鸣展开揭露严长庚罪名的行动，通过流金岁月娱乐城事件有组织的行动，严长庚被缉拿归案，邱一星等人也被开除出省委党校青干班。机缘巧合下，叶鸣前往探望正在拍戏的张嫣、陈梦琪，并和陈梦琪前往延安旅游，来到鹿知遥的故乡鹿家庄后返回天江省。从党校毕业后的叶鸣被安排到省委督查室。在一系列曲折过程中，叶鸣升为省委督查室督察一科科长，开展打击湟源县非法集资的专项督查行动。行动中，叶鸣以和顺公司的案子为突破口进行调查摸底，过程中却被公安局的童子安等不法分子迫害追杀，幸被好心司机向小平救下。鹿书记成立专案组进行调查，慢慢揭开了陈建立、周碧辉等人的秘密。责任理清后，叶鸣被破格提拔为督查室副主任。上任后的叶鸣接到请求，帮助陈远乔和陈梦琪的金桥集团走出困境，于是涉险走入苏寒和刘福洋的圈套，惹火烧身，鹿书记支招解救，过程中鹿书记与叶鸣父子相认，佘楚明被抓，陈远乔自杀，陈梦琪患精神分裂症。最终，龚志超因用残暴的方式来结束案情，被判处死刑。当这一切结束后，叶鸣与夏楚楚结婚，走马上任民安市北山县委书记，开始仕途生涯新征程。

《仕途天骄》是一部内容丰富、充满奇思妙想的都市小说，作者用曲折强劲的笔法构造了庞大的官场体系，酣畅淋漓地书写官员是如何一步步在仕途中进阶，并依此含沙射影地展示了当今社会中官场内的一些风气习俗，堪称现代版的"鹿鼎记"。

这部小说以叶鸣为中心记述了他曲折又传奇的官场前半生。关于他的性格，小说中有过很好的概括，即"三个特点"：才华出众、真诚质朴和爱岗敬业。俗话说，能成就一番事业的人一定有其过人之处。最后走进官场大厦的叶鸣，便是文武双全。他精通文史，走进黄金屋后洗礼了身心，正直不阿，又习得一身武艺，惩奸除恶。出众的才华成为他进阶的利器。虽然他所处的圈子一直在变化，但他待人永远持有真心，对恩人如此，对嫉妒他的人亦如此：真心对待自己的恩人，不亏待喜欢和看重的人，同时坚持着良心，不计前嫌地为算计他的人说话办事。叶鸣被提升官职后，没有因此贪图享乐，而是继续在岗位上尽职尽责，开展一次次整治行动，查处违法犯罪的群体，甚至不惜付出自己的生命。从他的品格来看，与其说他的成功是因为遇到了贵人，倒不如说是来自于他始终如一的赤诚之心。

而作者笔下的官场宏图绝不单单是一个人的传奇，官场的变幻莫测通过小人物展现出来才更耐人寻味。看似清廉却私欲尚存的领导，在夹缝中生存的八面玲珑的下级，层层的关系链都在作者笔下一一展现。成功的叶鸣，与其他人的官场做派不同，他有着惊人的忍耐力和控制力，懂得"预则立，不预则废"的处事方式，才在瞬息万变的官场生涯中得以幸存和攀升。在我看来，这也是小说真正要传达的东西——通过人物的命运映射出官场现实的作风和未来的走向。

从写作笔法方面来说，复杂的戏剧冲突是小说的一大亮点，这一亮点使情节跌宕起伏，也使人物形象的塑造熠熠生辉。主角叶鸣所处的官场阶层一定程度上决定了他面临的困惑和难题。在新冷县，从科员时期与局长李立的冲突到一分局局长时期与欧阳明的官场纠葛；进入省城后，从省委党校学员时期与严长庚等人的矛盾到督查室副主任时期帮助陈远乔走出困境……阶段性的冲突对叶鸣或多或少存在影响，使一开始身为官场小白的他一点点被感染，成为他日后所做的决定的来由与根据。必要时刻的低头与屈就，铲除后患的果断与决绝，是科员叶鸣做不到的，却是局长叶鸣和副主任叶鸣做得到的。正是这些性格的细节变化，才使叶鸣的命运之路看似曲折，其实坦荡如砥。

（谭露　何文婷　执笔）

23. 静悠：运笔静美，真爱悠远

【作者档案】

静悠，原名郭平，女，生于 20 世纪 80 年代，祖籍湖北，现居住于湖南，半真半假湘妹子一枚。静悠坚持有梦才有希望，坚信生活不易，快乐才是灵感之源。她努力做着自己喜欢做的事情，爱看书，爱说故事，爱写字，相信真爱，相信奇迹，相信笔下能生花。

静悠，文如其名，她笔下的文字，言辞细腻，蹙金结绣，细细品味之下，顿感字里行间淡淡留香，其味无穷，透出无限深刻的感悟和细腻入微的情感。虽不是很高产，但可以篇篇精彩，还记得她说的那句"你若安好，便是晴天"吗？有的文字自始至终都有种奇妙的感染力，不需联想画面，字里行间的意境便可油然而生。销量居高不下的《你若安好》无论是封面还是书名都给人一种阳光灿烂温暖如花的感觉，"安好"是个美丽的名字，安好，平静安好，她的人应该和名字一样，她又会有怎样美丽动人的故事呢？如此，静悠写的每本书都能让人联想不断，这也许就是静悠的魅力吧。静悠现已出版的作品有《你若安好》《你若盛开》《念念勿忘》《致最好的你》《我只喜欢你》《从此，我的幸福都是你》。

【主要作品】

《你若安好》，现代言情题材作品，2011 年 9 月 16 日首发于晋江原创网，24 万字，已完结，2012 年 3 月出版。

《念念勿忘》，现代言情题材作品，2011 年 12 月 2 日首发于晋江原创网，17.6 万字，已完结，2012 年 11 月出版。

《你若盛开》，现代言情题材作品，2012 年 8 月 26 日首发于晋江原创网，22 万字，已完结，2013 年 1 月出版。

【代表作评介】《你若安好》

《你若安好》这本书出版于 2012 年 3 月，是典型的现代言情小说，主要涉及都市情缘，豪门世家。女主角名为安好，男主角名为莫怀远。安好是一位平凡无奇的大学教师，倔强，独立，毫不示弱，然而坚强的外壳下，却有着不堪回首的过往。莫怀远是一个出生显赫的世家子弟，盛气凌人，桀骜不驯，一向游戏人间，尽握众生繁华。殊不知，他的心，始终平静无波。这是静悠笔下的一个非常温馨甜蜜的爱情故事，男女主角抛却一切已被定义的身份和背景，无论特殊还是平凡，演绎的只是茫茫人海中的你我。两个人都经历过，或者说早已过了因爱生勇阶段，安好被打击过，在屡遭磨难之后，她选择的是回归宁静，不再慌乱，打起精神告诉自己：所有经历的烂事，都有意义。她信奉的生活哲学是"没有消息就是好消息"，她背负着绝望却从未放弃。她倔强得像棵野草，却也有着花蕾的芳香，她像玫瑰一样以刺武装，不愿让任何人靠近。她不想让人发觉她的脆弱，甚至想到咬自己自残解痛。安好有一张厉害的嘴，面对他人不怀好意的攻击或者嘲讽，她总能三言两语把对方堵得气结语失，她倔强、毫不示弱的性格又展露无遗。每每看到这里，读者心里都会为安好拍手叫好，用三个字来形容就是很解气。她又像那茉莉花茶，远远看着跟普通的茶一样没区别，可是慢慢品，就会回味悠长。莫怀远虽是一位典型的富家公子，但他有自己的悲哀。在他光鲜亮丽的背后，他需要的只不过是一份简简单单的爱。他用炽热的心搅乱了安好那一池平静的春水。你若微笑，日光倾城；你若流泪，先湿我心；你若安好，便是晴天。在我遇见你之前，请帮我好好照顾你自己……短短的几句足以使人感受到一种温存。相信能写出这种文字的作者一定懂得爱与被爱，同时也热爱生活。静悠的笔好像有魔力，落笔之下，是绽放的茶花，苦涩又甜蜜，透过行行文字，给人绵延不尽的温暖和力量。文章开头有这样一段：那个下午，门口的玉兰花掉落 16 瓣，百合花开了 8 朵，小蚂蚁爬上梧桐树，27 只猫咪叫唤 13 声，门铃响了 2 次，她，伸了懒腰 3 次，听音乐 2 首，读书 6 页，风吹起头发 9 次，喝白水 5 杯，对着他微笑 N 次，而他，处理文件 2 小时 34 分 18 秒，接电话 6 个，拥抱她 7 次，对着她微笑 N+1 次，莫怀远和安好，就算只是名字被放在一起，都会让人感觉好幸福……简单的数字罗列与叠加，将生活这张网浅浅织出，精确的数字，计算到秒的时间，微小的事物，都未能逃出作者的目光，平实之中带来些许的温暖。这是一种经得起平淡的爱情，生活被作者精心雕刻，字句之间无不显示出作者对生活的热爱。她把生活经营得很好，简单点来说就是认真对待自己喜欢的事，世界一直在变，每天都在变，生活中的一切也都在变。唯一能抓住的，就是心里不变的东西——对亲情对爱情的忠诚。

小说讲述的爱情故事是这样开始的，敢爱敢恨理智坚强的女主安好，本来计划跟男友同时留在相识相爱的大学任职，却遭逢男友和死党的双重背叛。紧接着，她又遭受了父亲车祸去世的惊天噩耗，而这一事件正是她间接造成的。在这以后，她一方面封闭自己，三年来始终活在愧疚之中。但另一方面，她并未逃避熟悉的场景，而是坚持留了下来。在她看来，若是不爱了，那就没有缅怀的必要。正如作者说的，不要为了纪念而让自己不幸福。她在新生报到时认识了学生莫安琪的小叔莫怀远，也就是小说的男主角。开始，她只觉得他只是被光环笼罩的成功男人，基于对爱情的不信任以及不自信，她只是远远观望，不做多想。可在莫安琪几次乱折腾之下，她跟莫怀远不断产生交集，身份背景截然不同的两人，走进了彼此的世界，灰姑娘和王子的故事渐渐拉开序幕。因为她不抱什么期望，跟他相处也没有目的性，加上她毕业就留在高校未经太多世事，心思单纯，很容易满足。恰恰是这份简单，让见惯了风月的莫怀远觉得弥足珍贵，便从情动到相爱，从疏离到融合。她不曾想，过了因爱生勇的年纪，还有人能让她甘愿再信一次爱情。身处浮华一向逢场作戏的他，未料到这个率性又内敛的女人竟让他失了理智，甚至牵心动肺，甘愿为爱卑微……男主角身上虽然套着光环，可在爱情面前也是一个平凡人。作者说，也许爱一个人的时候就是这样，就算知道她居心叵测，就算知道她会很狼狈，却还是不忍心揭穿，她傻你就跟她一起傻，她疯你就跟她一起疯，只要看着她笑，看着她快乐就好。小说将男女主角的爱情故事娓娓道来，读来有一丝温暖回味于心间。其实，平淡的生活不平淡的爱情，每个人都可以拥有。"地球少了谁不还是一样转，谁离了谁又活不了，可是我们还是会傻傻地觉得，这一生非他（她）不可了。后来明白，这就是爱情，在爱情里，傻的不止一个。爱情里就是这样，我就是这么没出息，永远也做不到不理你。"文中还提到一首歌——梁静茹的《勇气》，只要一个眼神的肯定，爱就会有意义。

爱情里需要勇气，就像安好有勇气再相信一次，再爱一次，适当的时候，不要用你的懦弱杏荟了自己。

　　年少的我们都很冲动，重感情，我们不曾深谙社会深浅，只知道亲情、友情、爱情是我们的全部。安好，就是在这个年龄，她也曾经有着让人羡慕的友情，动人甜蜜的爱情，以及很多人看来从不会丢下她的亲情。然而，老天就是见不得人太幸福，它一嫉妒就要把给予的幸福统统收回去。安好一连遭遇男友和闺蜜的双重背叛，情绪失控害得父亲担心，分散注意力，发生车祸身亡。接连的打击使她封闭了自己的内心。可是上天就是一个矛盾体，它为你关闭了一扇窗却又为你打开另一扇窗，偶然的相遇让灰姑娘遇到了自己的王子，仿佛都市里的童话，读着读着自己也会渐渐明白。不管遭遇了什么，经历了什么，我们都不要忘记努力微笑，坚强勇敢地生活下去。安好的王子可以为了她放低身段，为她患得患失，曾经流连花丛的高富帅也可以为她一人专心。"是的，人的一生总会遇上那么一个人，她不论做什么都能让你牵肠挂肚，她难受你比她还难受，她痛你比她还痛，她不是别人，她是老天派下来专门收拾你的人。"莫怀远渐渐帮助安好打开心扉，对于自己的情感，安好也不加掩饰，敢于直面。安好这样想是对的：爱都已经不在了，却满心满肺的都是那个人的影子，别的人挤不进来半点，这算什么？她真正释怀了，正如歌里唱的："环岛的火车载着我第几天了，忽然发现这一刻我不想你了，我的快乐会回来的，只要清楚曾爱得那么深刻，不准问值不值得，离开不是谁给了谁的选择。"她开启封闭的内心，试着相信接受。许多分手的情节都有不为人知的隐情，总会有人擅自聪明地替别人做决定。安好的前男友就是这样，无论有什么苦衷，伤害了就是伤害了，无论有没有莫怀远，他们都回不去了。是的，安好此刻可以更加坚强理智地说："对不起，我不再爱你了。"我觉得这应该是一个女人最酷的样子，没有挽留，没有哀求。爱情里千万不能自以为是，自以为那是对她好，自以为那是不拖累她，自以为没有我你会更好，你所有的自以为是只不过让剧情变得更加狗血。不仅是小说里，现实生活中也有很多，一个读研的学长家境一般，喜欢一个女孩，女孩家庭条件好些，一段时间相处后他越发觉得自己配不上女孩，就提出分手断了一切联系。时隔几年后又发文说明实情，即使当年再大的隐情，现在也没什么意义了。他失去了一份真爱，而女孩也深受伤害，是他自己的不自信不勇敢酿成这些。爱情里没有高低与贵贱。这个故事为我们敲响了长钟，爱是什么？爱是勇敢地在一起，爱是坚定地不放手，爱是两个人的不离不弃，爱是一起承担生活中的风风雨雨，既然齐楚舸做不到，安好也值得由更好的人来疼。作者笔下字里行间淌着温馨，由内而外透着清新，文章没有大起大落的跌宕，却给人细水长流的感动。温暖的情节，回味是淡淡的留香。

安好身上有许多让人舒服的地方。我欣赏她与过去告别的坚定，即使她心中是很久都没有放下，书中那个分手的场景让我印象深刻："'齐楚舸，我如你所愿。'她甩着长长的马尾潇洒地调头就走，最后的尊严，她决不允许任何人再践踏半点。她抬头挺胸，给他个骄傲的背影。她放得开，脚下的步伐越来越快，她死咬着唇，生怕一松口就哭出声来。"既然一个男人都放出狠话，置你们多年的情感于不顾了，那也没必要挽留什么，像"谢幕的演员眼看着灯光熄灭，来不及轰轰烈烈，就保留告别的尊严，分手应该体面"。安好有着一种洒脱，面对别人的冷嘲热讽，她总能气势十足，几句话扳倒对方，挽回面子。她不同于其他小说里的女主，总是太善良，太软弱，被人欺负。她是个聪明的女人，在面对问题时冷静面对，一切都能知晓。我边读边幻想着，安好一定是个长相清秀、善良温柔的女子。她也有着柔软的一面，正是这份柔软使她不同于那些自我张扬的女子，使她成为莫怀远心底的牵挂。莫怀远，是女孩们心中的白马王子。他与安好在饭局上偶遇后，发现喜欢一个人不过如此简单，却又如此不可抗拒。怀远牵挂她的所有，他爱她，尊重她，害怕伤害她，于是选择让安好回到过去。正如他们的名字，莫要怀远，此刻安好。安好能够冷静遵从内心，她毅然选择眼前的怀远。小说中灰姑娘与王子般的爱情正是每个女孩所期待的。其实静悠也在告诉我们，总有一天你会遇到"上天派下来的那个人"，总有一天你会坚不可摧，总有一天我们都会安好。

（何晓　执笔）

24. 开荒：在坚持中求变

【作者档案】

开荒，原名姜路，男，生于 1981 年 3 月 21 日，湖南邵阳人。他于 2008 年 1 月 11 日开始从事网络文学的创作至今，在网络文学最大的平台——阅文集团下的起点中文网与创世中文网写作。开荒笔下的作品恢宏大气，纵横捭阖，特点鲜明，代表作品有《神煌》《八荒诛魔录》《刀镇星河》《剑动山河》等长篇小说。2012 年成为阅文集团的大神作者，曾取得千万点击，百万推荐，月票榜前十的优异成绩，2013 年开始出版作品《神煌》的实体书，2017 年进入鲁迅文学院的高级研修班学习。

"我从 2008 年起入行，至今已有十年，遥想当年为生计所迫进入网文圈，到现在亲眼见证了整个网络文学界的欣欣向荣、百花齐放，不免感慨网文发展之迅速。在见证网文行业从兴起到繁荣的同时，我也在跟随这个行业一起前进。"作为一位粉丝众多，作品广受欢迎的大神作者，姜路回忆起自己的写作生涯："我从小就爱读小说，半夜打着手电看得如痴如醉，那时候金庸称雄，古龙拔萃，也曾幻想过自己有朝一日创造一个天马行空的世界供人凭想。直到 2008 年，为了理想和生活提起这支笔。"

谈到创作体会，开荒感慨万千地说："我不算是个有天分的作者，脚踏实地地走到今天，最大的感触就是'坚持'。每个新人都必须积累经验，也必须历练，再困难都不要放弃，熬过黑暗就是柳暗花明。"十载笔耕不辍，姜路笔下七个故事，近两千万字，的确当得"坚持"二字。"如果我前半生的主题是'坚持'，那么我后半生想努力'求变'。"姜路这样畅想着未来，寻求转型是他未来继续写作网络小说的目标，在满足读者口味的同时也要契合改编的需要，在保持自己特色的同时也要让作品更具包容力。"借助新媒体运营的平台如同雨后春笋，发展迅猛，彰显着网络文学时代的新风尚，我相信未来的网络文学的运营也会有多重渠道，淘汰率将会不断提高，'求新求变'也成为了现如今网文创作的必然要求。"姜路如是说。

关于坚持与求变，姜路认为：网络文学是一盘大棋，作品良莠不齐却又千妍百态，想要在这个圈子里取得一定的成就，贵在"不变"，却也贵在"求变"。不变的是始终求变的心，变的是要学会兼收并蓄，并不断突破。苟日新，日日新，作为一名新时代的网络作家，重要的是要时刻保持新人的锐气和求知的心态。

2017 年，姜路进入鲁迅文学院的高级研修班学习，在学院老师的指导下，他认识到自己的文字，对社会、对青少年具有很大影响力，也由此深刻意识到自己的社会责任。他更希望在接下来的创作中，加强宣传积极健康、昂扬向上的正能量。

【主要作品】

《八荒诛魔录》，玄幻题材作品，2008 年 1 月 11 日首发于起点中文网，189.8 万字，已完结，并被改编为同名漫画。

《怒荡千军》，玄幻题材作品，2009 年 5 月 11 日首发于起点中文网，209.2 万字，已完结。

《君临》，玄幻题材作品，2010 年 4 月 19 日首发于起点中文网，424.6 万字，已完结。

《神煌》，玄幻题材作品，2012 年 2 月 18 日首发于起点中文网，338.2 万字，已完结，并出版实体书籍，被改编为同名漫画。

《剑动山河》，玄幻题材作品，2013 年 12 月 15 日首发于起点中文网，488.5 万字，已完结。

《纨绔邪皇》，玄幻题材作品，2016 年 3 月 10 日首发于起点中文网，193 万字，已完结。

《刀镇星河》，玄幻题材作品，2017 年 2 月 10 日首发于起点中文网，214.2 万字，连载中。

【代表作评介】《剑动山河》

《剑动山河》是连载于起点中文网及创世中文网的仙侠修真题材的长篇网络小说。该书从 2013 年 12 月 15 日首发于起点中文网，连载至 2016 年 1

月 31 日完结, 共分为 2 卷, 1774 个章节, 总字数为 4885280 字。《剑动山河》一书主要讲述了男主人公庄无道在机缘巧合之下被一柄朽剑缠身, 并在梦中得到朽剑剑灵洛轻云相助, 从一个天资平平的练髓境界的外功修行者逐步成长, 修炼至元始仙王境界并最终成为一名顶级强者的故事。

本书世界观宏大, 架构严谨。在主人公所在世界中, 天一界诸国皆以武道仙术为尊, 分布有十大宗门: 乾天宗、燎原寺、玄圣宗、太平道、赤阴城、镇龙寺、金衍宗、灵天阁、封神宫、离尘宗。男主人公庄无道出场时, 被设定为越城离尘宗的首席大弟子。越城人口众多, 矿产资源和各种稀有的修炼道具十分丰富, 但却被周遭的原始丛林包围, 自然条件恶劣, 律法松散, 人民生活秩序混乱。主人公所在的 "修仙学武" 世界, 修行者无数, 修行境界也大致相仿, 但修行之法却各不相同。首先, 修行之人需以六个小境界入门: 内息入门者为合气六阶, 聚灵入门者为养灵六阶, 外功入门者为外功六阶; 而后晋为修士, 不同法门的境界皆分为练气境、筑基境、金丹境、元神境、返虚境、合道境、归元境、大乘境和登仙境九境, 每一境界又各包含十二重楼。而神、仙、佛、魔亦各有七阶: 神有灵、天、元、真、玄、太上、元始和混沌, 仙有灵仙、天仙、元仙、真仙、金仙、太上仙君、元始仙王和混元仙皇, 佛有伽蓝尊者、罗汉、金刚、菩萨、天王、太上圣佛、元始佛祖和混元佛皇, 魔有灵魔、天魔、元魔、真魔、玄魔、太上魔主、元始魔主和混元魔皇。除此之外, 小说还增添了许多诸如 "玄术神通" "魂体" "战体" 的奇异能力体质等格外巧妙的附加设定。小说的世界观的架构可谓是精细巧妙, 武道仙术 "阶级" 的分类丰富合理, 命名也是出处考究, 在这种极尽惊险、美轮美奂的世界中, 众多不同的人物修仙论道, 打怪升级, 爽感十足, 引人入胜。

就同类架空的长篇作品而言, 姜路的作品题材往往偏科技, 但也有像《剑动山河》一样不乏修真穿越元素的作品。这类作品往往将玄幻升级流与历史争霸流结合在一起, 追求玄幻架空的巧妙, 战斗升级的酷炫, 爱恨情仇的精彩, 独具特色。另一方面, 智斗机甲是开荒作品的另一特色, 他近年所创作的作品《纨绔邪皇》就是这一题材的代表, 添加了机甲元素, 情节合理, 智斗精彩, 爽感十足, 但最后却因为一些原因而不得不结文。谈到开荒创作风格的形成, 他的第一部作品《八荒诛魔录》曾带给他许多领悟, 虽然创作过程不甚顺利, 但 "摸爬滚打" 的实践经历确实带给了他不少经验。完结后，他备感兴奋，很快开始写作第二本书《怒荡千军》。写作《怒荡千军》是开荒对科幻题材的大胆尝试，这部书共两百多万字，连载期间很快获得了百万点击量并荣登推荐榜，大受读者的欢迎。同时，这部作品也奠定了开荒的创作路向和创作风格。《怒荡千军》完结后，他不断总结自己的不足，学习更多优秀小说的创作技巧，很快又投入了第三部作品《君临》的创作，自此他的作品越来越火。《剑动山河》作为开荒创作的第五部作品，更是广受读者喜爱，取得了不小的成就。此时，他的风格趋于圆熟稳定，因此作品气势纵横激荡，"爽点"满满，作者写得酣畅淋漓，读者阅读亦是牵肠挂肚，在作者的创作历程中，《剑动山河》可谓是一部独特而优秀的作品。

就全文故事情节的发展脉络而言，主人公庄无道一生的境遇跌宕起伏，他本出身平凡，家庭幸福。父亲大器晚成后却为个人前程斩断尘缘，抛妻弃子。母亲一生坚贞不屈，最后却是晚景凄凉。他少年时期的遭遇确实令人唏嘘不已。作为本文的主人公，他从一定程度上摆脱了网络小说常见的"汤姆苏"式男主人公的模板，跳出了一成不变的设定，极大地吸引了读者的眼球。首先，庄无道一出场就给读者以耳目一新的感受，其原因在于：他作为一个本不是"负面形象"，但为生存却可以毫不犹豫行恶的普通人粉墨登场。而这种"平凡背景"产生出的"合情合理"的人物形象却正符合作品架构下的世界观：勤奋练习武道却天资平平的男主人公，毫无疑问是苦苦挣扎于社会底层，深谙底层"规则"的众多普通人物之一。本书的开头就交代了他本是为赚取外快，假公济私倒卖兵刃，因而才被朽剑缠身，引出剑灵洛轻云，发展出了身后一系列的传奇故事。因此在后文他的形象逐渐丰满，在问道求仙的道路上却始终给读者一种"接地气"之感。其次，男主人公既然出身于生活秩序极为混乱的东吴国越城，未经奇遇之前，他受父亲抛弃，母亲也因贫困劳累早亡，生活艰难困苦，那么他为了生存就必然要"行恶"。他一路偷盗抢掠，拉帮结派，敲诈勒索，手上沾满了鲜血，种种行径从道德角度来说，可以算是不择手段，这一点与传统网络小说"脸谱化"的男主角具有的"高洁品质""圣母心灵"可谓截然相反。从性格特点方面来说，他沉稳、谨慎、胆大而坚定，这也是决定他得到洛轻云的指点后可以一飞冲天，显示出其"天生战魂"的真正资质，也是他先打败北堂婉儿，再打败古月明的重要原因。他虽像前文所说的"绝非善类"，重自身，重利益，但又绝非见利忘义，损人利己，或者杀人如麻之人，从他对待背叛他以求生存的吴小四，对待多番提携他以求家族利益的北堂一族，对待抛弃他又想弥补过错的亲生父亲，对待一路相互扶持帮助他的几位兄弟，对待守望相助、亦师亦友的洛轻云等人的态度来看，庄无道无疑也是重感情、讲义气、有骨气、有感恩之心的，其内在本质和思想性格又是复杂的，这一点在作品中也被刻画得入木三分。同时，毫无疑问庄无道是一个极其勤奋的人物，从开头反复练习一套基础的"降龙伏虎拳法"，即使深知自己资质平庸也能专注于武学，再到有了神剑剑灵的指点后仍能不骄不躁持续钻研，再到反复参悟打败对手后仍能继续刻苦努力……从"降龙伏虎拳法"到"牛魔元霸体"，到"大摔碑手"，到"六合形意"，再到"蕴剑诀"，庄无道能够一路成长，从基础招式一步一步修炼到精深武学，蜕变成一位顶级强者，除去"无巧不成书"的运气和奇遇之外，庄无道得以成功确实符合"天道酬勤"的中国传统文化观点，属于传递正能量的典范。主人公庄无道的形象塑造，无疑是小说冗长篇幅里最为亮眼的一道光彩，他既没有体现过于虚伪造作的，所谓过分善良的"圣母心灵"，也完美地规避了时下一部分网络文学作者的"通病"：塑造各种体现过分自恋心态的"汤姆苏"型男主角。庄无道本人形象的塑造可以说是有血有肉，"阴暗面"和"光明面"并存，人物形象丰满深刻，人物性格的体现做到了复杂、多面化。而他的人物形象被设定为一个成长型的角色，从角色一开始的定位来说，比所谓"霸道总裁"类或是"女尊"类别的男主角设定更加能给读者以代入感，使人物典型化，小说新颖化，给读者制造期待感，引人入胜。从另一方面来说，随着剧情的发展，前世今生种种复杂关系的揭开，也正因为这种"成长型"的设定，主角才有了打怪升级、天赋觉醒、身份转换的余地，不断地带给读者不一样的新奇感、悬念感。

随着剧情的发展，在小说后期主角庄无道转向带领自己的门派一统天下、修仙升级，进入另一个世界，重唤记忆，化身神明，不断逆袭。而他的感情线也渐渐变得复杂、交错，与爱恨交加的亲生父亲，与一心爱慕他的师妹道侣，与师长，与剑灵，与兄弟，与前世今生的恩怨宿命……各种复杂的关系在主角周围交织而现，推动了小说情节的层层抽丝剥茧，也给小说以更加丰富的情感色彩，紧紧伴随着情节主线的发展，无疑丰富了小说内容。从感情线索的角度出发，《剑动山河》秉持了作者一向的创作风格，情感沉郁低回，不甚清晰明朗，却锦上添花，给小说的整体蒙上了一层更加沉稳有力、深刻浑厚的氛围，比起不加节制的肆意挥洒或者太过于浮浅笃定而无意外点的安排更具有吸引力，独树一帜。

《剑动山河》全书约 480 余万字，历经作者三年心血，数十万点击推荐，月票数量可观，成绩斐然。它继承了作者一贯的创作风格，架构严谨，内容丰富，情感含蓄隐晦、别有风情，语言气势如虹、纵横捭阖，爽感十足，备受读者的喜爱。开荒认为，一部真正有生命力的作品必然是一部有情怀的作品。所谓情怀，是家国大业，是快意恩仇，是热血飞扬，更是作品中丰富的内涵和正能量，能让人感动、让人回味，这也是他作品始终未变的追求。《剑动山河》一书，修仙论道、轮回转世的超然脱俗与豪情万丈、快意恩仇的武侠精神相辅相成，是一部充满了情怀和正能量的网络文学作品，广受读者的喜爱。

（陈新航　执笔）

25. 流浪的军刀：
铁血军爷，网文悍将

【作者档案】

流浪的军刀，原名周健良，曾用笔名最后的游骑兵，男，生于 1972 年，湖南长沙人。湖南省网络作家协会会员，作家，特种兵退役军人，著有《终身制职业》《愤怒的子弹》《使命召唤》等。

2005 年 5 月，流浪的军刀与一家网站签约后，成为了一名网络写手，进军网络小说领域。2005 年底，流浪的军刀完成了他的第一部长篇小说《终身制职业》，这部小说一经发表，在网上同类题材作品中的点击率很快便排到了前列，出版商也以超常规的速度出版了这本书。《终身制职业》的成功让他的知名度迅速得到了提升，在刚进入网络小说领域时，他只是想写点东西给自己和朋友们观看，现在他的写作激情飞涨起来，写作之路一发不可收拾。2017 年 2 月，他在第二届网文之王评选中位列百强大神。

流浪的军刀是退役特种兵出身，丰富的军营生活给了他创作的灵感。1992 年底，原本在长沙一家工厂当工人的他忽然想去体验部队生活。于是在全国招兵之际，他报名了文艺兵，在通过体检和政审后，他如愿以偿。但就在周健良乘坐的军列驶进茫茫戈壁时，上级传来了命令，他们这批文艺兵被要求改变兵种。他由此成为一名特种兵。军旅生活的锤炼，让他形成了不拘小节、大气的性格。退役后，他开始从事军旅题材小说的写作，并迅速地掀起了一阵军旅题材热，吸引了大批粉丝对其作品狂热的喜爱，尤其是对于当过兵的读者，具有很大的影响力。熟读过他的作品的人认为作品风格硬朗，很对胃口。其作品摒弃了传统军事小说的写作方法，着重描述特种作战及小规模精确突击。1996 年 11 月，在退役的前夕，这个铁骨铮铮的汉子曾嗷嗷大哭，由此可以看出他重义气、敢爱敢恨的性格侧面。

在硝烟黄沙中龙骧虎步，在生死绝地处同袍同泽，他曾扛着 AK47 跟人死掐，赴汤蹈火，百炼成钢……他是血性方刚的中国军爷，青年新锐作家，第二届网文之王百强大神，铁血文学的扛鼎斗士。

【主要作品】

《终身制职业》，2006 年首发于起点中文网，约 43 万字，已完结。2006 年 1 月 1 日由时事出版社出版。

《使命召唤》，2011 年 7 月 18 日首发，定制文，约 45 万字，已完结。2011 年 5 月 1 日由湖南文艺出版社出版。

《斗兽》，2013 年 4 月 1 日首发于起点中文网，约 157 万字，已完结。

《请让我牺牲》，2014 年首发，定制文，约 35 万字，已完结。2014 年 5 月 1 日由中国友谊出版社出版。

《抗命》，2015 年 8 月 4 日首发于磨铁中文网，约 30 万字，已完结。

《远征之龙》，2015 年 11 月 5 日首发于起点中文网，约 61 万字，连载中。

《不存在的部队》，2016 年首发，定制文，约 32 万字，已完结。2016 年 5 月 1 日由中国友谊出版社出版。

《愤怒的子弹》，2016 年 7 月 20 日首发于 17K 小说网，约 42 万字，已完结。

《极限拯救》，2017 年 7 月 4 日首发于起点中文网，约 59 万字，连载中。

【代表作评介】《愤怒的子弹》

《愤怒的子弹》是流浪的军刀极具影响力的一部军事小说。小说用一种带有回忆色彩的视角，以新兵"光头"一步步成长为真正的中国优秀特种兵的过程为线索，描写了一系列特种兵部队爬冰卧雪，打击非法分子，风雪中营救牧民，与藏獒搏斗等艰苦场景，讲述了其不屈不挠地完成任务，执着探索新的强国之路的鲜为人知的故事。小说语言粗犷有张力，晋词俚语的使用使小说更加接地气；情节设置多重爽点，使人热血沸腾欲罢不能；人物刻画求真，真实再现特种兵成长之路上种种真实的心理矛盾和情感爆发，同时没有塑造"英雄传奇"色彩的人物，而是最大限度地保留了忠于人物本身的真实。《愤怒的子弹》是一部以铁血军魂激荡人心的军事铁血小说佳作。

"能不能比现在的生活再朝前走一步?"

很多读者觉得书中写的就是流浪的军刀本人的经历。书中秘密抓捕境外敌对分子、戍边、反恐、爬冰卧雪的实战等一系列激荡人心的经历究竟有几分真实且不说，书中主人公光头 20 岁出头，当钳工又卖唱，成为文艺兵后又阴差阳错成了特种兵的经历可谓与流浪的军刀本人的经历如出一辙。

时光倒流回 20 年前，还原给我们一个最真实的流浪的军刀，我们看到的是一个有血性、有胆识，坚毅又踏实的年轻人。

20 岁，生活早早地教会他一个男人该懂的一切。他在长沙的一家工厂做钳工，是当时湖南省最年轻的四级车工。面对未知且艰难的生活，只是简简单单地期望下班后能在路边摊喝得起一块钱一瓶的啤酒，每月 90 块的工资让他连实现这点愿望都成为奢侈。为了谋生，唱歌还不错的他考取了湖南省第一批歌手证。白天在工厂工作，晚上去酒吧唱歌。点一首歌 10 块钱，一晚要跑三个场。这样下来，他终于可以像工厂里的师兄们一样吃得起路边摊了。当一个愿望被满足，没有一丝犹豫地，他马上迈开脚步出发，开始为达成下一个目标而努力……

"能不能做到是一回事，做没做是另一回事。是男人，就是要顶着生活压力，不停地往前闯。"他说。就这样，20 来岁的他，没有太大的人生愿景，却一步一个脚印地在眼前的小环境里，从未停止前行。

早在 20 年前，他骨子里的血性就已显露无遗，渴望部队生活的他参报了文艺兵，却在军车驶入茫茫戈壁时，接到上级命令，要求他们改变兵种。"当时，摆在我们面前的只有两条路，要么去荒无人烟的山沟里守库房，要么去参加特种兵的训练。我自小就崇拜军人和英雄，我想，干脆去做个轰轰烈烈的军人好了。那天，我很冷静地选择了去参加特种兵训练。"那时的他可能还不知道，接下来的生活会给他的人生带来怎样的改变……没有这些鲜活的日子，没有这些受过的伤，滴下的血，流下的汗，湿润的眼眶……哪来《愤怒的子弹》里直指人心的真实和沸腾燃爆的热血？

进入网络文学领域，用流浪的军刀自己的话来说，是生活所迫。退伍之后的他赋闲在家，两手空空的他，抱着"反正也没什么别的想干，不如就试试吧"的心态，开始了网络小说的创作，靠着赚稿费维持生计。生活是一眼就望到头的死寂，但这也浇不灭冷不掉他骨子里流淌的滚烫的血。没想到这一写还真成了。20世纪90年代，大陆的出版市场还没打开，他的第一本小说是在台湾出版的。"当时别人在市面上看到我出的书，告诉我母亲，她还不相信我居然能写书。"流浪的军刀笑着回忆道。

如今，躁动的血性已锤炼成为他坚实的铁膀铜臂——"我们这一辈的男人有一条生活原则，要以抵抗生活的艰难为荣，绝对不能向女人和孩子诉苦，甚至不能在他们面前面露难色。"流浪的军刀认为，男人就像狗一样，他说，在外面和别的狗打得头破血流，叼根骨头回家，装成没事儿一样掩藏起自己的遍体鳞伤。有读者评价他的《愤怒的子弹》是"男人必读"的作品，而他本人更是铁骨硬汉，是最男人的男人！

"糙爷们"糙得让人震撼，让人热血沸腾

真情灌注，以情动人，是流浪的军刀作品的一大特点。他希望自己能写出真正动人的东西，他给自己定下两条写书的规则，"一是可视父母妻儿，二是让读者想重读"。他做到了。"我是能打的里面能写书的，能写书的里面能打的。"关于创作，字字推敲反复修改不失为一种写作态度，但对流浪的军刀来说，他更喜欢从头到尾一气呵成。创作者不能把目光停留在已完成的作品上，而要不断地向前看。他满腔铁血军魂化成一声响彻云霄的嘶吼，点燃亿万读者胸中的熊熊烈火！"文如其人"在他身上得到最好的诠释，他是真汉子，真性情，没有半点虚的东西；他是真汉子，真性情，他的作品也是真情义，真铁血！

《愤怒的子弹》语言十分接地气，在最粗糙质朴的表达中，蕴含着最震撼人心的力量。表达的方式是作品风格呈现的重要方面，书中粗糙而极其富有张力的语言，很好地贴合了军文风格的需要和人物塑造的需要。书中人物，光头，旷明，指导员江宽……无一不是铁血硬汉的典型，粗犷质朴的语言风格体现了男子汉大丈夫的一股子"硬气"。而夹杂点缀其中的詈词、俚语的使用，则无疑使小说更接地气，更有生活味。小说珍贵之处往往在于其揭示生活的真实。除此之外，他善用短句，言简意深。短句的运用使《愤怒的子弹》更加有力，尤其在情节转折处和高潮处，运用单独成段的短句，直逼人心。他的语言像是用狼毫大笔，蘸着焦墨，遒劲老辣挥毫写就的"粗线条"。极少有情绪的渲染，句句都写在实处，像沉甸甸的锤，热辣辣的鞭——有力、干脆，直勾勾地戳中要害。

《愤怒的子弹》中还使用了转换人称叙述的方式，人称的转换恰到好处地贴合了情感表达的需要。情至深处，自然地由第一人称主观叙述转换成为第二人称的动情呼告，是《愤怒的子弹》情感渲染的特有表达手段之一。例如，光头在多年以后回忆起旷明，回忆起同他在同一个大房间里度过的11个月的美好时光，情至心头，叙述便由"我这辈子都记得他！"的第一人称叙述转换成了第二人称的"你看我不把你灌趴下了再顺顺反反抽你几个大耳刮子！你个混账旷明！我的大哥，旷明！弟弟我想你啊！"令人动容。

不仅是保家卫国的子弹，更是感人至深的"催泪弹"

《愤怒的子弹》以新兵光头的成长为线索，讲述在一次一次受赏受罚，一次一次临危受命又完成任务，一次一次与战友生离死别之中，他逐渐成长起来，变成更加深沉、坚毅、睿智的真正的军人的故事。

由于《愤怒的子弹》是一部带有回忆性质的小说，所以它在情节设计上有一定的时空跳跃性。以一个回首往事者的视角，给人一种极大的时空凝缩之感。多年积淀的情感都在这时空的跨越之中表现出来，一句"要是当时知道……"或一句"后来的后来，当……"，一下子使小说文本有了两个不同的时间观察点——从当时的未来，叙述者的现在，去描述当事者和过来人重叠在一起的心境，是其能够以情动人的重要原因之一。因为我们往往都是在很多年以后才会明白，真正让我们怀念的是怎样的人、怎样的事。

"一波未平一波又起"是《愤怒的子弹》情节的基本套路，但又绝不仅仅止于此。小说擅于运用情节制造高潮和爽点，由此调动读者的共情。首先塑造出一个个各具特色，有血有肉，可怜又可爱，可恨又可敬的中国特种兵形象。如严厉却教导有方的指导员，愣头愣脑却朴实善良乐观坚毅的罗汉等，使读者对其油然而生喜爱之情。同时高潮来临前的铺垫十分到位，总是把感情爆发的导火线提前埋好，就等高潮到来，拉线点火的那一刻。而情节上的高潮设计，总是像打拳一样，有让人叫爽的寸劲，迅速出击，迅速收回，毫不拖泥带水。而一波未平之时，往往剧情又会出现出人意料的转机。如选中光头做部队文艺汇演的歌手，又在赏酒时趁机执行抓捕行动，行动成功后，又加上一段错手打晕自己人的小尾声，使人忍俊不禁。又如在严寒雪天里卧雪爬冰，在紧张的埋伏突击成功之时，发现战友罗汉为了不向敌人暴露自己的行踪，已经在雪底下断了气……而且小说绝不止步于一次情节上的高潮，它善于利用情感的叠加，使读者精神振奋时有"多重爽点"。如发现罗汉死后，在读者们达到情绪最低谷，分外悲痛时，光头爆发式的怒吼和绝地反击的复仇之心，更是燃上加燃。

看《愤怒的子弹》便不难发现，书中很少描写女性角色。流浪的军刀承认自己不会写女性，因而尽量避而不写。他戏称自己在部队里有"大男子主义"，不是大男子沙文主义，而是认同在实战中男兵要义不容辞地保护女兵。相比之下"纯爷们"往往更仗义，更深沉，更血性。他骨子里有的是铮铮铁骨的铿锵碰撞，因此他笔下更多的是男兵之间跨越生死、亦敌亦友的兄弟情。

好的文学作品不是讲道理而是让人物按内在个性自然发展，读者自然会从中悟出道理。《愤怒的子弹》刻画人物最成功之处在于最大限度地真实还原人物本身。毫无矫饰、原汁原味、不加掩饰地展现一个20岁出头的愣头青，一步步成长为真正的军人的真实历程。从最真实的描写中我们往往能看到主人公光头最可爱的地方。同时，《愤怒的子弹》人物塑造之"真"还在于它并没有着力塑造一个"高大全"的英雄式人物，而是写下了每个人并不那么好过的"后来"。已不再有当年的威风堂堂，两鬓斑白，甚至有罹患绝症的风险的辅导员；曾对部队爱得深沉的光头也有不得不带伤退伍的一天……这些都让我们见识了当年的铁血硬汉一点点与时间抗衡，与生活的残酷抗衡的姿态，见识了英雄迟暮，垂垂老矣的面容……而这真实的一切不才是真正打动人心的吗？所以，《愤怒的子弹》中人物的刻画，胜在了一个大写的"真"上。

（樊怡麟　执笔）

26. 罗霸道：用网文
写出"霸道人生"

【作者档案】

罗霸道，原名罗业勇，1974 年生，湖南常德人，中国作协会员，湖南省网络作家协会副主席，原起点中文网白金作家，后在纵横中文网发表作品，现签约阿里文学。代表作有《霸道人生》《屠神之路》《星际屠夫》《重生之绝世猛男》等。单单从这些书名中就可以感受到一股舍我其谁的强大气场。湖南人"霸得蛮、耐得烦"的性子在罗霸道身上体现得淋漓尽致。因其有一说一，直来直去的性格，他与不少人结下了"梁子"，但也因此获得了许多网友的"点赞"。文如其人，其笔下的人物也多为敢作敢当的热血青年，侠肝义胆的纯爷们儿。

罗霸道自己的人生也可谓是跌宕起伏，阅历丰富，不输给他书中的角色。他卖过对联，画过画，写过碑文，修过机械，干过养鱼养猪，开过旅店餐馆和租碟店，搞过工程机械和建筑材料，还开过当铺和休闲吧、足浴城。

罗霸道进入网络文学，是偶然，但也是必然。网文让这个热血又文艺的青年开启了自己的霸道人生。

时间要追溯到 2007 年，罗霸道开了一家休闲吧，自幼热爱文学的他闲暇之余便在隔壁网吧消磨时光，别人是打游戏，而他则是看网络小说。

看多了网络小说之后，罗霸道感到已经无书可看，便开始尝试自己写书，一开始因为不会打字，就用笔写在纸上，然后请人敲在电脑上面，后来便慢慢摸索用拼音打字，因为半路出家，至今还是"二指禅"。

2007 年，他人生的第一本书《霸道人生》一面世，便在起点中文网一鸣惊人，拿到新书月票第五名。一年多后，第二本书《屠神之路》更是雄霸新书月票第一名，奠定了他在网络文学中的地位。

对于网络文学，罗霸道有着自己的见解："这是任何一个普通人都可以拥有的实现文学梦的平台。以前，有人质疑网络文学，有人瞧不起网络文学，但是，这并不影响网络文学的蓬勃发展。你反对，你同意，你无视，你质疑，你傲慢，它，依然存在。直到今天，网络文学从草根到登堂入室，成为了中国文学史上浓墨重彩的一笔。网络文学让百姓文化生活更为丰富，选择性更大，也让中国文学百花齐放百家争鸣。"

【主要作品】

《霸道人生》，2007 年发表于起点中文网，2009 年 3 月出版发行。

《屠神之路》，2008 年 11 月发表于起点中文网。

《星际屠夫》，2009 年 9 月发表于起点中文网。

《重生之绝世猛男》，2010 年 7 月发表于纵横中文网。

《星际江湖》，2011 年 4 月发表于纵横中文网。

《恶人修仙》，2013 年 5 月发表于纵横中文网。

《最强穿越者》，2014 年 4 月发表于纵横中文网。

《铠甲少年》，2015 年 11 月发表于阿里文学。

【代表作评介】《屠神之路》

故事梗概

《屠神之路》主要讲述的是男主角张扬在一次恐怖事件中继承了十几位丧生的行业精英的记忆，这些人中有数学家、文学家、营销大师、心理学家、武功大师等，男主角带着这些记忆开始了自己不寻常的屠神之路。这一路上，他遇到了各式各样的人物，与他们发生了千奇百怪的故事，也经历了种种磨难，甚至经历了不同的世界，穿越到了不同的国度和时期，这个过程中男主角运用头脑中的各类记忆化险为夷，时而运用数学家的精准算法，在赌场上叱咤风云，时而运用武功大师的各路招数，摆平麻烦。在一次次磨难中，张扬也愈发能够将体内原不属于自己的记忆管理得井井有条，运用得炉火纯青，个人能力得到快速的成长和提升，最终成为"大神"。

✒ 作品赏析

《屠神之路》是罗霸道的成名之作，也是奇幻修真小说的代表作，被评为 2009 年度网络文学最有影响力的作品之一，为当月新书月票榜单第一，长期雄霸各项榜单，早在 2008 年，最高订阅就破万，此书一些经典桥段，被无数人模仿。

1. "屌丝"男士的华丽逆袭

《屠神之路》男主角张扬，本是一名 20 岁左右的大学生，他像我们身边一抓一大把的"屌丝"男士，心地善良，没有什么过人的本领，甘于平凡，乐得清闲。然而他的命运却在一次恐怖袭击中完全地改变了。作为在恐怖袭击中的幸存者，张扬继承了十几位遇难的行业精英的记忆，这些人中有数学家、文学家、营销大师、心理学家、武功大师等。一位从来不被看重的无名小卒，突然间成为了能够在课堂上与老师对答如流，在课后能帮同学解数学难题的"学霸"，甚至在接下来的种种磨难中都能够表现出超凡的魄力与才华。前后形象形成鲜明对比，而且普通读者作为一个旁观者，跟着作者的笔触，见证了这样一种转变逆袭，产生了阅读的快意。

同时，男主角张扬的这种类似于中彩票般的"一夜暴富"只是他逆袭的开端，在他身上很好地印证了一句话："能力越大，责任越大"。原本张扬只是一个默默无闻的大学生，不问世事，他所能接触到的不过是学校里的小事。而当他具备了越来越多的能力时，各种千奇百怪的事情就发生了，一个又一个他之前从未接触过的神奇世界逐渐在他的眼前打开。作为一个强者，他不再像以前一样怕事，而是直面挑战，在一次又一次面对困难、解决问题的过程中，将继承到的各种记忆融会贯通，化为己用，最终成为最强王者。这一点和火爆荧幕、经久不衰的国外超级英雄系列电影有一些相似。原本只是不起眼的小人物，比如蜘蛛侠，在被蜘蛛咬了之后，具备了超乎常人的超能力，于是变身之后，就拥有了保护世界的能力。超级英雄系列电影的成功，也验证了人人都有一颗想要变强、想要保护自己所爱之人的心。《屠神之路》的成功，也是抓住了读者的这一心理。

2. 天才学霸的超级大脑

或许你我在面对扑面而来的各种各样的考试的时候，都曾抱怨过自己这令人着急的智商和脑容量，都曾幻想过能拥有机器猫的"记忆面包"，而张扬，就幸运地拥有这"记忆面包"。张扬原是一个成绩平平的学生，在那次恐怖袭击事件后，便"脑洞大开"了。因为他所继承的记忆中有数学知识、文学知识、营销技巧、心理知识、武功秘籍等，这些记忆在关键时刻会自动出现，帮助主人公摆脱困境。他能够在中文系的课堂上跟学识渊博的老教授叫板，从《满江红》谈到潘仁美，每一个历史时间点都记得准确无误，对北宋名将如数家珍，对他们的评价更是见解独到，赢得老师连连称赞和同学的崇拜目光。他能够掌握所有有关数学的知识，能够用最简单的方式解开世界性的数学难题，从平面几何、代数方法、比例分析到常微分方程、流体力学等无所不通。他能够在电梯从一楼上到六楼的短短时间内，光凭自己的想象和推断，准确无误地估计出敌人的位置和可能使用的招数，在出电梯门的瞬间，秒杀对方；还能够察言观色，洞察顾客的内心，让一家连续亏本的商店起死回生……这样的360度无知识死角的完美大脑，试问谁不想拥有？

塑造这样一个"天才学霸"的人物形象，是《屠神之路》最出彩的地方之一，也可以说是写作起来最有难度的地方。因为主人公拥有惊人的知识储备和超人的脑容量，作者在写作过程中，必须要对书中提及的各个学科知识有所了解和掌握，否则便难以保证信息的准确性，经不起读者的推敲。

3. 不离不弃的真挚情义

在《屠神之路》一路"闯关升级"的表面之下，还埋藏着一种真挚的情义在闪闪发光。

刘彪性格彪悍，有勇无谋，爱逞能，爱欺负人，是典型的小混混，但对兄弟却重情重义，有什么好事就想着张扬，有人欺负张扬，不管自己有没有这个能耐，就凭一腔热血也要为张扬打抱不平。而张扬对刘彪嘴上不说，心里却是满满的感激，多少次刘彪身陷险境，张扬奋不顾身舍命相救。在逃亡时，刘彪由于腿受伤，无法行走，为了不拖累张扬，刘彪恳求张扬丢下他这个"废人"，赶紧逃命，张扬却坚持驮着这个有他两个人大的"跛子"走了一路，直到安全的地方。这种为了兄弟赴汤蹈火在所不辞的英雄式的人物形象深受年轻男性的崇拜。可能在现实生活中我们对"大难临头各自飞"已经习以为常了，所以这种"患难见真情"的桥段最能直击读者内心深处。

张扬说，"大丈夫有所为，有所不为"，而我们能看出他选择"为"或者"不为"，"情"都成为他的一个判断标准，他为了保护刘彪，保护小和尚，保护娜娜，会不惜与别人开战。外表冷酷的张扬，实则内心还是很柔软，会被最纯粹的感情打动。比如学校门口的看门大爷，这样一个小人物，很多人可能都不曾把他放在眼里，更别提尊重他了。而张扬却一直记得大爷在他晚归时帮他开门，在最后成为王者之后，张扬也没有忘恩负义，而是看望大爷并给大爷一笔钱，希望他能够过得更好。这样的设定使得张扬的人物形象不仅仅只有"闯关升级"的冷酷无情，而是变得有血有肉，更加立体丰富。

4. 赢得白富美的人生赢家

自古英雄总是配美人，随着张扬一次次展露出自己惊人的天赋，他赢得了越来越多女性的青睐。在火车上面对歹徒的临危不惧和机敏过人，赢得了杜雪的好感；在萧怡然的数学书上留下的密密麻麻的笔记，让萧怡然刮目相看；在"贵族城"的能说会道、不卑不亢，让王燕、柳暗等众美女为之倾倒……一路上艳福不浅的张扬，让刘彪都羡慕不已。虽然与张扬有感情瓜葛的女性不少，但张扬自己似乎比较明确自己想要一个什么样的人，他最终选择了王豪的女儿娜娜。用他自己的话说，只有娜娜和他最像，有着一样的冷酷，一样的孤独。张扬那句"你会是我唯一的妻子"，颇有点霸道总裁的味道，俘获了女性读者的芳心。而这种赢得白富美的事情也是很多宅男幻想中的爱情，在阅读小说的过程中，他们就跟着主人公实现了一把自己的美梦，从而获得满足感。这种虚幻的满足有一定逃避现实的负面性，这是阅读作品时需要注意的地方。

从心理层面上来说，人们常常会将自己的情感和愿望投射到他人身上来聊以自慰，这是一种欲望化的代偿心理。从以上所说的四个方面看，《屠神之路》的确很好地满足了读者的代偿心理，让读者在虚构的环境下得到一种快感体验，这就是该小说走红的最重要的原因所在。《屠神之路》的基本叙事策略和整个故事发展的主线很明晰，就是男主角的修真成长过程。这种成长一方面体现在他武力、段数的提升，另一方面也体现在他对自我认知的增强。现实生活中与男主角同龄的男性正好处于一个从稚气转向成熟的转折点，在面对学习、工作、生活等多种压力时，往往会对自我产生怀疑。在对个人价值、社会地位、事业成功苦苦追寻的道路上，因为现实的种种束缚，达不到理想的成功状态，这种压抑的情绪急需找到一个出口宣泄。而《屠神之路》就给他们提供了一个这样的"排气口"。小说通过一个虚构的世界，让主人公拥有"超能力"，不断化险为夷，最终走向成功。这种情节设置契合了读者的阅读期待，给读者提供了一种幻影式的希望，使他们在现实生活中的压力得以释放，以"白日梦"的形式来消解现实与理想之间的二元对立，获得虚拟的自我救赎。

虽然《屠神之路》所构筑的乌托邦世界，对现代人的压力和焦虑起到了一定的慰藉作用，但是书中发生在主人公身上的奇事（继承精英们的记忆）在现实生活中是完全不可能实现的，缺乏能够激励读者以他为榜样的奋斗动力，限制了该书的正面作用。

另外，《屠神之路》作为奇幻修真类小说的代表作，免不了沾有这类小说的通病。近几年来，由于看到了奇幻修真类作品的巨大吸金能力，越来越多的写手投入到其中，跟风模仿，造成了这类作品数量众多，质量却难以保证的现象。小说像是在工厂的流水线上生产出来的"产品"，到了哪个环节，需要安装上什么样的零件，都是设定好的，小说千篇一律，按照一个情节模式发展。有网友总结出了修真小说情节的九大定律：寻宝定律、夺宝定律、二世祖定律、万年老怪定律、年龄定律、修炼定律、打架定律、反派定律、丹药定律。① 我们在《屠神之路》里也可以看到许多符合这些定律的情节桥段，比如张扬上网时电脑里出现的"小和尚"，就是个"万年老怪"。另外《屠神之路》里的反派角色众多，却几乎都是一个样子的——凶狠残酷，话不多，跳不出"反派定律"的框框，人物形象不够立体，人物性格不够分明。其实网友"神总结"的背后是一种出于无奈的吐槽，是读者对于现今的奇幻修真小说万变不离其宗、同质化严重的无奈与失望。除了模式化的问题之外，《屠神之路》中对于男主人公感情线索的描写较为模糊，笔触不够细腻。因为奇幻修真类小说的读者群主要是男性，作者也多是男性，往往缺少细腻的情感描写，这也是这类小说尤其需要改进的地方。

---

① 独角妖王：《网络修真小说九大定律（第一版）》，天涯社区：http://bbs. tianya. cn/post-no124-16354-1. shtml，2014 年 12 月 5 日查询。

而且书中女性对男主角的崇拜欣赏，更多是折服于他强大的武力，作者对其人格品质的内在描述也有所欠缺，这会导致读者，尤其是青少年产生崇尚武力、拳头是男性魅力的展现等错误的价值观。这类网络奇幻修真小说要想走得更远，需对作品内在要传递的深层思想和价值判断加以扶正与升华。

（林丛晞　执笔）

27. 洛小阳：遇一人白首，
择一行终老

【作者档案】

洛小阳，原名罗文，土家族，1991 年生，湖南永顺县人，网络文学灵异小说领域代表作家。罗文部队退役后成为职业网络文学写手，现为掌阅签约作者。著有《三尸语》《绝世专宠：一步一年华》等多部作品。

昔日，在铺满梧桐的校园里，一个女孩毫无征兆地闯入他的视线。眼神交错的一瞬，他就认定这个女孩将会是陪伴自己一生的人！玫瑰蜡烛的表白在洛小阳看来未免太过俗套，于是他别出心裁，想为心爱的她写一部小说！将冥思苦想多日的成果交给女孩的那一刻，女孩微笑时上扬的嘴角，轻闭的眼眸，一切都如此灵动美好。

洛小阳初次接触小说写作，始于少年时这次朦胧青涩的悸动。故事中的他们，如今已走入婚姻的殿堂，创造了 14 年的爱情奇迹。

这个英俊潇洒，在灵异世界挥洒自如的男子，为何被粉丝亲切地称为"小阳姐"？原来，作为军人的他慎重地选择了隐瞒自己的真实身份。2013 年，洛小阳从军医大学毕业，并在昆明做了一年的实习军医。

那年春节前，打算回家过年的他却囊中羞涩，负担不起一张回家的车票，憋屈得只能向死党诉苦。死党一拍脑袋："你这么喜欢写东西，可以写一些到网上发表啊！还可以赚稿费！"这一提议像一根救命稻草，立刻激起了他的兴趣，于是他抱着试一试的心态，开始在网上发表小说。

万事开头难，最初走上网文创作道路的他并不引人注目。但他心中始终抱定一个强烈而炙热的念头：我能行。于是他干脆辞掉军医的工作，做职业写手！外人也许并不理解，而他却有自己的想法："人生不过匆匆百年，一边写，一边走，才不算白来这世上走一遭。"偌大的房子，几排旧桌椅，他就这样一手撑着漫漫长夜，一手写下无处倾诉的话语。

在网文世界摸爬滚打的他，一直怀着一颗赤子之心。经过一段时间的蛰伏，终于杀出一条血路。2016 年，他的首部灵异小说《三尸语》一发表，便一石激起千层浪，在网站连续霸榜四个月之久。

一旦确定方向，创作的激情便持续迸发。凭借这部小说斩获了上百万粉丝的他渐入佳境，在都市、玄幻、灵异各类题材之间恣意游走。他依旧秉持着那份纯粹，对网络文学世界充满热情。军人的经历让他在内心始终屹立起一根标杆，不断用文学的尺子，去度量自己的创作。

纯粹、真实、倔强，这三个词最能概括他身上的特质。当然，小太阳一般的他也会有脆弱的时候，偶尔也会发发牢骚。但更多时候，他偏爱在角落静静地听音乐，和爱人共度时光，在网文领域坚定地做一个不做作不妥协的人，像一棵向日葵一样汲取阳光，肆意绽放。

【主要作品】

《绝世专宠：一步一年华》，都市言情，2016 年 10 月 17 日发表于咪咕文学网，51 万字，已完结。

《三尸语》，灵异类型小说，2016 年 11 月 8 日发表于暗石阅读网，已完结。

【代表作评介】《三尸语》

故事梗概

作品取材于奇幻的湘西世界，讲述了一位大四中文系学生与同一所大学的张哈子、凌绛展开的一场前所未有的冒险，他们洞开了神秘的探索之门。出生在农村的地道湖南"伢子"小阳，自幼跟爷爷长大，但大四那年爷爷的突然去世却给整个村子留下了诸多令人费解的谜团。农村流传嘴巴合不拢的死人不能下葬，但家人却将爷爷强行下葬。当天夜晚，张大着嘴巴、铁青脸色的爷爷尸体便出现在主人公的床边。随后，万鼠拜坟，五体投地，九狮拜象，一件又一件令人瞠目结舌的事件发生，而这一切谜团的答案似乎都指向主人公的爷爷洛朝廷。曾经记忆中和蔼可亲的爷爷背后究竟隐藏了怎样的秘密？爷爷的身份究竟是什么？为什么奶奶一直是一位大家都不曾记得的人？为什么大家都要主人公离开村子？为什么匠术会出现断层？爷爷的蒲扇去了哪里？九狮拜象又藏着什么秘密？

重庆"扎匠"张破虏、四川"花匠"凌绛看似意外的出现却给谜团的揭开带来了巨大的转机。在他们的带领下，主人公逐渐走进了一个关于匠人的传奇世界，在通往真相的道路上渐行渐近。农村、学校、医院的布局；主人公、凌峰、张哈子的相遇，看似毫无关联的事物背后竟然隐藏着巨大的秘密。原来这一切都是 50 年前早已布下的局！随着故事情节的深入，扎匠、泥匠、剃头匠以及神秘的赶尸匠一一浮出水面，每一脉匠人都身怀绝技，活灵活现。在这个关于匠人的传奇世界中，爷爷的秘密正一层层被揭开……

作品赏析

《三尸语》全文 400 余章，共 110 余万字，作为洛小阳第一部灵异题材的小说，自 2016 年 11 月 8 日发表以来，便引发轩然大波，在网站连续霸榜四个月之久，斩获了上百万粉丝，可谓是笔笔生辉，章章缠绕，叫人意犹未尽，欲罢不能。当今网文世界的读者群体日益壮大，不断催化着灵异小说的异军突起。然而网络上灵异小说质量大多良莠不齐，情节千篇一律，贯以单一恐怖情节的叙述来填充内容，着实难有新意。但作者洛小阳首次尝试灵异题材便独树一帜，自然有其精妙之处。笔者认为洛小阳的高明之处主要表现在以下几个方面：

1. 草蛇灰线，层层设疑

在《三尸语》中，每个主要人物的出现、每次重要事件的发生必定有因有果，有迹可循。在前期处处理下伏笔，隐晦地做好铺垫，一切重要的人物和事件将在后文中一一出现照应，可谓伏延千里。情节的展开可谓干脆利落，不落闲笔。洛小阳采用第一人称的口吻进行叙述，经常用到"你可以想象吗？"等句子把读者深深地代入故事情节当中，读起来引人入胜，悬疑小说应有的毛骨悚然之感油然而生。随着情节的进一步发展，每一个疑问的出现，都伴随着主人公小阳的心理活动，读者的注意力也自然而然紧跟主人公跌宕起伏的心理活动而深陷其中。

2. 别出心裁，追求创新

正式写作前，洛小阳曾采访了许多道士先生，为"匠术"的选取积累了大量素材。太平悬棺，瞒天过海，坐井观天……各种"匠术"的施展，各种复杂的程序，为我们展现出一个前所未闻的匠人世界。他首次系统地将"匠术"元素加入其中，把原来常见但现在渐渐消失的鞋匠、扎匠、赶尸匠、花匠、木匠、泥匠、髡匠皆系统化地勾勒出来，建立了完善的匠人圈子，如重庆张家是扎匠，四川凌家是花匠，湖北谢家是髡匠……每一脉匠人，都有自己独特的匠术。这在灵异小说领域是前所未有的创举，更是他的作品别具一格之处。可以说，这一主题极大地将现实与幻想结合，将近乎消失的地方匠术重拾起来，带领读者走进一个奇幻王国。

3. 时空转换，地域色彩

洛小阳将各地匠人的独特匠术作为核心，从现代追溯至秦始皇时代，从湖南湘西移步重庆，逐一揭开远古的秘密，糅合人尽皆知的鬼神传说，再加上各地方言的表达，使整个故事充斥着民间乡村古朴的色彩。作者出生于湘西、就读于重庆，对方言驾轻就熟，他将小说创作与个人独特的生活经历巧妙融合，产生极富作者个性的创作风格，《三尸语》很好地展现了这一点。

4. 着笔精妙，细致入微

读者如若细心地推敲作者的每一个用词，便会发现其细节处理可谓绝妙。从每一个情节、每一个用词中，都能感受到作者的极度用心，作者对细节的追求趋于完美，甚至达到了"炼字"的程度。一如关于方言的运用，如王家村的人，以及陈先生的口音，对"了"说的是"咯"，而张哈子他们这些重庆人，则一概说"老"；再如在描述阴人阳人的时候，作者称呼阴人永远是"它"，称谓阳人则是用的他或者她。虽然是一个不起眼的称谓，却让读者感受到来自"地狱"与"人间"，一"实"一"虚"的存在对象之间性质上的差别。又如张哈子一出现，便会伴着口头禅"我日你屋个仙人板板"，充分彰显张哈子鲜明的个性；而冷面校花凌绛的出场总是伴着少言寡语，高冷形象展露无遗。

洛小阳尝试写过的题材非常之广，囊括了女频、校园、都市等。但《三尸语》作为他在灵异小说界的处女之作，就取得了如此傲人的成就，足以见后生可畏，前途无量。但笔者认为，作品中确实还有一些不够成熟、可以改进的地方。十分"接地气"的语言风格中也存在着少许问题。首先是语言过于口语话的问题。语言风格接地气通常会使作品表现得更加"亲民"，但同时也伴随着用词遣句不够精致的问题，无法进一步突显《三尸语》的艺术审美价值。其次，有的地方存在一定的重复描写。重复描写使作品叙述不够精练，导致小说整体情节不够紧凑，拖沓啰嗦，阅读时间一长便易使读者感到乏味，减少阅读兴趣。

（田晨越　李萌　执笔）

28. 苗荷：让独立自强掌舵女性人生

【作者档案】

苗荷，原名肖众成，女，生于 1979 年 12 月 18 日，湖南衡阳人，本科学历。2007 年开始小说创作，以笔名"湘郡主"在起点网站和潇湘书院发表第一部小说《穿越之亲亲老公》（又名《糊里糊涂混古代》），曾被粉丝做成皮影戏在网上传播，后出版成书。

她最初的创作动机是想跟读者分享一些情理之中、意料之外的故事，希望传播真善美正能量，让读者从中有所收获。她比较喜欢网络作家血红、妖夜、罗霸道的作品。

2017 年参加第三届《诗词中国》大奖赛，荣获年度三等奖。

苗荷擅长言情题材，尤其是古代穿越言情题材。无论是《倾宫》中的萧绾、《穿越之星际江湖》里的萧小荷，还是《黄金剩女》中的女大学生萧蕾，小说的人物角色设定都以女主为故事主人公，女主都有着美丽姣好的容貌，个性机智聪慧，凌厉刚强。小说女主多被置于极其复杂险恶的处境中，有江湖的血雨腥风，有家庭的骨肉相残，也有职场的勾心斗角，女主总能智慧地应对凶狠阴毒对手的种种招数，坚强地闯过一道道难关，靠自己的奋力打拼赢得美好的人生结局。女主的人物形象彰显着现代女性独立自强的价值观念，以及对平等忠诚的恋爱关系的追求。

目前打算创作一部关于投行的小说，暂定名为《我是世家》，会朝影视剧方向创作。

【主要作品】

《穿越之亲亲老公》，2007 年首发于起点中文网，已完结。
《皇后争霸》，2008 年首发于潇湘书院，已停更。

《千古一后之林芜》，2009 年首发于潇湘书院，已停更。

《穿越之星际江湖》，2013 年首发于起点中文网，已完结。

《俗妻》，2014 年首发于起点中文网，连载中。

《黄金剩女》，2014 年首发于起点中文网，已停更。

《倾宫》，2014 年首发于起点中文网，已完结。

【代表作评介】《倾宫》

故事梗概

　　来自现代的女主穿越到大周国，穿越后的身份是金蝶谷的少谷主，集美貌、武功与才智于一身的少女萧绾。大周老皇帝周备跟金蝶谷老谷主郑天逢是结拜兄弟，他们一起打下大周江山。但是郑天逢放弃和周备平分江山，执意隐居到金蝶谷。老皇帝下旨，凡金蝶谷每任谷主定的规矩等同圣旨，所有大周子民都必须遵守。三十年后，夏国再次举兵侵犯大周，皇帝派几位皇子去金蝶谷请现任谷主萧禹印出山，要他效仿当年的岳父郑天逢，从战场上掳走现在的夏国皇帝，令夏国不得不退兵、割让城池。皇帝在朝堂上许下承诺，请出萧禹印的皇子将被立为太子。二皇子、六皇子、八皇子和三皇子相继来到金蝶谷。四位皇子中，三皇子给萧绾留下的印象最好，比较符合自己对理想夫君的要求。按照金蝶谷"只娶不嫁"的规矩，萧绾将来只能找一位男子入赘，她父亲萧禹印就是入赘到金蝶谷的，她也希望"娶"一位像父亲那样慷慨大方、好欺负、善解人意的丈夫。但是她已有从小定下婚约的未婚夫，目前还不想对其他男子动心。二皇子为争夺皇位，意图派两个美妾色诱六皇子、八皇子，并趁机杀掉他们，再嫁祸给三皇子，被萧绾和她表哥轩辕皓识破，并要阻止其阴谋得逞。三皇子凑巧听到他们的行动计划，坚持加入行动，三人顺利捣毁了二皇子的奸计。萧禹印不想得罪任何一位皇子，为避免卷入残酷的皇位争夺大战中，决定跟四位皇子一起进京。萧绾母亲郑香蓉陪同萧禹印进京，安排萧绾到燕州许仲昆师伯家为许老太太庆贺六十大寿，并继续考验她的谦谦君子未婚夫许宇谦的人品，培养青梅竹马的感情。

　　萧绾一家和皇子们一同上路，途中萧绾路见不平，从蒙面人手中救下了三皇子的表妹张玉珍。蒙面人正是五皇子派来刺杀他们一行人的刺客，刺客因武功不敌萧禹印夫妇和萧绾，未能得手。萧绾更加意识到皇子们争夺皇位的凶恶狠毒，担忧父母此行的危险。郑香蓉心里早已预料此行凶多吉少，临别时告诫萧绾倘若他们发生不测不要报仇，也不要与任何皇子有任何瓜葛，要她放弃许宇谦，嫁给表哥轩辕皓，和他一起保护金蝶谷密林里的人。三皇子经过与萧绾的相处和并肩作战，倾慕她的才智和性情，一心想收服她，让她将来协助他。

萧绾来到燕州许府后，得到未婚夫许宇谦的百般呵护，但是被许府妻妾勾心斗角的宅斗殃及。许老太太担心萧绾反悔和许宇谦的婚约，设计给萧绾下迷情药，幸好被萧绾识破。许宇谦在家人和萧绾间两头为难。萧绾厌恶许宇谦的极品家人，也对他不能为她割舍亲情而失望，一气之下离开许府，回到金蝶谷。

萧绾父母擒住夏国皇帝，迫使夏国签下停战协议，甘愿做周国属国，并让出十八座城池。二皇子和归德将军许仲昆在玉清关酒楼为他们设宴庆祝，突遇刺客袭击。萧绾父母据称为掩护官民逃走，自爆功力，已和刺客同归于尽。萧绾得知父母死讯悲痛欲绝，怀疑父母是被二皇子设计害死，并要亲自前往玉清关调查。三皇子要陪同她，但萧绾让他马上回京，跟六皇子、八皇子联手对付二皇子，并想办法将二皇子的罪行上报皇帝。萧绾在三皇子手下的协助下查清父母确为二皇子和许仲昆联手害死，二皇子和许仲昆为夺取萧绾父母的功劳，编造出他们在死前过继许仲昆的次子许宇华的谎言，欺骗皇上恩赐许宇华承袭忠义侯封号。悲愤交加的萧绾决定上京告御状。大将军许仲昆与二皇子为阻止萧绾进京告状，暗中派人追杀萧绾。

三皇子派暗卫寻得萧绾踪迹，一路暗中保护帮助萧绾。抵达京城后，萧绾到朝堂门口击鼓陈情，得到皇帝的接见。皇帝听完萧绾陈说原委后，废除许宇华作为萧禹印继子的身份，革去许宇华忠义侯封号，贬为庶民。封萧绾为贞德郡主，原属于忠义侯名下的封地燕州改由萧绾继承；免去二皇子在朝中的一切职务，禁足两年，革去许仲昆的镇军大将军之职，贬为庶民，永不录用。萧绾前往燕州封地，途中遭遇五皇子追杀，却遭萧绾反击身死。萧绾根据线索追踪至许家祠堂，巧遇同为穿越者的陈俊璋，并发现外公郑天逢被许仲昆囚禁于此。萧绾与陈俊璋联手制服许仲昆，救出了郑天逢，并知晓萧氏夫妇未死，但下落仍不明。

三皇子周靖轩也来到萧绾身边相助。两人继续追查，竟发现此事牵涉大周顶梁柱、东南西北四方将军，萧绾与三皇子先后解决了征东征西将军，并查明他们与二皇子的勾结，成功灭除了他们的势力。萧绾也根据父母留给她的线索，从一处密谷中找到了父母。萧绾和母亲发现了外公郑天逢的性情异常，施用计谋，得知是现代穿越过去的黑道老大占用外公身体，并和西皇后私通，生下二皇子。被禁足在京城，失去各方辅助的二皇子决定铤而走险，联合权贵大臣和东皇后欲毒杀皇帝却失败，被贬为庶民，三皇子被立为太子，成为最终的赢家。

三皇子周靖轩即位后终于如愿以偿，和他思慕已久的萧绾成婚。萧绾也把皇上恩赐的封地管理得繁荣富庶，深得大周民心。萧绾要求她嫁的男人只能爱她一人，周靖轩遂遣散宫女以遂其愿，这段佳话被载入大周史册，流芳百世。

✎ 作品赏析

《倾宫》是一个穿越言情故事，情节主线是萧绾与三皇子的爱情，以及他们与二皇子、许仲昆邪恶一方的较量，萧绾与许宇谦、轩辕皓、陈俊璋等人的爱情纠葛与主线交织。情节错综丰富，人物关系复杂。少女萧绾和家人被卷入皇位争夺和手足相残的旋涡中。在经历父母失踪、宅斗阴谋、凶险刺杀等风浪后，她的心智得到磨砺，性格更加坚毅，武功也更高强，被皇上封为贞德郡主，赏赐封地。面对众美男的追求，她经过审慎的观察和考验，最终接受了三皇子的爱情，与他同经患难，得到他一生只爱她一个的许诺。

《倾宫》的一大特点是女主招上门女婿，成为婚姻主动权的掌控者。小说完全翻转了男女在爱情、婚姻中的传统地位，女性从被选择、互相争宠的弱势角色，升跃为掌握选择权的一方。不是由男人选择萧绾，而是由她决定娶夫。萧绾的武功和才智让她拥有女强人的资本，还被皇上赏赐封地，不需依靠男人的力量和财富。虽然小说结尾三皇子并未入赘，但是他封萧绾为皇后，并愿为她遣散宫女，信守终生只爱她一人的誓约，双方实质上已经获得了平等的地位。这是对以往后宫争宠模式的颠覆，让女性彻底摆脱对男性的依附。小说的价值取向满足了女性读者的阅读诉求，符合当代女性追求男女平等、希望拥有对爱情婚姻自主决定权的心理，也让读者在角色代入中得到快感和安慰。

女主萧绾有稀世美貌，精明伶俐，"武功趁手，想象力拿手，敛财信手"。更可贵的是她意志坚定，勇敢无畏，有侠义精神和同情心，但对付敌人毫不手软，并始终坚守自己的做人和择偶原则。来自现代社会的她有商业头脑，厨艺高超，伶牙俐齿，有着现代女性自立自强的个性；坚决刚毅，无论婚姻还是人生的其他抉择，都要由自己做主，一旦决定，就不会轻易改变。她在穿越到的周国秉承现代观念，依靠聪明才智、高强武功和各种神奇的器具发明，一路过关斩将，最终走上人生的巅峰，成为大周皇后，获得爱情、事业、名位的丰收。但是萧绾也不是完美无瑕的，对于忘恩负义、伤害她的人，她会睚眦必报，对付仇人的手段也过于残忍，缺乏宽容大度的气量。

小说对男主三皇子周靖轩也进行了浓墨重彩的刻绘。三皇子风姿秀逸，眉目如画，顾盼生辉，是个名副其实的美男子。"棱角分明，气质高贵清冷，剑眉飞扬如淬过上等徽墨，眸中眼波流转仿若阴阳生生不息，透露着狡黠与智慧。"除了完美的外表，他还具有高贵的皇族出身，坚韧刚毅的意志，缜密机敏的心智，更难得的是温柔体贴的性情。这是大多数网络小说中男主的标配，但三皇子毕竟是女主萧绾的陪衬。他的主要戏份是守护在萧绾身边，在她遭遇危险时发挥"主角光环"，助女主一臂之力，与她一同渡过难关。三皇子这个角色更重要的作用是作为萧绾众多追求者之一，与小说中其他男性在品格、行为等各方面形成鲜明对比，以此突显女主的择偶标准、爱情理想与婚姻立场。许宇谦在家族和爱情的两难选择中，最终不能为了萧绾放弃家族；轩辕皓在义母和爱情的抉择里，同样为了亲情放弃了爱情；但是三皇子却在时间的见证和生死的考验下，坚守着自己对萧绾始终如一的感情，甚至在萧绾危急关头，不惜以身相救。因此萧绾对他也由最初的好感，一步步升级为最终的感动，为他破除"只娶不嫁"的定规。三皇子登上皇位后，弱水三千，只取一瓢饮，为萧绾遣散宫中女子，真心疼惜萧绾，一心一意地守护他们坚贞不渝、相濡以沫的爱情。虽然男主三皇子也有精明狡黠、生性多疑的一面，但是坚贞痴情、信守承诺是男主形象的闪光点和独特之处，也是他能在激烈角逐中获胜的关键。

小说文笔清畅绮丽，风格温婉灵动。苗荷擅长人物和环境描写，人物外貌服饰刻画细腻精致，色彩鲜亮明丽，有古典诗词韵致和古典小说风味。

如写女主萧绾："她身姿纤巧，体态轻盈，上穿粉红色软烟罗暗花大袖衣，齐腰系着粉红色的大蝴蝶结玉锦丝带，下穿粉红色的软烟罗暗花凤纹石榴裙，一头如云青丝绾成了双螺髻，各缀以三圈浅粉色珍珠链与数根浅粉色玉锦发带，显得清新又活泼。"作者常用一系列的比喻精细刻画人物容貌，暗示人物性格特点，并于神态风韵处浓墨重彩，给人留以想象的空间。如"精致俏丽的鹅蛋脸上，羽绒似的眉毛细密黑亮，像娟娟新月一般轻弯着，只在眉尾处微微上翘，于柔和乖巧之中，不失明朗大方的飒爽英气；一双妩媚、清亮的丹凤眼，又长又深，眸光流动时，如明潭里两条自在游弋的黑鱼一般，于快活机灵之中，又带出几分让人难以把握的神秘魅惑之感"。

《倾宫》想象力丰富，故事幽默，富有诙谐性。如萧绾向皇子们推销美食，趁机敛财，让人不禁捧腹。烹饪美食，打茶花，发明折叠桌椅等细节让小说充满凡俗生活气息，遁地术、易容、催眠、太岁肉等奇术异物为小说增添奇幻色彩。

小说也有一些不足之处，情节显得松散，枝蔓多，叙事节奏缓慢。人物角色过多，重要人物的塑造不够立体、充分，影响了形象的真实丰满。次要人物性格不够鲜明、突出。人物性格、思想情趣和价值观念同质化痕迹明显，人物语言缺乏个性和身份差别。

（李宛励　李丹霞　执笔）

29. 磨剑少爷：十年磨一剑，文学梦可圆

【作者档案】

磨剑少爷，原名李木，男，生于 1982 年，重庆人，现居长沙市，湖南省网络作家协会理事，职业作家。他从签约的第一部作品《山城兄弟》迄今，已经出版有《山城兄弟》《战龙》《刀锋 1927》《生死反击 1—3》《兵血燃烧》等多部畅销作品，其脑洞大开创意独特的"新西游"系列小说中的第一部《西游：决战花果山》已经于 2018 年初出版。

磨剑少爷走上网文写作道路与他少年时的经历是分不开的，他在一所没有围墙的中学读书，那里总是有社会上的混混来学校里，存在很严重的校园暴力现象。因为学习好，长相文弱，他经常被小混混们欺负。在多次被欺凌之后，磨剑少爷为了保护自己，决心学习武术。带着锄强扶弱、逍遥江湖的武侠梦，磨剑少爷每天早起锻炼，尽管没能达到"十步杀一人，千里不留行"的程度，但也练出了强壮的肌肉。

15 岁那年，他在一个夜深人静的晚上站在楼顶，眺望着万家灯火。那一刻，他的心中突然涌现出一个影响他一生的想法——写小说。命运或许早有安排，他喜欢金古黄梁温的江湖，那些侠骨柔肠而又热血激荡的世界令他着迷，他想写出一个属于自己的江湖。他拥有着太多与年龄不相符的经历，脑子里装了太多的东西，他想要表达，想要宣泄。

在完成了第一部手稿后，他开始了人生第一次漂泊。那时年轻气盛的他对自己的作品信心十足，认为自己的作品要现实有现实，要幻想有幻想，情节精彩又有哲理性，只要找到一个有眼光的出版社，他就是拔地而起的"韩寒"或"郭敬明"。

几经坎坷后，他终于找到了福建海峡文艺出版社，把稿子给了时任文

艺编辑室主任的茅林立老师。他受到了对方热情的接待，并且给他的第一篇稿子找到了归宿。当时正有一个面向全国高中生举办的"冰心杯"长篇小说大赛，老师说会帮着他把稿子投过去，他当时很激动，觉得自己接下来就是功成名就、光芒万丈的时候了。现实却是一盆冷水当头泼来，他的稿子连初赛都没有通过。他开始存钱去买各种报纸、杂志，然后在上面找投稿地址，给他们投稿。每一次把稿件投出去，都满怀信心，憧憬稿件被采用时的幸福感，结果所有稿件都是石沉大海，渺无音讯。那些稿件就像是走丢的孩子，在他每一次望眼欲穿的等待中，变成了泡影和失望。但他没放弃，在各种艰苦的条件下挤着时间写。

用开荒的话说，创作就是屡战屡败，屡败屡战。他一直在不断地投稿，不断地失望。从最开始投稿时的特别兴奋和期望，到后来每次投稿时的忐忑，再到后来的沮丧，时间久了，最后这些心情都归为平静。

也许是真正努力的人，运气不会太差。时代变化终是让他看见了曙光。他买了电脑，告别纸笔写作，走进互联网，发现了网络小说。他看到了全新的世界，看到了自己的机会，顿时激情喷涌。在写了大约三本免费书之后，他也终于很荣幸地成为签约作者。从这个时候起，他可以靠写书养活自己了。有人花钱看他的作品，说明他写的东西是有价值、有意义的。一个一直痴迷文字的作者看到自己的书终于得到了认可，那种喜悦无以言表。如今的他已经成为了一个奋战多年的网络作家。

【主要作品】

《刀锋1927》，新浪阅读首发，已完结，2012年1月凤凰出版社出版。

《山城兄弟》，新浪阅读首发，已完结，2012年2月由凤凰出版社出版。

《兵血燃烧》，新浪阅读首发，已完结，2013年9月江苏文艺出版社出版。

《高手之王》，2015年3月首发于国风中文网，210.8万字，已完结。

《战龙》，新浪阅读首发，已完结，2015年9月群言出版社出版。

《大小姐的贴身护卫》，2016年5月30日首发于黑岩网，292.5万字，已完结。

《生死反击1—3》，新浪阅读首发，已完结，2017年4月三辰影库音像出版社出版。

《西游：决战花果山》，新浪阅读首发，已完结，2018 年 1 月江苏凤凰文艺出版社出版。

《西游 2：金箍棒》，新浪阅读首发，已完结，2018 年 5 月江苏凤凰文艺出版社出版。

【代表作评介】《西游：决战花果山》

三年以前，磨剑少爷就已经开始构思西游，想写出一个不一样的孙悟空，但当时觉得自己写的人物情节太过生硬而放弃。经过三年的悉心准备和沉淀，他迈出了这一步，写了一个他一直想写而不敢写的题材——"颠覆西游"系列。正像他说的，要敢于挑战一些新的东西。很多朋友都劝他别冲动，西游题材太经典，不是那么好写的，一旦失败那以前的努力也会为此付诸东流。西游虽是国内市场上最大的 IP，但这些年来，关于西游的作品太多太多，市场几近饱和，加上有一些浮于表面的市场需求，使得有些西游故事粗制滥造，让读者对西游出现一种消化不良的疲倦，把他们心里那些刻骨的情怀一点一点地都消磨掉了。所以，这个时候写西游，风险会更大。但磨剑少爷想的是，无论如何，既然有这种冲动，就去试试。这样才不会在三年五年十年后，年华老去之时后悔。做过，败了，也不怨天尤人。如他笔下的猴子那般与天斗，与地斗。

《西游：决战花果山》讲述了：八百年前，天庭想要一统天下，禁止妖族修行。众妖在妖王孙悟空的带领之下，于北昆仑与天庭决一死战，最终落败，悟空被击杀。却被同为妖族的女娲救下，将一缕精魄藏于石头之中。八百年后，石猴出世，却失去了以前的记忆。但他觉得孙悟空是个大英雄，因此给自己取名孙悟空。石猴迫切地想弄清楚自己的身世，四处求道；但另一方面，女娲怕其惹祸，尽力阻止；而天庭为了斩草除根，又把他逼到了对立面上，使他再战天庭。在金蝉子的帮助之下，他重振雄风，带着一群兄弟与天斗，与地争，但最终依旧是戴上了金箍，开始西天之行。六耳猕猴劝他回头，他拼尽全力挡在前面说：这西行之路，有我便不通！孙悟空淡然地说：我觉得你还是让开得好，毕竟你知道我的脾气，谁挡我杀谁。六耳猕猴眼含热泪喊：大哥，回头吧，这西行之路，是诛心之路，宁可我死，不能你输啊！孙悟空说：输而已，又能怎样呢？六耳猕猴说：你是万妖之魂，精神所在，你若输，天下妖输。你岂是可轻易向人下跪之辈！千秋万载，几度轮回，我们的坚持是为了什么！理想，是兄弟们用鲜血浇灌的最后一片净土，宁死，不可输！孙悟空摇头，若是输不起，又如何能赢？结果，六耳猕猴被打死了。孙悟空哭了。而后来的许多事，千言万语道不尽。有很多次，磨剑少爷写着写着，写不下去了。不是不知道写什么，而是感到心里很拥堵，他仿佛跟自己塑造的人物一起活着，一起梦着，也一起痛着。许多理想，都烧成了灰烬。许多爱人，都如划过天际的流星。我们热爱过，也追求过和在乎过的那些人和事，后来，都慢慢地变成回忆，或是再也回忆不起来。畅销书作家浪翻云评价说："小说在西游题材上有与众不同的创新，对人物进行了重新设定，赋予了孙悟空新的面貌人生。这是不一样的西游，这是我们曾经的样子。"

当然，这部书也存在一些不足之处。因为本书算是黑暗西游，对天庭自然不会有正面的描写，但是小说对天庭的负面描写有些过于表面。天庭已经成为了当时的主导力量，那么当出现问题时天庭应该是尽量地去掩饰自己，而不是直接暴露出自己丑恶的一面。在语言上过于平民化，对话偏多，人物的语言比较单一，都是同一种的语言风格。此外，小说的旁白较多，经常写到八百年前的孙悟空，但并没有对当年的悟空进行具体的描写。当然，这只是第一部，可能会在后续中进行具体描述。不过整部书的故事的架构合理，有着较强的趣味性、可读性。导演陈富看后曾对小说做出如此评价："人物与故事的呈现逻辑严密，真实感很强，堪称西游题材的又一惊艳作品，看过仍有回味。"

毕竟作者所写的是他心目中的西游，并且只是系列作品第一部，读者可能还需要时间来接受。但无论如何他笔下为自由奋斗的悟空无疑是值得尊敬的。自由是无价的，可现实生活中的我们有太多的羁绊和枷锁束缚。而我们又缺少打破束缚的勇气，那么就看看作者笔下的人物是如何追求那令人向往的自由吧！由此来看，悟空不就是我们吗？他的所作所为不就是我们想做而不敢做的吗？在写作过程中，作者自己也仿佛化身为齐天大圣孙悟空，用他的话说就是：当他写作生涯屡战屡败，屡败屡战，咬着牙倔着骨绝不放弃时，他是西天取经路上历经九九八十一难的大师兄孙悟空。"在这本《西游：决战花果山》里，孙悟空是他，也是所有希望获得信心和力量去成就最好的你；这是一个大家熟悉的齐天大圣，也是一个全新的、不为人知的孙悟空。

现实中的我们，成长的过程中会有各种各样的烦恼、压力，让我们陷入平庸、无聊、沉闷的日常。有时候我们根本意识不到这样消极是多么不好，有时候意识到了，却无力解决。但桀骜不驯的孙悟空不同，他是顽石里日月山川孕育的一缕精魂，空有无比傲性和血性，却无人教他忍之从之敬畏之。他可能也会迷茫会消沉，然而他百折不挠，重情重义。我们喜欢孙悟空，无非是想活成他的样子，因为他厉害，有七十二变，有筋斗云，有千变万化的金箍棒，而且他还胆子大，天不怕地不怕，就如戴荃《悟空》中所唱，"踏碎凌霄，放肆桀骜。世恶道险，终究难逃。这一棒，叫你灰飞烟灭"。他是我们疲惫生活中的英雄梦想，是一代又一代中国人的集体回忆和民族情结。

综上，这部《西游：决战花果山》是一部非常值得一看的作品，无论是紧张曲折的故事情节，还是精巧的人物构成，以及令人血脉偾张的兄弟情义，都令我们目眩神迷，沉溺其中。如掌阅文化总编辑谢思鹏所评价的："一群人心怀理想，在现实中挫败、不屈和反抗，追求自由平等。有《大话西游》的风格，以轻松幽默的笔调，赋予神仙以血肉，探索人与神的内心，有一定的现实意义。"

（王晓峰　执笔）

30. 木头脑：以梦为马，莫负韶华

【作者档案】

木头脑，原名牟京华，男，生于 1992 年，祖籍山东日照，现居湖南长沙，毕业于长沙学院旅游管理专业，全职网络写手，湖南省网络作家协会会员，原神起中文网签约作者（神起笔名：木脑壳），现为创世中文网五星长约作者。常用笔名有木头脑、木脑壳、呆脑壳、木姑娘。

正在长沙学院读大二的木头脑正值学业轻松，百无聊赖之际，便开始以码字赚钱的心态在创世中文网上写作，最早的作品是《嚣张狂兵》，该书虽以烂尾的方式完结，却令作者收获了大批的喜爱者和追随者，人气一路飙升。受到肯定后，他开始加力写作，以木脑壳的笔名于 2015 年 9 月在神起中文网上创作《贴身狂兵》，该书反响也十分热烈。《极品小相师》是木头脑的最新作品，虽然目前发表字数不多，但作者认为该部小说可称得上他的代表作，因其内容具有一定的独特性，全文运用了很多相术的知识，读者打开小说不但能够享受阅文的乐趣，还能从中了解到相术这门传统文化的博大精深。

【主要作品】

《嚣张狂兵》，原名《极品枭雄》，使用笔名"木头脑"，2013 年 11 月 13 日首发于创世中文网，550 万字，已完结。

《贴身狂兵》，使用笔名"木脑壳"，2015 年 9 月 25 日首发于神起中文网，550 万字，连载中。获新书榜第一，单月销售榜前十。点赞数达 30 万次，粉丝数达 18 万人次；单本作品订数均破万，各渠道总销售达 500 万。

《绝色总裁的超级兵王》，使用笔名"木姑娘"，2016 年 12 月 8 日首发于创世中文网，315 万字，连载中。上架当日销售达 2.5 万，当月稿费达 10 万。

《炼神龙帝》，使用笔名"呆脑壳"，2017 年 7 月 28 日首发于创世中文网，90 万字，连载中。

《极品小相师》，使用笔名"木头脑"，2017 年 12 月 6 日首发于创世中文网，13 万字，连载中。

【代表作评介】《极品小相师》

故事梗概

精通麻衣神相的相师林云，在滨海神相馆遇见风华集团的霸道女总裁冷冰月，冷冰月通过让林云为她相面算命当场拆穿林云花钱买通其保安打听她小道消息的把戏。林云被人拆穿后备感尴尬，同时感受到冷冰月浓浓的鄙视，因此便使出了自己的杀手锏，动用"千年相术"算出来冷冰月此行来找他的真正目的，这让冷冰月大吃一惊，不敢相信眼前的登徒子居然能有这样厉害的本事。

冷冰月走后，林云发现了异常情况：此次动用"千年相术"不像之前那样有激烈的身体反应，因此猛然意识到冷冰月就是师父口中的命中凤凰。林云虽是麻衣神相传人，乃九天真龙之命，然有首无尾，必须找到九个命中凤凰补齐龙尾，这样才可以渡过死劫，冷冰月就是他的命中凤凰之一。因此林云决定追求冷冰月，风华集团的机密研究成果被盗，正好给了林云追求冷冰月的机会。因为很多事情都按照林云的预测一一发生了，冷冰月开始相信林云确有真才实学。林云提出要保护冷冰月，并要求和她住在一起。在林云的花言巧语、威逼利诱下，冷冰月勉强同意。

林云跟随冷冰月去了风华集团，正好遇到全体股东集体逼宫，因为机密研究成果被盗，股东们群情激愤，向冷冰月讨要说法，否则就罢免她总裁职位。就在这时，东杨集团的少东家杨天出场了，他想趁火打劫，让冷冰月做他的女人，被冷冰月断然拒绝后悻悻离开。林云离开风华集团后直接去找了偷盗机密成果的犯罪嫌疑人张明全，通过给张算命让张氏夫妇对他全然信任并言听计从。张太太听了林云的建议打伞出门侥幸逃过被砸一劫。为求一线生机，张明全只好去公安局自首。冷冰月的好友王雅伦是滨海警局的警花,她电话通知冷冰月到警察局问询张明全。

张明全被人毒死在公安局里。林云跟随冷冰月到了冷家,遇见冷的父亲冷峰,原来林云的父亲和冷峰是旧相识,且交往很深。林云和冷峰交谈甚欢,冷峰当场表示要林云照顾冷冰月。次日林云和冷冰月一起来到风华集团,再次遭遇股东们集体逼宫,林云帮助冷冰月解决了此事,帮她渡过了难关,并且找出了幕手黑手,正是东杨集团的少东家杨天。林云用计拿到了杨天的犯罪证据,王雅伦带队抓人,然而杨天背景很不一般,公安局局长命令王雅伦收队,声称不能抓捕杨天,否则连局长都会被扫地出门。

有人请林云看阴宅,林云机缘巧合认识了他父亲的一位老朋友王猛。在王猛那里,林云得到了失传已久的九转天机秘术的上半部,虽然这是王猛之前趁林父睡熟之际偷偷抄写的,但因正本已经丢失,因此林云对王猛非常感激。林云从九转天机秘术里学到了活络推拿术,顿觉体内灵力环绕,通体舒畅。

王雅伦限期侦破的案子只剩最后一天了,无奈只得向林云求救,林云通过相术推算帮她找到了悍匪天丰藏匿的地点,在抓捕过程中又出手救了王雅伦,最终成功抓获天丰。王雅伦破获此案立了大功,被提拔为副局长,同时林云也被公安局聘请为特殊顾问。冷冰月通过一番努力,高新科技手机开始投入量产,林云被冷冰月安置了一个公司新设的职位——总裁助手。冷冰月的高新科技手机正式上市,销量超过了三星和苹果,打了一个漂亮的翻身仗。正当她沉浸在成功喜悦里的时候,刚上市十天的手机突然爆发了危机,手机的安全代码丢失,以至于大量黑客病毒侵入,给消费者带来了巨大的损失。公司的元老级股东再次逼宫冷冰月,林云主动请缨,夸下海口一个星期解决此事。而要找到丢失的安全代码,必须找到关键人物——王朝,可是他们发现此人已经失踪。林云得到消息:王朝被藏在白家村,于是找他父亲的老朋友王猛帮忙,偶然得知王猛居然是明朝锦衣卫指挥使的后人,身手很是了得,二人与白家村村民一番较量之后,终于征得族长同意在白家村寻找王朝下落。之后却在白家村扑了一场空,还好得到了王朝的下一个去向。林云顺藤摸瓜,找到了软禁王朝的天鹰集团老大黑鹰,并且遇到了自称张良后人的张天师,当场与后者展开了相术大比拼。在他使用拖延计策为王猛救人争取时间的同时,王猛已经把王朝救了出来。而此时王朝已被人下了毒,以至于他的记忆全部丢失,为了让王朝恢复记忆，林云和王猛决定进山寻找解药。山里险情重重，九死一生之后，终于拿到了可以以毒攻毒的七星蝎子毒液。林云按照王猛教他的方法给王朝进行了治疗，王朝很快恢复了记忆。林云成功拿到代码之后，迅速去了风华集团，此时风华集团的股东们又在逼宫，杨天打算再次趁火打劫，以一股十块的白菜价收购风华的股份。然而林云的出现又一次让杨天的阴谋彻底败露，杨天对林云简直恨到了极点，却也无计可施。

病毒危机解决了，冷冰月心情立马变好。雷厉风行的她迅速召开新闻发布会，风华集团的股票全线飘红，全部进入涨停板。冷冰月安排林云担任风华集团的公关部经理，希望培养他成为自己在集团里的嫡系人马。林云来到公关部，却意外遭到部门全体成员的一致排挤。老员工苏小雅认为林云的横空出现夺走了她公关部部长的位置，因此对林云处处刁难。林云使用相术看出了苏小雅身体的毛病，继而为她把脉发现，苏小雅竟然中了苗疆的爱情蛊毒，这令林云震惊不已。因为此种蛊毒不但罕见，而且无药可解，除非让下蛊的人亲自解除蛊毒，否则就没有办法解毒。下蛊之人便是苗疆两大派系之一天斗门的人，为了找到这个神秘苗疆人的下落，林云上网查找资料，果然发现近期连着死了好几个富豪，且都死得很是离奇。林云花钱找包打听锦毛鼠得到了这些死者的生辰八字，发现这九个人竟然全都是六阴人。林云怀疑这九个富翁都是神秘的苗疆人所杀，因为在苗疆天斗门之中有一门邪术叫九阴邪术，只要找到九个六阴人的灵魂和血液来进行修炼，就可以增加自身的邪功威力，同时试炼出一种非常厉害的鬼瞳人。林云坚信这起连环杀人案和给苏小雅下毒是同一人所为，当务之急便是要尽快找出这个连环杀人犯，以免此人再生恶端。于是林云和锦毛鼠一起，开始了一系列抓捕行动。

作品赏析

《极品小相师》中的主人公林云，乃是麻衣神相的传人。相师这一职业是以相术供职或为业的人，即根据人的五官、气色、骨骼、指纹等推断其寿夭、荣枯、吉凶、祸福之人。小说的故事叙述便是以"麻衣神相"为推动情节发展的契机和背景。历史上确有《麻衣神相》这一著作，乃北宋人李和（今河南南阳内乡人）弟子陈抟所撰，是中国古代对人体相貌进行系统叙论的相术著作。书中认为人面本前世道德所表，知其像，便可知其人生的吉凶祸福，人的命运虽不是生而定终身，但能从长相上侦破命运的某种密码，麻衣神相的"奇"也就在于此。《麻衣神相》十二宫是专门针对命宫、迁移宫、官禄宫等十二宫对命理的叙论，分为相说、十观、五法、切相歌、论形俗、论气色。这些相术知识经过小说作者的加工和重构，被巧妙运用到小说的诸多章节中去，并成为推动故事情节发展的主要线索之一。

这部作品以"麻衣神相"作为小说的故事背景和线索，将"相术"这一文化元素融入小说当中，不仅使得小说具有更丰厚的文化和历史底蕴，也能让读者对小说产生浓厚的兴趣，故事本身也更加饱满充实。小说构造由"麻衣神相""命中凤凰"等多条线索齐头并进，营造了非常浓厚的悬疑气氛，故事的推进一环紧扣一环，增加了麻衣神相的神秘色彩，同时轻松幽默的叙事方式，让故事不会保持在一个非常紧绷的节奏上。当然本文也有一些长篇小说的通病，比如在故事情节的叙述上略显烦琐，主人公的语言风格时而传统，时而现代，很容易让读者对小说所营造的氛围产生困惑之感。

《极品小相师》这部作品目前还未完结，因此为我们留下了许多疑问和悬念：冷冰月是林云遇到的第一位命中凤凰，另外八位命中凤凰到底是谁？林云的身体对"千年相术"的排斥在找齐九位命中凤凰后是否能够好转？冷冰月与林云之间的关系何去何从？苏小雅的爱情蛊毒如何破解？神秘的苗疆人试炼鬼瞳人究竟有何目的？可见故事中还有重重难关等待主人公去一一破解。小说的主人公林云有自己独特的"侠客"精神，他为了改变自己的命运接近冷冰月，其中既有利用也有真情，而因为冷冰月的到来他又需要解决更多的难题，在面对重重难关和未知的命运之时，他从来不言放弃，丝毫没有气馁，让读者在被小说吸引的同时也从中收获了勇气。在当今社会这样快节奏、重压力的生活环境下，读者正需要这样"鸡汤"式的英雄、拥有正能量的主人公，给自己增添积极向上的力量，从而在生活和工作中树立更多的自信。

（吕艳清　执笔）

31. 慕惜：女频写作，玄幻言情

【作者档案】

慕惜，原名徐梦珍，女，生于 1995 年，瑶族，湖南郴州人，2011 年成为网络写手，现为掌阅网签约作家，完结作品有《神偷宠妃》《一品狂妃：不怕王出轨》《特工囧妃：魅惑修罗王》。新作品《妻手遮天：全能灵师》正在持续更新中。

作为生在网络文学大环境下的徐梦珍，与小说的结缘从看小说开始，她从小就喜欢看小说，看得比较多的也是古代言情，后来看得不满足，加之心中有个穿越梦，她就开始自己写起了小说，从写古代言情到后来慢慢地开始写仙侠和玄幻。现在这本更新中的《妻手遮天：全能灵师》就是典型的玄幻言情。

但是写小说也并没有她想象中的轻松，一开始并没有多少经验和笔力去驾驭长篇小说，便从短篇小说开始写起，加之情节与人物刻画也并不深刻，也就并不能吸引多少读者阅读，后来练习多了，积累了不少经验，笔力也有所提升，开始尝试新的题材，也尝试驾驭长篇小说。但是写作中还是遇到不少问题，其中对徐梦珍来说，最大的问题便是卡文，在没有灵感的时候就很难写出吸引读者的情节，其次就是平时写作的过程中有时会因为外界原因打断写作的思绪。但是她也有一套应对的办法，如果是碰到卡文，就先休息一下，或者做点放松的事，比如看看小说，看看电视，缓解一下思绪。如果是被打断了思绪，那就只能等解决了外界问题再进入写作状态。徐梦珍认为，如果想要写作，首先就需要一颗耐得住寂寞的心，因为写小说是一件非常枯燥的事情，如果没有足够的耐心是无法进行创作的。

徐梦珍对网络文学与传统文学的关系也有着独到的见解，她认为："网络文学门槛低，只要是有创作想法的人都能进来写，所以会出现那么多作者和各式各样的书。网络文学中有许多相似的、随大流的书，但也出现了很多让人耳目一新同时也写得很好的书，可以说网络文学海纳百川，什么都可以接受包容。而传统文学相对于网络文学来讲，门槛高，需要有一定的文笔和知识积累才能完成一部作品的创作，但是传统文学严谨，这是网络文学比不上的。所以说，两者都有长处，我觉得是很难比较的，不存在哪个好一点哪个差一点，毕竟专攻点不一样。"

【主要作品】

《特工囧妃：魅惑修罗王》，首发于旗峰天下中文网，已完结。该作品的影响：在咪咕阅读点击破亿，且登上咪咕阅读的畅销总榜。获《钱江晚报》推荐。

《一品狂妃：不怕王出轨》，首发于凤凰小说网，已完结。该作品的影响：在咪咕阅读点击破亿，且登上咪咕阅读的畅销总榜。

《神偷宠妃》，2014 年 2 月 18 日首发于旗峰天下中文网，约 123 万字，已完结。该作品的影响：获 2015 年 7 月女频点击第六，2015 年 7 月女频推荐第三，2015 年 8 月女频点击第五，2015 年 8 月女频推荐第四，2015 年 9 月女频点击第三，2015 年 10 月女频点击第四，2015 年 10 月女频推荐第七，2015 年 11 月女频点击第五，2015 年 12 月女频点击第五，2015 年 12 月女频推荐第四，2016 年 1 月女频点击第二，2016 年 1 月女频推荐第一，2016 年 2 月女频点击第四，2016 年 5 月女频推荐第四，2016 年 11 月女频推荐第十六，2016 年 12 月女频推荐第十六。

《妻手遮天：全能灵师》，2015 年 6 月 2 日首发于红薯中文网，约 277 万字，连载中。该作品的影响：入选红薯红文殿，为掌阅 2015 年度盘点前十作品，10 万人在线阅读，获 70 万点赞，累积用户两千万，多次登上掌阅畅销前五热搜第一。

【代表作评介】《神偷宠妃》

《神偷宠妃》作为慕惜小说的代表之作，是一部标准的网络文学作品，具有典型女频网络小说的特征：穿越、宫斗、爱情、奇遇、修炼。女主角是天下第一神偷，但是在一次偷窃"玄龙玉"的任务中意外穿越，成为了异界中的一个皇帝的妃子。异界以武为尊，女主角则身怀异宝"玄龙玉"，修炼升级，扮猪吃老虎，快意恩仇，并且邂逅各个男主角，展开了一场场或温暖或虐心的恋情。可以说这部作品的高潮节奏把握得很好，情节跌宕起伏，但依旧有网络小说普遍的薄弱之处：文学性匮乏。

这部小说塑造了一个典型的女频小说主角形象——黎玖夏。她的形象也是现实中众多涉世未深、喜爱幻想的少女非常喜爱羡慕的形象：她倾国倾城，众多风流倜傥、才高八斗、铁血刚硬、武功盖世的男人拜倒在她的石榴裙下；她聪慧机敏，在黑暗的宫斗和险恶的修炼途中总能反败为胜，毫不吃亏；她自由自在，在一个个人实力就是一切的世界里，不受任何束缚；她身怀异宝，凭借神奇的"玄龙玉"，纵然修炼天赋低微，但也获得了独一无二的力量。这样一个集美貌、才智和机遇于一身的女性，显而易见是被当今社会中处于学业或工作的重压之下，被各种社会规则所束缚、又没有人生阅历的年轻女性所深深羡慕的。加上奇幻起伏的剧情，浅显易懂的语言，细腻入微的描述，吸引了大批的女性读者。同时，小说中也塑造了数个典型的男性形象，如实力高强、英俊至极的苏千羽，外冷里热、霸道与阴柔并存的皇帝苍然，甚至龙族王子微生凡尘。他们代表了男性最有魅力的方面：绝对的武力，宛若星辰的外表，强大的权势，深厚的才学，可以说是各界的顶尖人物，也是万千女性梦寐以求的伴侣。女主角同时得到这些男性的爱慕，这种经历让怀春少女沉浸其中也是可以理解的。

这部小说语言十分浅显易懂，亦十分细致，尤其是对于男性角色和女主角单独相处时暧昧气氛的描述。我认为此类小说的重点在于刻画女性向往的自身形象与期待的配偶形象，描述他们之间轰轰烈烈的爱情。女性读者在阅读时会不由自主地将自身代入女主人公的角色中，再辅之自我想象，阅读过程仿佛是亲身经历逐步变强、快意恩仇的过程和亲自体验那种想要得到的爱情的过程。不管是虐心还是甜美，一见钟情或日久生情，在不同的男性角色之中都能得到满足。

大概是早期作品的缘故，《神偷宠妃》部分情节在逻辑方面确实存在不合理之处。首先在人物设定方面，书中女主角的表现显然与一个世界顶级地下组织核心成员格格不入。可以说她只是一个拥有神偷本领的矫情少女：因为一点小事与男主角赌气，不懂隐忍与收敛，在异界作风张扬。作为一名神偷，至少应该懂得伪装隐藏自己，而不是在成为皇妃后通过各种举动闹得天下皆知。第二是书中的各个男主角，对于女主角这样一个行为举止怪异且超现实的女性，从头到尾都没有深入调查的想法，只有在相识初期表现出了一丝好奇。作为在各种政治斗争中胜出，攻无不克战无不胜的皇帝，不应该对这样一个表现奇怪的女性持毫不作为的态度，更不应该在作为王国实际掌权人的情况下，任由已知的宵小搞阴谋诡计。第三便是在书中那样一个男权社会里，女主角的刁蛮与无理取闹竟然没有引起男主角的丝毫不满。诸如此类的不合理，让本书的阅读体验很怪异。然而转念一想，如果女主角和一个真正的大盗一样思维缜密，极其冷静理智，如果皇帝真的对女主角盘根问底，真的以铁血手段对待一切，那么女主角与两位男主角凄美虐心的爱情故事也就不会发生了。此种情况下，江湖上可能多了一位顶级神偷，各位男主角就少了一位俏皮多情的爱慕对象。如此看来，诸多不合理之处，在这种角度下又都变成了合理。

网络小说大多是为迎合大众口味而创作的，以高点击率高收益为最高追求，普遍缺乏文学性和审美价值，甚至有写作"公式"或者"套路"流传于网络文学创作圈，即差不多的情节，换个人物与背景，又成了一部新的小说，因此网络小说，尤其是同一题材类型的网络小说中同质化现象比较严重。《神偷宠妃》这部作品也很难避免这样的不足：作品的故事情节尚属跌宕起伏，但前部分的宫斗和很多扮猪吃老虎的情节，和其他此类网络小说是如出一辙的；虽然作品篇幅较短，但人物塑造、基本情节转折方式也和其他此类小说大同小异。如此一来，作品本身很难在同类型小说中脱颖而出，为读者带来的阅读体验也缺乏新鲜感。

（吴静　执笔）

32. 纳兰凤瑾：不落俗套的女性叙事

【作者档案】

纳兰凤瑾，原名李紫嫣，女，湖南郴州人，网络文学作家。代表性作品有《逆天萌宝妖孽娘亲》《邪王嗜宠：鬼医狂妃》等。纳兰凤瑾所创作的网络小说大多为女性向作品，其创作的作品也成为女性玄幻萌宝系作品的先驱之一。其作品曾多次位居网站排行榜前位，具有广泛的影响力。

【主要作品】

《逆天萌宝妖孽娘亲》，2014 年 9 月 25 日首发于甜悦读网，163.4 万字，已完结。

《邪王嗜宠：鬼医狂妃》，2015 年 10 月 23 日首发于红薯中文网，526.8 万字，连载中。

【代表作评介】《逆天萌宝妖孽娘亲》

《逆天萌宝妖孽娘亲》是纳兰凤瑾的代表作之一。主要讲述了墨家的家主墨七月由于未婚夫柳云和堂姐墨芊的背叛，想要和二者同归于尽却发现自己没死，反而以另外一个身份来到了另一个世界。在机缘巧合之下，墨七月与凤璟相遇，不仅收获了一份诚挚的感情，同时还有了心爱的孩子墨夜曦。与此同时，墨七月为了唤醒自己的同伴，前往龙舞大陆，踏上了寻找七颗神龙晶石的冒险旅途。

作为一部女性向的网络文学作品，《逆天萌宝妖孽娘亲》这部小说具备一些不落俗套的创新之处，简要概括而言有三点。

第一，"萌宝"元素的使用是《逆天萌宝妖孽娘亲》的重要特色。

"萌宝"，简单来说就是可爱的、具有萌系特征的小孩子。当前，小孩子这一形象在网络小说中并不罕见，作为主人公孩子的人物形象则并不罕见。因此，从某种程度上来说，"萌宝"可以算作这部小说的亮点之一。

显而易见，小孩子往往和"家庭"这一概念密切相关。与传统小说不同，网络小说的创作往往追求的是强烈的感官刺激，较少触及需要读者深入思考的领域。"家庭"的概念在故事情节中出现，会强烈地影响故事的整体走向、人物的形象塑造等多方面的内容，甚至会促使读者进行一些复杂思考，从而削弱小说本身的故事性。正因如此，网络小说作者往往会在文本中对"家庭"以及相关概念进行淡化处理。这也是许多网络小说中主人公具有父母双亡的设定的重要原因。正因如此，作为"家庭"这一概念具象化的一种，"萌宝"往往被作者下意识地忽略。纳兰凤瑾在《逆天萌宝妖孽娘亲》中也采用了不同的叙事策略。从小说的标题便可以看出，"萌宝"在小说文本中并不是作为附属品存在。我们可以说，作为"萌宝"的墨夜曦已经成为了除男女主人公以外的第二主人公，在小说中起到不可替代的重要作用。

在小说故事中，主人公墨七月由于他人陷害，未婚先孕，生下了孩子墨夜曦。纳兰凤瑾通过对故事情节的巧妙安排，绕过了"家庭"这一复杂概念，让"萌宝"作为家庭和感情的促进者，而非结果存在。墨夜曦多次作为推动故事发展的重要人物出现，促使主人公墨七月与男主人公凤璟的感情不断发展并最终结合。

除了作为故事的推动者，"萌宝"墨夜曦实际上也从侧面反映了主人公墨七月的一些性格特征，使其人物形象更加丰满。

例如，小说文本中就有着这样的语句：

"墨七月笑道，然后把拍卖的事情告诉了小曦，当然被他爹爹追赶的事情，她只字未提……一直大胆包天的她还是有些怕了，怕小曦离她而去。"

"她会为了小曦，跟那个强大的男人死磕到底，绝对不能让他发现小曦的存在抢走小曦……"

小说中这两段心理描写，与之前墨七月强势的表现形成了强烈的对比，突显出了墨七月强势外表下内心的脆弱。将之与前文中墨七月遭受背叛的段落联系起来，就可以看出墨七月当时的感情脉络。这些对于墨七月这一人物形象的塑造起到了重要的作用。

与此同时，"萌宝"元素的发掘也是网络小说商业性质的体现。网络小说作为一种受商业化影响的文学体裁，其文本往往是针对特定的读者群体进行创作的。《逆天萌宝妖孽娘亲》是一部女性向的网络小说，文本接受者中女性读者所占比例较高。相对而言，"萌宝"这一元素比较受女性读者喜爱，将其作为小说的主要特点将有利于提升作品本身的影响力。

第二，小说采用了双主线叙事模式。

简单来说，小说文本的叙事是根据两条不同的线索进行的，两条主线相辅相成，共同作用形成了整个故事结构。

第一条主线是感情主线。作为一部女性向的网络小说，主人公墨七月的感情纠葛是小说故事最重要的构成部分之一。在这一主线内容中，包括着墨七月与其父亲、儿子之间的亲情，与凤瑾之间的爱情，与其他角色之间的友情等诸多情感分支。而在其中，墨七月与男主人公凤瑾之间的爱情历程是最重要的一条支线，是小说故事发展的一条明显线索。

墨七月与凤瑾之间因为机缘巧合相识，两者从抗拒，到彼此试探，逐渐发展为接受彼此，最后恩爱一生。可以说，这种情感发展脉络，实际上象征着墨七月心灵中情感创伤逐渐被治愈的过程。从小说叙事过程中掺杂着的对墨七月的心灵描写中可以看出，两者之间的情感发展是一个渐进的过程，这种对情感相对细腻的描写是当今许多网络小说所欠缺的。而这也使得墨七月与其他网络小说中的主人公相异，不再是扁平的人物，而是一个更为真实丰满的人物形象，这也有利于读者对这一人物移情，增强小说的感染力。

第二条主线是冒险主线。《逆天萌宝妖孽娘亲》中存在着一条明显的主线，那就是收集七颗"神龙晶石"。小说中大部分故事的发展都是围绕着这条主线进行的，甚至主人公的行动也是受着这条主线极大影响的。可以说，作为一部异世界题材的网络小说，冒险这一母题是其不可或缺的一部分。

当我们将这部小说进行解构，就会发现它与当前主流的异世界网络小说具有相似之处。主人公墨七月从北洲大陆到南洲大陆再到无尽之海，然后又前往西洲大陆，最后前往天武大陆。这种叙事模式与其他架空类型网络小说中"开地图"式的叙事模式有异曲同工之处。同时，《逆天萌宝妖孽娘亲》中设定有详细的等级制度，而这种"升级流"很明显借鉴了其他异世界冒险类的网络小说。

可以看出的是，作者有意识地将整个架空的世界观用主人公游历式冒险的脚步徐徐展开，同时用串联式的冒险故事情节吸引读者的眼球，将呈现给作者瑰丽的想象空间作为最主要的目的之一。

总而言之，《逆天萌宝妖孽娘亲》这部小说中感情主线与冒险主线相互纠缠，彼此渗透，共同构成了小说故事内容。

但相对而言，冒险主线在小说故事文本中表现得更为明显，而情感主线则串联于其中，为小说情节的发展提供了"真实性"的保障。因此，这部小说与其说是一部异世界的言情小说，不如说是穿插着言情内容的异世界冒险小说。

当然，言情与冒险都是这部小说的重要母题，二者缺一不可，相互作用才成就了这部小说的完整性。

第三，作品中的配角形象丰满而多彩。

作为一篇网络小说，《逆天萌宝妖孽娘亲》篇幅浩瀚，除了塑造主人公的人物形象外，还有大量的配角形象需要塑造。一般的网络小说往往对其进行简单处理，造成人物形象扁平化的现象。而在《逆天萌宝妖孽娘亲》中，各种性格、经历、身份不同的配角形象则成为了一大特点。

小说作者采用了使配角的形象随着故事情节的发展而逐渐丰满的叙事策略。以男性配角楚天翼为例。楚天翼在故事早期便已出场，此时的楚天翼是以一个嚣张跋扈的世家子弟的身份登场的，比如在第十一章中：

"本世子看他不爽要打你们管得着吗?"楚天翼一股大国世子的纨绔劲，绝对不是大皇子所能媲美的。

很明显，作者在这里描绘出的楚天翼的形象是一个依仗身份肆意妄为的世家子弟形象。楚天翼的这一形象有其缺陷，虽然作者在描写的过程当中有意识地给他添加了讨喜的元素，但总体上来说，这一时期的楚天翼形象并没有太过出彩的地方。

但当故事的情节进展到北州帝国的篇章时，作者刻意花费笔墨描绘了楚天翼与其父亲战王之间的关系。楚家父子二人之间表面相互嫌弃，但内心深处相互关心的相处模式具有相当的真实感，这种与现实相类似的情节丰富了楚天翼的人物形象，使其不再扁平化。而楚天翼在以为父亲战死后的一系列行为，与之前他纨绔的行为形成了强烈的对比，一方面让读者认识到他并非一个纯粹的纨绔子弟，另一方面也突显了其内心对于父亲的尊敬与爱戴。而这一切从各个方面填补了"楚天翼"这一形象，使其不再单一化、符号化，而是作为一个丰满的人物形象跃然纸上，给读者留下深刻的印象。

楚天翼这一人物形象的塑造只是一个较为典型的例子，在《逆天萌宝妖孽娘亲》中，多元化的人物形象极为常见。作者往往从多个方面对一个人物进行描写，同时注重人物形象随着故事发展的变动，使大部分的人物在性格上都具有一种成长性的特征，而这一特征则为配角形象的丰满提供了坚实的基础。

配角形象的丰满是一方面，而在另一方面，作者花费大量笔墨塑造出了为数众多的配角形象。这些配角性格各异，对待主人公的态度和方式也各有不同。

当然，这些配角的塑造往往是为了配合或推动故事情节的发展。但正是这些迥异的配角与主人公形成互动，才避免了故事情节的重复化、单调化。与此同时，塑造不同性格、经历、身份的配角形象，有利于形成一种陌生化的效果。这使得读者会对配角产生一种审美期待，由于"趋新"的心理特点而维持对作品的兴趣。《逆天萌宝妖孽娘亲》中丰满多彩的配角形象为故事情节的多姿多彩贡献了力量。

总而言之，纳兰凤瑾的小说叙述，在朴实文风中闪烁着许许多多的创新点，对网络文学而言具有相当重要的研究价值。

（赵明　执笔）

33. 南音音：文风细腻的温馨虐恋

【作者档案】

南音音，云起书院新晋人气作者，文风细腻，主打温馨。代表作《早安，总统大人！》深受读者喜爱，另外还有作品《hello，傲娇霍少！》

【主要作品】

《早安，总统大人！》，都市言情类小说，连载于云起书院，386 万字，已完结。出版书名《他与星辰皆璀璨》，主要讲述了白家姐弟、唐门六兄弟以及他们的后代的爱情故事。他们的爱情长跑都充满波折，但是最终都获得了圆满的结局。

《hello，傲娇霍少！》，都市言情类小说，连载于云起书院，43 万字，已完结。主要讲述了霍景城与景梵之间因误会而错过，最终还是走到一起的虐恋故事。

【代表作评介】《早安，总统大人！》

《早安，总统大人！》共讲述了十一对有情人的爱情故事。故事的最开始，男主与女主因为各种误会而错过了彼此，几年后，他们又因为种种的巧合再次相遇。彼此内心的牵挂使他们一直处于剪不断、理还乱的状态。但是在故事的最后，他们总是能以爱打败现实中的种种困难，最终获得圆满的结局。十一对有情人的故事交织在一起，多而不乱，每一对情侣的爱情故事各有自己的特点，让人印象深刻。

在《早安，总统大人！》中，每个男主都是少女们心中最完美的恋爱对象。他们都是高富帅，并且都在某一方面有自己的过人之处，但是他们却没有其他官二代或富二代的坏毛病，并且对待感情也比常人更加执着、强势。试问，对这样完美的男人哪个少女不会怦然心动呢？而能与他们并肩站在金字塔塔尖的女主们自然也都是完美的，除了拥有动人的外形，她们或温柔如春水，能使恋人平静内心的躁动；或骄傲如寒冬腊梅，能与恋人共度未知的风雨；或活泼如鹛鸟，使生活充满惊喜，可以将每一位男主对别人百炼钢般冷硬的心化为绕指柔。作者安排这些完美的主角们相遇，然后就此开始他们的一场不分手的恋爱。

但是这些完美的主角从相爱到最后得到圆满结局的过程并不都是一帆风顺的，他们在恋爱的过程中会遇到各种各样的问题，例如两人社会地位悬殊、两人的立场不同、有违社会伦理道德等，而这些问题也是我们每个人在爱情中可能面对的现实问题。主角们在面临这些问题时的痛苦、彷徨，以及他们对待这些问题的态度与解决问题的方法，都可以激发读者在阅读时进行思考，启发读者更加理智、正确地认识并处理感情中可能会遇到的一些问题。与其他一些完全脱离实际的网文相比，这不得不说是这篇作品的难得之处。

虽然他们的感情故事各有曲折，但是还好他们的结局都是圆满的。尽管在面对困难、误会时，他们也会迷茫，也会想要放弃，但是内心无法隐藏的爱使他们最后还是回到爱人身边，共度风雨。他们共同经历的这些风雨，成为他们对感情越来越坚定的最好的见证。这样经历风雨但因爱而最终获得圆满结局的爱情故事，更贴近现实中爱情的样子，给读者以启发的同时，也增强了读者对于美好感情的信心。

作者用细腻的笔触将这些动人的爱情故事一一讲述给我们听，其中最出彩的部分莫过于作者对每个人物的心理描写。作者对每个角色的心理活动进行了细致的描写，深入直观地向读者展现了每个角色的内心世界，也从侧面揭示了每个角色的成长与变化，使情节发展更具合理性，也使每一个读者能够将自己代入故事中，获得更好的阅读体验。

除了上述这些难得之处，《早安，总统大人！》作为网络文学中的中上等作品，也有着它的不足之处。

由于网络文学不同于传统文学的盈利模式，常常会有网络作家在连载时在作品中"注水"，以获得更大的利益。而作者南音音在创作《早安，总统大人！》时也存在着这个问题，书中一些情节的发展过于拖沓，使小说中的有些部分显得冗长甚至多余。

　　除了对情节的安排存在不足，作者对情节发展走向的把握也存在一些缺陷。在《早安，总统大人!》中，一些情节的发展明显违背了日常生活逻辑，尤其是当一些重要情节也出现这样的问题时，容易使整个故事的发展显得生硬、不合理，有为虐而虐的嫌疑，从而对读者的阅读体验造成不好的影响。

　　除此之外，在作品早期的人物形象塑造过程中，有着很重的将人物标签化的痕迹，因而该作品早期的人物性格、形象缺少了人性中的复杂部分，使人物形象与情节发展显得过于简单，甚至有些幼稚。但在作品后期，我们可以明显感觉到作者在塑造人物形象时标签化的痕迹已经渐渐消失，取而代之的是作者更深入的思考与对人物形象中的人性部分更深层次的把握，从而使得每个人物形象都更加饱满、打动人心。

　　《早安，总统大人!》作为一篇代表着当代网络文学中上水平的作品，有着大多数网络小说的通病，这是网络文学发展过程中不可避免的问题，而这部作品后期的逐渐成熟以及作品中透露出的作者的成长，也使每个人对网络文学未来的发展充满了信心。

（胡紫微　执笔）

34. 浅茶浅绿：用文学传递幸福和爱

【作者档案】

浅茶浅绿，原名喻倩如，女，湖南邵阳人，现居长沙，网络小说作家。

传递幸福，是浅茶浅绿写作的初心之一。如果是做自己喜欢的事情，尽管过程中可能有众多难以体味的辛酸，但快乐总是终极体验。对于浅茶浅绿来说，写网络小说就是自己喜欢的事情。她在初中的时候，就对写作有了最初的向往。处于豆蔻年华的女孩子，从别人的作品中感受着朦胧的幸福与爱，作者所描绘的小说世界给予她另一种看待人与人情感的方式。自然而然对写小说产生了神往。但她真正的写作，是从大学二年级买的那台电脑里开始的。大学的环境和氛围相对宽松自由，为不同学生的个性发展创造了空间，浅茶浅绿选择了踏上写作之路。起初她并没有长期专职于此的想法，而是作为学业以外的休闲消遣，却由此发现了自己的兴趣所在。坚持写作的她，创作了许多网络小说，慢慢地拥有了自己的读者群。

对于写作，稍有了解的人都很清楚，网络作家是一个听上去很梦幻，实则饱含辛酸苦楚的职业。现代科技越发达，文字录入的速度和方式越快、越多样化，网络作家就会越辛苦。一部作品如果是在网络上进行同步连载，作家就要按时保质地完成大量文字生产工作，每天少则两三千字，多则上万字。听上去概念很模糊，但要知道，平常我们写一篇 2000 字以下的小随笔，也不能保证在一天之内完成，但网络作者却因为各方面的原因需要在极短时间内完成大量的写作任务，还要保证内容的流畅度以及它和故事整体框架的吻合程度。这中间一旦出了问题，就不是作家一个人能够担得起的责任了。所以，网络作家在某种意义上是"高危职业"。然而，尽管承受着巨大的工作压力，如果没有人看你的作品，一切就是徒劳。梦幻一点，他们是"生产梦想和故事的人"，现实一点，他们就成了亲手毁掉自己梦想的人——只有进入了这个行业，才知道一切并不如想象中那么美好。

故而写作压力所带来的一系列问题就成为了网络作家的职业病。像浅茶浅绿这样的全职作家，所遇到最大的问题就是自己给自己施加的压力。毕竟是靠写作吃饭的人，最担心的事情莫过于小说的前景。没有阅读量和点击率的保证的话，作者的付出就看不到回报，很多时候会觉得累，不想坚持下去。浅茶浅绿也像大多数作者一样，有过瓶颈期。但幸运的是，写作是她喜欢的事情，而且她的身边有着许多支持她的人，陪她走过艰难的时间。

浅茶浅绿的生活大概可以用网络和现实两部分来概括，而支撑她继续写作的力量，主要也来自这两个方面。

读者，顾名思义，是阅读作品的人。不一样的是，有些读者读过没有留下，有些读者却因为被故事打动，而选择站在作者的背后默默支持。后者对于网络作家来说，是十分珍贵的。如果你写的故事能够打动一个群体，那么你和这些人在看待事情的某个角度上一定是有共识的，双方的相处也一定会特别愉悦。这就是为什么很多网络作家通常有固定的一大批追随者，而作家和读者之间也能以很轻松的、近似于朋友的状况相处。

"有一年生日的时候，很多读者发起联名，给我做了个带声音的礼物祝我生日快乐，当时可感动了。"浅茶浅绿提起有一年过生日的时候读者送她的惊喜，字里行间都能看出她的幸福。读者和作家的感情就是如此微妙的存在，双方互不相识，甚至大多数都不清楚对方的真实身份，却因为某些故事产生了情感的连接，互相支撑。作家的作品给了读者现实生活之外的莫大安慰，而读者的支持又给了作家继续写作的力量。

作者在网络上得到了一群陌生人的善意守候，在现实生活中则有家人不离不弃的支持。浅茶浅绿的父母一开始就很支持她的写作，最初开始写作的那台电脑就是爸爸妈妈给她准备的。从那台小小的电脑中，一个又一个故事成形，一个又一个人物绽放出属于他们的光彩。在父母的眼里，应该没有比女儿能开心地笑、做着她喜欢的事情最让他们感动的事情了吧。

除开父母，她的丈夫也成为了她的雨伞，成为了她的退路。劝说妻子辞职，不要那么辛苦地做两件事情，安心写作。这个家是他们共同的家——"你感到辛苦的时候，就由我来保护你吧。"大概，能让写出那么多甜蜜的爱情故事的女孩子嫁给的男人，对她一定也是体贴入微、面面俱到的。毕竟，故事的基础，来源于真实。那些美妙的故事里，也有他们两个人的影子吧。"很多人都大呼不相信爱了。我觉得，我想显示的，就是这个世界有爱。我的文里面大多是暖事，还有励志与成长。不仅仅写爱情，友情和亲情的比重都很重。我希望读者看了之后，都会很开心，感受到幸福吧。"

这段话是浅茶浅绿回答"想给读者展现什么样的世界"这个问题的时候说的。有些人写书是为了赚钱，这无可厚非，但盈利之外，也有别的更精神化、更偏向享受写作本身的理由。浅茶浅绿说，自己就是想为读者传递幸福、想让他们感受到成长的价值，更好地面对生活。而她的作品也确确实实让人感受到幸福，读着读着就会不自觉地脸红或是微笑，随着主角的幸福快乐而得到精神上的满足。能让读者微笑，就不失她的初心了吧。

【主要作品】

《天才宝贝腹黑爹》，现代言情题材作品，2015 年 7 月 30 日首发于鲸鱼阅读网，88 万字，已完结。

《蜜爱调教：金牌总裁的心尖宠》，现代言情题材作品，2015 年 10 月 12 日首发于鲸鱼阅读网，116 万字，已完结。

《全世界都不如你》，现代言情题材作品，2016 年 3 月 15 日首发于红薯小说网，392.2 万字，连载中。

【代表作评介】《全世界都不如你》

在了解一个作家时，我们总免不了去问"你最喜欢的自己的作品是哪一部？"作者是灵魂的工程师，一部作品产生的过程，就是一个作家不断与自己的内心对话的过程——"我想讲述一个怎样的故事？""我想描绘怎样的人与人生？"对于这些问题的回答，以及回答过程中发生的故事，都会影响其创作目的。故而作家对于自己写出的作品，有所偏好是十分正常的。浅茶浅绿说她最喜欢的一部则是《全世界都不如你》，而这也正是最受读者欢迎的一本。

故事梗概

元月月原本是 A 市的元家二小姐。但她的父亲认为，她的出生给母亲带来了不幸，因此月月从小就被父亲抛开，在 Z 市长大。她和姐姐——A 市第一名媛元思雅有着极为相似的容貌。由于姐姐在即将与 A 市富豪温靳辰结婚时消失，元月月被迫代替姐姐嫁入温家，并与温靳辰展开了一段豪门恋情故事。小说整体围绕两位主人公——元月月与温靳辰的感情发展展开。

如前所述，浅茶浅绿想做一个用文学传递幸福与爱的人，《全世界都不如你》的书名正是这种理想的体现："对于世界来说，你可能只是一个人；但对某个人来说，你就是全世界。"类似的思想也从头到尾贯穿着故事，在遇到男主人公温靳辰之前，被抛弃的富家小姐元月月一直过着平凡的生活。从生活状况来看，她没有显赫的家世和背景，是偌大的世界里一粒尘埃般的存在。但这样的她也遇到了真心爱她的、愿意以牺牲自己幸福为代价护她周全的温靳辰。男主人公做的许多事情，在我们看来几乎是脱离现实的宠溺，但他是真真实实地心系一人。不论过程如何揪心，追求幸福的内核，正是这本小说最独特、打动人心的地方。也因此，这部小说有着庞大的读者群体。读者的支持给予作者的创作力量是不容忽视的。浅茶浅绿本人也说："写《全世界都不如你》的时候心态很不好，读者群里的很多读者，都私聊我，或者在群里支持。这样之下才有了它，不然我已经放弃了。"可以说，正是读者的信任和理解，这本书才能顺利写下去并拥有了打动人心的力量，这也是作者喜欢它的重要原因。

✒ 作品赏析

在情感社会当中，人们所遭遇的关于背叛和离别的故事数不胜数。许多人开始怀疑情感，尤其是真正的爱情存在的意义。是否一切都是逢场作戏？难道人都是利己主义的吗？如果你也曾一样考虑过这些问题，那么《全世界都不如你》就是写给你看的。

男主角温靳辰和女主角元月月是典型的互补型伴侣。在外人看来，温靳辰拥有良好的外貌、家世、财富和修养，看上去什么都不缺，但实际上他的内心极度缺乏温暖。因为他肩负家族责任，有常人难以想象的重大包袱，所以不敢放手去爱，也总是以防御的姿态对身边的人。元月月则是相反的，若以她自己的身份，而不是代替姐姐成为元思雅的身份来看，月月没有好家境，在替婚之前的生活也平淡无奇。她就像是凡世之中的微尘，没有人会为她的一举一动而驻足。但元月月最可贵的地方在于她的内心：

她善解人意，能明辨好与坏的界限，以正确的标杆要求自己走好人生的道路；她敢于直面爱情，也能看清自己的内心；她对生活充满希望，尽管生活没有温柔待她。如果说温靳辰是一个独自运行、高不可近的宇宙，那元月月就是不曾想过靠近，却充斥于宇宙每个角落的星芒尘埃。他们彼此互补，使对方完整，在偌大的世界中成为对方的依赖。这正是很多人苦苦追寻的爱情，彼此依赖但又相互独立着。从某种程度上，这部小说能使人的心灵获得安慰。西方传说，每个人在一出生的时候，上帝就会赐予一个专属你的守护天使。只要你一直做好的事情，天使就不会离开你。而《全世界都不如你》这部小说，正如同守护天使在你身边耳语："嗨，振作起来啊，世界不要你没有关系，还有我在悄悄爱着你。"这种温暖也正是它之所以拥有那么多追随者的原因。

网络小说的写作是一个十分漫长的过程。长篇小说超百万字数是常有的现象。《全世界都不如你》目前已经连载了1000多章，用"鸿篇巨制"来形容毫不过分。因此，有些作家在开始前会写好故事大纲，保证小说各个环节紧紧相扣、不会太过偏离中心，或者进行存稿。但浅茶浅绿却不一样。

"我是不会写大纲的，之前有编辑说，我的大纲和正文像两个人写的。大纲很烂，正文就比较好。"她还说，"如果编辑没有要求也不会存稿的，写一章发一章。"有这样的作家，大概读者也可以放心，毕竟这种话，暗含着"我不会弃坑""我不会拖稿"的意思，使读者可以放心追文。

除了不执着于大纲的写作和存稿，她对于情节的设计也不会刻意编排，更倾向于自然地随着故事的流动演进，但脑海中还是会有大致的走向。这也许正是《全世界都不如你》拥有真实自然、打动人心的力量的秘诀。

相反地，在人物形象方面，她事先会进行形象思考。而这种思考，会将现实里存在的人和美好元素融合。

"我的女主会有我自己的影子：迷糊，神经大条，吃货。男主的话，因为我自己比较爱幻想，又喜欢霸气温暖型，所以男主几乎都这样。比如，我写过一个情节。女主爱吃垃圾食品，男主为她买下几条美食街，里面的食品必须干净。完美解决女主爱吃又需要健康的矛盾。哈哈哈，那其实就是我的理想。"

浅茶浅绿是一个年轻的作家，所以常常能感受到她对生活的热情，不自觉地也会被她的快乐影响。她说自己爱蓝色，爱吃肉，就像个普通的邻家小姐姐，和她聊天时也不会有学生面对作家时的拘谨感，她真的就像她小说中的女主人公一样，是个可爱的人。对于她创造出来的众多受人喜爱的人物形象，她说自己选不出一个"最××"的，因为每个男主女主都是她塑造出来的，她都用心地爱着，喜欢着。温靳辰和元月月也是如此。

　　读者对于小说的结局都十分关注。因此，不少小说阅读网站会特意标注出小说的结局类型，即悲剧、喜剧和正剧。而中国的读者则尤其偏向于大团圆的结局，希望所有好人都幸福。其实也很容易理解这种愿望，读者们想摆脱现实的沉重才来小说中寻求安慰，如果这么善良美好的人们最终也没得到幸福，那么现实又将如何对待平凡的人们呢？"更喜欢喜剧，几乎没写过悲剧。"这句话，是浅茶浅绿对于自己作品的结局偏好的说明。她的小说，一看名字都觉得甜和幸福。本身这么美好的人，对于美好结局有着偏爱也不奇怪。《全世界都不如你》目前还在连载中，结局会是怎样，目前还不能下定论，但想必浅茶浅绿不会背离给读者带来幸福和欢乐的目的。

（周诗竹　执笔）

35. 卿可归：文学追梦，网上言情

【作者档案】

卿可归，原名曾翠平，曾用笔名"W十一"，女，生于1996年，湖南邵阳人。95后现代言情小说人气作家，湖南省作家协会和湖南省网络作家协会成员，其作品《余生请多宠爱》《宠爱捕捉进行时》已签约出版。

"卿可归"这个笔名，使人读起来便觉得满口生香。问及笔名背后的寓意，卿可归笑言："以前年纪小时喜欢过的少年，名字里有'卿'字，求不得，舍不去，问他一生可否归一次。"寥寥数字，便可窥见一颗文艺细腻的心。文如其人，卿可归擅长写总裁豪门、甜暖宠文的题材，还曾获封"掌阅言情天后"的称号，作品的质量和受欢迎程度由此可见一斑。

卿可归出生于1996年，虽然她自嘲"已经是22岁的老阿姨了"，但即使在平均年龄越来越小的网络作家群体中，她也实属年轻。虽然只有22岁，但卿可归却有着比大多数同龄人更加丰富的阅历。从2013年开始，卿可归踏入网络文学领域，并陆续在潇湘书院、云起、掌阅等网络文学平台连载作品，至今已发表作品500余万字。大学期间，卿可归曾于假期在中南天使文化有限公司"爱歌"编辑部任主编助理，学做文案策划，撰写互动栏目，尝试运营微信公众号。实习期间，有幸接触了七微、夜未央、文子等实体图书知名作者，并成为了作家喜宝《爱丽丝没有仙境》的文编。2016年11月，卿可归入职大鱼文化传媒，并担任写作编辑，在职的十个月期间，她学习了大量写作技巧，积累了文编工作经验；同时，因工作关系接触到的众多出版业内的优秀编辑，也给了她诸多工作方面的指引。从写手到主编助理再到写作编辑，三重身份无缝对接，过渡平稳。人生丰盈如此，实在令人羡慕。

谈及为何踏上写作之路，卿可归表示有两方面原因：一来自己的爷爷是语文老师，对自己日后的职业选择有一定的影响；二来自己在初中的时候写了一篇有关于爷爷的作文获奖了，莫名有了"自己文笔还不错，可以走写作这条路"的自信。并且，她还笃信"总有一天你付出的都会回报你，无论以哪种形式"，因此，在写作之路上，卿可归一直坚定前行，从不迟疑。笔者曾询问过她对于未来的打算，她坦言："未来啊，当然是会继续写下去，写文这件事，开始了就不会停止。我大概是 16 岁开始写吧，现在 22 岁了，一直在写，习惯了，一天不写就会觉得缺失什么，而且很享受写故事这件事。不否认有很累的时候，很想停下，但开始时很难，再要停下也不易。"

在努力码字之余，卿可归仍保留了读者的身份，怀着一颗虚心学习、追求进步的心，经常对比阅读其他同类型网络作家的作品，五年下来积累了可观的阅读量与丰富的写作经验；同时，作为一名网络文学作家，卿可归在写作过程中也结识了一些非常优秀的编辑和作者，对各大站点的女频热门类型和题材有了更加深入的了解，写作时自然也就愈加得心应手。

【主要作品】

《暗恋成婚》，2015 年 6 月首发于趣阅小说网，约 247 万字，已完结。

《余生请多宠爱》，网络首发，约 15 万字，已完结。2017 年 10 月由上海文化出版社出版。

《宠爱捕捉进行时》，网络首发，已完结。2018 年 2 月由贵州人民出版社出版。

【代表作评介】《暗恋成婚》

说起卿可归，一定绕不开的就是她的代表作《暗恋成婚》。这部作品总计 200 余万字、1197 章，可谓是一部真正的长篇言情小说。作为一位高产作家，卿可归花了一年半的时间就完成了这部作品。令人惊叹的码字速度并没有降低作品的水准，《暗恋成婚》曾荣登掌阅开机画面推荐，高居掌阅收入日榜第一、周榜前十、年榜前二十五，在读者当中引起了强烈反响。目前，《暗恋成婚》已被改编成图片剧、真人漫画，多方平台相继引入，前途一片红火。

对于一部好作品来说，拥有引人入胜的情节必然十分重要。毋庸置疑，

《暗恋成婚》做到了这一点。在作品的第一章里，首次出场的女主角便顶了个新剃的光头，对于一个正值花季的女大学生来说，是十分奇特的，也足够引起读者的兴趣。伴随着小说紧凑的节奏，第二章开始，女主角突然收获了一个"闪来的老公"，还在昏迷的情况下与对方领了结婚证。女主角在甩不掉对方的情况下，还惊恐地发现对方追来了自己的学校，并迅速成为学校里炙手可热的教授。暗恋十年求而不得剪掉长发，陌生的男人，莫名其妙的结婚证，意外展开的"师生恋"……小说前十章的爆点中，既有戳中众多女性心中柔软阵地的暗恋向，也有热门现代言情小说作品中惯用的"先婚后爱"，还有不属于主流意识但却能契合受众内心隐秘看点的"师生恋"等等，爆点多而覆盖面甚广，也能够自然而然地吸纳不同的读者群体，扩大作品的受众面。

《暗恋成婚》中所体现出来的，除了曲折回旋的情节，还有作者对于情节强大的处理能力。《暗恋成婚》中，季子默与顾疏白、霍辞与宋年、容易与老六、夜司与彦喜儿……多条感情线的相互交织、多对情侣的爱恨情仇都汇集到了同一部作品中，卿可归却并不慌乱，行文运笔方向明确，情节处理游刃有余。但她在处理情节方面并不是毫无缺陷的，正是由于感情线多线交错、交织成网，虽不至于影响作品整体的情节走向，但还是在一定程度上分散了作者对于一些情节细节的注意力和掌控力。比如由女主角这个支点延伸出去的多条感情线，其实存在着情节失真的问题。或许是由于部分情节的设定有些脱离现实，所以作者对于这些感情线的处理并不是十分到位。才华横溢、家世显赫的顾疏白，18岁就从哈佛毕业的厉少泽，被室友暗恋的高中学霸方时之，在影坛呼风唤雨的江沉，甚至是与女主角的母亲同父异母的小舅舅，作品从头到尾，有太多耀眼的男人喜欢着女主角，相较之下，女主角的光芒便黯淡许多，性格设定中固有的弱点也会被无限放大，成为读者眼中"配不上"的真凭实据。有读者评论："季子默一个失恋的小光头，怎么就变成雌性发光体了呢？"这样的质疑虽稍显刻薄，但确实是一部分读者的心声，也从侧面说明了这部作品的情节仍需打磨。

在人物形象的塑造方面，《暗恋成婚》同样可圈可点。人物形象塑造的成功来源于作者对读者群体阅读需求的准确把握。《暗恋成婚》作为一部典型的甜暖宠文，其受众必然以女性为主，卿可归在作品中就将男性角色们的人物形象设定得堪称完美：英俊潇洒，情深意切，多金有才，家世出众……每一点都能击中大多数读者内心的"爽点"。当然，这些男性角色虽然都有着近乎一致的优点，但各自的人物形象却并不显得扁平而了无生趣，他们身上都烙着不同的人物标签：顾疏白温柔腹黑，霍辞深情痞坏……随着情节的逐渐推进，这些角色们的人物形象也逐渐丰满起来，他们不再是小说里晃晃悠悠的纸片人，而是被作者赋予了血肉和生命，从文字中间站立了起来。但是在作品当中，并不是每一个人物形象的塑造都是完美的。比如关于女主角的人设，就有评论表示"女主角的性格并不是那么讨人喜欢"，而类似的评论并不在少数。当然，这样的评论之所以存在，可能也与受众脱不开关系。受众以女性为主，对于女性独有的心路历程也就更为了解，那么在看待女主角挣扎的心理状态时就更可能带有一种苛刻的目光，对女主角在诸多男性角色间摇摆不定的情感也更易产生反感的情绪。同时，女主角在层层叠叠的情感之下曾有过类似于"精神出轨"的念头，这更是重重踩了部分读者的雷区，女主角人物形象的不受欢迎，也就不难理解了。

《暗恋成婚》的总体基调是偏轻松的，虽然中间穿插了虐恋情节，但最后数对情侣们的结局都是美好的。作者的行文风格也偏向活泼可爱，文中多用感叹句，在小说的开头部分，能很好展现情节设定的出人意料，也可以突显女主角天真烂漫的大学生活；而随着行文节奏的加快，感叹句又能够起到推进情节的作用，同时引导读者全身心投入作者所营造的紧张的故事氛围中，情感与小说情节紧密联系。同时，基于女性受众群体的心理特性，与网络文学作品特有的文学属性，轻松活泼的文风更易于吸引读者，也减轻了读者的阅读负担。

对于这样一本有诸多光环加持的作品，卿可归仍保持了理智的态度，她坦然表示，自己对这部作品并不是十分满意，虽然有作者对于自己作品更为苛责的心态在作祟，但作品确实还有可提升的空间。当然，毕竟这些是自己含辛茹苦写出来的文字，卿可归对于自己作品的感慨也不同一般："回顾书中的很多情节时，也会被感动，有时还会觉得，哎，自己写得真好。"在否定与肯定中不断前行，才不会轻易迷失自己，也能保持自己对写作的喜欢。因为能从写作这件事中获得成就感与满足感，才有继续写作的动力。相信卿可归在今后更多的创作实践中，还会创作出更多优秀的网络文学作品。

（陈思颖　执笔）

36. 熔海：在科幻叙事中书写真实命运

【作者档案】

　　熔海，原名曾昕，曾用笔名绝对力量、绝对逍遥、禁区中的幽灵，男，生于 1970 年 7 月 19 日，湖南湘潭人。本科学历，工业管理工程专业，有过十多年企业管理、商业运营工作经历。自 1993 年开始创作，现今已有十余部作品。起点第一期高级作家培训班学员，阅文第一期网络作家高级研修班学员，阅文集团资深签约作家。2017 年 7 月 1 日，加入湖南省网络作家协会，并以会员身份出席湖南省网络作家协会成立大会。同年 12 月 1 日，加入湖南省青年网络作家联盟，成为首期成员。同年 12 月 27 日，加入新成立的湘潭市网络作家协会，出任副主席兼秘书长。

【主要作品】

　　《诛魔弑神》，2004 年以笔名"绝对力量"首发于起点中文网，完结本，100 万字。

　　2005 年开始专职创作网络小说。先后在起点中文网发表玄幻题材作品《以牙还牙》（完结本，75 万字）、都市题材作品《边缘猎手》（完结本，90 万字）、历史题材作品《铁骑征西》（完结本，120 万字）三部作品。其中《铁骑征西》用"绝对逍遥"笔名创作，并被台湾先创出版社用繁体字出版为实体小说。

　　《抗战之狼烟四起》，2010 年重新启用笔名"绝对力量"，将此作品首发于起点中文网，属长篇军事题材作品，完结本，100 万字。

　　《西北之王》，2011 年以笔名"禁区中的幽灵"首发于起点中文网，长篇历史题材作品，完结本，350 万字。

　　《重生之动力时代》，2011 年以笔名"熔海"首发于起点中文网，长篇都市题材作品，未完结，300 万字。

2015 年以来，陆续创作《国之重器》（停更，150 万字）、《超级祭坛》（连载中）、《大魔铠》（停更，16 万字）、《史上最牛校长》（连载中）等。

【代表作评介】《史上最牛校长》

故事梗概

江南工业职业技术学院的老师杨明哲在一次意外中成为专门培育科技工业人才的超级天赋系统的宿主。超级天赋系统拥有强大的力量使得杨明哲自身的职业技能不断提高。这让杨明哲的教育之梦有了实现的可能。杨明哲在这条道路上饱受磨难：为自己洗刷冤屈，与不负责任的媒体集团斗智斗勇，和外国专业工业人才比拼技能为国争光……步步维艰的处境并没有磨灭他的理想，在周围人的帮助下，他努力奋战，在世人的怀疑与不屑中杀出一条畅快淋漓之路。

作品赏析

当科幻的故事不再局限于宏大的环境创造，当主角的奇异遭遇不再拘泥于个人情感世界，当文章的格局不仅仅是为吸引读者，一部作品所呈现出的璀璨光辉才会更加发人深思。熔海的《史上最牛校长》恰恰给读者带来这样深层次的精神体验。

相较于熔海更为知名的作品《重生之动力时代》《国之重器》，这部《史上最牛校长》因为刚刚起步连载等一些原因，激起的浪花可能不太明显。但是就像熔海所说，自己到目前为止最满意的却是这部作品。起始的精彩便为这部作品披上一件美妙的外衣，而小说中对于世界无限的探知，以及在真实与虚幻交杂下社会的反射、人心之强大的描绘，让我们看到了一部全新的网络作品，不但在内容上与千篇一律关于情爱的作品划分出界限，更为重要的是它带着厚重的现实关怀。

1. 大胆采用小众化题材，于特殊性中融入普遍意义

作为网络传播的作品，爱情、校园、职场这些话题一直是备受追捧的对象。《史上最牛校长》抛弃这条简单的道路，在工业技术的题材上进行了一次大胆的尝试。小众化的题材选择意味着更大的创作风险，尤其在竞争

极为激烈的网络创作时代，作者的这次冒险恰恰体现了自己创作理念的进步与升华。对于大众而言，工业技艺贯穿所有的衣食住行，却很难为人所深入了解。小说从一个小职业技术院校切入，这与常规习惯于高等大学书写的场域切入点截然不同。在中国，职业技术院校的师生是一个特殊的群体，甚至在有些人眼里是弱势群体，作者于这种特殊性中将主人公正能量表现得淋漓尽致。故事一开始便因为一个出租车司机偷拍照片引发了网络热议，主人公杨明哲带着一位女学生做人流而被解读成道德尽失之人。加之传统认知对于职业技术学院的不友好印象，事件便向着黑白颠倒的结局前进。如果不是超级系统及时出现施与帮助，可想而知，一个工作努力的老师杨明哲可能就会被网络不明真相的责骂摧毁。作者巧妙地通过这一情节来斥责网络暴力的无知可怕，同时也是对世人顽固观念的讽刺与挑战。即使是不为大家所重视的职业技术院校，也不能够被偏见所欺侮，黑白必须分明。

小说所传递的普世观拉近了作品与读者的距离，不喜欢或者不熟悉这一题材的读者也能够在小说中找到共鸣。主人公杨明哲在超级系统帮助下一步步洗刷冤屈，并且获得厉害的工业技能，不忘初心要培养有潜力的学生，改变职业技术学院现状是他所坚持的原则与方向。另一方面，我们可以看到，职业技术院校也有品质优秀的学生，作者也在向广大读者传达：在国家大力发展工业技术之时，不论群体，不论职业，"是金子就能发光"。小说中人物极力想要祛除大众对于职业技术学院的偏见，充分体现了作者对弱势群体的人文关怀。

2. 跳出传统科幻大场面的桎梏，采用厚积薄发的叙事表达

熔海前几部作品创建的都是一个个独立的想象世界，而在《史上最牛校长》中，除了超级系统这一科幻意识的存在之外，我们所能感知到的完全是真实可观的对象。一个普通的老师，一群平凡的学生，一步步走在筑梦路上。这一过程就像是游戏中的打怪升级，大家在超级系统的加持下不断前进，唯一不同的是游戏处于虚拟环境，小说的主角们一直在鲜活世俗的真实描绘下存在。资深科幻迷可能会追求重塑一个神奇巨大的虚空世界，而对于更多新接触这一类型作品的读者来说，将科幻元素加诸于日常生活之中，似乎更令人信服。主角们平日里都重复着普通人的生活，只有在接触到超级天赋系统时才会变得特别。超级天赋系统便是小说最为奇幻的核心。围绕这一核心展开故事情节，穿插于我们熟悉的物象之中，读者也更容易获得阅读快感。有别于其他科幻作品呈现的高级无边武器、华丽无人能敌的能力技能或者不可预见的先进科技，超级系统赋予人物的是实用可见的工业技术，是可以直接运用在现代生产上的技术。小说扎根于现实基础，同时在可能的范围里无限拓展。比如，杨明哲制作精密的机械零件，并非使用魔法灵异之力变出来的，而是通过手工打造实现的。作者正是想通过这一情节，向读者传达一种正确的科学观：科幻超级系统不是万能的，它所能带来的只是可以无上限提升的工业能力。科幻也是源于现实，是现实的延伸，不是凭空的想象。

值得一提的是，作者对超级天赋系统的描写比较克制，这与作者对日常生活的描绘手法相得益彰，保持了作品的整体风格。故事由网络舆论而起，加上不良媒体的渲染，自然地设置了悬念。虽然，在一定程度上主角杨明哲成为超级系统的宿主来得有些迅速和意外，却也体现作者一贯爽朗利落的写作风格。在杨明哲的巧妙斡旋下，一场网络风暴逐渐扩大，对于事实真相的追问顺理成章。此间，我们看到学生自发游行为老师证明，看到了大家智演自杀戏码获得主动权而大快人心。本该热血沸腾的情境，作者却用举重若轻的笔法来描绘，游行夜围医院的学生被杨明哲冷静劝回，演自杀戏反倒促进了老师与学生的默契，总之，小说里没有过多大场面的抒写。不难发现，作者一直在竭力将故事引向更为理性的方向，这份克制和掌控就是作者的过人之处。

3. 于虚幻场景中构建真实的命运抗争

科幻小说的魅力在于它能给读者构建一个悬浮于俗世的全新世界，但往往这样的架空极有可能让小说步入缺乏逻辑、背离现实规则的处境，从而导致想象空间的坍塌。《史上最牛校长》很好地规避了这一点，并且以真实的笔触展现了现实生活的种种存在。不得不说，从工业技术人才的教育问题到网络舆论问题，从个人的命运转折到企业利益的斗争，小说结合虚拟的超级系统给读者带来了逼真的现实生存经验与共鸣。从这些大胆的问题书写指向可以断定，《史上最牛校长》不仅仅是一部供人消遣的网络作品。杨明哲被不明真相的网友攻击，由此也使社会对职业技术院校产生了诸多猜疑和非议。此刻主角的反击不单单是为个人战斗，而是要让参与到本次言论风波的网友们认清真相，不再过度情绪化地在网络上传播信息。

让人印象深刻的还有杨明哲与利欲熏心的新闻集团之间的机智抗争。小说不断在暗示新闻集团的背景雄厚，而杨明哲简单的履历让他看上去像玻璃一样易碎，这形成了极为鲜明的对比。芸芸众生，正是这样一个人物，勇敢站出来与其斗争。你可以说是因为有超级系统的协助，但是如果没有杨明哲骨子里天生的一往无前的勇气，所有的铺排设置便会显得浅薄无力。超级系统提供的是信息、技能，而改变命运的主动权仍然掌握在主人公手里。不管你拥有何种水平和能力，命运之门都只能由自己开启，外界加持的一切都只是辅助。就像杨明哲不慌不乱地迎战一般：强大的对手只会让我更为强大，坚守内心最初的那份勇气，才是解锁命运的正确方式。此外，熔海的作品一直隐隐透露着一股潇洒的江湖气息，主人公的设定总会带有一些"好汉"的特性。文字不拖泥带水，甚至可以说带着痞痞的智慧。痞气中充满一往无前的勇气，大大地丰富了小说人物形象。正是如此，当他一步步走向强大之时，读者内心的触动才更为深远。

（吴安妮　执笔）

37. 思羽：触网跨界，缔造荧幕风华

【作者档案】

思羽，原名周怡，女，生于 1974 年，湖南常德人。网络作家兼编剧、制片人。毕业于长沙大学，有自己的电影制片公司。完成了《天师》等电视剧和电影的创作，并在各大电视台展播。同时著有作品《抗日之碧血丹心》，网络点击量超过 10 万。

"永远 18 岁！"问起思羽的年龄时，她这样说道。在对思羽的采访中，我们也慢慢地感受到了来自于她那颗年轻而充满活力的心所散发的魅力。她对自己的描述就是"一个热爱影视事业的傻白甜"，对影视创作的热爱，来源于她的"湘妹子"性格。思羽说她从小爱笑爱闹，对一切事物都充满了好奇心，一有疑问就一定要打破砂锅问到底。父母也经常带着她去现场看戏剧表演，而她最喜欢的就是跟着台上的演员一起唱唱跳跳，尤其喜欢到后台去走走。小时候的兴趣为长大后的事业打下了坚实的基础，虽然思羽在大学修习的是法学，但是她依然对影视创作有着很深的执念。家人也支持她从事自己所热爱的行业，认为她自己的人生道路应该让她自己做主。2008 年，她试着写了一部剧本《红色高原》，获得了业内的一致好评，专业人士认为她可以尝试把其搬上荧幕。她认为把文字作品拍成电视剧被人观看是一件了不起的事情，更加深刻地意识到影视创作才是她的心头爱，于是在从业的十数年间，就一直自己找影片观看、评析和学习，这份源于热爱的努力从未间断。她说，无论是发行、制作、创作还是导演，只要是和影视相关的工作，她都愿意全身心投入。《天师》就是第一部由她自己担任编剧、制片人和导演的电影作品。现在《红色高原》也已经立项筹拍了。

出色的作者总是不拘泥于一个发展方向，在网络文学的创作领域，她也有属于自己的一片天地。撰写网络小说之于她，更多的是爱好和兴趣，

她希望在以电影剧本创作和导演为主的同时，也能将这个爱好持之以恒，不只是为了修习文笔，更多的是为了让思维更加发散，为艺术创作获得更多灵感。当我们谈到对写作的看法时，她说："写作能够稳定自己的情绪，让自己变成一个大格局的人。"

思羽最喜欢的作品是《黑天鹅》，她认为其中所体现的成长主题深刻影响了她。而她本人也一直在追求自我的成长。即使现在的思羽已经完成了众多剧本和小说的创作，还拥有了自己的影视传媒公司——北京大熊喵影视传媒有限公司，她依然觉得自己还需要在写作上多花工夫、多多修炼自身。写作是她灵魂的寄托和人生的追求，幽默是她的生活态度。当问到她当初为什么会修学法学时，她笑着说："是因为我的数学不好。"提到对四年法学修习生活的感悟时，她谦虚地说："早忘了。"但是在她后来的作品中可以发现，这样严密的逻辑性和条理结构，很大程度上是受到这四年法学学习熏陶的结果。

谈到她对创作的态度时，她爽朗地说道："开心地干，干得开心。"她希望自己无论何时何地，哪怕走出半生，也能保持这颗热爱写作的初心。对自己的态度提出要求后，她也说出了自己未来的目标，"做精品影视，做品质影视"，虽然现在自己的作品名气还不够响，但是她会沉下心来，将匠人精神融入作品创新中去。艰难困苦，玉汝于成。相信未来，她一定能在文坛和影坛大放异彩！

【主要作品】

《抗日之碧血丹心》，2014 年 6 月首发于百度阅读，约 81 万字，已完结。

《爱的二次元》，拟影视改编，待发表。

《饕餮情侣》，拟影视改编，待发表。

《三界神皇》，2015 年 8 月首发于百度阅读，约 254 万字，已完结。

编剧作品：《红色高原》《金甲》《熊小姐与喵先生》等。

制片人作品：《八千湘女上天山》《四手妙弹》《独狼》《嫁女记》等。

编剧导演作品：《天师》（2015 年在爱奇艺平台播出）、《九转轮回盘》（2016 年全网平台播出）、《天地玄门》、《冰魔复仇》、《遗产》等。

【代表作评介】《抗日之碧血丹心》

《抗日之碧血丹心》是思羽网络小说中最重要的一部作品。该作品讲述了生活在现代的二战迷楚尽忠意外穿越到抗日战争时期，并在这个硝烟弥漫、风起云涌的时代闯出一片新天地、改写战争历史的故事。

故事开始于1937年刚刚经历屠城的南京，主人公楚尽忠在惨烈的守城战争中侥幸存活。日军攻破南京城，而南京是当时的中国首都，这在日本人看来是莫大的胜利与荣誉。屠城后，日军积极准备浩大的入城仪式。此时计划破坏仪式的楚尽忠则在暗地里召集残部，准备于入城仪式当天突袭。

楚尽忠来自后世，知晓抗战历史的进程，又懂得不少军事常识，深谙用兵之道，不仅顺利发动突袭打乱了日军的仪式进程，更是一举击毙了日军高级将领松井石根、朝香宫鸠彦亲王等。这是小说改变历史的第一个阶段。接下来，由于在南京突袭战中的突出表现，主人公得到蒋介石的表彰，成为抗战英雄。之后历经一番波折，楚尽忠来到了李宗仁镇守的徐州，因日本间谍高野美的阻挠，他错过了开往武汉的飞机，而后飞机失事，他阴差阳错保住了性命。之后他去往涂州，凭借先进的军事思想创建了属于自己的特种部队——黑旗军，在他的带领下，台儿庄血战得以避免。一战虽平，新战又起，日军率5万大军围城，最终黑旗军在济南几乎损失殆尽。几经漂泊，楚尽忠来到美国，在这里打入当时的华青帮，因为有才华和胆识，他很受重视，在美国的势力飞速发展，并垄断对外军火交易。但他身在曹营心在汉，尽管在美国的势力日益膨胀，楚尽忠心中仍时刻挂念着大洋彼岸饱受战火摧残的祖国，最终回国。

日军虽有建立大东亚共荣圈的天大野心，然中华民族众志成城团结一心，国共联合同仇敌忾，又有楚尽忠在美国的势力暗中协助，日军最终以惨败的结局收场。故事总体来说并没有改变历史的大格局，其中一些史实的调整也是为烘托主人公的形象与性格，如南京入城仪式的破坏。历史上，这次入城仪式是日军侵华后举行的最轰动和盛大的活动，时间是1937年12月27日，正是在南京大屠杀期间。我国30万同胞尸骨未寒，南京血流遍地、积尸成山，但凡是有血性有良知的中国人都对日军恨之入骨。作者安排主人公在这样的时间和地点出场，不仅有利于树立他在读者心中铁骨铮铮、有勇有谋的形象，更是对日军暴行的批判。真正的历史已然不能改变，文学作品对此的改写便成了一种宽慰。

思羽善写人物情感发展和成长历程丰富的作品，丰富动人的情节为人物和文本增添了不少魅力。楚尽忠这个形象是英雄的化身，他勇敢无畏且忠心耿耿，在战争年代，人们需要这样的英雄。这个人物是一步步变得丰满起来的，从南京城的坚守抗敌，到独自领兵屡战屡胜，再到远渡重洋另谋发展，最后重归祖国迎来胜利，他代表着战场上千千万万抛头颅洒热血的革命先烈，身上铸着不屈不挠的民族魂。

作为一篇涉及穿越题材的作品，本文的人物设定也比较合理。首先主人公楚尽忠在前世是一个二战历史迷，他知道战争中重大历史事件的时间和梗概，这是后文他在一次次军事行动中正确做出重大决策的前提保证。其次主人公具备一定的军事常识，了解各种武器的功用性能，有勇有谋，所以才能在一次次大小行动中做到用兵如神、出敌不意。

本文属于军事文，这在一定程度上增加了文章的沉重感和悲剧性。战争是残酷的，每天要面对流血、牺牲……数不尽的鲜活生命埋葬于战场，前一秒惺惺相惜的战友可能下一刻就成了刀下亡魂，每一次分离都像是永别。然而越是极端的环境对人性的反映就越是彻底，不论经历了多少磨难，对祖国的牵挂和对脚下这片土地的热爱，都是楚尽忠难以割舍的感情。

人类感情的多变性是人性复杂性的一种体现，尤其在风起云涌的时代，政治敏感多变，高层军官玩弄权势，前线士兵浴血奋战，忠义之人肝脑涂地，奸佞小人投敌辱国……这世间百态共同构成了这部作品的格局，层层矛盾和对立也突显出人性的多重面貌。在小说中，既涉及政治时局之谋略，又有行兵作战之计策；有铁血报国之志，也有缠绵儿女之情，相互交织，动人心魄。

然而作品也存在一些不足，许多情节安排不够妥帖，脱离事实。如美国在1945年向日本广岛投射的"小男孩"原子弹。众所周知，这是第一颗用于战争的核武器，当时国际舞台对核武器尚且认知不足，研制过程也必定布满艰辛。而在作者的改写下，该原子弹由男主人公一人研制成功，这是不符合事实逻辑的。在当时，即使有专业知识和丰富武器制造经验，在缺少设备和精密器械的条件下，短短几年的时间完全无法将其研制成功，更何况男主人公并非专才。纵然是为了突显人物形象而对历史做改写，也应当是在可接受的范围之内。此外，部分情节有个人英雄主义之嫌，为突显人物形象，配以浓墨重彩的事迹无可厚非，但是过于英雄化反而使得人物脱离了文本，脱离了现实生活。

　　总体而言，这部作品在整体上安排得当，有急有缓。文字虽朴实，故事情节却富有张力，弘扬爱国主义和民族精神的主题也比较鲜明。同时，由于作者擅长写剧本，继承剧本创作的一贯风格，小说读起来非常有画面感，不论是作战场面还是各种对话、打斗的场景，都很容易在读者眼前变成一幅幅动态的画面，也因此更加引人入胜。

（成薇　熊彩燕　执笔）

38. 天权星：网文世界追梦人

【作者档案】

天权星，原名周文，男，生于 1991 年 12 月 2 日，湖南安化人。中专学历，当过超市员工、磨具学徒、工厂员工。天权星十分热爱写作，最初创作网络小说只是源于兴趣，作品仅在朋友圈中流传。后来，在得到同事和好友的认可与鼓励后，他才有意识地将写作纳入其职业规划中，并于 2014 年开始专职写作。2015 年，与创世中文网签订了为期六年的合作协议，成为了重点长约作家。2017 年 7 月 1 日，加入湖南省网络作家协会，并以会员身份出席湖南省网络作家协会成立大会。也曾被很多网络作家称为"天神"。

天权星曾说："我的生活其实和大多数人的生活没有什么差别，无非是柴米油盐酱醋茶，但因为网文写作，平凡的生活也增添了一份趣味。我可以在自己的字里行间乘风御行，在自己构想的世界里天马行空，去做江山万里的梦……"他给自己设定了成为"白金作家"的目标，希望借此激励自己创作出让更多人喜欢的优质作品。现阶段主要专注于军事题材的写作，未来有创作悬疑类作品，并逐渐向实体书、影视方面发展的打算。

【主要作品】

《都市医圣》，2014 年 4 月 9 日首发于创世中文网，400 余万字，已完结。上架首日就有 600 左右粉丝订阅，后因特殊原因下架。作品主要讲述的是生活在都市的一名实习医生王杰经历奇遇后成为著名中医并将中医发扬光大的故事。

《我的女警霸王花》，2016 年 4 月首发于创世中文网，后因自己不满意而停更。

《最强透视小仙医》，2016 年 12 月首发于创世中文网，2017 年 7 月 1 日完结。

《终极妖孽兵王》，2017 年 10 月首发于创世中文网，连载中。发表当天就有 2000 多个粉丝订阅，受到了不少网友的关注和好评。随着订阅量的上涨，其月收入也从最初的 3000 元左右，达到了 15000 元以上。

纵观天权星近年来的创作，其人物设定和题材选择都很有特点。在人物设定方面，《我的女警霸王花》《最强透视小仙医》和《终极妖孽兵王》这三部小说的男主人公名字都是林昊，角色初期的形象都是"草根"，故事基本围绕"草根"林昊如何通过奋斗实现人生华丽转变来展开。而作品的选题主要来源于医药和军事。《都市医圣》和《最强透视小仙医》是对中医的致敬，《我的女警霸王花》和《终极妖孽兵王》则是赞扬人民警察的。

【代表作评介】《终极妖孽兵王》

✎ 故事梗概

小说讲述的是身为特种兵的男主人公林昊保护女主柳寒芸回归都市的故事。男主人公林昊是特种兵鬼刃小队的队长，一直以来为了保卫国家而执行着十分危险的任务。他不仅外貌出众，武力非凡，而且讲究战斗策略，总能以一敌众，化险为夷。女主柳寒芸高冷美艳，容貌倾城，掌管一个集团，运筹帷幄，是新时代成功女性的典范。女主的父亲是一名科学家，研制出了石油原液，一滴石油原液便可产生一吨石油。而在当前石油资源短缺的情况下，石油原液配方则成为世界各方势力争夺的对象。国家为了石油原液项目的顺利进行，对女主的父亲进行了秘密保护，各方势力无法对其下手，于是女主便成为威胁其父亲的筹码。在这种情况下，男主接到了保护女主回归都市的任务。在袭击者一波又一波的攻击下，男主打出了国家的威望，威慑四方。

✎ 作品赏析

从综合订阅量、点击率和评论数来看，在天权星目前上架的三部作品中，最受读者关注的当属仍在连载中的《终极妖孽兵王》。

笔者认为，《终极妖孽兵王》受到读者追捧主要有三点原因：一是个性鲜明的重要人物塑造；二是跌宕起伏、令人血脉偾张的故事情节；三是迎合市场的创作题材。

就人物塑造而言，小说中的男女主人公形象十分鲜明，令人印象深刻。男主林昊外貌出众，武力非凡，是一个智力超群、悟性惊人并且能够越级战斗的天才级人物。由于他多年身处军队执行危险任务，与外面的物质世界隔绝，在回归都市时其物质观显得与这个世界格格不入。但是，他的内心却燃烧着一团火，为保卫国家他甘愿献出全部忠心和热情，面对坏人毫不留情，对待工作尽心尽责，这样的主人公充满着正能量，很难让人不喜欢不敬佩。小说中的女主人公柳寒芸则是一个追求经济独立、人格独立的现代女性。虽然她看起来冰冷无情，实则内心善良，爱憎分明，成熟干练，拥有坚毅的内心，极具责任感。一方面，她运用自己的智慧经营一个产业众多、影响全市的集团，用智慧和能力建立属于自己的经济基础和社会地位；另一方面她对世界、社会乃至自身的存在有着自己的理解，对待感情，不会因为没有得到男性的追求与认可而焦虑，也不在物质和精神上寻求男性的庇护，这与传统的相夫教子、男尊女卑的女性形象大为不同，也不同于"玛丽苏"的人物设定，她是自己世界的"女王"。

除了重要人物的设定出彩之外，跌宕起伏、令人血脉偾张的故事情节也是这本书备受读者关注的重要原因。故事以男主林昊接到保护女主柳寒芸回归都市的"任务"为主线，开启了一段浪漫而刺激的冒险之旅。在这个过程中，男女主人公历经重重磨难，既有黑恶势力的虎视眈眈，又面临着野外艰难生存环境的考验，更有男女主人公之间的矛盾困扰。但男主林昊这种拥有非凡能力的天才人物显然与普通人不同：遇到黑恶势力，他以一挡百；身在危险层出不穷的野外环境，他也能运用自己的胆识和智慧应付自如；面对与女主的误会，他会身体力行来改变自己在对方心中的坏印象。在不断遇险和脱险的过程中，男主从最初的默默无名逐渐成长为金字塔顶端的风云人物，也和女主在朝夕相处中产生了一段"情缘"。来自上海的网友"萧夕"是《终极妖孽兵王》的忠实读者，他每天必做的一件事情就是等待小说的更新，为了能不受阻碍地阅读，他还付费买了一些书籍阅读券。对于这部小说，萧夕有过这样的评价："我觉得这部小说的情节让人热血沸腾，随着故事情节的展开，我仿佛化作了故事的男主人公，和他一起经历了一场刺激的冒险……"

此外，《终极妖孽兵王》也正迎合了当前军事题材小说创作的热潮。近几年来，网络军事小说异军突起，点击率动辄过百万，无疑已经成为当下中国文学类型化写作景观中极具发展潜力的部分。许多网络作家纷纷将军事题材的创作作为首选，天权星也没有例外。主人公林昊作为一名特种兵，自身实力非凡，拥有一帮出生入死的兄弟，在战斗中呼风唤雨，其经历和战斗场面充满了传奇色彩。我国当今的各种类别的网络小说创作都流行塑造林昊这样的主人公：他们拥有强大的能力，锄强扶弱，快意恩仇，青云直上，是一种近乎"超人"的存在，这类形象强调自我的独立性和对自我本性的张扬。林昊的颜值、人缘和桃花运无可挑剔，既怀抱社会理想也不放弃世俗享乐。网络的自由性让天权星书写了一个大写的"我"，即将自己的情感和视角转移到人物身上，先让读者通览全局，再让人物行动暗合读者的期待，使主人公的成"神"之路给读者代入感，融会了其对个人情绪的投射、对读者需求的迎合、对商业市场的适应。这种写作不强调情感的细腻和逻辑的缜密，天马行空的笔触和血脉偾张的故事更容易得到读者的青睐，不仅在情节上容易构思，而且让读者读起来能够在轻松愉快的情境中获得良好的感受，因而深受读者追捧。林昊这一人物塑造跳出了传统文学对生活"可能性"书写的固有标准，追求了一种"不可能"的书写，这种叙事方式的表现效果恰好符合当下年轻读者追求的"超级天才无所不能"的心理诉求。同时这类军事题材的小说还为和平年代的普通人建构起了关于战争、军人的想象，书写了军人铁血精神的同时，也唤起了普通人的家国情怀。

总体上看，这部作品所传递的思想内涵和价值观念是正能量的。但由于其直接面向市场，创作上过分注重更新速度、刻意迎合读者趣味、强调作品本身的娱乐性和消遣性等，也产生了一些弊端：比如语言粗俗、情节失真、通过渲染血腥暴力刺激读者感官、传播混乱的价值观念等。因而，在未来军事题材小说创作中，作者可以多向传统军事文学作品学习，使思想内容与艺术形式更加一致，真正提高作品的艺术和人文价值。

（平霞　盛芬　执笔）

39. 天下尘埃：文学女神的权杖点中了她的额头

【作者档案】

天下尘埃，原名向娟，女，生于 20 世纪 70 年代，湖南郴州人，农业硕士，文学创作二级。她于 2016 年 12 月当选中国作家协会第九届全国委员会委员，曾获 2015 年度湖南青年文学奖，曾担任 2015 年度中国作协会员入会评审终审委员，现为中国作协网络文学研究基地办公室副主任、湖南省作协创研室副主任、驻会网络作家、湖南省网络作家协会副主席。2012 年加入湖南省作协，2013 年加入中国作协，同年被列入中国作协全国重点联络网络作家；鲁迅文学院第二十一期高研班学员、第六期网络班学员，毛泽东文学院第十一期中青班学员，是全国首批通过网络单独评审获批入会的 16 名网络作家之一。天下尘埃自 2005 年起开始网络写作，共创作了 11 部长篇小说，累积 700 余万字，其中出版 7 部，影视改编 1 部，成绩斐然，且荣获多项网络文学比赛大奖：其中《风吹向何方》获 2008 年第四届中国移动 E 拇指手机阅读大赛金拇指奖；《苍灵渡》荣获 2011 年度首届华语新锐小说大赛第一赛季冠军；《咸雪》荣获 2013 年互联网文化季网络小说大赛三等奖；《浣紫袂》获评 2013 年度首都青少年最喜爱的网络小说前十名；《星星亮晶晶》（又名《不能没有你》）被中国作协列为 2014 年度重点扶持项目篇目，湖南省作协重点扶持项目，并在"第一届海峡两岸网络原创文学大赛"中获奖，被国家新闻出版广电总局评选为"2015 年优秀网络文学原创作品"、第四届中国出版政府奖提名奖（网络出版物）；长篇小说《你的长发》入选"中国作家协会 2016 年度定点深入生活项目选题"；散文《外婆》获得"海峡两岸 2016 网络原创文学大赛散文二等奖"。另有多篇散文、评论文章、短篇小说在《人民日报》《光明日报》《人民文学》《文艺报》等传统文学刊物发表。

【主要作品】

《花语系列之一：倾城泪》（又名《风吹向何方》），古代言情题材作品，2005 年 11 月首发于红袖添香网，28.8 万字，已完结。

《花语系列之二：梨花殇》（又名《梨花落尽》），古代言情题材作品，2007 年 7 月首发于红袖添香网，已完结。

《花语系列之三：错缘劫》（又名《凝香成忆》），古代言情题材作品，2009 年 1 月首发于红袖添香网，已完结。

《花语系列之四：浣紫袂》，古代言情题材作品，2010 年 12 月首发于红袖添香网，11.9 万字，已完结。

《花语系列之五：苍灵渡》，古代言情题材作品，2011 年 9 月首发于红袖添香网，66.6 万字，已完结。

《不能说爱你》，现代言情题材作品，2012 年 11 月首发于红袖添香网，6.4 万字，已完结。

《碧水清莲》，古代言情题材作品，2014 年 7 月首发于红袖添香网，67.9 万字，已完结。

《星星亮晶晶》（又名《不能没有你》），儿童文学题材作品，2015 年 4 月首发于大佳网，已完结。

《帝凤欢巢》（用另一笔名云翎珂），古代言情题材作品，2016 年 12 月首发于阿里巴巴文学网，17.7 万字，已完结。

《咸雪》，传统文学版本，古代言情题材作品，2013 年 9 月首发于铁血网，已完结。

《咸雪》，网络文学版本，古代言情题材作品，2017 年 6 月首发于大佳网，已完结。

《你的长发》，古代言情题材作品，2017 年 10 月首发于大佳网，已完结。

【代表作评介】《浣紫袂》

在大多数人的意识中，一个思想的合集必定大于独立解，所以当人们进行决策时，群体的意见总是胜过个人的提议，从而有了一个约定俗成：少数服从多数。在以这类思想为主导的社会里，独立意志在意识到群体的问题后，到底应该选择服从还是奋起反抗，这是一个难解的命题。作家天下尘埃在她的小说花语系列之四《浣紫袂》中以甘紫来这一人物形象对这个问题做出了诠释：独立意志在理性判断群体意志的基础上，应努力克服环境对象的阻力，实现个体能力充分发挥，从而最大可能地获取自由，实现人生价值。

　　天下尘埃以写古典言情小说为人熟知，但是在她笔下男女主人公的爱情并非全部，主角的个人奋斗之路是小说的一大看点。《浣紫袂》讲述的是原知府小姐甘紫来因家中变故沦为官妓，却不信命运，勇于抗争，最终实现理想，废除官妓制度的故事。小说以甘紫来的奋斗线为主，以爱情线为辅，生动细腻地刻画了众多形象。其中，在主角甘紫来的身上，读者可以清晰见证独立意志从萌芽到结果的过程。沦为官妓是甘紫来自我意识觉醒的契机，虽身贱且辱，她从未放弃改变自己的生活，为过上尊贵的日子而不断努力。在自我规划的过程中，她见证了以桐月和善卿为代表的官妓生活，感受到他们的痛苦和诉求，也逐渐明白，官妓痛苦的根源在于绵延上千年的官妓制度，这时，她的独立意志已渐渐成形，废除官妓制度的念想在她心底扎根发芽。当她为实现理想还是优先给自己寻一个好归宿摇摆不定时，姐姐蓝溪儿的惨死和母亲的辞世坚定了她追求理想的信念。因此，废除官妓制度、为天下官妓谋出路成了她活下去的唯一动力。在这时，女主角坚不可摧的独立意志最终形成。

　　古斯塔夫·勒庞在《乌合之众》中谈到群体对独立意志的消极作用："群体能够消灭个人的独立意识，独立的思考能力。事实上，早在他们的独立意识丧失之前，他们的思想与感情就已被群体所同化。"可见，群体意志中能生出清晰的自我认知已属不易，若想把这份理性长久地延续下去，并将思想实践化，更需要强大的韧性和自制力。在《浣紫袂》一书中，甘紫来的成功是由多种因素共同促成的。首先，甘紫来虽为古代人，身上却带有现代女性的独立色彩。她精于算计，步步为营，双商极高。在与秋煜王爷、兰夫人等人的对决中，她能把握大局，权衡利弊，凭借精湛的演技误导对手，转不利因素为有利因素，从而达到自己的目的。同时，她的灵机应变能力和环境适应能力很强。在醉春楼中，她隐藏实力，以浣衣女的身份等待时机；在善卿的雅园里，她竭尽所能地扩充知识、提升修养，为自己创造更好的内在条件；在王府，她与王爷斗智斗勇，挑拨兰夫人，争取机会入宫献策；在皇宫里，她以太后为切入点设法赢得太后支持，最终在朝堂雄战百官，废除官妓制度的理想得以实现。除此之外，甘紫来身上还有最重要的一个品质，那就是对理想的热诚。海明威曾言："生活中只有一种英雄主义，那就是认清生活的真相之后依然热爱生活。"甘紫来是"认清实现理想的艰险之后依然坚守理想"的人。一路上，甘紫来受到的打击可以说是毁灭性的，计划的失效、王爷的阻挠屡次使她退无可退，可她硬是在夹缝中谋出一条生路，凭借着不达目的不罢休的意志，最终废除了官妓制度。

在这一过程中，群体对独立意志的影响并不直接显现，而是以精妙的伪装隐藏在各种显性因素下。公共舆论、普遍意志、社会心理等都是群体对独立意志的干涉，它们通过话语形式体现社会的共同信念，表达主流意识的理想诉求。在甘紫来生活的社会里，男性主导社会话语权，女性沦为附庸和玩物，无从表达自己的诉求。官妓制度正是在这样的大环境中诞生，用以增加财政收入和缓解市民阶层的性饥渴。同时，阶级权力的极度分化、政府官员的阳奉阴违使得平民阶层失去抗争的途径与勇气，从而形成了苟活的社会心理。在这样的背景之下，产生独立意志尚且不易，若要坚守更是难上加难。甘紫来是其中的个例，更多人物或是如蓝溪儿一般逆来顺受，或是如袁妈妈一般历经风霜后选择明哲保身。《浣紫袂》描写了众多官妓的悲惨命运，袁妈妈、桐月、花灵、蓝溪儿、善卿、芙霜……她们每个人可能都曾产生过废除官妓制度的念想，可在社会舆论的压抑下，她们潜意识里就否定自我，把自己桎梏于卑贱的地位，没有冲破囹圄的勇气，最终被社会群体同化，再无追求理想的可能。而甘紫来与她们不同，她不信命运，有独立的思想，坚信人定胜天。在面对众人的嘲讽与对其目的纯洁性的质疑时，她依旧坚守自我，不被外界环境干涉，最终凭借超人的智慧和抗压性实现理想，废除了官妓制度。个体与群体的对抗从来就不是容易的，甘紫来正是因为这点才能从众多女性中脱颖而出，为自己、为天下女子赢得更高的社会地位。《浣紫袂》中有一个场景令人印象深刻，那就是甘紫来在争取太后支持时不幸被太后识破身份，太后本人讨厌官妓，且认为甘紫来心怀不轨，怒极之下杖罚甘紫来。甘紫来在忍受身体巨大的疼痛之下，咬牙口述奏折内容，一遍遍背诵，直到失去意识嘴里还在喃喃。这份舍弃生死也要完成理想的信念是甘紫来与普罗大众最大的不同，也是独立意志得以战胜群体的关键因素。

古往今来，为实现理想、捍卫真理而牺牲自我的人数不胜数。他们虽然肉体被毁灭，可独立意志却通过口述、文字等方式代代流传，永不熄灭。可还有一部分人，他们被群体意志所同化，放弃自我意识去附和大众，失去了独立思考能力，和被洗脑无异。他们的肉体虽然存在，可与行尸走肉无异。这些人没有独立意志，还喜欢用大众意识去绑架他人，对他人的理想嗤之以鼻，自认为成熟持重，实际已被群体所毁灭，泯然众人矣。

如今互联网技术日新月异，不少文学创作者都投入到了网络的大洪流中，传统的精英文学逐渐失去了颜色。网络如同一口大染缸，为了吸引读者，获得点击量，赚取看客的打赏，许多作家都迷失自我，失去了创作的本心，最终成为大数据时代的牺牲品。《浣紫袂》的创作者天下尘埃是鱼龙混杂的网络创作中的一股清流，也是坚持独立意志的作家典范。她因一再拒绝在小说中增加消极内容，被网站从首页上撤下所有关于她的宣传，雪藏三年。在这沉默的三年中，她依旧坚持写自己想写的小说，不向世俗低头。正如《浣紫袂》的甘紫来一样，天下尘埃坚守自我，决不妥协。天下尘埃曾在采访中说，在她塑造的这么多人物里，她最喜欢的就是甘紫来，因为甘紫来象征着自持和自爱。她说，《浣紫袂》的由来，本意指清洗紫色的衣服，暗喻着洗去一身风尘，还本洁净。"人的高洁不在地位和权势，只在内心。在这个世界上，总有一些人，在任何时候，都会坚持自己的原则不放弃。"尽管她被网站雪藏，生活上陷入困境，可她没有放弃自己的底线，依然坚守一个文学人的责任，就像她在文章中说的，天地生人，有一人应有一人之业，人生在世，生一日当尽一日之勤。终于，她用坚持证明了自己的实力，也用坚持赢得了回报，之后她的小说相继获得各种奖项，被中国作协、省作协纳入重点扶持项目作品，用她自己的话来说，这是"文学女神将权杖点中了她的额头"，但在此之前，"零落成泥碾作尘，只有香如故"才是她文学初心的坚守，如许的艰辛唯有苍天可鉴，大家都只看见了今时今日的灿烂，却忽略了来路时候的黑暗阴冷。

在这个消费型的社会里，那些媚俗的文学作品无疑更符合读者的消费需求，文人风骨不再是写作者的坚守，高点击量和高关注度成为衡量作品是否优秀的价值尺度，大批作家在其中失去独立思考判断的能力，一味迎合读者口味，只能写出一本本垃圾文学作品。文学的意义在于给予读者精神力量，让他们发现更高的人生境界，文学人则以传承人和叙述者的身份让文化得以传承，如果叙述者首先失去了独立意志，沦为名利的奴仆，那么普罗大众更无从寻找灵魂的栖息之地了。把握时代脉搏，促进社会进步是作家的责任所在；坚守独立意志，做时代最清醒的人是作家最基本的素养。一部没有内涵的作品只是消费时代的快餐垃圾，终将被历史的洪流所湮灭，一个没有独立思考能力、被大众意识所同化的作家只会沦为时代的牺牲品。从作家扩大到整个社会，每个人都应该有自己的原则和底线，对现实保有一份清楚的认知，不盲从、不偏信，这样才能保证独立意志不被群体所同化；同时，不要害怕成为少数人，毕竟与"少数服从多数"同样令人熟知的是"真理总掌握在少数人手中"。愿每一个人在物欲横流的社会里都能坚守初心，不被利益所诱惑，也不畏惧前途的坎坷，坚定地走下去，走向心中的圣地。

（王慧婷　李桓　执笔）

40. 温小妖：以细腻笔触表达温柔心性

【作者档案】

温小妖，原名杨庆，90后全职作家，祖籍湖南醴陵。曾获2015～2016年度看书网最佳改编奖，2016年参加了中国网络作家"重走长征路"的采风活动，2017年成为鲁迅文学院网络班第十届学员。

学生时代的温小妖就热爱写作，在那个没有电脑的年代，温小妖想到什么故事便用笔记录下来。成为网络作家之前，温小妖只是一名网络小说的忠实读者，阅读了大量作品后，渐渐萌发创作梦想，于2010年正式接触网络写作，继而开始了网络小说创作的道路。

【主要作品】

《嚣张甜心很美味：总裁上错床》，处女作，2011年12月首发于看书网，完结于2012年6月，总字数115.18万。讲述了关心瞳为解救被困的小师弟，误打误撞闯入了总裁季泽佑的生活，进而产生的欢喜冤家般的爱情故事。

《不乖小甜心》，2012年9月首发于看书网，完结于2013年5月，总字数89.94万。讲述了杨小萌为获得50万任务奖金而费尽心思，想要潜伏到蓝翊泽身边，从而产生的一系列啼笑皆非的爱情故事。该作品也即将被改编为漫画。

《豪门第一盛婚》，2014年7月7日首发于看书网，完结于2015年8月，总字数112.24万。主要讲述了以偷盗为职业的夏暖心在一次任务中误惹黑道人物萧玦，导致任务失败，被迫答应做他一个月的助理，进而引发一系列纠葛的故事。这是作者第一本被改编成漫画的小说。在腾讯动漫连载期间，排名一直保持在销售榜前十位，拥有5亿人气和百万读者的喜爱，该漫画已同步在韩国平台上线。

《总裁大人，晚上见》，2017 年 4 月首发于看书网，目前还在连载中。讲述了主播纪言心为了给自己的直播节目增加看点，跟踪偷拍当红小鲜肉韩哲，被蒋霆桀发现并被没收了拍摄工具，纪言心为拿回相机和拍摄内容而与蒋霆桀产生误会，进而产生感情的故事。

《你爱我的样子》，2017 年 10 月首发于看书网，完结于 2017 年 10 月，字数 6.63 万。讲述了宋千凝与顾圣琰彼此相爱，却又误会重重的虐恋爱情故事。

【代表作评介】《豪门第一盛婚》

故事梗概

《豪门第一盛婚》是温小妖最具代表性的作品。无论是小说原作，还是由小说改编的漫画，都受到读者的广泛好评。小说主要讲述了神偷组织"天下"的成员夏暖心在一次任务中受命偷走萧玦正在交易的晶片，不想却被萧玦发现。夏暖心失去了晶片并受到了卖家的追捕，逃跑的过程中误打误撞地躲进了萧玦的车，不得不寻求萧玦的庇护，因此受到了萧玦的戏弄。夏暖心侥幸逃脱后，又看到组织下达了有关萧玦的任务，夏暖心决心要一雪前耻，于是接下任务，却不知道这只是萧玦为了引她出现所设下的圈套。夏暖心为了完成任务，再次潜入萧玦的办公室，成功地落入萧玦的圈套，被迫成为萧玦一个月的助理，并决定借助助理的身份继续完成任务。

夏暖心在萧玦身边时意外受到袭击，但也因此发现萧玦即是爷爷与自己暗恋的韩亦宸所寻找的"鬼戾"的成员。夏暖心为了找到晶片，以借送文件为借口来到萧玦的庄园，发现了与萧玦关系暧昧的女生阮颜。夏暖心认为晶片一定放在了萧玦庄园的保险柜中，因此萧玦以给夏暖心开锁的机会为诱饵，哄骗夏暖心住进了萧玦的庄园之中，开始了甜蜜的同居生活。而韩亦宸似乎与萧玦之间有不知名的仇恨，并打算利用夏暖心对他的感情来盗取"鬼戾"成员的通讯录。夏暖心和萧玦回家的路上再一次遭到了"地狱门"杀手的截杀，萧玦为了保护夏暖心重伤入院，夏暖心也因此放弃了盗取萧玦的通讯录，并对萧玦产生了不一样的感觉。

萧玦的珠宝拍卖会上，萧玦在"鬼戾"的伙伴小狼和 X 目睹了萨丽与夏暖心的争吵，因此恶作剧将七彩之星藏了起来，萨丽伪装成被偷盗的样子，被萧玦识破并赶走了萨丽，让夏暖心成为了七彩之星的模特。萨丽因为任务失败而十分懊恼，回到组织并诬陷夏暖心导致其任务失败，夏暖心决定寻求萧玦的帮助以证明清白，却无意间撞见了萧玦在温柔地安慰阮颜，产生了误会。夏暖心从小狼的嘴里得知，阮颜其实是萧玦已故好友的妻子。夏暖心认为萧玦对阮颜有很深的感情，因此她觉得自己不应该被萧玦的温柔所欺骗。萧玦并不知道夏暖心内心的变化，将夏暖心一心要盗取的晶片做成了手机链送给了夏暖心，并指挥 X 做出了监控视频，帮助夏暖心向组织证明自己的清白。为了不让自己爱上萧玦，夏暖心更加努力地想要破解庄园内的密码锁，希望早日找到芯片离开萧玦。

韩亦宸为了对付萧玦，突然向夏暖心告白，夏暖心十分欣喜，韩亦宸趁机询问夏暖心有关萧玦的情况，并欺骗她接受组织派下的秘密任务——盗取七彩之星。夏暖心察觉到了异常，但还是答应下来。夏暖心决定盗取七彩之星，并离开萧玦之时，才发现这只是组织敛财的一个骗局，谁知萧玦却完全没有向夏暖心提这一件事。七彩之星事发，"天下"组织无法对抗萧玦的行动，于是韩亦宸又利用夏暖心，让她将七彩之星还给萧玦，夏暖心在归还之时却被萧玦发现。萧玦没有责怪夏暖心，只是想借此诱骗夏暖心签订终身合同留在他的身边，在夏暖心不顾自身安危保护七彩之星时，萧玦对夏暖心不顾自身安危的行为十分愤怒，甚至怒摔七彩之星，这令夏暖心感动不已。为了让萧玦撤销对"天下"组织的追杀令，夏暖心答应了萧玦的终身合同。

韩亦宸突然出现在萧玦的庄园中，以夏暖心的爷爷担心为由，执意带走夏暖心。夏暖心担心爷爷所以决定暂时回一趟组织，却在这个过程中发现自己对韩亦宸并没有对男友该有的感觉，反而好像爱上了萧玦。夏暖心告诉了萧玦自己对韩亦宸并没有心动的感觉，令萧玦欣喜不已。在夏暖心准备向萧玦表达爱慕之情时，却被不请自来的阮颜所打断，阮颜借逝去的丈夫之口表达对萧玦的爱，被萧玦婉拒，但在夏暖心心中却产生了很大的波澜。为博美人一笑，萧玦带夏暖心去买买买，却在路上被一个与韩亦宸有联系的神秘人跟踪了。同时，在基地中夏暖心的爷爷收到执掌人的一封密信，要求配合"地狱门"的行动截杀萧玦，爷爷并不赞同这一行动，但韩亦宸却欺骗爷爷如果不采取行动夏暖心就会受到萧玦的伤害，因此爷爷同意了。

　　夏暖心对这一危险的到来毫无察觉，正决定与韩亦宸分手，夏暖心向周围所有人求助该如何分手，屡次失败后，最终萧玦亲自与韩亦宸面对面交谈，使夏暖心成功恢复单身。韩亦宸回到基地，与神秘人针对萧玦的计划进行交谈，而神秘人似乎曾经是萧玦的朋友，与阮颜也有不为人知的联系。夏暖心回到组织后，却没有向爷爷解释自己与韩亦宸和萧玦之间的关系，于是爷爷的误会越积越深。阮颜因为觉得受到跟踪威胁，以此为借口住进了萧玦的庄园，并且试图破坏萧玦与夏暖心之间的和谐，夏暖心也因为萧玦的为难而感到受伤，始终没能领会萧玦对她的心。

　　夏暖心为了在组织的比拼中获胜，请求组织内的姐妹冷寒和云果果帮助筛选任务，萧玦帮忙完成任务。夏暖心回到庄园准备和萧玦商量有关任务的事情，却无意撞到萧玦与阮颜一同回来，阮颜出于嫉妒对夏暖心咄咄发问是否介意自己的存在，使得夏暖心情绪崩溃的同时，也让萧玦开口承认自己并不爱阮颜。夏暖心决定："要制定长期计划诱导萧玦向我表白。"夏暖心与冷寒、云果果一同前去完成任务，都得到了萧玦的帮助，较为顺利地完成。在前两个任务顺利完成的鼓舞下，夏暖心三人一鼓作气开始了第三个任务的探查工作，却不知道已被人跟踪，而这一切似乎都与为萧玦设下的陷阱有关。

　　萧玦终于在夏暖心的温情攻势下主动表白，不幸的是这份温情很快被打破了，小狼和X的电话证实了"天下"组织与"地狱门"联手对付萧玦，但由于夏暖心的缘故，萧玦对如何处理"天下"显得十分犹豫，而偷听到电话内容的夏暖心也十分惶恐不安。夏暖心带着复杂的心情前往执行第三个任务，可是不但目标不在指定地点，三人的通讯器还受到干扰被切断，而后夏暖心和云果果被之前从未露面的神秘人——"地狱门"的鬼王使者赤练迷晕绑走。冷寒逃出来向萧玦报信，萧玦在查找线索的同时，也发现了神秘人的存在。赤练将夏暖心带到高铁站，夏暖心借机进入洗手间解开了手铐，从窗户逃生，被赶来的小狼救下，萧玦则在车厢内与鬼王对峙。萧玦成功解救了两人后，萧玦告诉夏暖心，鬼王与韩亦宸似乎都是为萧玦当年的好友冥火报仇而来，他们似乎都认为冥火的过世是萧玦的错，萧玦也发现了阮颜与鬼王和韩亦宸的联系，于是将她与夏暖心隔离起来。

　　夏暖心为了陪伴爷爷暂时回到了"天下"，却发现组织为了利益而封锁了"地狱门"绑架她的消息，她十分愤怒又无可奈何，但却巧遇萨丽，打听出了有关赤练的消息，令萧玦猜到赤练可能就是冥火。夏暖心告诉了爷爷自己与萧玦的关系，令爷爷解除了对萧玦的误会，但爷爷在组织中已身不由己，只能暗暗希望萧玦保护好夏暖心。夏暖心回到组织后萧玦一直没有联系她，令夏暖心十分担忧。夏暖心匆匆赶回庄园，发现萧玦因冥火的出现而十分痛苦在买醉，夏暖心向萧玦询问了当年事发的经过，由此萧玦和夏暖心发觉，冥火可能受到了别人的利用和诱逼，幕后主使可能是"地狱门"的老大。

萧玦在夏暖心的鼓励下振作起来，因为夏暖心、云果果、冷寒受伤，萧玦、小狼和 X 代替三人继续完成"天下"的任务，帮助夏暖心赢得比赛。"天下"组织一年一度的年会比赛终于来了，夏暖心带着萧玦前往红豆岛参加年会，并赢得了比赛。夏暖心的爷爷在年会上借机警告萧玦，组织将有针对他的行动，并要求萧玦保护夏暖心，萧玦郑重地向爷爷承诺会保护夏暖心。萧玦听了爷爷的警告十分担忧，没多久，"地狱门"的人便赶到并开始围攻萧玦，战斗中萧玦受了很重的伤，也让夏暖心意识到"天下"已经被"地狱门"控制，决定去找爷爷问清楚。爷爷告诉夏暖心"天下"的局势已经不可挽回，希望夏暖心离开"天下"，夏暖心想劝爷爷一起离开，但爷爷似乎另有苦衷。

夏暖心离开生活多年的组织后非常失落，于是云果果和冷寒陪着她喝酒聊天，在准备离开酒店时，夏暖心却又被韩亦宸绑走。韩亦宸将夏暖心带到"地狱门"基地，想让夏暖心远离萧玦，同时夏暖心得知阮颜也被赤练绑到了这里。夏暖心为自己制定了逃跑计划，在她差点要失败时萧玦及时赶到了，同时也救出了阮颜，但萧玦始终觉得阮颜的出现有些蹊跷。阮颜确实是在帮助赤练，他们发现了小狼的哥哥与冷寒的爱人是同一个人，并且是由于暗杀萧玦而被萧玦所杀，冷寒与小狼负气出走。但其实小狼与冷寒并没有真的背叛，只是为了打入"地狱门"内部，在这样的里应外合之下，萧玦获得了最终的胜利。故事的结尾，萧玦与夏暖心举行了婚礼，并且还有了一对可爱的双胞胎儿子。

✍ 作品赏析

《豪门第一盛婚》可以说是一个甜宠式的爱情故事，萧玦与夏暖心之间偶尔有误会，但并没有影响彼此之间的爱恋。两人虽不是一见倾心，但也可以说是一见定缘。萧玦与夏暖心式的爱情最让人羡慕的是彼此之间坚定不移的信任，恋爱双方的信任铸成了小说甜蜜的基调。小说情节发展紧凑，故事内容环环相扣，虽然有许多支线情节，但都是围绕主线展开，推动故事的发展，并不让人觉得拖沓。小说的描写简单易懂不晦涩，但又有其深意和内涵。故事的叙述采用了诙谐幽默的方式：夏暖心随时随地都有无限扩大的脑洞，是一个精分的欢乐少女，而萧玦则是忙着套路夏暖心，因此他们的故事绝不仅有苦情和深情。

萧玦不是总裁小说中常见的那种用沉默面对女主爱与恨的霸道高冷少爷，他总是时时注意夏暖心的情绪，尝试去了解些什么，解释些什么，给予夏暖心足够的温柔与耐心；他也不会因别人的陷害或误导而责怪夏暖心，反而给予夏暖心足够的信任，夏暖心在他心里始终如初见时一般，从不曾被他怀疑；他也曾困惑，也曾动摇，但这从不是他疏远或伤害夏暖心的借口，他始终是夏暖心最坚固温暖的港湾。夏暖心也不是总裁小说中常见的傻白甜女主，她有时傻傻的，总是被萧玦骗得团团转，但她也可以解开精密的保险柜锁，完成一次次困难的任务；在被绑架时从不坐以待毙，总是争取在萧玦到来之前解救自己，让萧玦没有后顾之忧；她不够精明，也曾被利用，总是因无法看清萧玦的心而暗暗伤神，但她有自己的原则和底线，始终相信自己所认识的萧玦就是真实的萧玦，相信萧玦绝不会伤害她。萧玦与夏暖心是不同世界的人，但在对方面前又那么相似，所以才那么强烈地吸引彼此，坚定地相爱。

未来的爱情该是怎样？大概是每个女孩都会幻想的问题。萧玦和夏暖心之间的爱情便是我们少年时幻想的爱情，从中也可以看到年少时的我们，世间太多的求而不得，每个读者对他们的故事都充满了不同情绪，有人羡慕，有人向往，有人嗟叹，他们的故事亦是真亦是假。作者将人世间的真情呈现在了小说的点点滴滴中，无论是萧玦与夏暖心之间至死不渝的爱情，还是夏暖心、萧玦与冷寒、果果、X、小狼之间绝不背弃的友情，甚至是阮颜、冥火这样反复自我折磨而产生执念的人，都值得珍视。这大概就是作者眼中，生活最美好的样子。

（高羽鑫　执笔）

41. 西楼月：沽酒寻官道

【作者档案】

西楼月，原名张振坤，曾用笔名坤子，男，生于 1978 年 10 月，祖籍湖南娄底，大专文化程度，系湖南省网络作家协会会员，著名都市类型网络文学作家。代表作有《官道天骄》《官道红颜》《都市神级高手》《都市之先天高手》《最强保镖俏总裁》等。

2010 年之前，西楼月是一位专业的产品认证师、设计师，从事灯饰产品的设计开发和认证管理工作。在网络文学诞生并有所发展后，西楼月怀着对文学的执着和热爱，开始了第一部作品《官道天骄》的写作，并且迅速签约逐浪中文网。2011 年 10 月，西楼月加入娄底市娄星区作家协会，作家编号 146。2014 年，荣获逐浪中文网第一批年薪百万大神作家称号。2017年 7 月，加入湖南省网络作家协会。

【主要作品】

《官道天骄》，官场职场类作品，2010 年 10 月 18 日首发于逐浪中文网。作者正式签约逐浪中文网后，该作品迅速问鼎网站鲜花排行榜前三，并荣获 2011 年最佳人气作品金奖，同年获得逐浪中文网官场小说大赛亚军。

《官道红颜》，官场职场类作品，2013 年首发于逐浪中文网，2017 年入驻凤凰书城，日销量高达 2 万以上，成为凤凰书城最畅销的官场小说之一。

《都市神级高手》，都市异能类作品，2014 年 9 月 20 日首发于逐浪中文网。

《都市之先天高手》，都市异能类作品，2016 年 1 月 26 日首发于逐浪中文网。

《最强保镖俏总裁》，都市言情类作品，2016 年 10 月 8 日首发于掌阅文学旗下网站——有乐中文网，截至 2018 年 3 月 12 日已更新至 1939 章。

【代表作评介】《官道红颜》

故事梗概

　　《官道红颜》是一部从个人成长角度来揭示官场生活、展现社会现实的文学力作。小说主要讲述的是家世显赫的京南大学高材生顾秋毕业后主动要求到经济落后的安平县招商办做一名普通职员，并在复杂纠缠的利益关系网络中逐步晋升的故事。

　　安平县招商局主任谢毕升对下属陈燕的美貌心存觊觎，顾秋心怀正义搭救了命途多舛的陈燕，因此得罪顶头上司谢毕升。县长何汉阳慧眼识珠支持顾秋的工作，顾秋依靠安平县煤炭资源和山水景观完成招商引资工作，并且协助何县长进行整风反腐运动。谢毕升在反腐运动中落马，而顾秋也因为此次运动被调任纪委监察室主任。后来顾秋在大巴上偶遇南川市委书记杜一文，解决了大巴车上的劫匪危机，因身手了得又精通书法深受杜书记赏识，成为杜书记秘书。顾秋在跟随杜书记前往长宁县视察工作时，长宁县新修建的体育馆坍塌，危急关头顾秋挺身救人，负伤住院。此次事件被长宁县电视台副台长夏芳菲即时报道，顾秋的正面形象受到人民的广泛好评。谢步远欲设计拖顾秋下台，顾秋识破阴谋。他从安平县紫荆园的五娘处获得安平县委书记汤立业派人毒死李副县长的证据，杜书记下令彻查此案，汤立业被双规。

　　顾秋到省委党校学习之后走马上任，成为长宁县副县长。在长宁县，顾秋主抓南海高速贯通工程，将私自截留拆迁补偿款、纵容暴力执法的乡镇党委书记绳之以法；打掉当地毒品犯罪团伙；在王子冲小学教学楼坍塌后亲自带人救援，并且亲自贷款将长宁县中小学危房全部改造。一系列务实政举之下，顾秋引起了省委左书记的注意，被借调至省纪委任省监察厅第二纪检监察室副主任。后来顾秋主动向左书记坦白自己的真实身份，左书记因此对顾秋产生嫌隙，而顾秋借助苗寨老神医的精湛医术搭救了左书记罹患癌症晚期的老丈人张老先生，左书记在恩怨之间纠结不已。顾秋为避嫌，主动提出到南阳省最苦的地方——石安市清平县工作。到任清平县后，顾秋筹资从邻县引水，解决了全县人民的饮水问题，发动民众种植景观树，改善环境的同时盘活当地经济，并且主动招商引资，在新加坡白氏集团的投资下修建了清平县第一条公路，第一所华侨中学，又开辟了多个药材基地，为白氏集团白若兰与夏芳菲合资建设的世界首家唯一能治疗癌症的医院提供原药材料。

左安邦对白若兰有意，因顾秋与白若兰二人接触过多而吃醋。此后，在叔叔省委左书记的帮助下，将顾秋从清平县调至治安极差的宁德地区任达州市长，市委副书记。顾秋刚上任，就查明前任市长王守业坠楼真相，又命令公安局长冯太平严打猖獗的黑恶势力，大力整顿达州市治安，将手眼通天、涉黑贩毒的胡三达团伙彻底打掉。顾秋又提出建设宜居达州、工业宁德、农业方城、旅游竹昌和贸易风仪的具体方案，并以"绿水青山，环保达州"为口号，购买清平县植树造林项目中的景观苗木，发动乡镇居民上山植树，改善城镇居民赌博的不良风气。在换届之后，顾秋顶替宁雪虹任宁德市纪委书记。一直与顾秋有矛盾的左安邦被任命为宁德市委书记。顾秋前往风仪市视察，打掉号称"风仪六君子"的官二代以及富二代建立的民间借贷公司和暴力拆迁公司。后来左安邦和顾秋到竹昌市视察，竹昌市委书记万先进表面廉洁奉公，生活清贫，私下却作风不正。左安邦为了政绩急功冒进，将竹昌市列为重点扶持对象，并将万书记作为官员典型进行宣传；万先进也欺上瞒下，为虎作伥，导致竹昌市民怨声载道。顾秋派人暗访竹昌，找到万先进犯罪的铁证，将其绳之以法。之后顾秋被任命为宁德市代市长，为避免被左安邦架空，顾秋重新启用罗汉武任市政府秘书长，打击宁德市内非法传销组织。宁雪虹被调往奇州后主持修建高速公路，欲与竹昌高速相连，打通奇州到沿海的新干线，顾秋的城市建设方案也得到省委阳书记的支持。在奇宁高速公路竹昌段的建设工程招标过程中，交通厅的姜厅长欲将奇宁高速建设项目交给关系户腾达集团，顾秋则本着公正公开原则干涉此事，最终因得罪姜厅长而被陷害接受调查。顾秋又在南阳一汽内部矛盾激化时，尽全力促成白氏集团与南阳一汽的顺利合作，因而失去了当宁德市市委一把手的机会，被调往边陲州（武源市）任党委书记。刚到武源市，顾秋就提倡廉政建设，进行公车改革，并整治地方治安，扼杀公款吃喝之风；他重视少数民族传统的传承，克服资金阻力在武源市建立少数民族双语学校；他为了实现全市乡镇公路的水泥硬化，建设了区域内部高速。在打造整个地区内部的高速通道时，能在武源市呼风唤雨的万天海用自己的资产进行多次抵押贷款，通过威逼利诱等手段强迫竞标企业签下不平等合同，并且手握许多官员受贿的证据。顾秋搜集证据对万天海采取行动，查封万天海国集团，万天海走投无路自杀身亡，贪污受贿官员也悉数落网。

顾秋走马上任奇州市委书记后视察兰田区亮化工程，副区长张治国如实反映该工程实施过程中的黑幕，丰盛国区长因变相收受施工单位贿赂被双规。奇州市女市长朱紫君也工于心计，授意自己秘书主动接近顾秋秘书。后来朱市长的秘书主动坦白自己的问题，始作俑者朱紫君被就地免职。顾秋顺势而为，在奇州掀起整风运动，打造廉政建设样板城市。顾秋被中组部任命为南阳省委秘书长后继续推行新公车制度，整改城管部门，并取消官员食品特供，维护市民的菜篮子工程。在视察双阳市时，顾秋前往双阳暗访，取缔全省最大的非法食品加工点，并整改老街作坊。换届后，南阳省省长杜一文调任至西南省做省长，顾秋任南阳省政府常务副省长。水如海的女婿谢总经营的兴旺地产欲开发济世医院旁的土地以建现代化别墅群，以水如海为后台的兴旺地产与以顾秋为后台的双娇集团在诡谲的股市展开商业大战。在质监局曝光兴旺地产不合格之后，兴旺地产股票大跌。顾秋大力整治房地产业的各项问题，对兴旺地产开出巨额罚单，兴旺地产因资不抵债一蹶不振。此后兴旺地产又死灰复燃，在股市上展开疯狂报复，以此为导火索，顾氏、宣氏、左氏、范氏各方财团势力在股市展开混战。商战之后顾秋被降为驻京办主任，在京城尽力消解左家和顾家累积了三代的恩怨。世事变迁，三年以后，顾秋成为甘凉省副省长，小说于此画上句号，在官场中兜兜转转二十余年的顾秋在读者心中留下了一段传奇……

作品赏析

对于作者西楼月而言，书中的人物皆来源于生活。主人公顾秋家世显赫，却隐藏身份做一名基层公务员，在许多人捧着铁饭碗混日子的招商办力图有所作为，单单就这一点，就对读者产生极大的吸引力和感染力。随后依照主人公顾秋的仕途之路，小说分为十二个部分，顾秋自安平县招商办职员起步，历任安平县纪委监察室主任、南川市委书记秘书、长宁县副县长、省监察厅第二纪检监察室副主任、清平县县长、达州市市长、宁德市纪委书记、宁德市市长、武源市党委书记、奇州市委书记、南阳省委秘书长、驻京办主任、甘凉省副省长。宦海沉浮中的晋升之路并没有使《官道红颜》变得呆板沉闷，作者以独有的叙事逻辑，在"探赜索隐，钩深致远"的非功利性目的下，将读者带入一幅以现实为基础的社会生活全景画中。小说通篇语言通俗质朴，人物关系也富于张力，整体结构看似松散，实则恰似一首歌，抑扬顿挫，娓娓道来；故事情节安排错落有致，节奏丝丝入扣，蒙太奇式的情景构造使得全本小说复杂繁多的人物故事始终围绕主人公顾秋的仕途主线和红颜之路展开，穿插的情节也能抓住读者阅读的兴奋点。顾秋为官任上无论是位卑言轻，还是威震三川，自始至终一心为百姓造福，即使在最落后的地方，也能创造出惊人的成绩，中国传统儒家"达则兼济天下"的政治理想以及现代中国"为人民服务"的宗旨跃然纸上，颇符合中国老百姓的务实文化心理和审美习惯。作者对主人公顾秋感情世界的描写也独具特色，身世坎坷却温婉如玉的陈燕，知性美丽、平易近人的从彤，落落大方、清新靓丽的夏芳菲，在商场上纵横捭阖、高贵冷艳的白若兰以及严谨干练、英姿飒爽的齐雨等众多美女齐上阵，使得读者在情感带入的同时感受着天马行空的幻想。虽然在人物角色描写中时常有涉艳之笔，红颜故事展开中也纠葛迭起，但始终没有偏离人性中最简单直接的情感诉求和最令人动容的儿女情长。

书中集合了现实题材类网络小说中最吸引人的两大元素：权力和情欲。西楼月在以官场和情场为主线向读者展示丰富多彩的社会现实生活的同时，对城管打人与暴力强拆、富二代的骄狂跋扈、官二代的无法无天、官商勾结的利益纽带以及公报私仇和拉山头主义的官场生态等问题的刻画也入木三分。而西楼月笔触之下并不仅仅止于隔靴搔痒，在揭露矛盾之后，通过顾秋在人性与贪欲的交锋中将"当官不为民做主，不如回家卖红薯"的务实主题发挥到了极致，事必躬亲又不居功自傲，踏实肯干又睿智创新的主人公形象也在轻重缓急的情节铺陈中熠熠生辉。虽说顾秋的官职变动与家族有稍许关系，但看似机缘巧合的成功本质上来源于顾秋本人的正义之心和赤诚之魂。

"迎合，是一种态度。坚持，是一种性格。"作者这句誓言让人深感动容。西楼月的小说不仅最大化地满足了读者的幻想心理和娱乐快感，在网文大海商业洪涛的翻涌下，作者也将不忘初心、我主沉浮的人格品质映射在作品中，赋予作品文格与灵魂，以虚拟网络渠道为释放口将文以载道的传统发扬得更加不羁和深刻。相较于大多数现实类主流文学的刻意隐晦，西楼月的作品直逼现实世情，少了一份羁绊束缚，多了一份批判精神。值得指出的是，主人公顾秋所处的官场恰如钱锺书所描述的围城，对于城墙外的老百姓来说，西楼月将官场这一比较模糊的概念及其讳莫如深的潜规则清晰地展现在他们眼前，写尽世相百态和宦海沉浮；而对于城墙内，抑或体制内的人来说，《官道红颜》恰如一面明镜，是对局内人本来面目的写真，以之为鉴，人们或多或少能在与书中人物的比较和反思中获得对自我更清晰的认知与定位。

（丁玮俊　执笔）

42. 薪意：网文新锐，不落玄幻窠臼

【作者档案】

薪意，原名谢佳奇，男，生于 1982 年，湖南衡阳人，现定居湖北武汉。起点中文网签约作家。目前有完结作品《神书》，另有《神门》正在连载中。

2015 年的序幕才掀开一个小角，起点中文网洋洋的大海里，多了一个名叫薪意的新锐写手。在网络文学蓬勃发展近 10 年，大神小神不胜枚举的 2015 年，一个新出道的作者，又能掀起多大的波澜呢？薪意给出了答案：《神书》24 小时阅读量破千，月榜第一，凭着一个月 3000 订阅进入精品榜。这股暗涌，逐渐显现出波澜壮阔之势。

薪意提到最多的一个词是"乐天派"。"我喜欢生活有趣一点，不要太单一，我是乐天派、享乐派那种。"命运对乐天派从不吝啬。毕业之初，薪意的第一份工作是平面和网页设计师，后来觉得缺乏挑战，便在公司内部转岗做业务员了。然后就是做大学自考招生，顶峰的时候负责一个省，十多个办事处，团队一百多人。后来又去了新东方教育集团，负责两个分校的运营，这也是薪意成为专职网络文学作家前的最后一份工作。谈及为什么开始写书，薪意表示自己从小爱写作，"能把兴趣变成工作，而且比较自由，这个是我比较看中的，可以有事没事就来一次说走就走的旅行。我是乐天派嘛，觉得世界很美好"。

新书上架两个月后，薪意辞去了在新东方的工作，开始专职网络小说创作。乐天派乐观的精神，不断地积极进取，都在薪意身上体现得淋漓尽致，但乐天派薪意的成功，依靠的并不只是乐观和所谓"命运的善待"。写《神书》时因为想真正在文学这一行走远一点，写出创新，薪意做了新的设想。没有前人借鉴，所有的资料全靠自己找，刚开始写的时候，一个小时

只能写一千字，但薪意觉得值得。在以"升级、打怪、夺宝"为主的玄幻大流中，薪意坚持写自己的故事，写居庙堂之高的风起云涌，也写沙场之上的铁马金戈，这些容易枯燥乏味且不易理顺的情节是大多数网络文学作者会竭力避免的。可是薪意没有望而却步。他对待写作的热忱和真诚，最终也得到了应有的肯定与回报："写《神门》时，我在一场战争里写了50万字，订阅并没有掉，也算是读者给了我肯定，结果我还是比较满意的。"

作为一个新秀作家，薪意目前的作品在数量上还不能与早期伴随网络文学成长起来的作者比肩，但是从质量上，他的作品完全称得上长篇网络小说中的翘楚之作。如今，决心以 IP 改编为创作方向的他，坚持着自己得失参半的写法。在舍与得的路上，在他举重若轻的选择背后，是不变的乐观和初心。

采访那天正是薪意的 35 岁生日，时光匆匆带走了年少，但是乐天派的人心里永远有个勇往直前的少年，在过去、现在和将来坚持逐梦。

【主要作品】

《神书》，2015 年 1 月 8 日首发于起点中文网，约 116 万字，已完结。

《神门》，2015 年 9 月 8 日首发于起点中文网，约 381 万字，连载中。

【代表作评介】《神书》

薪意目前的作品根植于已成套路的玄幻小说土壤之中，但是又有着让人耳目一新的不同，这使得他的小说如同一片苍松间的一棵花树，颇为夺目。

《神书》的主角林毅，在现代是一名网络小说写手，一朝穿越到了一个神奇的世界。在这个世界里，以玄石粉末在器胚上刻写神书，内容越精妙，越能引动天地之力，刻写出的神书也依照其内容有着不同等级。《神书》的世界里有七国各自割据争霸，其中楚国国力最为弱小，而主角林毅正是穿越到了这个最弱小的国家，成为了这个国家最大的商人家族沈家的仆人。在没有完全弄清这个世界之前，林毅决定韬光养晦，慢慢摸索这个世界的力量，随后在初级神文考试中获得榜首。经此一役，林毅基本将这个世界的力量摸索清楚，不过深谙"匹夫无罪，怀璧其罪"这一道理的他，并没有立刻大展拳脚，而是选择了继续暗中积蓄实力。他将自己的名字拆开，化名木双一，戴上了面具，小心地处理着各类邀请和挑衅，凭借多年来在网络小说写作过程中积累的大量诗词歌赋、佳句名篇，以及诸如《诗经》《水经注》《奇门遁甲》各类文学名著、学术著作，书写出了大量的品级超然的神书。他经历了青河文会夺擂，又通过考核进入内院，写出音律天书，在军演中颠覆传统，参加内院大比，被揭穿身份，后又经历了推翻楚国、和妖族战斗等一系列事件，终于一步步登上顶峰，最终达成大道，并且创造了一个属于自己的世界。

网络文学发展至今，已经有了相当成熟的体系分类。玄幻小说在多年的发展中已经有了完备的体系。总体而言，融合有中国武侠精神的网络玄幻文学，力量体系设定基本沿袭着最初的构思，并在发展中不断完善。玄幻小说的等级划分基本固定，很多小说都是按照炼气、筑基、金丹、元婴、凝神、化神等划分等级，不同作家在自己的作品中会根据需要适当增减删改，但基本上没有大的变化。在矛盾冲突的设置上，玄幻小说一般也是以门派争斗或者正邪之争这样传统武侠小说的思路设置矛盾冲突。

在薪意的玄幻世界里，他最大的创新，是将世界的力量体系设定为以"文"为力量源泉，这使得薪意的玄幻小说能够在玄幻的强硬暴力美学特质中又夹杂着一丝独特的文学柔弱气质和文学的骨气，能够与此间青松一同吟风，也能够时而秀于青松。

但薪意的这种创新又根植于玄幻的土壤之上，所以我们还是能够准确地将薪意的小说归类到玄幻的类别之中。《神门》和《神书》因循了传统网络玄幻文学"打怪—夺宝—升级"的套路，主角也遵循了玄幻小说传统的人物成长模式，从现代的小人物穿越成为异世界的小人物，再到不断成长，最终成为英雄式、传奇式的大人物。全文洋溢着积极进取、乐观向上的精神，书中的主角们都有着对未知、对个人无限潜能的不懈追求。

作为一本网络小说，《神书》在小说的三要素人物、情节、环境方面，都有其独到之处。

从人物上说，《神书》的主角林毅是一个不按套路出牌，能力卓然，桀骜不驯甚至有些"狂妄"的人。他爱财，总是喜欢和别人打赌，并且永远只打胸有成竹的赌；他乐观，纵使穿越之初他的身份只是一个低等杂役，他也始终保持乐观，十分善于自我安慰；他又有些睚眦必报，对于总是无故针对他、还想谋害他性命的太子，他最终杀之以复仇；但是他又不是一个喜好杀戮的人，他与楚国皇族有仇怨，却不会迁怒到百姓身上，反而在妖兽围攻之时救下了楚国。这个人物最初还带着不自信和不坚定，但是随着对异世界的了解愈发深入，对力量的理解和追求愈发深入，他变得奋勇争先，不惧表达自己想要成为凤毛麟角的"圣贤"的愿望。这也使得林毅这个人物不单单让观众从他能力的成长变化中获得了共鸣和积极的情感反馈，也让观众从他精神和内心世界的成长过程中获得了更高的共鸣和更加振奋的情感反馈。林毅的品格中很重要的一点就是他的"狂"，这一性格特质推动了故事情节的发展，也使得在现实生活中压抑着自己情绪的读者能够在阅读的过程中，将自己的诉求代入主角的作为中，进而获得情绪的舒缓和压力的释放。

在情节方面，主角虽然也在一路升级，但是其中有很大篇幅的关于政治、商业、战争的描写，从这里可以窥见作者的野心，也是相当耐人寻味的野心。很多穿越小说的主角都会利用两个时代或者世界之间的差距在政治、经济、军事上大展拳脚，《神书》也不例外，这些情节都有细致的设定：写到政治，就有关于官职，各方政治势力的细致设定；写到商业，就有关于商业的细致描写；写到战争，就有关于行军、用兵、布阵、战争场面的细致描写。但是作为一部玄幻小说，能写到这些，可谓是一个不小的尝试。在一部四百章的，在网络小说中可以称得上体量"娇小"的长篇小说中，写到了如此之多的方面，并且能够处理得相当有条理，对于一个新手作家来说，已经十分不易了。既能在庙堂之上翻手为云覆手为雨，又能在沙场之上驰骋铁马冰河，还拥有无与伦比的能力以一己之力力挽狂澜，是很多人心中都有的英雄梦，薪意很好地把握了读者的阅读需求，为读者圆了这个英雄梦。对于情节的细节处理，《神书》虽然不是浑然一体的完美无缺，但是其中亮眼之处也颇多，比如在能力未足之时拼上性命想要除掉楚国太子这一情节，看似"脱轨"出人意料，却又让人不禁拍手称快。

在环境方面，《神书》最突出之处就是一个全新的设定，全新的世界观，简单来看，《神书》中的世界，就是一个谁文章写得好，谁就能更强大的世界。这个设定看似简单，但也确实是同类作品中从未有过的。新的设定对读者就是新的吸引力新的体验，这是《神书》能够"一战成名"最大的倚仗。

在这三个方面《神书》也有其不足的地方。人物上来说，对主角的刻画足够到位，但是其他角色的刻画出现了扁平化、单一化的问题，几乎没有一个配角有十分饱满立体的形象，配角的人物性格层次不够丰富。网络小说的包容性足够强，作者完全可以刻画更加深刻的，更加让读者有记忆点、有深刻感受的人物。情节上的问题则主要集中在后期，结尾的部分处理得不够好，有些混乱，但对于一个新手作家来说，总体上是瑕不掩瑜的。环境设定方面，由于是新的设定，所以其中的细节并不能和传统玄幻经过多年的打磨形成的完善体系相比肩，出现了神书的分级全靠天定，靠作者自己定级，分级不够细致这些问题。除此之外还有网络文学的通病——由于时间限制出现的错字病句，描写过于口语化等问题，对于阅读碎片化，写作高速化甚至超速化的网络文学，这都是其难以解决的问题。

《神书》的最后一章薪意取名为"我的世界"，林毅创造的世界里来了一位和他一样的穿越者，这个世界是怎样的世界呢？我们或许已经从《神门》中找到了答案。那么薪意的世界又是怎样的世界呢？我们不妨拭目以待。

（杨爽　执笔）

43. 星辉：以网文向艺术致敬

【作者档案】

星辉，原名文兴辉，男，70 后网络作家，湖南益阳人，年薪百万作者之一。

星辉 2005 年开始写网文，2011 年 7 月签约塔读文学网，凭作品《透视之眼》积累了不俗的人气。主要作品有《透视之眼》《护花妙手》《末世狼行》《蛮神》《青冥》《天眼兵王在都市》，后续作品还在创作中。

【主要作品】

《青冥》，发表网站：顶点小说；标签：灵魂、碎片、热血、阴谋；完结时间：2009 年 9 月 29 日；点击：11107299；总字数：1282887；总章节：594 章。

《蛮神》，发表网站：好 123 小说；标签：兄弟、修神、热血；完结时间：2010 年 7 月 13 日；点击：104946；推荐：554；总字数：103189；总章节：50 章。

《末世狼行》，发表网站：好 123 小说；标签：末世、惊悚、进化、狼行；完结时间：2011 年 3 月 11 日；点击：1583825；总字数：415752；总章节：222 章。

《透视之眼》，发表网站：塔读文学网；标签：异术超能；完结时间：2014 年 3 月 2 日；点击：386060905；总字数：5242074；总章节：2543 章。

《护花妙手》，发表网站：塔读文学网；标签：现代都市；完结时间：2015 年 6 月 29 日；总字数：1474510；总人气：57009533；总章节：711 章。

《天眼兵王在都市》，发表网站：咪咕阅读；标签：都市；完结时间：2017 年 5 月 30 日；字数：1780793；总人气：53564；总章节：857 章。

【代表作评介】《透视之眼》

《透视之眼》的故事从江城的一个普通家庭中展开，男主徐青是一个普通率性的高中生，有着超乎常人的智力，生活不易却开朗乐观。嫂子在徐青的哥哥病逝后，担负起抚养徐青的重任而无怨无悔。徐青在古玩市场发现清《大龙邮票之万年有象》，这一机缘让他认识了唐国斌，从而走进了赌石的殿堂。因为有透视的能力，徐青可以在一大堆毛料中挑出真宝贝，摇身一变成为身价千万的阔公子。他到云南去采石，不但长了见识，学了知识，而且拜琢玉大师薛老为师。后来，由唐国斌引荐成了王正罡的徒弟，打通任督二脉，练成正阳功和沾衣十八跌，加入华夏武魂，武力一日千里。徐青为兄弟唐国斌报仇，参加拳击比赛而获得拳王称号。高考结束，徐青与祝晓玲到澳门游玩放松，又赢得了赌王的称号。徐青慢慢地见识了越来越多的世面，从十六七岁青涩懵懂的孩子成长为一个成熟稳重、有血性、有担当、让人心悸的男子，他一步一步地获得诸多成就，如江城高考状元、天鸿珠宝行幕后老板、华夏武魂最年轻的地境供奉、世界赌王、闯入五十一区中了 X 基因毒素的人中唯一的幸存者、全球华人年轻富豪榜第五、玉雕大赛冠军、血族统领等等，后来他还得知自己竟是蒙古察哈拉部族的小王子。与此同时，他也流连于万花丛中，陆吟雪的端庄优雅、江思雨的相互扶持、皇甫兰的共同进退、秦冰的温柔善良、祝晓玲的成熟大度、塔娜的柔情似水等皆是徐青用生命来珍视的。最后，徐青经过了风风雨雨，也有了孩子，过上安逸的生活。

该小说可圈可点之处很多。

第一，情节跌宕起伏，故事新颖离奇，场景转换跳跃。小说吸引读者的第一要素便是情节的引人入胜，该小说以情节作为叙事文本的核心要素，铺陈出人物跌宕的命运与突变的事件，是该作品布局的关键。

《透视之眼》的主人公徐青意外地获得一双可以透视的金瞳，而后由唐国斌带领踏入了赌石行业，凭借透视之眼在赌石界初露锋芒，不但拜了琢玉大师薛老为师识玉雕玉、古武者王老为师习得武功，而且在拳击、赌博、特战队、佣兵团、茅山、巫蛊等方面都登峰造极。但是他的每段经历都不是那么一帆风顺，他一步一步地从一个谜团陷入另一个谜团，从一个危机到另一个危机，令人目不暇接……他一路收获大量稀有器物，如龙渊短剑、灵参丸、九炼玉蟾丸、伏羲骨佩、轩辕天晶、达摩指骨、萨满光明祖石、碧玉金蟾、古冥蛾、神天机镜、旱魃、艳后之吻的宝石项链、老银长命锁、月牙形铜片、灭神三角等等。他也会遇到一些困难，如在演武场与陆幽娘一决高下，在缅甸的赌王争霸赛受到东洋鬼子的威胁险些丧命，在接了任务参与天境大战后追寻行尸线索，在陆吟雪被抓后不惜代价找杨帆报仇而被重伤失忆，遇蛇蛊危机，解蒙古死亡虫之难，逃出狼群围困，参与血族和教廷之间的战争，驯服雪山神獒……徐青每次面对艰险，都是乐观的，从不畏惧。作者带领我们跟随着徐青的步伐，见识到了赌石的惊心动魄、古武者武功的出神入化、赌坛的危机四伏、苗疆巫蛊的辛辣狠毒、茅山炼尸的恐怖诡异等；同时我们也领略到各地的不同风情，如缅甸的丛林、蒙古的大草原、特兰斯瓦尼亚的古堡、罗马的海滩、美洲的原始部落……

　　第二，叙述有详有略，叙述方法多样。《透视之眼》整个文本情节基本符合"三段五环节"这一情节公式，是典型的"开端、发展、高潮、消退、结局"情节设置方式，时间顺序极为整齐，空间有江城、云南、缅甸、蒙古、欧洲、美洲等空间，小说一般会在危机时刻，浓墨重彩地加以叙述和描写，作者在叙述描写时会补叙加入许多传说或插叙追溯往事，如第二百一十章，徐青逛古玩市场时看到了一块古玉，继而补充了一些古玉的常识，"玉蝉、玉握、玉瞑目、玉琀这些东西都是用来陪葬的，两汉时期古人最重葬礼，富贵之人死后多喜欢以玉器陪葬，还有着各种不同的名堂，手中有玉叫做玉握，以两块玉片遮眼叫做玉瞑目，含在口中的叫做玉琀，含在死者口中的玉器一般雕成蝉形，有蝉蜕复生的寓意在内"。第四百九十四章，讲了杨静与朱自强养的阴阳合情蛊，作者普及了蛊虫的基本知识以及用烈酒解巫蛊的方法。在第四百九十五章，说明了杨静生长在一个原生态的苗族古老小村落，那里的人沿袭着一种古老的习俗——养蛊，杨静在七岁时养成的金蚕蛊与朱自强的墨金蚕一起登上塔顶，二人因此有了婚约。小说以徐青回忆之前遇到金瞳尊者的情景为结尾，一切似乎都回到原点，正如作者结尾说的："传承不息，一段新传奇从这里开始"，是尝尽了人生冷暖、看惯了世间繁华后的淡然和洒脱。

　　第三，人物各有姿态，感情真挚充沛。《透视之眼》中人物众多，正反派划界清晰，人物形象的塑造比较单薄，但是文中人与人之间的感情真挚。男主徐青对唐国斌、刘有福的兄弟之情深厚，唐国斌多次遇险，徐青都全力迎救。刘有福与杨静因蛊虫不得不分手时，也是徐青想尽办法帮有情人终成眷属。徐青对七个老婆的夫妻之情真切，徐青成为亿万富翁后不忘嫂子秦冰的抚养，在神母利用秦冰害徐青时，徐青宁可自己受伤。徐青搬离祝晓玲的房子后，她生日时徐青仍能陪她过生日，陆吟雪被绑架时徐青拼死相救。甚至就连卖给他古玩的花婆婆，他都十分敬重，时不时去光顾花婆婆的生意。嫂子秦冰重感情，不负徐青哥哥的托孤，刘有福和杨静平淡真情，吸血鬼德古拉为妻子莉莉丝报仇，庄艳娥为帮小师叔变成僵尸获得长生，三十年如一日守护他等。作品真情流露，丰满了文中人物形象。

第四，语言诙谐幽默，表达直率。小说行文不乏幽默，作者多喜欢用“谐音”的方法逗乐，如徐青刚认识韩雪时，就用名字互相打趣，“韩雪？咋听着有点含冤待雪的意思。”韩雪也不甘示弱，“青子，你鉴定了没？”小说的氛围一下子从赌石的紧张激动变得轻松。另外，作者常采用细节描写的方法，运用准确恰当的词语，在叙述小片段的不经意间，让读者惊讶不已、开怀大笑。如，“陆吟雪吃过桥米线的模样，按理说一筷子米线放嘴里一嘬就成了进口货，不过她硬是把一尺长的米线分十次咬断才吃下去，如果徐青有心拿把尺子过来量，说不定刚好一寸一截。”这段细节描写，突出了陆吟雪大家闺秀的风范，可以暗示她的出身绝非寻常人家，但是作者似乎也有对礼节规矩的戏耍之意。

从艺术价值方面，小说显示出自己的特点。在市场经济条件下，类型小说中有不少对金钱欲望的描写，表现了都市生活的尔虞我诈和纸醉金迷，但多是写反派人物为了一己私利而争相杀戮。主人公徐青拥有透视之眼后阴差阳错获得很多珍宝，但他有正确的三观，有担当，有情有义，虽然成为了亿万富翁，但是仍可以潇洒地去路边摊吃烧烤，不做金钱的奴隶。

类型小说不可避免地复制和效仿世俗文化的精神趣味，但《透视之眼》站在人文立场对弱势群体进行保护，对生命有基本的尊重。欧阳友权教授曾说过：“人文精神是人类以文明之道化成天下的生命智慧，也是文学的价值基础和文学家必须面对的‘元课题’。”《透视之眼》中有着对人类文明传统和文化教养的认同和继承，对人的价值、人的生存意义的关注，对他人、对社会及整个人类进步的责任与奉献，作者笔下的主人公拥有异能，练成圣境武者后主动承担起更大的责任，保万邦安定，绥时世清平。认真研读后，可以感受到小说传递出对人文关怀的肯定。男主安定天下的愿望与欲望都市的危机发生冲突，但男主仍不畏前途艰险，义无反顾，有很强的社会责任感。但在处理"权谋斗争"时，作者过多地重视了都市中的黑暗阴狠的元素，却忽视了对主题的进一步升华，放弃了为社会代言，造成作品的文化审美价值表达让位于故事情节叙述。

《透视之眼》在情节创作方面均超越了大部分类型小说，故事情节引人入胜，但美学短板仍很明显。

其一，情节引人入胜，但某些情节缺乏真实性。小说结构框架有点散乱庞大，人物繁多，忽略了其他人物的描写和交代。故事背景转换快，造成前后文脱节比较严重。小说的构架从都市写到异能玄幻军事，后来又发展为悬疑，读者有时难以跟上小说节奏。

其二，语言表达不够圆熟和精致。语言质量是衡量文学作品质量的标准之一，但是小说前半部分的语言口语化较为严重，缺乏文学性。

其三，人物性格与情节有错位现象。这一问题传统小说中也存在，在类型小说中体现得更为明显。"社会生活中的因果关系很大程度上是由于人的行动。因此，情节成了人物性格的发展史。只有通过人物性格才可能深刻地解释情节的因果过程。"[1] 《透视之眼》中的人物，因情节过渡而受摆布的不在少数，比如唐国斌、秦冰、陆吟雪等等。作者过于专注于情节发展而忽视了人物性格变化，创作出一些性格单一、感情空洞、感染力缺失的人物形象，大大降低了小说的整体质量。

另外，作品有时表现出对女性的轻视。在《透视之眼》中女性形象占据着举足轻重的地位，她们促进情节发展，丰富作品内涵。小说中活跃着众多袅娜纤巧的美人，如陆吟雪、秦冰、祝晓玲、江思雨、皇甫兰、塔娜、李慧贤等，但是小说只有对女性容色的描绘，缺乏对女性命运的关注、对女性情感心理的描写。女性形象在小说中没有太多的笔墨，只是为了情节的发展或者讲到与男主的爱情时才会出场。作者无法摆脱男性中心意识，在字里行间彰显着自己的男性身份和审美理想，整本小说女性没有特别突出的人物性格，不像有血有肉的个体，而只是作者按照男性审美来设定给男主的伴侣，好像只是为了衬托男主才有描写的必要。在作者眼中的完美女性是美丽的、宽容的、散发着母性光辉的女性，所以嫂子秦冰可以无怨

---

① 摘自新浪博客。

无悔抚养男主，塔娜温柔贤惠一心一意对男主，李慧贤、江思雨、皇甫兰等人被男主的个人魅力所折服甘愿跟随，男主的几个老婆也算和谐相处等，其实都是按照男权的审美安排的，男性可以拥有多个妻子，妻子不仅要支持丈夫的所有决定，而且妻子之间要和平共处……女性无论如何自立，最终都会作为男主的附庸，这显示出强烈的男性审美诉求。作品给予男主更多的光环。类型小说最以情节吸引读者，作者在创作时往往把主人公设定成无所不能的人，《透视之眼》中男主徐青原本是一个率性乐观的普通人，自从拥有了一双透视之眼，他的人生就截然不同。他凭借透视之眼不仅可以洞察到石头里的玉石，而且在赌石期间见到了各个领域的杰出人物并拜师学艺，甚至是机缘巧合地找到了许多连他自己都不了解的宝物，就像"走了狗屎运"，"人生开了外挂一样"，一步步走上人生巅峰。虽然小说情节写得惊心动魄，令人兴奋不已，但是男主光环太强，缺乏真实性。

总体上，《透视之眼》是比较成功的一部小说，小说赢得好评也与作者文兴辉先生的努力和付出是分不开的，他在一次采访中曾说："我坚持自己就是个讲故事的人，就像以前茶楼里说书的，每天讲几个小故事，然后啪一声折扇击掌，欲知后事如何，且听下回分解。只要每天有不同的故事，新故事，读者催更就厚着脸皮当成是一种鼓励了。"写文章就像在讲故事一样，文兴辉先生这样不为名利，乐于在网络上"讲故事"，将写小说作为一种娱人娱己的方式的心态让我们敬佩。同时，文兴辉先生还曾说："我的诀窍大家都懂，多看书，认真写，能取得一点成绩绝不是沾沾自喜的资本，反而要不断想着怎样写好，写点新东西。"我们相信文兴辉先生一定可以凭借自己的努力把故事讲得更精彩！

（刘金秀　刘婷　执笔）

44. 妖夜："封神"之路点亮创作生命

【作者档案】

妖夜，原名黄雄，男，生于1984年，祖籍湖南郴州，中国作家协会权保委员会委员，知名网络小说作家，中国作家富豪榜上榜作家，2016年以1150万元的版权收入，居网络作家富豪榜第十二位。

黄雄出生在郴州临武县一个普通农家，高中毕业，因家庭缘故放弃学业，南下广东，起起伏伏数载，打过工，流过浪，摆过地摊，也做过高管。2011年，他投资失败，受生活所迫，回到老家县城。当时家徒四壁，又逢女儿出生，只能借钱度日，"简直走投无路"。偶然看到起点中文网推广百万作家，不禁跃跃欲试，萌生写作赚钱的念头。他初中时迷恋金庸、古龙的武侠小说，县城几个书店的小说都被他看完了。后来，他沉迷网络小说，足不出户半个月只为读完一部小说。虽然他从未想过自己将来会成为全职网络小说家，但对于文字的热情却随着时间慢慢沉淀，加之走南闯北的经历，使他心有故事，不吐不快，胸中积累的文字化成烈火熊熊燃烧，终于在26岁时他点亮了创作生命。

黄雄酷爱玄幻小说。"我喜欢玄幻小说，可以天马行空，故事、人物、情节都有很大发挥空间，我决定先试着写写。"他认为，"每个男人都有一个英雄梦，都想快意恩仇，玄幻可以天马行空，构架一个个虚拟的世界，创造一个个有灵魂的人物，一段段史诗般的故事"。他的"封神"之路，便由玄幻开启。黄雄在网吧待了一个月，在某天，"一个妖异的晚上，一个男人坐在空荡荡的网吧二楼看着窗外，心中波澜起伏，'妖夜'从此诞生"。他以"妖夜"为笔名开始了创作生涯，一本《兽破苍穹》让他拿到了塔读文学网的签约以及人生中的第一笔稿费——2750元，"当时心情很激动，原来我是可以靠写小说养家糊口的。"随后，订阅用户一路飙升，总点击量超过 1 亿，打破了该网站的多项纪录，完本之时，书迷同时刷大拇指，书评区飘红打赏屠榜。

2011 年到 2014 年，妖夜坚守着玄幻异界大陆这个题材，期间不乏瓶颈苦恼，病痛困扰，但凭着对写作的热情和粉丝的支持，他不断进步，突破自我。他说："最幸运的事情，是我坚持了下来。"随着《焚天之怒》小说的网游、手游、动漫以及影视版权的相继售出，妖夜一举跻身中国网络作家富豪榜前二十，版权收入超过 1000 万。

大神光鲜的背后总有着常人无法承受的酸楚，妖夜每天平均工作八小时以上，从下午开始到凌晨结束，每天 8000 字，每月 25 万字。如此的劳动强度加上长期熬夜，他的身体不堪重负。"从开始写到完本那天，我的脑袋都不会休息，吃饭也好，外出游玩也好，都在构思情节，上厕所都在想，故事要怎么发展，才能让读者有意外之喜。"由于长期的不规律作息加之高度紧张的精神状态，他患上了神经衰弱症。

妖夜说，想要成为大神，勤奋努力必不可少，网文圈不乏耀目的天才，缺的是勤于耕耘的"蠢材"。创作一本小说，构思极为重要，大纲细纲设定必须严谨详细，如此才能保证一本书拥有完整的构架，要敬畏文字，更要尊重读者。

在市场经济的环境中，网络小说作家肩负着巨大的压力，妖夜坦言他无数次想转行放弃写作，是书迷给予的鼓励与信任成就了今天的妖夜。目前他正在参与《妖者为王》的编剧工作，并开始为下一本书做准备。妖夜说，将来无论走多远，他都会不忘初心，牢记使命，写出更多让读者感动的好故事。

【主要作品】

《兽破苍穹》，2011 年 10 月首发于塔读文学网，343.3 万字，已完结。

《妖者为王》，2013 年 3 月首发于塔读文学网，288.2 万字，已完结。2014 年 11 月，天下梦品牌将《妖者为王》更名为《狂者为尊》，正式在全国各省市、地区出版发行。

《焚天之怒》，2014 年 5 月 4 日首发于创世中文网，509.5 万字，已完结。

《不灭龙帝》，2016 年 4 月 15 日首发于创世中文网，520.4 万字，连载中。

【代表作评介】《妖者为王》

《妖者为王》讲述了一个不起眼的少年萧浪的成长故事。萧浪在异界大陆屡遇险阻，九死一生，因其"妖气凛然"的人物性格与坚忍不拔的灵魂品质而不断获得"升级"。为了心中所坚守的情感与道义，他不惜举世皆敌，最终登上了巅峰王座。全书近300万字，行文毫不拖沓，内容热血且感人，从萧浪离开药王城讲起，故事情节环环相扣，高潮迭起，引人入胜。

《妖者为王》作为妖夜的代表作品，以其宏大的布局、千回百转的情节、丰满而新奇的世界设定吸引了万千读者，在妖夜较为口语化的文笔下，极富张力地呈现出了一个有着夸张而张扬的独特魅力和审美风格的虚幻时空，填补了读者们对于"他者"世界的诉求。

这种"打怪升级"般的展开模式，使读者的代入感极强，满足了读者自身体验的表达和个体情感的宣泄，确然如邵燕君所说："不但投射了当下中国人最核心的欲望和焦虑，更为大量尚处于前意识形态的弥散欲望赋形。"——把身处水泥森林的"社会公民"，挪移到了书中的异界大陆，赋予众人最为广泛的话语特权，因而可以借此脱离世俗道德与规则的束缚。可以说，这是"自由精神"的一种体现。

《妖者为王》中的价值设定是以"力量"为绝对基础的，比真实世界中群体间的复杂关系单纯许多，所有的人只需要努力修行、掠夺资源便能攀上世界的峰顶，这种创作渗透出了游戏化的倾向。武功武器系统简单明了，便于增强读者的理解和真实性。值得一提的是，萧浪这一人物原本毫不起眼，在时代的强流前显得格外渺小，这种设定一定程度上同现实生活中的普通群众与弱势群体贴合，从而在一次又一次的战胜与"升级"中，接连制造出"爽点"。可以说，在这瑰丽的想象背后是平民式的削平深度、颠覆崇高以及个人欲望的实现。

由此可见，妖夜在进行《妖者为王》创作的时候，就如何使得"爽点"更为突出而摸索出了一套自己的方法。他写作不按常理出手，精巧地埋下暗线布局，反推设局。譬如在故事的开始，便着力制造出了一种戏剧化的矛盾情景——寒门出身的萧浪竟要以其"战士境"的实力来挑战"战师境"的世家武者司徒战野。在妖夜的叙述中，不断强调司徒战野对主人公的蔑视与这场战斗的绝对性结局，在战时却突然反转，使"爽点"直击人心，畅快不已。同时，为了增加读者的阅读黏性，妖夜在《妖者为王》中常常以多个暗线并行的方式展开故事，在每个高潮后巧妙地埋好下一个故事"地图"的暗线，使得故事紧凑，情节跌宕。妖夜对于情节与"爽点"的精准把握，使其从竞争激烈的码字大军中厮杀出来，成为真实世界中的胜利者。

从文笔角度出发，作者在写作《妖者为王》时运用了大量的口语化对白，使人物语言与人物性格融会贯通。以萧浪为例，其语言粗俗源于其生长于山野，"姑姑"萧青衣更是尤其注重其武力值的培养，其周围的寒门武者大多从小一心向武不拘小节，从而造就了主人公萧浪的语言风格，投射在文本中自然形成一种平白粗野的文字风格，大大增强了读者的代入感，提高了小说的吸引力。

值得一提的是，《妖者为王》中的人物并非扁平的，而是有血有肉，充满矛盾和感性，譬如萧浪既有与天比高的英雄本色，又有为爱而生的侠骨柔情，这些文字中体现出的"任侠精神"与妖夜本人对于传统武侠小说的热爱息息相关，字里行间颇有黄易先生的风采。

《妖者为王》故事颇具节奏感，在其鲜明的文字的叙述下，情节烘托得有若一幕幕动感的画面，浮现于读者的脑海中，使人如同身历其境。他在经营创新的题材和文字时，展露出中国武侠的传统精神，但这种精神风貌又与传统武侠不尽相同。《妖者为王》并非在张扬"侠之大者，为国为民"的救世情怀，而是更偏向于一种"精致的利己主义"，主人公萧浪的仁心和侠义均是建立在对个人利害得失的精心算计之上——不会主动地为恶，也不会积极地扬善，"路见不平，拔刀相助"的时刻不是没有，但或是建立在力所能及的前提之下，或是伴随某种"交易"。

但与黄易小说不同的是，《妖者为王》并不注重终极意义的追寻，也不会将社会大义和道德责任感设立成主人公向往和追求的目标，只是强调了"异界世界"的弱肉强食与个人的奋斗，使个人的主观欲望占据了主要的位置，"强，变得更强"成为了故事的唯一法则。

萧浪这种底层青年式主角形象的设定，意味着他的奋斗之路充满了远超常人的艰辛，奋斗之路满是层级，拾级而上意味着"逆天"而行。他不得不步步小心，精心算计。如果说出人头地，不甘于平凡与平庸，是个体在世界中的积极面与正能量，那么在阶层固化极为严重，向上移动异常困难的玄幻世界，一个还没有被现实击溃的底层青年似乎除了励志与奋斗别无他途，只是他们首先追求的是"解放"自己。这一胸怀确与武侠小说迥异，后者写侠客以表达对自我超越世俗的向往，而前者则更多的是对自我生存的关注。

《妖者为王》的设定从一开始就具有游戏性特征，在游戏中富含意义与精神，又在游戏中建构内在的特质，用一种特定的方式延伸着人类精神与文化的地平线。小说没有宏大的历史主题，天马行空的想象力和调侃戏谑随处可见，突显出平民化、世俗化、娱乐化、游戏化的特征。在此情形下，阶级的坚固壁垒被打破，普通人也能在异界大陆里依靠自己的奋斗、智慧和运气，直冲云霄，攀上金字塔的顶端，使得故事的推进具有引人入胜的魔力。

小说在一种对过去和传统的美好幻想中，把破碎了的现实还原为圆满，从而抵制碎片化现状对历史和世界的信念的侵蚀，重拾对生活的虔诚之心。人们在自由的幻想世界中找回了神话时代那种本初的特性，人的力量也在极端的情境中达到了完满。

同时，对外部世界勾心斗角、无情残酷与混乱不堪的体认，也是让主角萧浪回归自我以及自我周边的主要原因。在"一切坚固的都将烟消云散"的外在威胁下，他只想尽可能地维护好个人小世界的稳固。这个小世界里不只有孤独的自己，还有以自我为中心建立起来的各种亲密关系（亲情、友情、爱情等）。比如"姑姑"萧青衣的养育之恩对萧浪走向巅峰之位的成长过程中起到了极为重要的支撑作用，萧浪在"药王城"的初露锋芒是为了得到"凤翎丹"医治萧青衣的腿伤；萧浪一夜白发，击杀家族长老，犯下罪孽，逃离"帝都"同样是为了救出姑姑萧青衣；再比如在妖王天州禾苗域，萧浪被人打到失忆，全靠欧阳冷烟的爱情才起死回生，感悟情道第二境，写得悲伤哀愁。同样是欧阳冷烟用自己的死，换得萧浪的生，感悟情绝，写得壮丽激情。

当然，小说也有一些不足之处。例如，亲密关系在主人公奋斗之旅的大多数时间里似乎是缺席的，只起到一种情节过渡的作用。通常的情况是主人公萧浪在一段历险之后，暂时回到亲密关系之中，体验到情感的安慰和心灵的放松，之后再重新出发。这些情节实际上是具有意义的。它往往是修炼的起点、动力甚至终极目标之一。此外，本书中也存在着一些网络玄幻小说的通病——对于女性意识的压抑尤为严重, 性别歧视在文本中处处可见, 在书中男性始终处于主导地位, 无论是生活观念还是性观念上。萧浪生命中的第一个女人柳雅（浪寡妇）被作者刻画成一个风流成性的荡妇形象, 虽然身世悲惨惹人怜惜, 但是确实无法让人喜爱, 也无法看出该类人物在小说中的深刻意义。这种弱化女性意识的文本形式使得作品大打折扣, 很多女主没有结局, 洞房后就不了了之, 结局仓促。在两性的感情中女性显得较为盲目, 人格孤立单面不完整, 情感铺叙不合理, 有些生拉硬拽之感。

不过, 考虑到《妖者为王》的读者群体多为男性青年与少年, 这种男性主导的故事更贴合于读者的审美趣味。但是, 对于引导读者群体的正确价值取向这一义务来说, 这本书有一些缺失。

《妖者为王》的大部分书迷都提到了故事的收尾太过潦草, 结局交代得并不清楚——紫魅家族为何内乱, 魅儿离开萧浪有没有回归, 云紫衫的结局没有明确, 最终击败百花后也没有明确交代后续。可以说, 相较于前部分的宏大布局与多个暗线并行的手笔, 潦草的收尾算是《妖者为王》的最大失误, 也给读者留下不少遗憾。当然, 这种失望是建立在读者已沉浸于妖夜笔下的异界故事的基础上的, 反过来看, 也算是妖夜的一种成功。

总体来看, 《妖者为王》是一部优秀的网络玄幻小说, 结构设定清晰且合理, 情节多变而有趣, 人物有血有肉, 值得一读。在某些价值取向上, 也算是可圈可点, 颇具正能量, 其中可看到当代青年们的内心深处跃动着的奋斗的力量。

（田维幸　张一昂　执笔）

45. 妖月夜：心中江湖，笔下乾坤

【作者档案】

妖月夜，原名曹玻，男，生于 1990 年，知名网络小说作家，阅文集团旗下创世中文网大神级签约作家，曾荣获"2016 网络文学好作品"优秀奖。

一个月黑风高的夜晚，有一轮略显妖异的月亮悬挂于天际，婆娑树影下，一抹艳异闪入林间深处。淙淙水声映出远方云雾缭绕的庞大山脉，浩瀚的力量急速翻涌——妖月夜笔名由此而来。

《玄天战尊》，写于 2012 年 2 月，到 450 万字时已经完本，因为成绩太好，受到广大读者的喜爱，便决定续写。然而我们只看到了这本书的辉煌，却不知道妖月夜为他的处女作问世花费了多少精力。

别人的经历对于旁观者来说是故事，对于亲历者来说却是激荡的感情与苦涩的感触。网络文学被称为"草根文学"，进入这一领域门槛不高，但是身处网络文学领域的网络作家们，尤其是靠这一身份生存的网络写手们，大多能感受到其中的辛酸，妖月夜也是如此。

当笔者询问妖月夜为何选择成为一名全职网络写手时，他这样回答："因为爱好写书，当初给自己定了目标——三年，如果三年内无法在网络文学界当中立足，赚不到稿费，就放弃文学梦想。"正是残酷的现实环境以及惨烈的行内竞争迫使他在文学梦前抉择，定下了"三年之约"。

"最开始写《玄天战尊》的时候，因为是长篇小说，世界构架太大，难免会有许多的不足之处，对节奏、剧情、人物等等的安排，都容易顾此失彼。"对玄幻小说这个类型，妖月夜有着自己的阐释。他所设定的格局比较新奇，架构了一个有刺激点的世界，他的小说行文为何如此流畅，这还得追溯他的小说写作历程。

早在 2005 年妖月夜 15 岁的时候，他便开始写武侠小说。因为热爱，想自己写点有趣的故事，便开始动笔写起来。然而那时太小，不知道去哪里投稿，再加上文笔比较稚嫩，随后就放弃了投稿。到 2008 年接触网络小说，在网络上看了很多玄幻类小说，被小说的情节、人物深深吸引，于是他也开始在心中构建一个天马行空的世界。《玄天战尊》一经连载便受到广大读者的喜欢，因为妖月夜也是个读者，他知道大众也喜欢这种天马行空的感觉。站在读者的角度去书写自己的小说，是他取得成功的重要原因。

"如果是为了梦想而写书，就该在这个世界添加自己的故事，以及自己想表达的东西。"

"若没有网络载体，估计很难有出头之日。"网络的出现，让他能随时随地阅读到自己喜欢的文字，并且写下来。

"网络小说，还是给了很多人机会，至少，让无数拥有写作梦想的人，有了一个平台。"面对《玄天战尊》取得的成绩他这样说。另外，通过网络，他积极和读者交流，日常也会有很多网友催更，他个人很享受网络带给他和读者的零距离沟通。

2013 年 12 月份开始写的《不死武尊》更是直接改变了他的人生，这本书在保留原来作品的优点的同时，也弥补了一些不足。因为跨步很微小，并没有顾此失彼，所以一发书，便成绩斐然，在各大网站都极为畅销。完本几年后，如今在鲸鱼阅读依旧排在畅销榜前十。

商业化的运作让文学变得急功近利，面对这个现象，妖月夜说："我个人认为，写出一本自己喜欢读者也喜欢，并且带有正能量的小说，是一件很有意义的事，特别是玄幻小说。我的读者，很多人都是因为主角对事情的不放弃、坚持，从而想到了自己也想做个励志的人。所以我写小说，都是写以励志、奋发向上为主线的玄幻文。"也就是说，在这样一个环境下，妖月夜并不会因为读者的催更而忘记自我，忘记自己的初衷，忘记自己小说所要构建的格局。面对网友的催更，他并不着急，"有灵感就写，我不喜欢束缚，也不喜欢和人拼字，只要休息好了，灵感一直有。"这也是他为什么写了几百万字依旧质量很高的原因。

每个作家在写作的过程中都会卡壳，都会反复修改，最终删掉所有字，但是妖月夜说："正是因为想要写好，才会卡壳，这个时候，我会停下来，梳理剧情。"

每一部优秀的作品都是作家付出了无数努力才得来的，经过了反复推敲，所以作家一定希望在众多读者面前展现的作品是最好的。

像众多小白一样，在网络文学界摸爬滚打了几年后，看到如今自己的作品也能进入排行榜，再想想当初家人对他辞掉工作全职写作的不支持，妖月夜可以自豪地说："我年薪也算是普通白领的十倍了，可以靠写作养活自己了。"坚持梦想与满足现实生活物质所需其实并不矛盾。

网络给更多人提供了平台，对于放弃一切一门心思投入网络文学写作中的妖月夜来说，他像大多数网络写手一样，不同的是他成功了，有的人却再也没有爬起来。面对未来，妖月夜只希望能继续写自己想写的故事。这一切皆是因为热爱，他不会让嘈杂的网络环境冲淡了最初的梦想。文字跳出屏幕的瞬间，就像无数看得见的未来，我们期待妖月夜写出具有更大影响力的玄幻小说。

【主要作品】

《玄天战尊》，玄幻类小说，妖月夜处女作，2012 年发表于旗峰天下网，1154 万字，2013 年完结。作品写主人公韩宇资质平平，家境贫寒，却因偶得神秘之珠，取得逆天功法——衍神诀，从此修为一日千里。一个神秘浩瀚的未知世界，在他眼前逐渐展开。顶天男儿为了家族，怀揣热血，尽杀仇敌；为了红颜知己，舍生忘死，勇往直前；人不犯我，我不犯人，人敢犯我者，必诛其人！看他将如何披荆斩棘，踏上巅峰，睥睨天下。

《不死武尊》，玄幻类小说，2013 年 12 月 16 日发表于创世中文网，666 万字，2017 年完结。小说长期处于网站畅销榜，在创世中文网全平台总销售榜位于前二十。

《神荒龙帝》，玄幻类小说，2016 年在创世中文网首发、起点中文网更新，229 万字，已完结。《神荒龙帝》是一部影视联动的大型玄幻类巨作。小说把我们带回到上古时代的神魔大战中，战势滔天。人族少年身怀龙骨，炼真龙之体，闯神荒，探帝墓，天地因他而变。在这里，有女帝君临天下，古兽只手遮天；有大魔祸乱天地，人族先贤镇压八荒。浩瀚神荒，谁可称尊？唯我凌飞。一滴龙血，可压碎山河；一根龙骨，可撕裂苍穹；一双龙眸，可看穿古今。少年凌飞身怀龙骨，崛起于微末，开启了一条与亿万神魔争锋的无敌之路，整个天地，因他而变。

【代表作评介】《不死武尊》

妖月夜的代表作品《不死武尊》一经发表便得到广泛关注，成绩斐然。该书写的是男主人公萧云在神殒大陆的故事。在这个万族林立的时空中，有天赋惊人的灵体，也有有着古旧历史的神体；有天神后裔，也有生来神通的妖族……各种体质争斗不休。在这当中是以武魂为尊。上古十大武魂更是独霸一方。六道武魂，可演化六道；生死武魂，可掌控生死；吞天武魂，可吞噬一切；战武魂，一丝战意可崩碎天地；日月武魂，牵引日月之力震慑诸天；生命武魂，可使死人复活，白骨长肉，使人不死。

小说中的萧云，一个觉醒了武魂的少年却因为修为一直停滞不前，被世人称为庸才，殊不知他的武魂却是上古十大武魂当中的生命武魂。生命武魂晋级可吸收一切天地元气为己用，还可以治疗伤势，化解剧毒，凭借着父亲留下的吞天神诀，萧云更是融合诸多武魂为己用。

这部小说情节跌宕起伏，有着正邪相杀相恨相爱的场景，但是在大结局的时候却异常和谐完美。这让大家在战争都停止之后的一片和谐静谧中，又达到了一个真正的世界，那里有神有圣人，两个世界形成了一个循环的体系。文中萧云证圣成功，获得了维持正魔两道平衡的力量。然后，神风界主带着萧云，飞向一片浩瀚的星域，找到了紫薇星域，在那里星辰流转，每一个都巨大无比。新世界的平衡建立，以一种完美和和谐作为结局，让读者也没有那么多遗憾，反而会感到很是欣慰。

这部作品行文新奇且文笔极好，情节设置合理，地图设置宏大，对于世界的架构有着自己的领悟，主角实力描写清晰，对主角的坚毅之处和对技巧的领悟与独到之处进行了详细的描写，文笔严谨而有新意。

（徐鸿雁　张力心　执笔）

46. 要离刺荆轲：借历史书写传奇人生

【作者档案】

要离刺荆轲，原名刘惠来，湖南娄底双峰人，知名历史小说作家，2011年成为起点中文网签约作家。代表作品《我要做皇帝》，未完结作品《在西汉的悠闲生活》，现连载作品《我要做门阀》。累计创作字数739.07万。

第一部作品《在西汉的悠闲生活》，累计获得8万张推荐票。《我要做皇帝》登上起点首页完本中封推，百万推荐，百万点击。《我要做门阀》更是累积获得150万点击，作品讨论突破万条，月票榜、周点击榜稳定排名前十。

要离刺荆轲现居住在新化，在专职创作之前，在许多行业打拼过，做过生意，也进过工厂，社会经验非常丰富。要离刺荆轲开始写作，是源于对历史的热爱。他说："从小就喜欢历史，特别是我的启蒙老师对我影响特别大，而且小时候看过文言文的三国演义，当时感觉特别震撼。"当他看到别人的历史架空小说，他问自己，自己是不是也可以去尝试写作呢？就这样，要离刺荆轲开始了他的创作生涯。

对于自己的笔名，要离刺荆轲的构思独出心裁。他的灵感来自于《关公战秦琼》，关公是三国时期的大将，秦琼是隋唐的豪强，两个不同时代的人，如何对战？这违反了历史事实，但一定程度上，又和现在的历史小说需吸引眼球、求奇求异、突出虚构的要求是相符合的。要离是春秋时代的人物，而荆轲是在战国时代才出生的，以要离刺荆轲（以下简称"要离"）作为笔名，颇有历史架空的意味。他虽然自觉是"姑妄言之，姑且听之"的架空小说，但也坚持故事要建立在历史真实的细节之上。这一点在他公众号所发表的许多文章中可以体现，他对自己的作品有严格的标准。

作为起点历史小说大神的要离，也有自己偏爱的历史小说，例如《新宋》《宰执天下》《1911 新中华》等。当讨论到历史小说的写作时，宏大的框架，不脱离历史背景的语言，描绘出时代特有的风骨精神，对历史新颖的发现或深刻的认识，往往是优秀作品共有的优点。作者能够执笔完成小说，要花费大量时间精力去考证历史，以填补现代人对于历史细节认知的空白。仅略浏览史书，得来的粗浅认知，也无法支撑百万字的长篇。读尽人间百态、古今之变，创作才能逐渐深入。要离说："历史小说作家，大多是孩子，心里有梦，才选择这个题材。"他们怀着对历史中那一个个朝代曾经的辉煌的热爱去写作，也是为了弥补历史辉煌逝去的遗憾而写作。网络历史小说大多以男女主最终在古代得以施展自己才华，得偿所愿为结局，其中的男女主角，何尝没有作者自身的影子，带着作者未完成的梦想呢？

以文化传统、文物等种种形式残留到今天的历史故事，宛若铜鼎的青锈，令人触景生情，浮想联翩。在作者心里，历史被重新书写的过程和一场孩童时代的梦境里的冒险有相同之处。阅历渐长带来的成熟也并非是深沉，用"胸怀沟壑，心若赤子"去形容这种成熟再合适不过。

在诸多朝代中，要离说秦汉两朝是他的最爱，秦汉作为新兴的封建王朝生机蓬勃，可以想象发挥的空间更为庞大。先秦时期处于人类文明的轴心时代，是思想开放繁荣的一个高峰期。旧有的枷锁在动乱中毁灭，文化自由地生长，这是那个历史时期的魅力所在。近代史在要离的眼中太过压抑。近代沉痛的历史给国人带来的心灵创伤，仍然尚未完全愈合。色调灰暗的末代王朝，宛如垂垂老矣病入膏肓的人，良久呻吟，闻者落泪，徒增日落西山的悲哀。要离将小说背景锁定在朝气蓬勃的秦汉，进行架空叙事，改变历史轨迹，或许更加容易操作，历史元素更加丰富。

写秦汉两朝的小说，电视剧和书籍是要离的灵感来源。他自述，《汉武大帝》对他的影响很大，《首相》《纸牌屋》类型的电视剧，也给他增益良多。他的小说中有大量描写人物之间的政治斗争的情节。权力博弈是精巧的平衡艺术，少不了谋划算计、政治手段，更离不开对人性的深刻洞识。"世事洞明皆学问，人情练达即文章。"要离的小说之所以能在网络中脱颖而出，自成一家，正是因为他冷静写实地做出对利益集团的剖析，并尽力逃脱非黑即白的人物形象塑造。没有无缘无故的金手指，有的只是主角对人心的把握，使他占得先机。

为了巩固学识，要离停下了笔，直到 2015 年才回归。他说："因为中间觉得自己写的东西与历史不符，所以去看书，从《史记》开始，一直学习。"要离在小说评论区，常常和粉丝、读者互动，有时讨论史料，有时讨论甚至还会转变成为一场辩论。对于重现和推演，他要尽力做到完美。要离在个人公众号里，推出了一系列考证古代军事、政治、经济以及文化的文章。以《我要做皇帝》为代表，这部小说并不是简单粗暴的历史架空小说，它的内容从王朝的核心——政治权力斗争延伸到封建社会的方方面面。这决定了它需要大量的背景资料来为情节构思提供素材，极其考验历史小说作家的业务水平。当谈论到写作面临的难题时，"卡文"就是他面对的难关之一。创作思路走到了歧途，小说情节的发展脱离了预定目标，又或者是暂时失去灵感，都会导致"卡文"。但作为专职作家，既要保证质量，也要满足读者日更万字的要求，于是写完又删，不断重新提笔，一边码字一边思考。他在身体上也有需要克服的困难，那就是颈椎病。由于长时间在电脑面前写作，常常熬夜更新，他患上了颈椎病。他对历史的热爱使他坚持了下来。读者的支持也是激发他坚持作品更新的动力。他说，希望他的小说能让读者快乐。事实上，除了满足读者幻想，他作品中深厚的历史底蕴和详细的历史考证，也使读者得到历史文化的启蒙。对于自己的作品，他还有更加深沉的寄予。他希望，能够弘扬中华民族传统文化，让更多人都了解祖先的辉煌与伟大。一个优秀的作家，他的作品背后是民族复兴的梦，国家崛起的梦。

【主要作品】

《在西汉的悠闲生活》，历史题材作品，2011年5月首发于起点中文网，90.9万字，已完结。

《我要做皇帝》，历史题材作品，2014年11月首发于起点中文网，532.2万字，已完结。故事写的是男主角从现代穿越到汉朝，成为汉景帝之子刘德。作为穿越者，他努力维持安稳的生活，只为求得平和，最后却只落得一杯毒酒的下场。冥冥之中，他再一次以刘德的身份重生，老天给予他第二次机会，吸取两世经验，他明白了，只有争得帝位，才能摆脱被他人支配的命运。在人人为了皇权勾心斗角的世界中，没有野心无异于狼没有獠牙。一个不受重视的皇子，如何在明枪暗箭、危机四伏的汉家宫殿中登上帝位？一个普通人又如何施展手段，运用现代管理观念和历史经验，去管理庞大帝国，又如何对外征战，一统天下？故事就在这样的悬念下发展开来。

《我要做门阀》，历史题材作品，2017年7月首发于起点中文网，139.9万字，连载中。在已经更新的篇章中，主人公张越是一个从现代穿越到西汉时期的年轻人，他从一个普通的地主少爷，走上仕途。他利用作为现代人的优势和随身的神奇空间，当然还有他的努力和智慧使在他梦想的道路上勇往直前。这部小说语言风趣，内容丰富，作者将古代历史和现代元素相结合，在历史的基础上进行自己的创作。因为主人公的特殊身份，主人公可以充分运用自己的现代人优势，在神奇空间中取得在古代想象不到的信息和经验，以帮助自己在这个时代进退自如。

【代表作评介】《我要做皇帝》

首先，历史真实度高，考据细致。

现在的架空历史小说，类型大致分为三种。第一种是完全架空的历史，内容背景都是虚构，不见于正史记载，但是叙事形式模仿旧时的历史小说。第二种则是现代人以某种方式穿越回古代，改变历史的历史小说。现代人发挥他的现代优势，凭借对历史知识的了解预知将来命运，推动历史发展，改变世界格局，架空和真实并存。其中，取材于史实，但是改变了既定历史走向的小说，人们一般称之为反历史小说。第三种则是现代人穿越到架空朝代。《我要做皇帝》属于典型的第二种架空历史小说。第二种类型的写作对作家的历史知识水平要求高，而要离也达到了这点要求。

作者历史功底深厚，考据严谨，在小说中引入大量历史资料，而又恰到好处，不使人觉得生硬。对于西汉社会的方方面面，包括货币、财政、农业、商业、地域、气候、社会风俗等，作者都能有所把握。在涉及具体情节的展开时，这些资料就派上了用场。例如，在小说中，因急于"赏赐军队"，男主需要"铸钱"解决财政问题。"铸钱"又与矿业、手工业息息相关。对于铸币、发行钱币、钱币流通等都需要作者提供真实的历史细节。在小说中，"金"被扩写为黄金，金是否代指黄金？这也是存在争议的问题，作者写出详细的考证：

"……但我查阅了很多资料后，确认无疑，秦汉的金就是黄金！根据《汉书·食货志》记载：'秦兼天下，币为二等。黄金以溢为名，上币。'于是黄金货币便在全国流通。新中国成立以来，在陕西兴平念流寨出土秦代金饼1枚，含金量达99%，直径5.1厘米，重量260克，底刻'寅'字；以后又在陕西临潼武家屯窖藏出土秦汉金饼8枚，其中原编号96的1枚重量253.5克，刻有'益两半'三字。很显然，这里的'益'与秦朝'黄金以溢为名'的'溢'相通。溢与两，都是秦朝的货币计量单位，陕西地区秦国金饼的出土，说明黄金货币不仅在楚国通行，在其他地区也有黄金货币在流通。……"

小说中人物的对话，作者还尽力让小说中的人物以古代人的口吻交谈，使其语言古朴。在重现史书上记载的历史事件时，人物对话会根据古代书面语重新进行改造，变为朴实口语，或是引用史书中对话语句，力求为读者还原那个时代风貌。

例如，《汉书》载武帝乃再次"诏贤良曰：'朕闻昔在唐虞，画象而民不犯，日月所烛，莫不率俾。周之成康，刑错不用，德及鸟兽，教通四海。海外肃慎，北发渠搜，氐羌徕服。星辰不孛，日月不蚀，山陵不崩，……'于是董仲舒、公孙弘等出焉"。小说中君臣暗中角力的对话，便是引自此处，男主想要加强对地方的控制，一直暗中酝酿亭长里正选举改革，但是苦于地方豪强的反对。最终以利弊分析说服了他们，请看——

"他继续道：'朕以为凡事堵不如疏，自古圣王治世，皆以教化为重！故唐虞画像而民不犯，成康之际刑错不用，山川不崩，河谷不塞，凤凰来仪，河洛出图，此皆天下所共见而卿等所共知之事！'""他提步向前走着，边走边道：'而这亭长里正之制便是出于疏导士民，以示朕与天下士大夫共治天下之心之举。'""是故一时间全殿俯首，人人口呼：'陛下明见万里，臣等愚昧，唯顿首而已！'"

当作品角色处于社会环境之中，要离选择了用历史语言来表述彼此的对话交流，从而更好塑造了主角融入古代生活的一面。但是当解读主角内心想法时，作者又大多使用现代人的口吻，回归到犀利尖刻、明朗易懂的风格。主角杀伐果断、雷厉风行、运筹帷幄的表面形象背后，是心术算计、追逐利益的欲望和野心。两种语言风格制造了不同的艺术效果，前一种塑造偏向历史记载的形象，后一种又在生活层面进行人物形象的解构。对人物去神圣化，指出了书中人物的行为多半是受利益驱动。两种语言风格的交替使用使人物更加复杂、真实、丰满、贴近读者。但是也存在问题，文白语言的转换不够自然流畅，没有很好的衔接，两种风格之间有些对立。

其次，逻辑性强，历史推演缜密。

这部小说之所以能够吸引读者关注，正是因为它没有大开金手指推进情节，而是踏踏实实地讲故事。读者可以看到，一个光杆皇子是如何凭借他的政治手腕登上帝位，又是如何将处于农业时代的中国社会带往工业时代的。

主角重生后第一件事，就是探视病中的薄皇后。薄皇后无子，他要联络感情，为将来脱离与栗姬的母子关系做准备。为了博得父皇的欢心，他提出推恩之策。汉景帝派他去管理长安，与晁错合作。晁错与他不和，因此分派他管辖棘手之地。主角有薄皇后财政上的支持，收拢了张汤，又向汉景帝上书，要以"考举"的方式选拔治理长安的助手。他一步步笼络史书中的名臣，用现代手段促进手工业、农业发展。他以自己的方式改变历史，削藩、联姻、扩展疆域。男主角走的每一步，都是基于理性分析，如此才得以最终站上时代的至高点。

当主角逐渐掌握大权时，参与历史事件的程度加深。历史慢慢偏离原本的轨道，情节的发展从原本的历史故事扩写，从描写场景、对话的具体化到故事情节最终的完全架空原创，小说连缀成为多元视角下帝国的成长史。

再者，人物性格描写鲜明。

作者在引用历史人物的同时，不忘把每个人物性格重新刻画，当然不是简单的描摹，是根据史实和情节需要在发展情节的同时，尽可能完整而细腻地展现。

如小说的主人公刘德是一个心怀天下、聪慧、勇敢的人，他心中有明确的目标，在目标的驱使下不畏艰难，勇敢向前。作者塑造这样的人物形象，符合大部分读者希望当权者清明、国家富强的心愿。主人公不太讨好的身世也容易使广大读者将主人公想象成自己，吸引读者继续跟读的同时，也是对读者的一种心理暗示，鼓励读者努力完成自己的梦想，改变自己的命运，成为可以主宰自己命运的人。

再如天子刘启，如大多数皇帝一样，刘启寡情、多疑、难以捉摸，心思复杂却不表现。刘启虽然想打下一番天地，然而却因为顾虑太多做事束手束脚，这也是主人公对父亲不太满意的原因。

还有，叙述语言诙谐，简实易懂。

与一些历史类小说不同，这部作品虽引用真实历史情节，却没有咬文嚼字，全篇语言采用通俗易懂的白话，益于读者阅读作品，主人公有时也采用一种吐槽的口吻来叙述故事、描绘人物。这种语言在丰富人物性格的同时，也增添了文章内容。如"便宜老爹"是指皇上，"便宜老妈"是指刘德的生母栗姬，清楚展现皇帝和栗姬的人物特点和他们在刘德心中的地位。

（孙荣　潘明轩　执笔）

47. 叶四四：精心打造网络言情小说

【作者档案】

叶四四是湖南知名网络言情作家，原名胡蓉，女，生于 1990 年 5 月 29 日，籍贯长沙，毕业于长沙市艺术职业学院。

【主要作品】

2011 年，叶四四开始尝试撰写网文，2012 年成为专职网络文学作家，钟爱言情小说题材，现为腾讯文学签约作家，在云起书院现有两部作品：

1.《天价宠婚：豪门阔少小甜心》：2015 年 8 月 27 日连载，全文 346 万字，已完结。截至 2018 年 3 月 10 日为止，该小说在首发网站有 95 万收藏量。

2.《恶魔老公，温柔点!》：2017 年 6 月 7 日发表，正在连载，首发网站有 22 万收藏量。

【代表作评介】《天价宠婚：豪门阔少小甜心》

女主角叶依人一直深爱着青梅竹马的未婚夫林承毅，可林承毅约她与叶语嫣去美国游玩时，竟告知叶依人，他爱上的是她的继姐叶语嫣，并准备在美国向叶语嫣告白。叶依人惊诧悲伤，买醉美国街头，机缘巧合之下遇到一个叫顾慕凡的人，最初，顾慕凡声称他家里不是收容所要赶她走，可她才不想走，便莫名其妙地成了这位霸道总裁的女朋友。在顾慕凡的宠爱和呵护下，叶依人感受到了从未有过的爱情滋味。两人在短暂的相识后，迅速步入了婚姻的殿堂，在婚后的生活中，顾慕凡继续各种霸气宠妻，让叶依人过得十分甜蜜和幸福。

正如作者觉得"细水长流的爱情是最好的"，其笔下的《天价宠婚：豪门阔少小甜心》（以下简称《天价宠婚》）不同于普通的网络豪门言情小说那样被爱恨纠葛、惊心动魄占满主旋律，《天价宠婚》节奏较为舒缓，着重写女主如流水涓涓般的婚后生活。作品用很短的篇幅叙述了女主叶依人被未婚夫背叛，失落时与男主顾慕凡意外相识并闪婚，而后用大量的篇幅描写两人婚后的生活。作者用"日常秀恩爱"贯穿小说始终，通过"惊喜的制造"渲染浪漫的感觉。叶四四用男主角完美的设定及乌托邦式的爱情作为牵引，让"高富帅"与"白富美"相恋水到渠成，刻画了叶依人从学生，到演员，再到设计师的身份转变，展示其话语权和自我存在感的不同，并形成了层层的蜕变。同时小说又用黑白分明的笔触勾勒出黑白两面的众多女性人物，黑面的人物有为了扭曲的胜利而两面三刀的姐姐，有为了延续奢侈生活而出卖肉体的姑妹，有出生不俗却一事无成的富二代，让人反思金钱和肉欲在女性生活中的地位；白面的女性人物有单纯的没有小心思的吃货，有逐爱千里的外国朋友，让人感叹人虽不同，却都殊途同归，让我们看到的是追求爱情和自我价值的人物形象。

作品对女性形象的塑造显示出自己的特点，这主要表现为：

第一，对女性如何生存进行艺术探讨。在生活中，往往自己是主角，叶依人，白富美，如众多怀春少女般，把爱情放在了高高的神坛上，她与未婚夫林承毅的爱情，有她极大的付出。小时候她为了救其性命不顾一切，在爱情的天平上，一再压低自己，为了赢得他的喜欢，处处迎合，甚至不要求回报，爱得卑微而可怜。叶依人十分珍惜与林承毅的关系，觉得能和自己青梅竹马的人结婚，即使自己在这份感情上再卑微，也是幸福的。她往往会主动邀请他约会，她即便受到委屈生气了，也是先低头与林承毅和好。可是命运总爱开玩笑，如此的付出，林承毅却与叶依人继母的女儿两情相悦。仿佛是命运的轮回，叶依人母亲景颜（后证实是其姨妈）也是深爱着其父叶正奇（后证实是其姨父），叶依人与景颜一样，被自己深爱的人背叛，景颜的归宿是得知丈夫有小三后得抑郁症自杀（景颜在叶依人成年多年后又奇迹般的未死回来报仇），将自己的价值仅定位于在夫妻生活中，被爱则生，不被爱则死的富家太太，将自己的性命拴在男人的身上，像菟丝子一样活着。而这名年轻的女性——叶依人，在爱情被背叛时，与景颜一样选择脆弱，选择独自一人买醉街头，之所以用最不安全的方式买醉，是因为叶依人从小缺失父爱母爱，未来的幸福已完全寄托于林承毅身上。

而这份爱情的迷失，让这个在爱情面前卑微的人面临重大转折，要不像景颜一样有爱则生，无爱则死，要不用另一种生存方式活着。感情空虚而自身条件过硬的女孩注定会有一个新的人走进她的生活，她与男主顾慕凡意外相识，这个只懂付出不懂索取的人，在这段爱情中转而变得骄傲，叛逆在年轻中突显出来，释放了其性格的束缚变得不再小心翼翼。

仅用了三个月，叶依人极快地接受了这个宠她爱她的人，在她的父亲、继母及哥哥等亲属不知晓的情况下，义无反顾地决定与顾慕凡结婚。顾慕凡和林承毅对待叶依人的态度截然不同，让叶依人的爱情观发生了翻天覆地的改变，女性主义意识开始萌发，在价值判断上，在面对生存意义的重大改变，叶依人从委曲求全，逆来顺受，乐于单方地付出，认为自己从男人身上便可得到幸福生活，发展到后面独立自主，享受被爱，并愿意做一棵"你身旁的木棉"，用更平等的眼光看待男女之间的关系，而这种改变也为其后与父亲、继母等决裂埋下伏笔。认识三个月，叶依人便与顾慕凡直接闪婚扯证，之前的叶依人会遵循家长必须先订婚后结婚的仪式，曾经忍受继母虐待，后来与继母等决裂，这种转变亦代表叶依人主体自我意识的觉醒，也就是对自我意识的朴素肯定。值得注意的是，在此过程中，可以看到叶依人的巨大改变，首先结婚的需求是由她主动提出，她不接受姑姑所推荐的相亲对象，在被林承毅背叛后，她与名义上的父亲、继母与姐姐已划清界限，将此三人排除在"家"之外。叶依人对自己的存在，已从前期的家人安排与认可走出，恋爱也从旁人认可和自己单方面认可里走出，选择了纯自由的恋爱，里面不夹杂一丝他人的认可，自己的大事由自己一人做主。结婚后，叶依人依旧努力于自身的学业及事业，并为自己规划好职业生涯，自觉地进行自我能力的探索，对自我地位进行具体的、辩证的肯定，不再将自己定位为做富太太。她明白，除了物质丰富外，还需在社会生活中实现自我主体价值，作者将叶依人由学生到演员再到设计师这种身份的改变作为其女性价值递进的表现。由于网文中的女主总会带有"金手指"，本小说也不例外，在表现叶依人社会价值的时候，总会由于其天赋异禀，事业的一切发展几乎顺风顺水。经济的独立让叶依人有别于其他豪门中女性形象，叶依人为了靠自己努力使事业得到发展，对外隐婚，这使得她的成功更加纯粹化。

第二，对女性价值定位的判断。作品里面的白面女性人物形象有个共同特点，为了紧抓自己的幸福，主动性很强，"嫁给自己爱的，对自己好的人"是本文所有"白面"女性人物所追求的，从追求婚姻的幸福体现出女性的形象价值。小说里面多有由女性人物亲自求婚的设定，在这里，女性个性主义得以张扬，由女性自己决定婚姻所属，是女性坚毅主动地抓住自己幸福的诠释。叶依人在与顾慕凡相处三月后说："顾先生，我们结婚吧。"周思思穿婚纱在周炎办公楼下向其求婚，还有另一名叫朱蒂的外国女孩子直接面对所爱的人周奕的父亲，请求允许她嫁给周奕，充分诠释了女性的自我意识，正如朱蒂所说"面对爱情时不需要犹豫，要做的是勇敢面对这份爱情"。

面对令人眼花缭乱的新鲜刺激，女性如何自处，其普遍价值是什么？小说里白面的女性角色几乎都获得了幸福美好的结局，但不可否认，小说中大量描写的生活故事，因为与"豪门"二字相连，缺少平头老百姓生活中的酸甜苦辣，女性被"宠"得只剩下甜和些许的酸。小说中女性在自主掌握所嫁之人后，其女性的归属定位依然是可怜的，依然以家庭生活为最终归属，女性意识并不彻底。这表明女性在选择独立，争取与男性平等时，却依旧将女人是否幸福的最重要的评判标准设定为嫁人的好坏及在家庭中被宠的程度，而这两点，离不开男性社会地位的高低。可以从小说中看到，在家庭上，叶依人、周思思的幸福，都是因为她们有了好的归宿，从而值得炫耀。在事业上，叶依人是一个追求事业有成的人，但依旧在后期因为丈夫的宠爱和助力而使事业得到更好的发展，而周思思的婚后定位是做一名富太太，她们共同被要求，或是自己要求通过诞生后代而稳固现有幸福。作品即使大量描写女性，却依旧透露出"男主女从"的意识，这种意识深处的潜在因素，来源于长期以来的男权传统而成为一种惯性，这是社会存在给予女性的一种心理定式。叶依人虽然洋溢着很强的自主性和自爱性，但看其生活，作者不厌其烦大量地书写女主旅游、拍广告、逛街、拍戏、聚会、送礼物等故事，这些众多的浪漫与幸福都几乎是顾慕凡给予的。因而，女性觉醒，女性对自我的拯救，不应仅是立足于男性给女性更多的尊重与自由上，也不是通过"宠婚"，生活在以男人为中心的情感世界里，并将男人看作是自己人生的保障的根本性力量和生命支柱，也不是将一段美好的感情纯粹寄希望于天赐良缘，感情的世界里是平等的，每人要求幸福的权利是对等的。一个女人应该珍爱自己，要学会独立自强，脚踏实地，但并不一定要在爱情中要求男人一味地付出，家的构建来自共同的付出。小说中叶依人的保姆张妈，养着老公和孩子，而老公却又时常赌博家暴，但张妈觉得离开了他，"她一个女人无一份手艺，又没有学历，带着儿子根本在外面难以存活"。将女性的价值与家庭紧紧联系，而家庭里必须有个男人。在重新认识女性价值，在属于女性生命体验的世界，里面充满女性对如何获得自身地位和身份，如何面对婚姻的真诚思考。一方面颠覆这个规范自己的男权世界，另一方面又小心谨慎地理性认识，也是女性获得真正自由的基点。最终实现真正的性别平等，不是摧毁现存观念，而是要完善这个由"人"共同担当的世界。可以看到作家以敏锐热烈的感性意识和细腻的文笔，点破现代女性的价值认识的困惑，讲明对女性生存的哲学思辨与审美上的把握，寻找属于女人自身的价值。

第三，欲望中女性形象的"绝对化"叙述。"绝对化"是叶四四小说中的一大特点，《天价宠婚》里面女性的角色有黑白二色，白面的女性积极向上，几乎都有好的结局，而黑面的女性却无一不下场悲惨。叶四四传神地描写出了欲望下女性角色的苦、悲与恨，将黑面女性的自私、欲望和无聊概括成她们的人性，深刻地揭露了金钱对女性的腐蚀，从而从豪门的角度道破了这个时代独具特色又非同寻常的"冷暖炎凉"。既然是豪门之间的故事，小说几乎将其他阶层的人隔离开，充斥着白富美与高富帅之间的较量，他们金钱的消费明显高于普通人，里面黑面女性之间也是由金钱的多与少来衡量豪门里女性镀金的厚与薄。

小说将豪门里的女性角色是否被金钱奴役作为黑白两面女性判断的分水岭，其命运的好与坏也往往被其欲望的大小所决定，并几乎一语定论其结局。小说的一号反面人物叶语嫣，亦是表现出了欲望优先，爱情贬值的价值观，一切都活在攀比中，夺人所好是她表现价值的方式，绝对化的节节败退，直到最后丧失一切。作为与白面一号人物叶依人的强烈对比，小说淋漓尽致地表现了欲望越大，人心越不足，不管是爱情还是事业都将越失败的生命轨迹，即使最后叶语嫣道出她是爱林承毅的，但是她爱林承毅是因为他是她妹妹叶依人的未婚夫，她只是单纯地想抢这个优秀的男人，她终究输得一塌糊涂。出身富贵的姑姑叶瑶瑶亦是一个典型，作为绝对的豪门"菟丝子"，为了维系自己奢侈的生活而不愿意和自己早已不爱了的丈夫离婚，但在丈夫破产后，却立马变脸离婚，为了维持原有的生活，无收入来源的叶瑶瑶与女儿何思瑞不甘于贫穷，为了继续过富人生活，叶瑶瑶像老鸨子一样教唆年仅 19 岁的女儿去做富人的二奶，完全不顾母女亲情、人伦道德，她们匍匐在金钱之下，为她们不遵守社会道德规范而找来借口和理由。作为好逸恶劳、不求进取的挡箭牌，作者在描写叶瑶瑶的出场及语言时，让读者一看便知叶瑶瑶是一个无人情冷暖，无社会交流技巧，其幼稚的语言让人惊叹她年纪的增长却带不来知识阅历的成熟。这个金银堆砌的富人圈，女性解放的最大敌人跟以前有了很大不同，已经不是单纯的性别与道德，而是在欲望化的社会氛围下，人的意志选择是被欲望左右，还是卓然独立地凭借真正的感情生活，正是这本小说真正要说的，女性生存的意义如何，是绝对化的被定位于只是诉求物质丰富的生活，还是有其他，正是要进行深思的。

（向柯树　执笔）

48. 叶天南：托身已得所，千载不相违

【作者档案】

叶天南，原名刘锋，湖南浏阳人。2006 年毕业于医学院，并进入医院工作，任职于内科。2008 年 10 月开始兼职写书，2012 年 10 月正式辞职，并一直从事写作至今。

"我经常在网站看书，试着写文上传网站，然后签约入行。"叶天南现在已是起点中文网 VIP 签约作家。问及他弃医从文的原因，叶天南的答复更让人觉得他在经历了很多事之后仍保留了一份单纯："医生压力太大，而且年轻医生收入不高，写作是为了生活也是为了自由。"理想主义者也许会说写作是为了情怀，现实主义者也许会说不过是"著书都为稻粱谋"。但是作为一个人，我们不仅要满足生活需求，更要有精神上的追求。所以当被问及写作对他的意义时，他说："对于我来说，意味着我的事业和梦想，意味着我赖以生存的工作"。

叶天南受血红的影响最为深刻。血红，原名刘炜，祖籍湖南常德，是当前网络玄幻领域里最具人气的作家之一。血红出道早，写的书也多。叶天南就经常读他的书，久而久之便觉得既然他能写出这么多书，自己也能写出自己的故事，于是就开始了自己的网文写作之路。

古人有"闭门觅句陈无己，对客挥毫秦少游"，每个人创作的习惯和要求是不一样的。那么对于叶天南来说，"写书也没什么特别的，只是有时候需要一点咖啡而已"。咖啡可以给他提供灵感。再加之以催稿，他便化压力为动力，写出让人爱不释手的作品。

在网络文学受人喜爱的同时，作者也被给予更多的关注。叶天南于2016 年加入省作协，2017 年参与筹建湖南网络作家协会并担任会理事。2018 年 1 月 28 日，湖南卫视携手阅文集团举办的"阅文超级 IP 风云盛典"

盛大开场，其中不仅有当红明星，更有 305 位最顶尖的网文作家首次亮相，"超级医生"叶天南便是其中之一。

陶渊明在《饮酒（其四）》中写道："托身已得所，千载不相违。"叶天南在三百六十行中找到了适合自己的一行，才让自己的光芒更加耀眼。

【主要作品】

《符医天下》，修真类小说，2008 年 10 月 26 日开始发表于起点中文网，共 218.85 万字，已完结。

《超级医生》，异术超能类小说，2010 年 6 月 15 日开始发表于起点中文网，共 331.29 万字，已完结。

《绝品天医》，异术超能类小说，2012 年 10 月 18 日开始发表于起点中文网，共 341.63 万字，已完结。

《大巫纪元》，玄幻类小说，2015 年 9 月 15 日开始发表于起点中文网，目前共 81.43 万字，连载中。

《仙师无敌》，现代修真类小说，2016 年 5 月 16 日开始发表于起点中文网，目前共 148.96 万字，连载中。

【代表作评介】《超级医生》

《超级医生》一书网站点击量上千万次，全网点击超过 10 亿，曾拿下百度搜索风云榜第三。《超级医生》是叶天南的第二本书，主要讲了医学院大三的徐泽，得到了一个来自未来的超级医护兵辅助系统，这让他有了不同于以前的新目标。他要通过自己的努力不断向前，在不断克服困难的同时进行升级，最终化身超级医生，纵横世界，这和传统的写作模式相差不大。

故事发生在架空的时代，"而他却没有注意到，脖子上挂着的这个淡绿色的玉坠，在接触到那些汗水之后，却是突然闪过了一丝奇异的亮光，然后整个玉坠开始变得透明起来，里边一阵七彩的光芒缓缓变化，过了两秒之后，光芒又缓缓地消逝，整个玉坠又还复了首先的模样，只是里面产生了一段奇怪的信息：系统载体开启，等待激活"。就是一个这样的机遇让徐泽和超级医护兵辅助系统邂逅，之后引发了许多故事。

作品以"脑中的那段程序'细胞能量溢出增加，系统蓄能加速'"为线索，构造了一个玄幻体系。主人公徐泽拥有超级医护兵辅助系统，可以对抗各种疾病，并且拥有如精神沟通、伪装系统等高级功能。作品将超级医护兵划分等级，每次升级都要完成一定量的循环，这个主线明确，就如同打怪升级，不断面临困难，不断解决困难。而精彩之处便是作者想象出的不同困难，总是吸引人眼球，或诊断病人和其他医生激烈辩论，或以身犯险，为己更为人。

作品涵盖的故事背景很广，从高校生活走向医院，更走向了官场，最终走向了太空。从作者天马行空的想象中，我们可以预见未来医学的发展趋向以及作者对于医学发展的美好愿景，比如小说中叙述了这样一个情节，主人公运用眼镜透视功能发现了给他上课的教授有周围型肺癌。作者通过这个小情节表达了医药治疗应该遵循早发现早治疗的原则，作者相信未来的人类或许将不再被疾病所困扰。这不仅是作者对医学，更是对未来科学发展的愿景。读者读起这个故事来就像穿越到未来一样，产生一种身临其境的感觉。作者在讲述故事的时候采用全知视角娓娓道来，没有刻意之处，而且人物语言也符合人物的身份，可见作者感觉敏锐，体会深刻。

《超级医生》这本小说涵盖了不少传统的玄幻因素，如小说描述了"龙丹"在身体各个穴位的运转的场景。此外，小说还结合了一些道士修炼等与传统有关的想象，并且描述了派别之争、情意之困等内容，塑造了如武侠小说中的江湖体系。叶天南将多种文化元素有机结合，做到推陈出新，写出夺人眼球的作品。最精彩的要数徐泽、刘长峰和李道长一起救林雨萌的部分，在林雨萌有可能变成"嗜血狂魔"的情况下，他们仍然施救。小说中展示的情谊确实感人。施救的场面既有注射器等现代医学用品，又有"龙丹""血族"这种玄幻的存在，叶天南将之结合得没有违和感。

更值得一提的是主人公徐泽拥有很多红颜知己，并且关系也较为复杂。张琳韵，一开始嫌弃徐泽的软弱，在别人的追求下移情别恋，最终还是对徐泽念念不忘。另一位红颜知己名叫孙凌菲，她是一个外强内弱的女孩，有着优越的条件。在徐泽还没出名的时候就十分喜欢徐泽，二人经历无数磨难，最终修成正果。而林雨萌，货真价实的迷妹，追随徐泽步伐考入星大，尤其是在困难中被徐泽解救后，对他更为着迷。此外还有陶依依、罗云、李艳等等。

众多的红颜知己放大了"主角光环"，作者为主角设计了美好的故事和幸运的相遇，为了让主角出风头，作者还构造了这一情节——徐泽在官场也因有超级医护兵辅助系统而步步高升。"主角光环"让读者阅读这本小说时大呼痛快。然而美中不足的是，小说中部分情节不太合乎情理，总会让人感觉"太过巧合"。这也是叶天南更应该用心斟酌的一点。

作者以自身川藏行的经历为蓝本构造了最后的故事，为小说画上了句号。作者对神秘的藏地的描述，使人们对藏地也充满了好奇和向往。为了让作品内容更真实更丰富，作者还广泛地查阅材料，力求所写的更吸引人。川藏行让他对西藏有了更好的了解，这赋予了作品更真实的情节设置和更合理的逻辑。作者说："写完最后一节的那天，正在珠穆朗玛峰下露营。晚上，同伴们都进入了睡眠模式，只有我一个人还在写作。最后一个字敲完的时候，那种如释重负的感觉真是难忘。"作者是用经历在写作，断不是完全凭自己的想象来创作。

作品的言语流畅，并涵盖了许多专业化的内容，这展示了作者认真的态度。如诊断"双上、中肺叶可见大小不等、密度不同、分布不均的粟粒型阴影，诊断为粟粒型肺结核可能性为百分之八十五"，"资料搜索分析完毕，地球本源二十一世纪，按照目前的情况，推荐的最佳处理方法：吸氧……坐位，双腿下垂……速尿 20mg 静推……硝普钠 25mg 静滴……西地兰 0.4mg 静推……"，这不仅体现着作者深厚的医药学知识，也体现了作者认真的态度。据了解，每当作者写与专业知识相关的情节时，作者一定会先查阅医学书籍，或者向专家请教。

总之，悬壶济世、救死扶伤是一个医生的职责，更是医生对众生的慈悲之心。作者深入了医者的内心，在作品中将医者仁心体现得淋漓尽致。好医生要有渊博的学识，丰富的临床经验，像徐泽一样拥有超级医护兵辅助系统固然更好，但更重要的是他有一颗对家人好友的赤诚之心，对纷杂世事的是非之心，对他人感受的恻隐之心，对一松一竹、一草一木的细腻之心。

（李思含　执笔）

49. 奕辰：以细腻的笔触描写
千回百转的爱情

【作者档案】

奕辰，原名周舟宁，曾用笔名家奕，女，湖南长沙人，潇湘书院银牌作家。其作品多以现代都市为背景，以柔软细腻的笔触描写男女主角之间百转千回的爱情，塑造的人物都具有极其鲜明的个性，且她笔下的故事情节跌宕起伏，扣人心弦，使她的作品深受读者追捧。

【主要作品】

奕辰于 2009 年开始进行文学创作，初期在校园杂志《男生女生》上发表多篇青春短篇言情小说，以校园为背景，描写少男少女间青涩又美好的爱恋，文风清新纯净，吸引了一批青少年读者。奕辰自 2009 年开始进行文学创作至今，已创作 20 多部长篇小说，总计近 2000 万字，奕辰以其优美的文笔和出色的情节操控能力，创作了一系列文笔与情节俱佳的长篇都市言情小说，收获了一大批稳定的女性读者，主要作品有：

1.《妆·嗜宠》：2011 年，以笔名"家奕"强力入驻潇湘书院，正式踏入网文圈（周舟宁在潇湘书院的所有作品皆以"家奕"为笔名进行发表，在潇湘书院以外网站所发表的作品，皆以"奕辰"为笔名），小说全文 91 万字，塑造了手段狠厉，霸气十足，但又对女主角百般呵护、宠爱入骨的庄千夜的形象，连载期间稳居现代销售榜前十名。

2.《名门大少·爱妻无度》：2013 年于潇湘书院创作的长篇都市爱情小说，全文共 279 章，连载期间，长期居周销售榜、月销售榜前列，全网点击量达数亿，横扫各无线平台销售榜，无线月收入过 10 万。

3.《名门宠媳》：于 2013 年 10 月 14 日起，在塔读文学网连载（2014

年，奕辰签约塔读文学），于 2014 年 12 月 17 日完结，全文 300 余万字，自连载起，横扫网站各大排行榜、雄踞人气榜、收藏榜、评论榜、点击榜、打赏榜等各榜单第一，自上架销售起，长期稳定在销售榜前三，完结三年至今仍居女频销售总榜第八、打赏总榜第二、人气总榜第九、全本总榜第九，获得了数亿的点击量。

4.《独家专宠》：于 2015 年 2 月 13 日开始在潇湘书院连载，在网络连载期间该小说位列网站销售周榜、月票榜前茅，获得网站现代征文明星组第二名，并荣获"潇湘 2015 年年度青春豪门派掌门人"称号，作者塑造的唐肆爵这一专一、深情的男主角形象深受广大女性读者青睐，其粉丝纷纷在评论区对该角色予以赞美。该网络小说以实体书的形式在 2015 年出版，改名为《颜小姐，我在情深处等你》，分为上下两册。其系列小说第二部《我亲爱的唐先生》上下两册在同年出版。这两部小说以"扣人心弦的豪门盛宴"和"暖心入骨的爱情童话"为标签，分别讲述男主角唐肆爵和女主角颜雪桐婚前与婚后的生活，自出版后便获得读者的大力追捧。其中，《颜小姐，我在情深处等你》一书上市后即荣登新书畅销榜前三名，两个月内即售空加印。奕辰也因此荣获"潇湘书院 2015 年年度最佳出版图书奖"。

5.《缚手成婚》：2017 年签约中文在线，开始创作此文，2018 年 2 月 29 日完结，点击量已破千万。该文以简洁的文风、细腻的笔触和引人入胜的情节牢牢抓住读者的眼球，长期在销售榜及各榜单名列前茅。目前，该小说实体书的出版及影视 IP 改编等相关事宜也在进一步洽谈中。

【代表作评介】《缚手成婚》

奕辰的代表作《缚手成婚》于 2018 年 2 月 29 日连载完毕，全文 1130 章，300 余万字。此文延续了作者一贯简洁、流畅的文风，采取主副线交织的写作方式，在主线中细腻地呈现了平凡的女大学生刘千舟与出身高贵、卓尔不凡的男主角宋城之间百转千回的爱情。刘千舟虽出身平凡，但她从不看低自己，她有坚定的目标，始终对生活充满热情，她也从不寄希望于嫁入豪门而获得衣食无忧的生活。男主角宋城则拥有高贵的出身和雄厚的经济实力，是天之骄子般的存在，在与刘千舟的接触中，渐渐被她坚强、善良与独立的性格吸引，从而深深地爱上了这个与自己完全处于不同生活圈子的平凡少女。刘千舟在得到宋城的青睐后并没有迷失自己，相反，她更加努力，并且在自己的工作领域中取得了一定的成就，在社会上获得了一定的地位，刘千舟并没有成为依附于男人的花瓶，而是凭借自己的实力为自己赢得了尊重，这也是刘千舟这一人物形象的魅力所在，即便嫁入了豪门也不放弃自己的工作，在收获爱情的同时始终保持着自己在经济上的独立，这才是当代女性最具魅力的形象。

小说的副线则对刘千舟的三个舍友从进入学校到步入社会后的生活、事业、婚姻都有详细的呈现。她们都是出身平凡的女孩子，与刘千舟不同，她们有的是拜金女，为了过上自己向往的生活，不惜对朋友、家人、婆家撒下弥天大谎，用撒谎、整容等手段来达到自己的目的，最终锒铛入狱；有的则为了在大城市扎根，试图依靠男人改变生活状况，希望可以通过嫁入豪门而一步登天，即便婚后生活得不幸福也不敢提出离婚，过着虚有其表的上流社会生活。作者所塑造的这些女性形象是当今社会万千女性的缩影。通过主副线交叉的形式，既扩大了小说的容量，增加了小说情节的复杂性，同时也通过塑造与刘千舟不同的三个女性形象，为当代的女性敲了一记警钟。作者意在告诉广大的女性读者：只有像文中的刘千舟这样自立自强，才能同时收获爱情与事业，拥有真正幸福的生活。

从奕辰一系列的都市言情小说中，我们不难发现，其小说的女主角身上大多有灰姑娘的影子。她们大多出身平凡，甚至家庭境况非常困窘。然而小说中的男主角则家世优越、才貌优异，他们有的生在富商高官之家，家境显赫，从小就享受着优质的生活条件；有的能力卓越，经营着规模庞大的家族企业，拥有着富可敌国的经济实力和可翻云覆雨的强大权力。相比于平凡卑微的女主角而言，他们就宛如从童话故事中走出来的王子，在女主角遭遇困难之时，总是能轻而易举就解救她们于危难之中，而他们之间的爱情也正如童话故事《灰姑娘》一般美好。可以说，奕辰创作的大部分小说都借鉴了灰姑娘这一原型进行故事建构。

《缚手成婚》中的刘千舟，从小父母早逝，只能寄居在父亲生前的朋友赵伯父家，接受赵家的救济，与奶奶相依为命，而赵夫人便将其作为童养媳来对待，自作主张将其许配给自己的儿子。父母双亡、寄人篱下、卑微、穷困这种种设定都符合灰姑娘的形象，刘千舟也从小失去了父亲的宠爱，而收养她的赵夫人则在一定意义上符合后母这一形象，她不顾及刘千舟的个人意愿与尊严，甚至在一定程度上将刘千舟视为赵家的私有物品，因此在刘千舟拒绝嫁给赵家的两个儿子后对其进行百般的侮辱和谩骂。男主角宋城就宛如童话故事《灰姑娘》中的王子一般，将刘千舟救出了赵家这个禁锢她的牢笼。此外，刘千舟身上也具有许多和灰姑娘相同的优秀品质，如善良、勤劳、坚强等，也正是这些闪光点，使宋城在与刘千舟接触后慢慢地爱上了她。刘千舟自然是灰姑娘出身，但她在面对宋城时依旧不卑不亢，在和他相爱的过程中也从不依附于他，而是始终保持着自己独立的个性。

《灰姑娘》这一童话故事自问世之日起就在民间广为流传。美国当代著名的民俗学家斯蒂·汤普森在其著作《世界民间故事分类学》中就曾说："也许全部民间故事中最著名的要数《灰姑娘》了。"也因此，从古至今许多文学作品中的主人公都有灰姑娘的影子。勤劳善良美丽的灰姑娘虽然遭受了后母与姐姐的百般虐待，但最终得以与王子幸福地生活在一起。有学者认为灰姑娘故事倡导的是男权统治和菲勒斯中心主义，"在灰姑娘故事中，灰姑娘遭受各种苦难是因为男性角色（父亲）的缺失和女性角色（后母）的统治。最终新的男性角色（王子）出现并把灰姑娘从悲惨生活中拯救出来。男性角色（王子）剥夺了女性角色（后母）的统治权，世界因此变得更加公平与美好。灰姑娘原型不仅是集体无意识的产物，更是男权社会与菲勒斯中心主义的产物。表面上将女性人物作为故事的主角，实际上宣扬的是男性的统治方能保证社会公平公正，其隐含意义在于倡导女性要默默忍受所有的不公与痛苦，方能得到男性的认可与拯救，最后通过与男性缔结婚姻获得幸福生活。男权社会通过灰姑娘原型扭曲了女性的思想与追求，无形地剥夺了女性独立生活的能力，使她们只能依靠男性并通过与男性缔结婚姻来获得自己未来生活的保障和幸福"。显然，奕辰所塑造的这一女性形象，既有传统的灰姑娘原型的影子，又有着现代女性的新的特征。她不再是传统的只会被动地守在壁炉前苦苦等待王子救赎的灰姑娘，而是懂得自己掌握自己的命运并积极争取幸福的现代版灰姑娘。刘千舟是一个独立自主的女性，宋城固然能护她一世周全，但是她不甘心成为城堡中的花朵，所以即使在与宋城结婚后，她也没有放弃自己的事业。在她的世界里，并不是只有爱情和婚姻，她有自己的兴趣爱好，有自己的追求，她活出了现代女性最应该有的模样，拥有爱情但又不迷失自我，不一味依附男人，她是她自己生活的主宰。

传统的灰姑娘故事将女性的幸福完全寄托于男性身上，女性完全丧失了独立自主的地位，男性成为她们生活中的救世主与唯一重要的存在，她们的角色是被框定了的，父权社会不允许灰姑娘擅自走出为她设定的框架，而奕辰笔下塑造的女性形象则是对传统灰姑娘原型的颠覆与解构。她打破了传统父权社会下灰姑娘形象的被动性与被压迫性，赋予女主角以自主反抗性与主动争取幸福的能力。在奕辰的笔下，即使男女主角在身份、地位等方面都具有很大的差距，但他们之间的爱情是建构在两性和谐平等的基础上的，其小说在强调男主角的完美和忠诚的同时，也会着重表现女主角不只是以容貌取胜，而是多方面地呈现她们在性格、品质、学识等方面的出色表现，努力地将两性的爱情关系建立在双方互相欣赏的精神维度上，出身低微的女主角在爱情中获得了完全的尊重与独立。这种诗性的建构也体现出奕辰独特的女性视角与平等的爱情观。

有学者认为当下网络言情小说中所运用的"金手指"元素可以概括为三大类：第一类是穿越重生型，小说主角因穿越或重生前所获得的经验而具有其他人所没有的优势；第二类是空间异能型，主要是指主角随身带有一个独属于自己的独立空间或是拥有某种特异功能；第三类则是家世优越才貌优异型，拥有如此出身与地位的主角相较于其他人就必定会获得先天的优势，成为众多人中熠熠生辉的那一个。奕辰的小说中就大量地运用了第三类"金手指"元素，其笔下所塑造的男主角无一例外都是能力卓越、容貌出众、多金而又深情的完美男人形象，这样的男性在现实生活中可说是凤毛麟角。而奕辰的小说所面向的读者多是年轻的女性，对男主角进行这种设定在很大程度上满足了年轻女性心目中对于完美男人的幻想以及对于童话一般的爱情的憧憬。现代女性在现实生活中总要面对多方面的压力以及生活、事业、爱情上的不如意，而根据接受美学的理论，读者在阅读前总会对作品抱有一定的期待和幻想，希望作品中能出现符合自己意愿以及审美情趣的情节与设定。奕辰运用"金手指"元素所塑造的人物角色以及故事情节，为女性构造了一个不同于现实的理想世界，满足了她们对于金钱、权利、爱情、美貌的幻想，"'金手指'所创造的理想世界，正好帮助她们实现了在实际生活中难以实现的欲望诉求，使读者从精神上获得一种替代性的满足。"

传统童话故事中的灰姑娘只能被动地将自己的幸福完全托付在男性角色（王子）身上，通过与男性缔结婚姻来脱离黑暗的生活环境，这样的灰姑娘形象固然引人怜爱，却丧失了女性的独立地位，成为男权社会下男性彰显其主宰能力的象征。而奕辰笔下的女主角形象，虽然与灰姑娘有着相似的出身，但在继承了传统灰姑娘所具有的勤劳、善良、美丽等特质的同时，还拥有着现代女性独立自主的个性，保有了女性的自尊与自信。奕辰不同于男性作家在描写爱情时惯于以男性角色为主导，她将其笔下男女主人公之间的爱情建构在双方互相欣赏的精神维度上，相爱的双方处于完全平等的地位，灰姑娘也能凭借自己的努力获得自由与尊重，并且最终收获王子的爱情。奕辰以女性作家的独特视角塑造了现代版的灰姑娘形象，并且以细腻的笔触为女性读者呈现出她们心中真正完美的爱情。

（李婷　执笔）

50. 一梦黄粱：历经人生百态 方能如梦初醒

【作者档案】

一梦黄粱，原名高明宇，曾用名笔梦星辰，读者称呼他为黄粱、老黄等。男，出生于 1987 年 9 月 18 日，汉族，籍贯为吉林省长春市榆树市，现居住于湖南省永州市东安县。为湖南省网络作家协会会员、安徽省网络作家协会会员、重庆市网络作家协会会员、吉林市网络作协副主席。个人兴趣爱好是旅行、看书、游戏、陪伴家人。由于爱好文学，在高中时便开始写短篇悬疑、玄幻、科幻等小说，作文也常被其写成科幻小说或文言文短篇，同学把他当成另类。他在大学时开始写网络小说，在大学毕业后，他从事过房屋和鞋的销售，当过德克士主管，也考过公务员，但由于从小喜欢文学，便决定专心从事网络文学的写作，从此与网络小说结缘。

【主要作品】

一梦黄粱于 2010 年开始网络创作，当时的笔名是"笔梦星辰"，于逐浪网上发表《无限灾难》，随后在飞卢发表《重生：召唤英雄联盟》《老子是强盗》《西游之老子是玉兔》等小说。后前往起点网，以"一梦黄粱"为笔名，开始《万界直播之大土豪》《老衲要还俗》的创作。先后获得了月票榜第三名、点击榜第二名、收藏突破 30 万等成就。主要作品有：

1. 《无限灾难》：于 2010 年连载在逐浪网。

2. 《重生：召唤英雄联盟》：于 2014 年开始在飞卢小说网连载。

3. 《老子是强盗》：于 2015 年连载在飞卢小说网。

4. 《西游之老子是玉兔》：于 2015 年连载在飞卢小说网。

5. 《英雄联盟之最强英雄》：于 2016 年连载在书海网。

6. 《万界直播之大土豪》：于 2016 年连载在起点中文网。

7. 《老衲要还俗》：2017 年连载在起点中文网，正在更新。

【代表作评介】《老衲要还俗》

《老衲要还俗》的故事脱离市井生活，有着另类的新颖性，讲的是一个佛系故事。在吉林市一处偏远山区的一指山上有一座小庙，名叫一指庙，小庙破败不堪，却住着一大一小两个僧人，小和尚名叫方正。老僧坐化，小和尚就像"子承父业"那样，在政府的一纸文书下，被定为了一指庙的住持。小和尚从小在寺院吃苦，长大了并不想继续当和尚，只想下山安静地过自己的小日子。但是想到老和尚一辈子的夙愿都在这小小的寺院当中，小和尚心中犹豫不决。这时候佛祖系统降临，使小和尚心不甘情不愿地继承了寺院。小和尚自幼跟着老和尚在山上，但是山上太穷了，所以他基本上是吃山下村民的百家饭长大的，后来跟着去上学，一直上到高中。而这期间，也养了一身坏毛病，例如出口成脏……在佛祖系统的要求和惩罚下，小和尚方正不再说脏话，并且逐渐改掉了一身的坏毛病，渐渐地有了几分大师的样子。就这样，一个内心渴望还俗，并不想当和尚，却被系统逼着要在人前装大师的尴尬和尚出现在了寺院当中。正如系统所言：你渡世人，我渡你！彼此功德无量。

系统刚开始还会给方正安排一些任务，完成后发放一些奖励。但是当方正的人品通过检验，小毛病改正后，系统就不再发布任何任务了，任凭方正自行发展了。而方正，则可以凭借做的好人好事，赚取的功德，从系统那里换取神通、法宝。这本应该是逍遥自在的一生，但是当方正走入红尘，用神通拯救那些迷茫的人的时候，渐渐地发现，世人多苦难，他能力越大责任也越大。于是他走上了普渡众生的道路，体验众生疾苦的同时洗涤自己的心灵。同时，作者以方正的视角，将华夏的二十四节气、各地的民俗等传统文化融入其中，化为一个个与一些动物精怪弟子之间的小故事穿插在渡人渡世的大故事当中。

当方正体验了人生百态，将善念传给众生，赚取无量功德之后，也品味了人世间的起起落落和大喜大悲，被人世间的善和爱感化，明白了人生太多的道理。当他飞升成佛的时候，才发现，原来，这一切都只是一场梦而已。原来方正是一个有一身毛病的孩子，父亲管不了他，就把他送到了寺院，求助禅师教育。禅师一边煮黄粱米饭，一边给方正讲故事。结果方正睡着了，梦到了本书中的一切。大彻大悟的方正，起身答谢老僧，开启了自己真正的行善的一生。正如系统所说，方正渡人，系统渡方正。小说表达了作者的人生观。

1. 始末呼应的轮回人生

《老衲要还俗》主要讲了小和尚方正在佛祖系统的引领下，获得功德的增加和技能的提升，并依靠多种因素在寺庙中和尘世间修行的过程。方正在尘世中经历了风雨善恶，感悟了颇多的人生道理，最终放下执念回归初心，选择当个平凡、善良的小和尚。一开始方正的活动范围仅限于寺庙之中，而且他对佛性也一知半解甚至厌烦，一心想要还俗娶妻生子，渴望回到平凡的人中间过自由生活，但阴错阳差被佛祖系统选中，再加上一些物质奖励的诱惑让他又不忍拒绝，足见他内心的情欲之心，也是对现实生活中欲望的窥见。随着技能的提升，以及被佛门中善良和仁慈触动，他内心也变得愈加勇敢和纯洁，便渴望将这些佛性传给更多的人，于是走出寺庙和弟子们一起穿梭在尘世间救人于危难。在飞升成佛之时，他发现其实不过是一场梦，于是大彻大悟，开始其真正修身的一生。

在人世间的修行磨炼相较于孤单寂静的寺庙生活来说，面临的考验更多；如何在黑白混杂的世间坚守心底的纯洁是一门艰难的修行，需要的定力也更多，最难以克服的便是金钱的诱惑，如何保持一颗纯粹的向善之心，便是作者让我们思考的问题。书中展现的种种情景都是现实生活的反映，也正如作者所说：生活是创作的源泉。对于方正所讲述的道理我们也能侃侃而谈，但是更多的时候我们会忘记自省，一味笑话别人，殊不知我们也曾如此糊涂，所以我们缺少的是平心静气的心态和令人心安的价值观与人生观。所以只有心怀佛性地去经历一番人生百态，才能安然放下，无畏得失，初期被欲望蒙蔽的心才会真正被洗涤干净，才会知晓自己想要的是什么，也就会懂得珍惜眼前的美好，坦然面对一切。

《老衲要还俗》中原本无人知晓的小和尚方正在佛祖系统的内在指引下，逐步成长为受万人尊敬、受世人敬仰的高僧，但经历种种才知晓万物情欲为空，人生只不过是梦一场，知晓修佛不易，渡人渡己亦不易，最终放下浮躁，带着虔诚和善心接受师傅教诲，以佛心渡人再渡己。这本书看似是让方正带领我们经历佛门与红尘，但更多的是让我们以旁人的眼光看深陷迷途不自知的人们，进而反观自己，笑看自己的愚蠢蒙昧。作者以幽默轻松的语调教会我们红尘如梦，只有心存善念，才能活出欢喜和希望，才是正确的价值观。小和尚方正对佛法的认识起初不太成熟，最终却拥有了身念合一的佛心，一场如现实般真实的梦境经历让其领悟佛性和人生的真谛，照应小说主题。

2. 不染世俗的纯净人生

一指庙与世隔绝，只有小和尚方正和一匹银狼相依相伴，无凡尘俗世之困扰，也无人心善恶之辨，有的是一颗积极向善、普渡众生的仁爱之心。虽然方正小和尚一开始想要返回红尘，娶妻生子，但受到佛祖系统奖励的诱惑，例如，系统一开始就发布让方正打扫寺庙的任务，奖励是佛法加持牌匾一块，从而提升寺庙的庄严度和神圣度，随后系统又让方正发布虽看似荒谬但近乎正常的警告，使人们躲避灾难、性命无忧，以此让方正获得一系列的神奇之物，而方正自身也充满力量，容光焕发神清气爽。但随着方正领悟到佛法中众生平等、万物皆灵等真谛后，便不需要系统提醒，而自觉地承担起救生大任，他竭尽所能帮助每一位身处困境之人，度化一切可以度化之人，也使读者对佛法中关于人性与生活的道理加深了理解。

虽然方正所言、所为看似为系统强行布置的任务所致，但是在这一过程中，方正品味了人间清欢，遇到困难不骄不躁而平心静气，救苦救难而不留名，并基于此，方正将佛法向世人传播。如一对情侣想要向佛祖求子，但因觉不是头炷香而欲返，方正对其说道："在佛祖的眼中，众生皆平等，只要心诚，你什么时候烧香，都是你的头炷香。而不是和别人比谁早。"也借以表达出心诚之于做事的重要性。方正预测到快递员胡探在下山时有性命之忧，便健步如飞提醒其如果翻车落入有树叶的水沟当中，要直接装晕方可躲过此劫。方正不忍可爱的小女孩因癌症而离开世界，把系统奖励的可以救人一命的小还丹暗暗喂给小女孩吃，使小女孩脱离生命危险而拥有健康身体……小说描写了这样一件件充满玄妙的事件，方正所拥有的令人难以相信的预测性和以众生平等为念的仁爱心，不仅表达了佛门对生命的尊重和怜惜，"杀人容易救人难，劝人向善容易而让恶人回头、承担责任难"，也表达了作者对生命的重视，对未来充满仁爱的和谐社会所寄予的期望。

随着关于此庙的传说越来越多，前来参观之人也络绎不绝，当众人一入寺庙，菩提树下万物安然，环境静谧，心头浮躁的情绪便会消弭殆尽。更为神奇的是，系统所给予的各种奖励都带有远离凡尘、清心静气之功效：灌满水的佛缸，会释放缸内的日月精华和众生愿力，将水净化为没有任何凡尘污垢的无根净水，入口甘甜，滋润全身而释放全身生命力；纯色佛衣冬暖夏凉，刀枪不入，水火不侵，无尘无垢，带有灵气保护……但方正获取的物质报酬，或者来自系统的奖励，或者是因方正帮助别人时不计报酬，而这些获得帮助的人为了报恩自愿出钱出力，如果这些钱不占愿力，便如同白纸，毫无意义，这表达了作者对不计酬劳而自愿帮助别人这种高尚品行的赞美，同时值得让身处充满功利性质社会的我们深刻反思。

在佛祖系统的带领下，方正的内在精神与外在身体状态都获得了提升，同时更让读者走进看似神秘实际与我们贴近的佛门世界，使读者精神得到了内在升华。一指庙看似渺小，却是集大智大勇大爱之处，看似冰冷的佛祖系统实际上更看重内在的善和美，而不是漂浮于表面的东西，这也是作者对至仁至爱的追求和向往，指引小和尚，更指引我们向往能够修身养性、忘却烦恼的纯净美好的世界。《老衲要还俗》从佛性出发又回归佛心，意味着红尘如梦，应平心对待，教会我们既要重视自己的价值又不迷失自我，这对当下的现实生活有着非常深刻的启示意义。

《老衲要还俗》的题材选择，表明一梦黄粱的创作倾向于都市生活和玄幻世界的结合，在自我创作的玄幻世界中展现别具一格的多彩天地，体现了作者丰富的想象力与现实主义写作手法相结合的写作风格。在人物设定方面，更倾向于草根的逆袭，外表平凡的主角往往有一颗强大的或者善良的心，辅助以外力，主角就能一步步改变命运，帮助他人。一梦黄粱认为，写作的灵感永远来自于现实，不管是科幻、玄幻，还是都市悬疑、灵异。所以作者说道："我更喜欢去更多的地方，交更多的朋友，倾听更多人的心里故事，这便是我写作的源泉。"

一梦黄粱认为创作网络小说不仅能实现自己的梦想，也能带来不错的收入。他说小说在上架前是没有收入的，尤其是像起点这样的国内最大的中文网文网站，更是有着一个令作者难熬的新书期，30万字的免费章节，往往会拖垮很多新人。一梦黄粱也经历过这种困苦，于是他尝试换其他网站上架小说，但依然坚持起点风格的写作方式，哪怕这样赚不到太多钱。直到他觉得实力基础扎实之后才再次回到起点中文网，果然一切水到渠成，订阅量暴涨。一梦黄粱说写小说会是他一生的职业，不仅因为他能以此养家糊口，获得很多无拘无束的时间，在文学海洋中放飞自我，更是因为在多年的写作后，他心中开始萌发了为社会写点什么的念头。弘扬正能量，以前是个口号，但是现在，似乎变成了一种责任以及独特的爱好。他寻求的是以网络文学的方式去书写新时代的内容，并且在这过程中，在题材和人物方面不断地突破和创新。让我们期待他以后能创作出更多令人喜欢的更好的作品。

（郗琪　执笔）

51. 应景小蝶：初心写出桃花源

【作者档案】

应景小蝶，原名何瑛，女，湖南永州人，纵横中文网签约作家。自2007年发表奇幻修真小说《天元》并创下优异成绩后，相继推出《天元后传之克里特岛传说》《穿越异界之女龙骑士》《悍卫者》《狐殇之月下三生狐缘梦》《天狼星下》《锻魔道》《巫女的宠物男友们》等多部作品。其作品笔风幽默，文字清新，情节朴实动人，其中《悍卫者》于2008年出版实体书，再造佳绩。

应景小蝶2008年出版的军事小说《悍卫者》在江苏文艺出版社2008年下半年销售榜中位列第二十九名，2017年她加入湖南省网络作家协会，同年在起点女频小说PK大赛第二季中荣获第一名，并且荣获纵横文学荣誉作家奖。

"穿花蛱蝶深深见，点水蜻蜓款款飞"，听到"应景小蝶"这个名字，读者眼前自会浮现良辰美景、花飞蝶舞，读者自然会猜想，拥有这样一个笔名的作家，该是怎样温柔的女子？何瑛在回想起名的缘由时说："这一直是我的网名，同时也是我的笔名。之所以选择用这个名字发表作品，是因为我觉得，芸芸众生，声名显赫也好，籍籍无名也罢；才华横溢也好，庸碌无为也罢；都只是这万丈红尘中最渺小的生物，'寄蜉蝣于天地，渺沧海之一粟'，就像一幅美景中有意或是无意飞舞的小蝴蝶一样。这个名字提醒着我，不管走到哪一步，有多少名誉成就，都要认清自己，不忘初心。"

"初心"是应景小蝶在采访过程中提及次数最多的词汇。她想，自己是受到了命运女神的眷顾，才得以把最初的爱好坚持下来，并且一坚持就是这么多年。

应景小蝶的爱好广泛，写作是唯一一个被坚持到底，并被发展成谋生手段的工作的。她说："在创作网络小说的过程中，虽然天赋、功底很重要，但最重要的一点，是坚持。人只有将寂寞坐断，才能重拾喧闹；把悲伤过尽，才能重见欢颜；把苦涩尝遍，就会自然回甘。我从事网络写作18年，创作网络小说16年——这期间我遇到过很多有才气的、文字功底好的作者，可惜，他们没能坚持下来，最后都销声匿迹了。因此，铭记写作的初衷和初心，矢志不渝地坚持，才是我创作的秘诀。"

谈及创作之路上会遭遇的挫折和困难时，应景小蝶告诉我，难题往往接踵而至，需要足够的韧性与耐心才能克服。要写一本情节完整、读者喜爱的书，第一步就是确定新书的题材、风格，这也是遇到的第一个难题。"我会特别迷茫，因为文学的题材、风格、主题实在是太多了，我不可能永远写一种擅长的题材。究竟给新书怎样的定位？哪里需要创新？读者会不会喜欢？这些都是要考虑的问题。"她会用很长的时间做调查，与编辑沟通，综合考虑一切因素，最终敲定一个合适的主题。

确定主题后，则开始正文写作，"灵感枯竭"就成为了这一阶段最大的困难。

我们知道，文思泉涌之时，可以一天写完几万字，但是灵感枯竭的时候，可能一周写不出一个字。应景小蝶在面对这个问题的时候，是如何解决的呢？

应景小蝶对此颇有心得："灵感枯竭时，朋友是最好的良师。和好朋友坐在一起聊聊天，谈谈世情百态，或是交流讨论自己小说的情节，使彼此的灵感产生碰撞，会激发出不少新奇的想法，自然也就有东西可写，言之有物了。除了这个办法，我也喜欢坐在临街的咖啡店，看人来人往，熙熙攘攘，猜测有怎样的故事发生在他们身上——生活永远是灵感最好的来源。"

当今，网络文学作品良莠不齐，网络环境乱象丛生。形成这种现象的原因，一部分是作者写作水平的差异，一部分则是作者不同的态度，或者说，作者对自己的作品是否负责。当初在写《狐殇之月下三生狐缘梦》一书时，因为时空背景是各个历史朝代，她一篇引言前后修改了共计13遍；每写一卷就是一个新的朝代。

"我当初是拖着一个大行李箱到湖南省图书馆借书回来查资料的：每个朝代的服饰、风俗、礼仪、地理名称、语言习惯，甚至那个朝代会有什么小吃，不能出现什么水果，都要一一查清楚。"

"别人总觉得作家没有固定的工作时间，非常清闲，但其中的辛苦，只有我们自己知道。"

这些难题，都是作家在创作过程中需要面对并解决的。因此应景小蝶认为，如果没有强大的初心，是很容易被这些困难打败，从而放弃写作的。

除了在创作作品本身时遇到的诸多困难，他人的误解又是一重困境。

社会和身边的人常常不理解"作家"这个职业，因为作家没有固定的工作时间和工作地点，他人就会认为这是"不务正业"，认为作家的工作轻松容易，事实并非如此。

应景小蝶介绍："我的哥哥曾经跟我讲过，与其他作者相比，我们不是最有天分的，所以要想超越别人，就要学会坚持。这么多年来，除了生病，我只有在过年时才会休息三天，其他时间都会写稿子。"她一天码字的最高记录是23000字，最少的时候也有5000字，外人都觉得作家是清闲的职业，但作家背后付出的努力和辛苦，却比一般人更多。

我们常说"不忘初心，方得始终"，但是能做到的人却少之又少。我们往往在时间的洪流和世事的蹉跎中沦为庸人，为生计奔波，为琐事烦恼；很少有人能够坐下来，静静地思索，当初的自己选择这份职业的初心为何。如果能够认清并且坚定自己的初心，那么世界上消极、焦虑、烦恼的人会减少很多——最初的我们并没有奢求太多，但是随着时间的流逝，我们不再满足于当初的梦想，对名誉、权力等的欲望越来越大，却在其中丢失了纯净的初心。应景小蝶的作品，就是为了帮助读者们寻找自己的初心。

"我的作品风格与类型是很多变的，因为我不喜欢拘泥于一类小说。但是我全部的作品，都有一个共同的特点：帮助读者寻找初心。"在交流中她曾提到过，"我觉得，人生并不容易，现实消磨掉了许多人的梦想和想象。在各种新奇的想象中，我希望他们能回忆起丢失的梦，比如说，我是大英雄，我拥有魔法可以拯救世界。这也是一种初心吧！读我的书，我希望他们能感受到一些好的东西，学到一些好的东西。"

在与应景小蝶的交谈中，我了解到，她的读者年龄大小不一，有读了她的军事小说《悍卫者》之后改变想法，考上军校的；也有读者生活不如意，看了她书中充满奇幻的想象的文字，并感受到其中传递出的正能量，重新振作的。在聊天中她给我们讲了一个细节：在她结婚的时候，全国各地的读者来了十多个参加她的婚礼，很多读者寄送了礼物。这对作家来说，是得到的最好的认可，是最幸福的事情，远比名誉加身要快乐得多。

而要创作一部优秀作品，要付出太多的心血。在她的心中，每一本书都好像是自己的孩子一样，没有哪个最好，哪个不好。对她而言，都是值得骄傲的作品。

"或许以前写的书，这时看来有些不足，但是也会有我现在已经忽略掉的闪光点。我的启蒙之作是《幻想时刻》，它打开了我写作的大门；改变我写作人生的是《天元》，我的人气在这时积聚提高；让我获得最多读者和粉丝的是《巫女和她的宠物们》这一系列作品；而得到最高荣誉的，应该是《穿越异界之女龙骑士》了；《狐殇之月下三生狐缘梦》是我尝试的一种新写作风格，改变很大，也是我尤其喜爱的一本书。"

"但是，我不敢说哪一本是我的巅峰之作——我希望有一天，我能写出一本让我直接说出口的巅峰之作；又希望我最好的作品，永远是下一部作品，因为文学的造诣永无止境，我想要一直攀登这座高峰。这也是我永远的初心。"

【主要作品】

《幻想时刻》，幻剑书盟首发，已完结，首月即打入排行榜前十。

《天狼星下》，玄幻题材小说，起点中文网首发，已完结，创下"字点比"1：20的成绩。

《天元》，奇幻修真小说，2007年首发于起点中文网，已完结。这部小说让应景小蝶成为起点中文网第一批签约 VIP 作者中唯一一名女性，小说收藏破万，点击达数千万。

《天元后传之克里特岛传说》，玄幻题材小说，起点中文网首发，延续《天元》的神话。

《穿越异界之女龙骑士》，玄幻题材小说，起点中文网首发，获得 2007

年 8 月全球华语言情大赛第一名。

受月刊《幻迷》之邀，创作短篇《菊之舞》发于创刊号。

《狐殇之月下三生狐缘梦》，言情类小说，已完结。点收数据一度占据四月天网站榜首。

《悍卫者》，军事题材小说，已完结。于 2008 年由江苏文艺出版社出版，同年下半年，在江苏文艺出版社销售榜上排行第二十九名，居小说类榜首。

《锻魔道》，纵横中文网首发，已完结。借助小说的成功，应景小蝶成为纵横中文网 A 级签约写手。

《巫女和她的宠物们》系列，言情类网络小说，纵横中文网首发，上下两部，涵括古今，收藏过万人，点击过千万，全套系列结束已经四年多，仍然占据纵横女频各类榜单。

《暴龙撞上小甜妻》，都市言情类小说，首发于纵横中文网，同类题材中周榜月榜前十，无线订阅量成绩优秀。

《首长老公，上车吗?》，都市言情类小说，首发于纵横中文网，连载中。

《神祭》，灵异冒险类小说，首发于看书网。

【代表作评介】《巫女的俊男坊》

应景小蝶的《巫女的俊男坊》属于《巫女和她的宠物们》系列作品，首发于纵横中文网，分为上、下两部，涵括古今，收藏过万人，点击逾千万，全套系列结束已经四年，但仍然占据着纵横中文网女频各类榜单。这本书主要围绕着身为巫族后裔的网络作家巫凌儿展开情节，故事跌宕起伏，妙趣横生。

大家对于网络作家一直很好奇，像是"死宅"，又像是一个可以掌控世界的、无所不能的存在。那么这本书中的网络写手是什么模样呢?

作品中身为网络写手的巫凌儿，是"死宅一族"，"颜控一枚"，拥有一间小公寓、一台电脑、一只蚯蚓。巫凌儿除了网络写手这一身份，还是巫族后裔，继承了母亲巫族血统的她召唤出来的宠物就是一条白色而喜欢系领结的蚯蚓。在被莫名卷入一系列神秘事件，偶遇了无数的帅哥后，巫凌儿又多了一只宠物——头上只有一撮毛的没毛麻雀。身为"颜控"的巫凌儿对自己这两只丑陋的宠物怨念颇深……不过咸鱼也有翻身的时候，或许是老天看巫凌儿太郁闷，美丽的宠物接连出现，牡丹花王、白虎妖、水月狐仙、双生巫宠玄武……而这时，蚯蚓与麻雀也开始了华丽大变身，"死宅颜控"的幸福生活从此开始！

应景小蝶介绍道："这本书文风轻松，女主角的性格坚毅可爱，面对困难决不退缩，迎难而上。我希望我自己，或是看到这本书的人，能收获一些感动或者受到一些影响，在人生路上坚强起来，勇敢前行。因为，彩虹总在风雨后。"

另外，本书以网络作家的生活为基础，加之奇妙的想象，既能够让读者了解网络写手的生活状态，又使小说读起来幽默风趣，不至于使读者感到无聊枯燥。《巫女的俊男坊》把千篇一律的"宅女"生活描绘得起伏跌宕，妙趣横生，时而气氛紧张，神秘诡谲；时而氛围轻松，令人忍俊不禁。应景小蝶能够从自己平常的生活中获得灵感，确定主题，再注入奇幻的想象和玄妙的情节，给本来无趣的作家生活披上了一件新衣，且叙述细腻，她遣词造句的能力可见一斑。

文章整体风格轻松，女主角巫凌儿性格跳脱可爱，妙语连珠，和现实生活中的女生性格相像之处颇多，使女性读者拥有身临其境的感觉，渐渐投入到小说中的奇幻世界里去。可以说，"巫凌儿"这一角色塑造得相当成功，特征鲜明，人物丰满，但又不远离现实社会。

在故事情节上，她也费了不少心血：这本书的篇幅可以说很长了，但故事的情节脉络清晰，内容设定不落俗套；"文似看山不喜平"，她设定了不少回环曲折的情节，使读者迫切地期待接下来的故事发展，引人入胜。

最后，这本书中明显包含着作家应景小蝶想要传递给读者的东西：初心，正能量。《巫女的俊男坊》中的角色，不论身份如何，经历如何，都是乐观积极的，在面对危机和困难的时候，能坚定不移地选择打败困难，而不是落荒而逃。一部好的小说，能够让读者产生共鸣，产生思考，这本书就做到了这一点。她的很多读者与粉丝，在读完这一系列作品后，改变了对人生的态度和自身的情绪，选择用开心快乐的方式生活。这也是作者想要表达的"初心"。

　　网络作家这一职业，看似简单，实则不易。应景小蝶告诉我们，身为作者一定要多看书、多分析，坚持，切莫急躁，而且要耐得住寂寞，不要一开始就想着赚多少钱，因为写作是一个需要积累过程的事业。除非你是天才，否则一夜成名这种事不会落到你的头上，踏踏实实、一步一个脚印才最为实际。但同时，不论遇到怎样灰暗的时期，也要秉持一颗"初心"，拥有对世界的热爱和善良，永远把传递正能量作为己任。用一颗初心，为读者写一片桃花源。

（王雨墨　执笔）

52. 悠悠帝皇：以玄幻世界
寄寓奋斗人生

【作者档案】

悠悠帝皇，原名肖洲，另有笔名"君无雪"，男，生于 1988 年，湖南省邵阳市新邵县人，汉族，目前居住于广州和邵阳两地。学的是信息与计算机科学专业，16 岁时，因家乡发洪水，家庭生计更加困难，肖洲毅然决定退学，南下广东打工。他做过汽车美容学徒、超市售货员，跟过剧组，跑过龙套，虽然年纪轻轻，却接触过各行各业、形形色色的人，遇到过各种光怪离奇的事，这些经历也为他日后创作小说积累了不少的素材和灵感。现为中国作家协会重点联络网络作家，湖南省网络作家协会理事。

【主要作品】

肖洲读大学时开始写第一部作品《凡人问天》，当文字更新到六七万字的时候，他收到了网站提示短信：可以签约。这一本书耗时将近一年，逾百万字，它也给作者带来了不菲的收益，使原本为学费、生活费发愁的他轻松了不少。更让他自豪的是，此时他不再需要让年迈的父母负担他的学杂费，他还能够每年给家里一笔钱补贴家用。从此，肖洲开始了他的网络小说写手之路。肖洲于 2010 年开始网络写作，他擅长写玄幻类小说，灵感多来源于新闻、杂志以及现实生活。他喜欢错开时间更新小说，每四到六小时更新一次，夜晚写作较多。主要作品有：

1. 《凡人问天》，2011 年首发于纵横中文网，已连载完结。
2. 《长生谣》，2014 年首发并连载于纵横中文网。
3. 《热血武神》，2015 年首发于纵横中文网，连载完结。
4. 《霸剑神尊》，2016 年首发并连载于起点中文网。

5.《赤龙武神》，正在创世中文网火热连载中，长时间霸占玄幻榜单前三甲。

【代表作评介】《长生谣》

《长生谣》是一部异世大陆类小说，2014 年首发于纵横中文网。《长生谣》是作者已完结的玄幻小说代表作之一，也是目前完结小说中作者认为最满意的一部小说，小说字数高达 420 多万，共 1128 章。这部作品不仅仅是讲述主人公的修炼故事，同时也对有关人性、社会、生命等的问题进行了探讨。

作品叙述的是一个在太荒大陆的传说，这个大陆中涌现出了太古时代的无数修炼天才。这是一个弱肉强食的世界，人人以修炼为唯一的生存目的，追求的是成为圣人贤者或大帝尊者，或飞升仙界。作者在小说中设定了这样的修炼等级：凝气、丹海、彼岸、光曦、日耀、返璞、洞虚、太虚、圣贤、大帝、人仙、灵仙、金仙、玄仙、玉仙，以此作为故事发展的线条。小说以太荒大陆上突国境内一个边陲小镇为起点，以主人公韩易从奴仆开始由弱变强的修炼之路为线索，引出整个太荒大陆。

小说主人公韩易身世神秘，历经七年天棺之难，在韩家做一个任人欺负的少年奴仆。由于韩家少爷韩通和下人韩古对他的性命构成了威胁，他开始修炼神秘黑衣人送给他的武功秘籍《九龙化气诀》，在机缘巧合之下，被选入了青冥洞做精英弟子，却没承想，在寻找自己的兄弟彭涛时，掌门史慈对他动了杀机。为了躲避掌门史慈的追杀，韩易跃身跳下思过崖。本以为性命堪忧，韩易却在万丈悬崖下劫后余生。在悬崖下，韩易碰巧见到一碧绿石头，替他阻挡了食脑怪物鳄蜥的攻击，存活下来。碧绿石头叽叽叽地叫个不停，由于韩易在其旁边时修炼的速度比平时快好几倍，韩易便将其收留。一人一石头继续前行，韩易发现思过崖可以直通赤离炎域这个最为危险的地区，便思考如何走出这片区域。路上，他拾得一个年代已久的虚机袋，袋中宝贝极多，于是留了下来。没想到，一个幻化成小女孩的怪物突然向韩易杀来，说时迟那时快，一个人族强者救了韩易，一挥手便将韩易送出了这个地域。

韩易在修炼途中，遇到了慕容姐弟，却因为慕容世家的绝世武功需要与慕容雪相爱才能修炼而被慕容白追杀。他利用寒潭蛟龙躲避了追杀后，便来到无空城。机缘巧合下，通过了兽王的考验，兽王想收他做唯一的徒弟，却被他拒绝。没承想，韩易听说青冥洞天发生了变故。因为寿元将尽，史慈企图通过一种极为邪恶歹毒的炼元之法窃取彭涛的寿元，结果被镇教灵兽发觉，一怒之下，便将史慈撕碎。厄运连连，由于青冥洞天拥有通往赤离炎域的密道，蓬莱圣教强占青冥山，青冥弟子四散，迫不得已搬到岐山。韩易为了继续修炼，便下山去历练。在兽王的帮助下，韩易学会了新的驯兽招式，修炼更加得心应手。在武林各派一起去赤离炎域寻找宝藏的时候，韩易因当众斩杀屡屡与其作对的轩辕弘，与轩辕八祖结下仇恨。迫不得已，在轩辕八祖的强势攻击下，兽王出手，又杀了轩辕八祖，韩易名声大振，却也得罪了轩辕世家，轩辕世家从此与韩易结下血海深仇。

在继续修炼的路途中，韩易碰巧获得了千古大帝的传承，却因突然受到一缕不知从何而来的强大仙识的攻击而命悬一线。孔雀王之女赵琳这时已对韩易暗生情愫，便带他来到妖界治疗，同时因为赵琳的救助，韩易体内养育了妖丹，后来又通过孔雀王获得了《妖经》，功力大增，九龙化气诀更是有所突破。踏上中州，韩易本是三皇子悠子陵用来假冒太子的好人选，却不想自己竟真的是九州皇朝遗失在外的太子易，于是韩易获得了九州皇朝的支持，地位大大提高，因此轩辕世家对韩易有所忌惮，不敢轻易追杀韩易。韩易的归来，影响了皇子们继承皇位的斗争，于是三皇子假意邀请韩易入地下皇陵，想借机在地下皇陵中除掉韩易。却没想此举不仅没有除掉韩易，还让韩易在历练中功力大增，结识了其他王朝的皇子，也遇到了有着先天道体的夏雪鸢，结成一段情缘。为了修炼，韩易又来到北漠学习佛家心法，经过勾勒心佛，斗法，韩易获得了参与法会的资格，又在法会中脱颖而出，顺利进入金刚寺。他在藏经阁中领悟了佛法，丹海中佛、妖、道三家并存，韩易的境界不断提升，先后突破八重天、九重天，也获得了不灭妖体大圆满。

在末飞秋、赵通玄、迦叶、迦楼罗四大万古圣贤强者的邀请下，韩易一行齐聚仙人宝库。在短暂的惊诧中，他们遇到了一座巨大的陵墓。强大的仙人怨灵为了保护仙体，与韩易的灵宠展开了剧烈的争斗。两股力量碰撞，韩易和灵宠小米都被卷入了空间乱流之中，其他修者只可远观却不敢前进一步。小米为救韩易，化成内丹，将怨灵击败，护住韩易的肉身，将其送入虚空之中。韩易因此获得了仙人宝体，暂居其中，来到了与大陆无任何联系的海岛。在得知海岛与大陆之间有密道连接的消息后，韩易利用仙人宝体在海岛战胜了几大城主，树立威信，集结海岛的强者来到大陆，使大陆重新进入暂时的和平，也救出了被魔道劫走的妙素素，并与其成婚。

在飞升仙界后，韩易的与众不同更加得以突显。在无数次生死转换之间，韩易在极短的时间内突破到玄仙境界。在界域战争中，由于击杀元天尊，韩易声名大振，并受到了四大玉仙的重视。在仙界的修炼中，韩易先后遇到了自己在人间的朋友，父皇和所爱之人，他的队伍逐渐壮大，韩易也对修炼之法更加融会贯通。韩易由于获得了先天逍遥至宝，受到法华玉仙的追杀，后又因撞破释须玉帝和普陀玉帝的秘密，受到追杀。韩易于是易容改名，在昊天玉帝的帮助下，与四大玉仙一同前去逍遥行宫探求逍遥仙留下的宝藏。在行宫中，韩易的记忆开始苏醒，身体开始蜕变，原来，韩易是造化仙转世，记忆的苏醒使得韩易恢复了原来的一切法力。韩易将仙界重新洗牌，整顿了仙界秩序，奖惩有度，一切归于平静。

在这部小说中，作者不仅仅展现了主人公韩易的艰辛修炼过程，也演绎了一部丰富的情感史。主人公韩易与四大花魁之一的妙素素喜结连理，经历重重困难，与妖族孔雀王之女赵琳破镜重圆，又与前世纠葛的衣若蝶，转世的夏雪鸢化解恩怨。除了主人公韩易，还描写了慕容雪与韩易的纠葛，上古真龙敖元和火凤凰的爱情，碧绿石头小米的感情路线，对手金都的感情故事等等，可以说，小说中的情感戏也极其丰富，这也是这部网络玄幻小说的一个特点。

从修炼游历、战胜强敌到建功立业、收获爱情，主人公韩易的实力一步步增强，修为不断提升。实力就是一切，随着主人公韩易的实力增强，韩易在太荒大陆的名声和地位也越来越高。首先，作为真正的强者，韩易修炼到了至高无上的境界。他不仅修炼内力，也注重身体训练，这使得他的肉身可以和比自己高一级的强者媲美。再者，韩易从开头就具有与众不同的征服欲，一种永不服输的气魄，他将这个世界置于自己的掌控中。战无不胜，攻无不克，是小说塑造的主人公形象。小小一个人，也并非强者，内心却有将世家踩在脚底的霸气。他十分注重感情，因此他不忘故主恩情，救故主一命，甚至承诺故主，永不杀害处处与他作对的故主儿子韩通。他在恢复自己造化仙身份之后，仍然不忘转世后所拥有的亲情和友情，用法力使时光逆转，拯救了千古皇和众多人的性命，甚至沿用韩易这个名字，而不是造化仙的名字。他也俘获了众多女子的芳心，她们不争宠，不吃醋妒忌，死心塌地跟随韩易，为他付出一切。有仇必报，这是太荒大陆的又一个生存法则。不管是韩易一直以来想要找到背叛他的前爱人衣若蝶，还是韩易与轩辕世家之间的仇恨，又或者是为兄弟、父亲甚至国家报仇等等，都表现了人物的爱恨情仇，人物形象活灵活现，让我们在阅读小说时可以更加深入地体会作者构造的人物特征。

这样一个以强者为尊的长篇玄幻小说中的世界，有着巨大的空间性和时间性，角色众多，稀奇古怪的故事穿插其中，构建了一个梦幻的人界、妖界、仙界并存的大世界。以战争、修仙、家国、寻宝、冒险等为主题，不得不说，作者逻辑严密，构思奇特，想象力十分丰富，向我们展现了一个完整的玄幻的太荒大陆。在这样一个不受束缚的世界中，作家又在其作品中表现出了正确的价值观，人的感情和道德并未脱离现实，让我们能够从天马行空的小说中寻找到自己内心的慰藉，获得心灵的寄托，也借此传递给读者去伪还真、保家卫国的思想，具有一定的教育意义。

全文结构紧凑，符合逻辑，多表现人物细节，而不徒有宽泛的叙述。文辞虽不华丽，但情节十分丰富。主人公一路走来，经历的人生很漫长，作者用一系列连续的突发事件掀起层层高潮，扣人心弦，让读者沉迷在这样一个奇特的大世界中，更有阅读的兴趣。悠悠帝皇在布局上运用了"挽扣"手法，长篇小说要想留住读者，一个简单的手法就是在章节结尾处留悬念，也就是挽扣，勾着读者等待更新。一般来说，一个章节大概是这样的流程：遇到问题——解决问题——遭遇困难——突破困难——解决问题——引出新的问题。这种手法在传统评书中经常被用到，也就是很多人都熟知的"欲知后事如何，且听下回分解"。悠悠帝皇借鉴了这种传统的叙事技巧，他在每一章的叙述中，都沿用了这一套路。因此，在他的跟帖中，会经常看到读者留言说快更新之类的话，他也会以连更五章或者三章来满足读者对新章节的需求。

悠悠帝皇毕业后成为职业作家，《湖南日报》记者陈薇为作者写过一篇报道，里面有这样的叙述，有人问悠悠帝皇：你既然读了大学，为什么不去找份正式工作而选择写网络小说？早知如此，当初直接去当网络作家不是更好？悠悠帝皇如是回答：读大学是一个过程，这个过程让我沉淀、安静，是我一生无法忘怀的宝贵时光，正因为这段安宁的时光，我更加沉心创作，并结交到一群知心的同学，这是无法衡量的财富。

（李晓明　执笔）

53. 有熊氏：以幻想放飞自我

【作者档案】

有熊氏，原名施俊杰，男，生于 1982 年 9 月，江苏溧阳人。现为中国作家协会会员，湖南省作家协会会员，湖南省网络作家协会理事。曾先后就读于毛泽东文学院第十四期青年作家班、鲁迅文学院第十期网络作家高研班，并和红袖添香、掌阅、阿里文学、天下书盟等网站签约，现为阅文集团的长约作者。

从 2004 年开始网络小说创作以来，创作总字数逾 3000 万字，作品有《逆天伏魔录》《媚惑天下》《剽悍蝎王》《异界印钞机》《玄门诡术》《全能天师》《绝品少年高手》等十几部。其中多部小说已出版。

请看作者自写的小传：

我在 1998 至 2004 年主要从事纯文学诗歌、小说创作，2004 年开始网络小说创作，网络小说处女作《逆天伏魔录》发表在天下书盟。纯文学写作是少年时的创作冲动，我想每一个少年都会有的。只不过当初只是偶尔才能在杂志上发表几首诗歌，和后来的网文创作关系不大，当然，这些经历也锻炼了我运用文字的能力。而我真正开始网络文学的创作，其实是非常偶然的。2004 年的时候，网络上原创的小说还是很少的，当时有个朋友和我都喜欢远古大神蓝晶的小说《魔法学徒》，看完之后我们经常讨论故事情节，有一次他跟我打赌，说不如我们也一起来写一本小说，看谁写得精彩，读者更多。我回去就查资料动笔写，创作出了第一本长篇《逆天伏魔录》。结果等我回头去问他的时候，他却早已经将此事抛之脑后了……我却就这么阴差阳错地走上了网络小说创作的道路，虽然那时候网络上根本没有多少读者订阅，也赚不到什么稿费，但我的作品很快得以出版，给了我巨大的鼓舞和动力，因此就坚持到今天，一晃就是 13 年。

因为机缘巧合开始创作，所以最初的目的并不是赚取高额稿费，因为当年稿费一个月只有几百块，即便是后来出版了，稿酬也不算多。真正写出《逆天伏魔录》之后，我发现这种网络上连载的写作方式使人的思想天马行空、无拘无束，是一个非常好的放飞自我的方式，而且可以及时地和读者互动，能够知道自己每一天创作的情节是否被读者喜欢，这是一件很有成就感的事情。从此我更加坚定了创作网络小说的信念，义无反顾地走上了网络文学创作之路。

我的创作主要是受到黄易的影响，因为他的风格是最接近网络小说风格的，或者干脆可以说他的几部作品就是网络小说的开山鼻祖，比如玄幻这个类别就是他发扬光大的。除此之外，还有还珠楼主、金庸和二月河。2004至2009年这段时间，专职的网络作家其实很少，因为当时稿费并不多，而且很不稳定，所以我一直都是兼职。2004年从南师大毕业之后，我当了三年高中老师。2007年之后做过网络编辑，2011年之后，先后在湖南教育出版社和湖南人民出版社上班。直到2015年，才开始全职写作。

我在2011年左右创作的《玄门诡术》（又名《极品神棍》）是我个人最喜爱的一本书。这本书在网络上的成绩不算好，但是当初为了写好这本书，我苦学了一年半的《易经》、玄学风水学，曾经还去开福寺和那些开店、摆摊的算命先生、命理师切磋过，基本上很少会输。甚至经常有读者以为我的本职是算命师，非要让我帮忙算命测字、看风水，让人哭笑不得。

我以往的创作风格主要有两种，一种是谐趣逗笑的风格，还有一种是悬疑惊悚的风格。而未来的创作方向会有意识地往二次元原生幻想倾斜。这十几年来的商业文创作过程中，我觉得自己已经到了一个瓶颈期，加上已经可以不用太过于担心每个月收入，因此可以有时间和精力腾出手来提升自己，拓宽视野，争取能够在纯商业的故事创作中融入更多的人文因素和文化因素。

目前人们对网络文学还或多或少存在偏见，但我觉得这些偏见的存在是正常的，毕竟网络文学是文化产业转型期的新生事物，有些人不认可也是正常。当然，其实这都是因为这些人并不了解什么是真正的网络文学。不可否认网络文学确实存在极端追求商业利益、门槛过低等一系列的问题，无论有没有基本的文学素养都可以在网站发表作品。但是，网络文学毕竟只是一个新生事物，至今也不过20年历史，回首上个世纪新文化运动之后，白话文小说最初开始那些年，一样受到各种不认同、歧视和偏见，但是最后也成为与传统文学分庭抗礼的一大文学体系。网络文学还在成长期，作家们还在不断地探索、尝试，甚至作家本人也都在不断成长，不断地创作更多的现实题材故事，不断地直面和揭露各种尖锐的社会问题……假如未来有一天，需要通过文学来研究我们这个时代，那么我想，研究的样本是绝对规避不开网络文学的。

【主要作品】

2003 年开始以"小破孩的抱抱熊"为笔名创作诗歌，以及中篇小说《走出梦魇的无边蔚蓝》和《破碎的浅蓝》。

《逆天伏魔录》，东方玄幻小说，2004 年发表在天下书盟，已完结。2007 年由中国戏剧出版社出版。

《媚惑天下》，东方玄幻小说，连载于云中书城，已完结。2006 年由台湾新月出版社出版。

《剽悍蝎王》，东方玄幻小说，已完结。2008 年由台湾鲜鲜出版集团出版。

《茅山小天师》，东方玄幻小说，已完结。2009 年由台湾风云时代出版社出版。

《异界印钞机》，东方玄幻小说，已完结。获得全球华语幻想小说大赛优秀作品奖。

《玄门诡术》，都市小说，首发于幻侠小说网，已完结。获得首届全球华语幻想小说大赛年度季军。

《调皮王妃》，与琳听合作，已完结。2015 年被改编成电视剧由乐视网和天伊人传媒联合出品，2016 年由江苏凤凰文艺出版社出版。

《魔盗联盟》，长篇幻想小说，2017 年 6 月 23 日发表于晋江文学，连载中，目前已售出影视版权，将由娱人制造联合爱奇艺共同打造其影视版。

【代表作评介】《玄门诡术》

《玄门诡术》（又名《极品神棍》）描写的是玄门玄师秦天霖和徒弟秦浩冬通过易学使世人觉醒，教人趋吉避凶的一场悬疑惊悚的探险传奇。通过在现实之中融入传说与想象，在广阔背景下上演了一幕幕中与外、古与今、现实与奇幻的令人称奇的故事。

作者以现实为基础营造出一场巨大的谜局，文笔流畅，情节跌宕起伏，读来酣畅淋漓，欲罢不能。作者善于细节描写，文中涉及的易学和玄学风水学等都经过了作者的认真研究和学习，而悬疑惊悚的情节使读者会随着主角的行动心情紧张、呼吸急促，随之血脉偾张，直到解开谜题，才让人酣畅淋漓，感叹情节设置之精妙。

在人物描写方面，作者也能很好地刻画，即使是反派人物和次要人物，也让人印象深刻，提起名字脑海中立刻浮现具体的形象。而作者所要表达的价值观也时时刻刻体现在文中——"我们的目的都是一样的！那就是希望借助所学的东西，将来可以造福一方，而不是与人争强斗狠，否则会有违天和。恐怕会招来无妄之灾的。"这是主角秦天霖收徒时对徒弟所说的话，即使掌握了窥探世间万物奥秘和轨迹的能力，也要用在帮助、造福他人身上，这也更是作者想要传递的善和美。整本书都围绕着帮助他人、教人趋吉避凶展开，主人公运用自己所学，毫无保留地把风水玄学的知识通俗地解释给其他人，帮人解忧排难。

整本书中，最让人感叹的，就是作者对于易学和玄学风水学的独特理解。文中所涉及的知识都自有其体系道理，读来实在别有一番风味，让人在不知不觉中窥得世间万般奥妙，感叹道家文化奇妙无穷。用通俗易懂的概念解释传统术语，用最简单直接的话语解释风水现象，让更多的人了解玄学中的理念，而不仅仅把它当作迷信一般的神怪之学。正是这种真实的文化背景，才让人心甘情愿地被带入书中的情节，从而产生身临其境之感，也让读者对易学、玄学产生了浓厚的兴趣。

当然就本书而言，仍有一些瑕疵。作品发表于2011年左右，正是网络小说方兴未艾之际，是网络小说的读者对作品的要求不断提升的时间段。作者选择了较为大众化的玄幻题材，但却将背景设置在现代中国，主要事件发生地则在港澳沿海一带，并有国外势力卷入其中，如果没有很合理的设置和解释，会使读者较难产生代入感。毕竟大部分人对玄幻的印象更多地停留在古代或者一个架空的时间，比较著名的有后来的《斗破苍穹》《大主宰》等。相较于架空世界，真实世界对小说内容的限制就显得尤其多，可以看到作者试图将传统的符咒、八卦等与现代科学中的磁场等概念建立联系，这是很创新的一个点，但是很多地方作者都是一笔带过，没有或者无法详细地解释清楚，这就使整部书的术法依据产生动摇，从而降低可读性。另一个点则是女性角色的刻画着墨不多且颇显刻板。事实上这几乎是男性向网络小说的通病，女性角色只要美丽即可，偶尔会有一些"丑"的女性作为路人，即使好评如《三体》也不能幸免。这在之前或者可以忽视，但在网络小说愈加文学化的今天，将作品中的人物塑造得更丰满些，已经非常重要了。

正如作者自己所言，为了写好这本书，他曾经钻研过《易经》和其他与风水相关的书籍，这应当是本书的亮点的成因之一。风水学有很多专业的术语，对这些术语的运用稍有不慎就会贻笑大方。但这门学问又比较艰深晦涩，于是很多玄幻小说的作家就选择了"借壳"的做法，即名词是已有的，但赋予其一套全新的内涵，这也是为什么架空世界的玄幻作品占大多数的原因。更有甚者则是胡编乱造，以一套桌游来牵强附会，令人啼笑皆非。但读本书则不同，即使对风水有所了解的读者，读这本书时也没有违和的感觉。此外，书中还对一些装神弄鬼的伎俩做了批判，可见作者有自己的想法，既没有以书之是为是，也没有凭空捏造，作者的水平往往就体现在这些细节上。这部书能拿奖，也是实至名归的。

（刘嘉兴　季东盈　执笔）

54. 欲不死："段子手"的文学情怀

【作者档案】

欲不死，原名刘明，湖南省张家界人，中国作家协会会员，掌阅文化签约作家。2007 年开始从事网络小说创作，至今已在网络上发表多部小说。

初次接触欲不死的作品，就被他字里行间的潇洒与热血感染了，于是苦苦思索这究竟是位什么样的作家呢？很不幸，我们无法与他面对面交谈。但很幸运，我们在网络上找到了他的照片。这一看可使我大吃一惊，能写出这样妙的玄幻小说的作家，竟然是一位戴着眼镜，文质彬彬，看起来有些沉默寡言的人。网络作家菜刀姓李（李晓敏）这样描述他："如果你第一次看到欲不死，你绝对猜不出他作家的身份——个儿不高，小眼睛躲在一副黑镜框后面，不知道他突然会想出一个什么东西来。与陌生人交往，显得有些拘谨和沉闷。用他自己的话说，长期'宅男'式的职业写作，差点忘了如何与人交往。作为他的朋友，有幸见识到他的另一面：率真、坦诚和幽默。当然，还有与他名声所能匹配的才华。文学创作的才华，以及作为段子手欲不死的才华。"大概正是这样一位率真幽默并且非常有才华的"段子手"，才能在如今网文遍野的网络文学中取得一席之地吧。

为了深入了解欲不死，我还深入研究了他的微博，却发现生活中的他实在可爱又真实。他在微博中经常自我鼓励："要加油写。""大张家界的天气很好，我要努力码字。""我还是要加油啊。"等等。这种种日常中琐碎的话语，不起眼的自我鼓励，恰恰说明了他背后的努力。不知经过多少个日夜，那一本本上百章的小说才能被完结，而在这一章章一页页的文字后，不知他又是用怎样的毅力码完这些文字。除了创作，他还热爱生活。登山、拍照、做饭等等都是他生活的一部分，大概正如同他在微博里写的那样："每一天，都觉得自己萌萌的。"欲不死一定是个内心充满童趣的作家吧。

有人说：生命不息，热爱不止。对于欲不死先生来说，大概就是生活不息，创作不止啊！

【主要作品】

《帝血武尊》，玄幻题材小说，2015 年 7 月 15 日首发于掌阅小说网。这部小说是欲不死创作的经典玄幻小说类作品，它讲述了一个异界大陆上热血争霸的故事。

《都市护花医仙》，都市异能类小说，2017 年 10 月 19 日发表于掌阅小说网，连载中。

《阴阳先生》，灵异类小说，已完结。

【代表作评介】《帝血武尊》

在欲不死先生的众多作品中，《帝血武尊》最受读者欢迎，可以说是他的成名之作。《帝血武尊》是一本典型的玄幻类小说，有着所有玄幻小说所共有的"套路"——男主打怪升级，披荆斩棘惩恶扬善，最终成就一番霸业。同时，《帝血武尊》有自己独特的方面，比如，男主力量提升的方式就很别具一格。《帝血武尊》的主人公齐风是上一任齐家家主的孙子，在他小的时候，他的爷爷父母就莫名失踪。现任家主虽然表面对齐风和蔼可亲，但内心还是对齐风很忌惮，所以从小封了他的武功，让齐风的修为明显落后于同龄的人，这也招致了周围人的轻视嘲笑。幸好有一个大姐姐一样的人物齐碧烟一直照顾保护齐风。一天，齐风突然发现有一颗类似蛋的东西出现在了自己的额头前，其他人都看不见，只有他自己可以感知到。在这颗蛋的协助下，齐风很快突破了他的修炼屏障，达到了玄境三重，其实他的实力已经达到了玄境四重的程度，但这颗蛋帮他隐藏了真实的实力，在外人看来他虽然突破了玄境三重，但还是一个废物。在达到玄境三重后，齐风执意到寒风峡历练自己。寒风峡是一个修炼圣地，同时也是一个极其危险的地方，那里有很多妖兽出没。寒风峡共分三层，在第一层修炼较容易，在第二层修炼就需要很强的实力，不然很可能命丧于此，第三层则是一个从来没有人到过的禁区。现任家主希望齐风能够死在寒风峡，因此在齐风出发前并没有给他任何灵器。（一个人的实力强弱，可以从三个方面体现出来，第一是境界，第二是战技，第三是灵器。境界，是根本，一个人的境界，决定了他实力的层次，这个主要跟所修行的功法相关。战技，是战斗的法门和技艺，在同一个层次之内，战技的强弱，往往就决定了胜负。灵器，简单来讲就是武器了。）在寒风峡中，齐风竭尽全力，忍别人所不能忍，敢于冒险，在齐碧烟的协助下伤了一条巨蛇，这时齐风额头前的那颗蛋又有了反应，那颗蛋见到血似乎就很兴奋，它迫不及待地吸起了巨蛇的血。神奇的是，在吸完巨蛇的血后，齐风身上的伤口就莫名其妙地好了。寒风峡不仅是个修炼圣地，还是个解决私人恩怨的好地方，因为在这里无论是谁杀了谁，尸体都会被妖兽处理掉，不会留下蛛丝马迹，也不会有任何人来找你寻仇。齐飞龙想在这里杀掉齐风，奈何一直没有机会。从寒风峡出去后，杨家和贺家企图联手灭了齐家，因为势均力敌弄得三败俱伤，然而，齐风在观战的过程中竟然学会了齐家家主和杨家家主的招式，实力又进步了一大截。因为实力突飞猛进，齐风在野狗吞天的带领下再次进入寒风峡，这一次他进入了寒风峡三层，见到了神君。其实寒风峡是神君为所爱的人打造的修炼圣地，他一直居住在寒风峡三层。在神君的解释下，齐风才了解到原来自己额头前的那颗蛋其实是神君的一颗脱壳茧，神君企图占据齐风的身体，但没有成功，"二十万年的谋划，最终却为你做了嫁衣裳！既然如此，我就成全你！你继我道统，承我因果！"就这样齐风继承了神君的道统。从寒风峡出去后，齐风的实力虽然还没有修炼到最高，但也是实力过人的大人物，他与拥有清净琉璃真身法术的柳随风以及洛花雨共同创造了宇宙这一门派。最后，经历了东洲与西洲的大战和海族的入侵，他终于明白不断地升级也终究是死路一条，因此决定要一统东洲，成就帝位。

这部小说洋洋洒洒地写了150多万字，其中有很多闪光点，当然也有一些不足。现在网络小说数量很庞大，玄幻小说作为读者最喜欢阅读的类型之一，在网络小说中又占据着很大的比例，这就难免出现情节老套、千篇一律的弊端。然而，欲不死先生的这部《帝血武尊》却在玄幻小说固有的套路上又有所突破创新，给人耳目一新的感觉。比如，在一般性的玄幻小说中，男主角在相当长的一段时间里一定是软弱无能的，受尽欺凌，最后拜了一位名师或者偶然得到了秘籍，才走上辛苦历练、能力攀升的坦途。而在这部玄幻小说中，男主角一开始就走向变强大的道路，在脱壳茧的帮助下一路披荆斩棘。此外，这部小说的剧情很紧凑，几乎没有无用章节，让读者一读起来就不忍心停下，跟着主人公经历种种艰险，全心投入到情节的发展当中。

当然，再好的小说也会有美中不足的地方。这本小说在语言的使用上还需要再进行打磨，用语有时不太文雅，偶尔会冒出脏字以及网络不文明用语。这些出现在小说里是很不合适的，第一章的名字就叫"别装叉"，开篇就给人很不好的印象。如果是不太懂事的小学生来读，这样的字眼会对他们造成很不好的影响。小说中有很清晰的进阶脉络，从玄境一重到玄境十重，还有地玄境、天玄境、始玄境、终玄境，但男主进阶的过程有点太过于轻易。男主没有拼搏的历程，他凭借着身上的那颗蛋，不断地参与战斗，通过吸对手的血就可以进阶，有时只是静静打坐一会儿就已经完成了突破，在进阶之后，男主似乎连自己的技能该如何使用都不清楚。在从天玄境四重直接突破到始玄境一重时，男主只感觉到浑身一震，脑子里完全无意识，他都不知道自己在做什么，只是身体里的能量迅速充足，并且，修为也在一节节地往上攀高。这一点与其他玄幻小说相比还是有一些逊色。

（魏鑫　赵玲晨　执笔）

55. 月牙儿：故事里的总裁 "秘密"

【作者档案】

月牙儿，原名刘倩。红薯中文网签约作者。用 "月牙儿" 作为笔名创作小说《总裁的秘密情人》，在多个网站进行连载。文章于 2017 年 6 月完结。刘倩用多个笔名在网站上更文，更多情况不详。

【主要作品】

《总裁的秘密情人》，都市情感类，2016 年 9 月 16 日开始连载于红薯中文网，已完结，共 190 万字，获 32 万点击。

【代表作评介】《总裁的秘密情人》

故事梗概

《总裁的秘密情人》无疑是一部言情小说。小说以爱情为主线，展示了三位总裁与各自的 "秘密情人" 之间曲折的爱情故事。作品在写爱情的同时，描绘了商界精英——总裁们所处世界的纷争与险恶、计谋与争斗。

洛轻云，一位酒店的经理，却在酒店遇见了两年前陪睡过的跨国集团总裁苏晨皓。原来，轻云为救身患尿毒症的弟弟，迫于经济压力，去夜店上班，陪睡后全身而退。酒店的重逢，让二人有了新的关联。一次次在 "离别—重逢—离别" 的循环与 "解救与被解救" 的冲突中，两个人的爱情出现了可能。轻云、晨皓彼此心意确定，回到男主别墅，就在感情升温之际，轻云发现自己已有身孕；与此同时，迎接她的却是晨皓已有婚约，未婚妻是集团继承人，漂亮又温柔可人。轻云误会晨皓的心意，不愿意藏娇金屋，伤透了心，决定离开。男主隐瞒真相，为保护女主，让 "爱" 成为

— **287** —

一个秘密。她一心想要给肚子的宝宝一个完整的家，于是嫁给了晨皓的弟弟。万般曲折，轻云与晨皓两个人的关系在不断的误会中陷入了深渊。当轻云知道晨皓是为报恩而结婚的真相时，局势已经不可扭转。晨皓弟弟"去世"，轻云担心晨皓不会让自己的孩子顺利出生，于是出国。轻云四年后回国，为了救患白血病的儿子，她想方设法和晨皓之间发生关系。为保护儿子，轻云与晨皓两个人相处后互通心意，重归于好，一家人其乐融融。不料，新的危机又产生了。婆婆并不承认这样的缘分，再三阻挠，加上男主突发车祸导致失忆，轻云被赶出家门。后来，轻云与晨皓一起找回记忆并查明真相，婆婆也被两人爱情打动，两个人最终踏入婚姻的殿堂。

霍熙文，是苏晨皓为报恩而与其联姻的"未婚妻"。她不想"联姻"拆散了晨皓哥哥的爱情，一心想找人假扮自己的男朋友，好让晨皓哥哥安心追逐自己的爱情。阴差阳错，遇见了"腹黑"又是"黑道出身"的付慕筠。付慕筠被熙文的单纯、善良与美丽所吸引。在两人相处的过程中，付慕筠的厨艺、对熙文的体贴以及救命之恩，都让熙文念念不忘。熙文结束与苏家联姻的四年之后，再次与付慕筠相遇。付慕筠这时却将熙文拒之千里之外。后来得知付慕筠的真实身份是国际反恐联盟的高层，树敌众多。他害怕自己的特殊身份给熙文带来麻烦，因此故意疏离。不久传言付慕筠身份暴露，已经被仇家陷害致死，熙文郁郁寡欢，不料却遇见了和付同名同脸的付沐筠，还有和付相似性格，相同声音的，却不同脸蛋的"陈航卓"。真假难辨，患难与共，熙文再次爱上"换脸改名"后的"陈航卓"。由于处境危险，付慕筠依旧不能说出对熙文的爱。在他最后一个"特大贩毒案件"了结后，两个人终于克服一切困难，牵手一生。

贺美心，是轻云的闺蜜，在熙文的公司上班，为相夫教子而辞职，婚后却过着地狱一般的生活。贺美心怀孕时因为小矛盾，被婆婆推倒在地，导致早产，性命难保。生死攸关之时，自私的婆婆和懦弱的丈夫选择了宝宝，放弃了她。在轻云的帮助下，她幸免于难。机缘巧合，重返职场的她，成为了霍熙文哥哥霍家宝的秘书。不料，在一次年会上，美心和总裁发生了关系，使已难怀孕的美心有了身孕。"灰姑娘"怀上总裁的孩子，堕胎似乎是必然选择。美心为了保护胎儿逃至美国。两人再次相遇时，霍家宝看到美心已有一个聪明无敌的女儿，与此同时还有一个爱慕美心的男人。霍家宝吃醋，对美心生气还百般刁难。霍家宝用"硬气"的手段，把美心留在身边。他的爱说不出口，在美心有生命危险之时，他不顾一切出手相救。曾爱慕美心的男士发生车祸后失忆，完全忘记了两个人的婚约，美心伤心不已。男生也因为自己一系列伤害美心的举动，选择主动退出。美心在与霍家宝的相处中暗生情愫，最后深陷总裁的"爱情之潭"。三个女生，与各自的"总裁"过上幸福的生活，甜蜜大结局。

作品赏析

《总裁的秘密情人》以爱情为主线，展现了上流社会高干总裁、社会精英的爱恨情仇。作品在人物形象的塑造、主题表达以及情节跌宕起伏的设置上有一定成就，但也存在着情节老套、语言表达有些不准确等不足。

该小说的艺术特点主要表现为：

一是沿用灰姑娘的叙事模式，书写了"灰姑娘"与"霸道总裁"之间的秘密爱情。作品成功地塑造了几位霸道总裁的形象，如苏晨皓，付慕筠，霍家宝，他们帅气多金，是集团的总裁，聪明能干，对自己心爱的人专一多情，从一而终。但这些总裁喜欢的女生却是普普通通的。小说中除了霍熙文是集团继承人，不符合灰姑娘的特质外，洛轻云和贺美心都是平凡普通的人物。女孩的平凡、善良、坚强、纯净、真诚、开朗、乐观，成为吸引霸道总裁的重要特质。

"霸道总裁"的人物设定在物质上满足了读者的期待，也符合读者的审美需求。小说中的上流社会，虽有些离奇却又离生活很近。轻云美丽，身材姣好，心地善良，却缺乏爱与保护；苏晨皓虽然外表帅气，富可敌国，生活却并不那么幸福。在晨皓的保护下，两个人很快就擦出了爱的火花。他们的故事总是一波三折，主人公都经历了相遇、相爱、分开、回归真爱的情感道路，引人入胜。

二是深刻地彰显出女性的独立意识。作者在叙述中明显倾向于女性视角，这既缘于作品阅读群体多为女性，作者必须符合她们的阅读期待，使她们有较强的代入感；更重要的是作者在自己的创作中，体现时代变迁中的女性思想，深入探讨女性的独立意识，讽刺与反对男性对女性压迫。这不仅是女性主体叙事的重要组成部分，也是女性独立意识的表达。

小说中贺美心是女主的闺蜜，她在忍受婆家的欺侮后，断然离婚，结束与"妈宝男"的缘分。我们能够明显地感受到作者对不尊重女性行为的批判。作者笔下的女性角色，在她们温柔似水的性格中藏着独立自主的灵魂。她们在爱情上追求真情，就算经济上有所差距，也能独立自主，始终保持内心的坚持和人格的独立，力争自己的主动权。作品中苏晨皓为了报答救命恩人霍熙文，答应与她结婚，轻云认为他们两个感情深厚，在晨皓表明"不能娶她"后，断然离开，选择退出，就算当时她已经有孕在身也不愿意当个"金屋藏娇"的女人。

文章另外一个"总裁"的情人，霍熙文，在被自己爱慕的男人付慕筠拒绝后，开启了女追男的模式，大胆追求自己的幸福。她温柔又美丽，也有自己的集团，为自己的爱情打下坚实的基础。她爱得自信，爱得自由。作者笔下的女性，温柔却又坚强，充分展现出阴柔气质的美好。

从写作手法看，该小说也有自己独具的特色。

第一，作者对设置悬念的巧妙运用，让读者欲罢不能。作者巧妙地设置悬念，再一一揭开，让读者慢慢探寻真相。比如在轻云被继父的女儿陷害时，有一位姓苏的公子和她意外相遇，后来还不断遇见。令读者对苏家公子的身份展开了猜想，认为"两兄弟"争同一个女人的情节必将上演。却不料轻云与晨皓弟弟完婚后，看到他发匿名短信"我答应的事已经做到，您答应我的也希望您做到"，这个短信发给了谁？娶轻云竟然是受人之托？我们为角色担忧之时，也陷入了无限遐想。最后通过苏家二公子之口，我们才得知，苏家二公子迎娶洛轻云，是受苏晨皓最爱的爷爷之命，以换取心脏，重获生命作为条件。豪门的心机展露无疑，读者也大呼过瘾。再如，付慕筠的妹妹慧慧喜欢上了一个无国界医生，此人身处非洲。后来通过角色介绍，发现洛轻云的弟弟正在非洲参加援救项目。洛轻云的弟弟是不是就是慧慧的"心上人"呢？作者并没有交代，给读者留下了想象的空间。

第二，小说采用了视角与人称交替变换的表达方式。根据情节的设置，作者巧妙灵活地转换叙述角度。这种表达在叙述中显得更为灵活自由。文章大都采用第三人称的叙述，但更多的是通过转换人称的语言描写，来推动情节发展。采用第一人称的语言描写，让我们更真实地感受到角色的世界：我们感受到了轻云初次尝到爱情味道的心动与紧张，在知道爱的人有未婚妻之后的那份挣扎与伤心，也就看到了他们的爱情是如何的艰难。苏晨皓外冷内热，在作者的笔下，这个人物不喜欢表达，我们却能够探测他的内心世界，真实地感受到他对轻云深沉的爱。

第三，极富吸引力的开头。文章不同于其他网络小说，开头没有极力渲染男主的势力与外貌，而是先写了男女主的缠绵。一个是富可敌国的神秘金主（苏晨皓），在女主（洛轻云）需要钱的时候出现。二人缠绵之后，女主拿到救命钱，各自分别。充分调动了读者的阅读兴趣。他们再次相遇，成为金主"苏晨皓"的私人管家的轻云会有什么样的经历？他是否记起那段往事？男主帅气多金，势力庞大，女主漂亮却平凡，差别巨大的二人会有怎样的故事？用颇具噱头的开场，对文章展开了一波三折的叙述，让文章更富有节奏感。

此外，《总裁的秘密情人》用相同的大团圆，给人不一样的力量。文章采用一贯的手法，三位女主洛轻云、霍熙文、贺美心经历的爱情都是"相爱——受到阻碍——破除阻碍——在一起"的大团圆模式。一方面迎合了大众，符合大部分女性读者的"灰姑娘"情结。虽然作者笔下，角色之间的爱情并不像传统言情小说中描写的爱情那么美好。他们卷入了心机与争斗，还涉及权力与诡计。但这更是社会中所存在的问题，爱情中的双方并不一定能顺利双宿双飞，他们的爱情反映社会问题，比传统言情小说更深刻。作品中对爱情的尊重、人性的尊重，对角色的拼搏、自尊自爱的肯定，才是我们感受到的主题。轻云从小家庭不幸，她经历了那么多的伤害，最后还是和心爱的人走到了一起，这种对于爱情的坚定与执着，让读者为其感动。这大团圆的结局更加符合了广大读者对于爱情的向往与期待。

该小说也有一些艺术上的不足。一是环境与情节有些地方出现了重复，给读者以老套之感。小说重点塑造人物形象与性格特点，缺乏对于事件发生的自然环境与社会环境的描写。小说主要以心理描写和外貌描写为主，以此来展现人物的性格特征。过多的心理描写导致忽视了对于环境的描写，这使得小说的阅读美感有所减弱。小说在展示爱情的时候掺杂了关于阴谋权术的描写，甚至有些许推理的味道，让小说阅读拥有许多趣味。不过，在小说中的人物与人物之间的矛盾设置，或者是剧情变化上有些重复拖沓。苏晨皓的父亲，车祸而亡，本以为是母亲所为，却发现自己也被设计遭遇车祸，那幕后的人定是另有其人。两起车祸的始作俑者是一直在母亲身边伺候的莲嫂。她暗中使坏，借刀杀人，想置苏家于死地。调查真相的同时，一波未平，一波又起，充满了悬疑色彩。这种情节安排本足可称道。可文章中，车祸的情节出现频率太多。小说中的豪门争斗、设计害人、坎坷情路等都设置了相同的车祸情节，阅读起来让人疲乏，让人觉得作者技穷才乏。

二是语言表现力有所欠缺。在语言表达上，和大多数连载的网络小说一样，作品篇幅短小，容易阅读。但作者在写作时，可能是在语言表达上训练不足，阅读起来感觉苍白无力，语意有些重复；在对主要人物的描写中，语言表达不够深刻，致使文章中"苏晨皓""付慕筠""霍家宝"似乎有着很多的相同之处，人物的特点不够鲜明。

当然，我们阅读小说，应该坚持辩证的眼光去看待长处和短处。网络小说写作的广泛性，相同题材也有不同的侧重点。刘倩生动描写了三位总裁的不同秘密，让我们拥有了不同的阅读体验，这也让我们对网络小说世界充满了期待。

（杨奕纯　执笔）

56. 贼眉鼠眼：我的快意江湖

【作者档案】

贼眉鼠眼，原名关云，男，生于 1979 年 12 月，湖南长沙人，毕业院校为湖南经济管理干部学院（现与中南林业科技大学合并），起点中文网签约作家，湖南省作协会员，中国作协会员，湖南省网协理事。贼眉鼠眼的作品风格幽默，起点外号"老贼"。2017 年 2 月，第二届网文之王评选中位列百强大神。

贼眉鼠眼从小便喜爱阅读，他认为阅读可以带来美的情怀与好的写作能力。小学时，他的优秀作文就经常被老师在课堂上当作范本分享给同学们。他的大学生涯则基本是在看小说中度过的，金庸、古龙、倪匡甚至是琼瑶、席绢等作家的小说他都爱读。虽然贼眉鼠眼在大学的时候并没有开始踏上写作之路，但大量的阅读带给了他强大的故事构造能力和独特的语言组织能力，为日后的创作道路打下了良好的基础。

幽默风趣的行文风格，是贼眉鼠眼创作的一大特色。他想要读者在阅读他的故事的同时获得欢乐，得到欢乐的同时又能记住他所书写的历史。真实的历史是残酷的和无法改变的，贼眉鼠眼喜爱历史，却会叹息历史的残酷，觉得朝代的覆亡来得太快。朝代兴亡的大势不会因为个人的努力而扭转。因此他选择架空的方式来写历史小说，一来能够吸引读者，二来也能够让自己对残酷历史的遗憾少一些。贼眉鼠眼的幽默带有一丝细腻。他重视细节的描写，细腻且温情，例如，写侯君集夫人的那一段，他让我们看到一个古代遵守三从四德的传统女性散发出的别样光辉。他所描写的细节跨度从儿女私情到家国情怀，故事情节在变化中体现出他的爱国之情。看似诙谐幽默的小说，实则描写了一段历史。虽有一些残酷，但又带有十足的家国情怀。对于朝代的兴亡，我们不能控制，但我们能够表达我们的感情。没有处在那个年代是我们的幸运，但不能只是觉得幸运就没有了后续。贼眉鼠眼告诉我们，不能为了一些蝇头小利抛弃国家，做一个虚伪的小人。在谁都可以写小说的时代，各种思想都可以传播，没有正确的积极的三观，就没有办法让风气正起来，我们缺少的不是会创作的作家，而是会创作的同时还三观正常积极向上的作家。他的《贞观大闲人》连载至今还能拥有高人气的秘诀之一，就是传递给读者正能量。

【主要作品】

《传奇纨绔少爷》，历史题材作品，2009 年首发于起点中文网，158.13万字，已完结。

《大明王侯》，历史题材作品，2010 年首发于起点中文网，153.64 万字，已完结。

《极品草根太子》，历史题材作品，2011 年首发于起点中文网，79.9 万字，已完结。

《明朝伪君子》，历史题材作品，2012 年首发于起点中文网，227.47 万字，已完结。

《贞观大闲人》，历史题材作品，2015 年 2 月 28 日首发于起点中文网，316.66 万字，已完结。

【代表作评介】《贞观大闲人》

《贞观大闲人》讲述了现代青年李素穿越到贞观年间一寒门庄户家中的15 岁少年身上之后所经历的种种故事。从乡间试治天花到步入仕途，李素逐步走向权力中心，开启了在大唐建功立业的奋斗之路。

现代人去古代世界拥有很多优势，他们不仅了解历史进程，而且掌握了科学技术理论知识，思想先进开放。李素就是凭借着现代人的这些优势，在大唐贞观年间着实风光了一把。他这些"创作"，例如造抽水马桶、酿酒、印刷、制香水、吟诗作对等，却不是为了风光，而仅仅是为了挣钱。作为一个爱财如命的主角，李素可以说是为了赚钱想尽了各种方法。他爱财如命，奸诈虚伪，却又幽默搞笑，聪明而且机智。因为他知识储备丰富，动手能力超常，得以造出对当时历史时期来说的许多新奇玩意儿。他将各种现代理论在古代世界进行了实践，将现代元素与古代世界的环境融合，现代理念产品与古代朴素事物结合，其间的奇思妙想让人不觉拍手称赞。李素凭借着自己的智慧，在与自己从小生活着的世界截然不同的环境中一步一步往上爬，由最初的贫穷小山庄慢慢走出去，接触商贩之事，接触行军，接触公主甚至是皇帝。不论是在竞争激烈的现代，还是条件相对简陋的古代，李素的生存都是一个艰难的问题。他在故事中的一步一步成长，一次一次进步，让读者备感欣慰。同时，在情感设置方面，李素与东阳公主的感情发展不是一步而成，反而是在交往中慢慢升温。这个设定没有以往小说中仅仅因为一面之缘而产生想法的俗套情节，让人物带有了些许温情，令读者眼前一亮。李素，这样一个集贪财与温情于一身的传奇主角，矛盾又可爱。他虽然虚伪，看似是混世小魔王，但胜过了许多满嘴仁义的大臣。他西抗吐蕃，北抵高昌，作为一个"小人"，他胜过了许多"大人"。作家将自己对一些历史现象的讽刺和对社会黑暗面的揭露穿插在李素的搞笑幽默之中，用轻松的氛围让我们感受到了相对真实的一面，这种处理方式也不显得突兀唐突。人物性格的尖锐和历史真实的对比，使历史小说的意义得以展现。

作为一个作家，文笔功力自然不能贫乏，遣词造句需得讲究，对历史人物和故事的描述也要有知识积累。《贞观大闲人》中，贼眉鼠眼以自然流畅的语言，清新幽默的行文风格获得了一众读者的好评。小说中没有那些横行网络的低级趣味，反而追求词句的优美凝练，这让我们感受到作家对于文字的考究，对于文学的美好追求。同时作为历史小说，它的完成自然离不开良好历史知识的积累。作家一直喜爱历史，喜爱阅读历史。四大名著中作家最先阅读的是《三国演义》，对历史上那些英雄人物的风采很向往，对历史朝代的兴亡很感慨，由此对历史产生了浓厚的兴趣。《贞观大闲人》作为历史小说，充分体现了作家扎实的历史知识基础。这本书让我们愿意阅读，去探究"历史人物"，感受朝代的变迁，让我们沉醉于其创造的"历史文化"，深陷其文字的魅力。作家的文字能给人以美好的感受和奇特的力量，这正和他所坚持的作家的社会责任相符合：三观要正，内心要充满阳光。李素的美好人生，虽然带有一丝丝夸张，但是小说中需要这些夸张。现实中的残酷可以通过小说来完善，历史的缺憾可以通过文字来弥补。

故事情节的推动离不开矛盾冲突的产生和发展。小说中所展现的主人公与阶级利益的矛盾，与世俗观念的矛盾，与权力斗争的矛盾，让读者欲罢不能。它让读者阅尽每个人的特点，感受人性百态。虽然作品的情节稍显紧迫，但作家每次都通过李素"贱兮兮"的特点来给人以乐趣，给读者一种轻松的享受。

目前，《贞观大闲人》连载长达三年之久，现已出版一部分。作家脑海中构思了一个宏大的框架，在这三年之中一路填充，就像是建造一座房屋：打好框架之后再去搬运水泥砖瓦，一个砖一个砖慢慢砌上去，一块水泥一块水泥细细抹均匀，地基没有打好不能着急搬砖盖瓦，粉砌没有做好不能马虎招呼完工。一部长篇作品的完成，不能急于一时。经得住时间的考验，顺利圆满完成的作品值得读者们回味良久，三年的构思和推敲，让我们愈加期待接下来的剧情进展。

文学作品是作家用独特的语言艺术，表现其独特的心灵世界的媒介。在历史小说创作初见成效之后，贼眉鼠眼也曾有转型都市小说的想法。他认为都市生活的复杂化让每个人的心灵世界更加复杂，因此有较大的创作空间。其实，不管是历史类型还是都市类型，只要是好的作品都是值得读者们收藏和喜爱的。也许，贼眉鼠眼正是因为既定的历史事实人们已无力更改，竞争激烈的都市生活也给人们带来沉重的现实压力，所以选择用创作小说的方式，给读者不一样的感受，通过文学作品给读者带来心灵的慰藉。相对来说，作家的世界比其他人的世界多了一丝纯净。他们怀有对美好纯真生活的向往，接触到了社会的阴暗面后也会有深层次的思考。对于网民读者来说，阅读贼眉鼠眼的都市类型的小说更能引起共鸣，同时也能获得一些心灵的启示。没有哪一个时代是完全脱离现实、充满美感的。生活的辛酸不该是人们堕落的理由。人们常常在思考，如何在都市复杂生活中活出自我、活得自在，也许对读者来说，通过文学作品来获得启示是个不错的选择。

（汪梅凌　执笔）

57. 张君宝：网文多面手，青春人气高

【作者档案】

张君宝，原名廖定胜，出生于湖南衡阳，是一名毕业于哈尔滨工业大学的标准理工男，但酷爱文学的他很早就关注网络文学创作，期待自己也能通过网络文学创作找寻到一个属于自己的精神空间。2006 年，张君宝创作异术超能类型小说《庸医》，开启了网文写作生涯，该书在起点中文网总点击数达 600 多万，总推荐数超 47 万，处女作的超高人气让张君宝迅速成为了被大众熟知的网络小说作家，从此，网络文学写作成为他生命中不可或缺的一部分。张君宝是个多面手，其作品既有都市异术题材，也有奇幻仙侠题材，最擅长写的是搞笑热血类的青春都市小说，被誉为国内网络文学"男生向青春校园第一人"，其作品风格独特，笔触自然，自成一派。继《庸医》之后，张君宝先后创作了《超级教师》《极品学生》《元气少年》《少年拳圣》等超高人气的作品。

在网络小说创作之外，张君宝对文学领域内其他方面的涉猎也十分广泛，在编剧方面也有不少成果，策划和编剧了响巢看看独播网络剧《美女公寓》，此外还担任了湖南卫视热播剧《爱你，千丝万缕》的文学策划。如今，张君宝已有自己的编剧公司，为欢瑞、春秋风云等业内知名影视公司提供优质剧本。

【主要作品】

《庸医》，都市异术类，2006 年起点中文网首发，作者处女作。

《超级教师》，都市生活类，2007 年起点中文网首发，已由珠海出版社出版，2014 年改编为网络剧《STB 超级教师》。

《肥厨》(《混沌厨神》)，都市生活类，2008 年起点中文网首发。

《狂徒》《魔法炒手》，玄幻类，2011 年起点中文网首发。

《星际倒客》，科幻类，2011 年起点中文网首发。

《超级教师 2》，都市生活类，2012 年起点中文网首发。

《魔造领主》，玄幻类，2012 年起点中文网首发。

《极品学生》，都市类，2012 年红薯网首发小说。

《职业杀手》，都市类，2013 年起点中文网首发。

《傲气仙尊》，仙侠类，2013 年起点中文网首发。

《少年拳圣》，都市类，2015 年网易云阅读首发，已由网易云阅读发布同名漫画。

《逆天仙帝》，玄幻类，于百度阅读首发，已由天翼爱漫画文化传媒有限公司出品同名漫画。

《元气少年》(《终极学霸》)，校园类，2016 年起点中文网首发，已由广东旅游出版社出版。

《太极真人》，武侠类，2018 年网易云阅读首发，是张君宝创作的第一部武侠作品。

【代表作评介】《超级教师》

张君宝的代表作《超级教师》是网文圈迄今为止教师类题材小说口碑与成绩双丰收的作品，2007 年在起点中文网推出之后，获得了空前人气，点击超 1500 万，进入当年的百度小说风云榜前十，网友们赞不绝口，成为了众多书迷心中的经典。小说讲述的是中海市飞车党的老大廖学兵这个另类奇才为了改善自己的精神状况而当上一所私立高中的语文教师，在教师生涯中和学生斗智斗勇、和黑帮争夺势力、和情敌一较高下的种种趣事。

故事开篇塑造了一个邋遢、懒散、暴力但极具正义感的黑帮小头目形象，这个刚刚失去第七份工作的飞车党头目廖学兵因为长期的失眠与焦虑患上了轻微的分裂型人格障碍，所以对黑帮生活不甚满意，一心只渴望一份长久稳定的工作。机缘巧合之下，这个黑帮头目居然去应聘中海市郁金香私立高中的语文教师，更没想到的是他还靠着自己十足的小聪明和高超的表演能力糊弄住了校长，而他曾经帮助过的校董事会副主席史密斯夫人更是"神助力"，让其如愿以偿地获得了教师的职位，从此飞车党老大就开始了他崭新的教师生涯。

初为人师的廖学兵对校园生活怀着美好而热切的期待，仲夏时节开阔的校道两旁成列的梧桐树营造惬意的氛围，身着黑白水手服，脸上不施脂粉的少女使他萌动起隐藏多年的青春情怀。但是，与表面上美好的环境截然不同的是，他一进学校就得罪了训导主任邱大奇，邱大奇视他如眼中钉肉中刺，不得不参与的帮派对峙让他深感无奈，教师资格证的获取压力让谎称有丰富教学经验的他无所适从，"死亡班级"里一群娇生惯养，无心学业，以与教师作对为乐的学生们一套又一套出其不意的整人花招更是让他应接不暇。不过廖学兵岂是一般的老实本分人，吃过几次苦头之后，逐渐就对班上的情况了如指掌，班上女生大姐头是苏飞虹，男生们则多以叶玉虎、崔政马首是瞻，李玉中、蒙军自成一派，关慕云十分仰慕所谓的黑帮生活，调皮学生钟佰十分在意自己的姐姐，班里受欺负的常常是夏惟和周安……作为班主任的廖学兵通过深入了解学生们的家庭背景、性格特点以及班上同学之间微妙的关系网，经常能轻而易举地"反套路"，让调皮的学生们无话可说。他秉承的因材施教、逐个击破的教育理念让他在不同的学生面前展现不一样的人格，逐渐让学生们折服于他的魅力，长时间相处下来，他每次在学生真正遇到困境时没有犹豫地挺身而出，甚至不惜牺牲自己的生命去保护学生，又真正让这帮懵懂无知的孩子获得了感动。

与他的教学生活交织进行的是他不得不参与的黑帮生活。廖学兵不屑名利，蔑视权威，但他忠于团队，有惊人的力量，聪慧过人的头脑和沉着冷静的处事应变能力。这让廖学兵在黑帮斗争中常能险中求胜，让一个最初名不见经传的小帮派飞车党逐步介入了中海市巨头云集的盂兰盆会，经过一次次生死决斗最终还掌控了中海市，建立了新秩序。

《超级教师》诞生于 2007 年，那年正是青春都市小说盛行的时候。有网友称《超级教师》这本小说立足于校园，背景是黑道，内容是泡妞，主题却是对一种洒脱随性的生活的崇尚。它有着大部分都市小说的共有特点，如幽默诙谐的语调，都市时尚感强烈，画面场景转换自然等，其独有的无厘头搞笑文风，教书泡妞玩黑道的矛盾冲突更为作品添色不少。在我看来，这部小说在以下几点上令人印象深刻。

一是巧妙的人设和细致的细节描绘。当一个纨绔奇才当上了教师，一定会发生许多意想不到的故事，《超级教师》的主角廖学兵其实是一个矛盾综合体，有轻微的分裂型人格，所以才能在教师和黑道大哥这两个平常让人感觉完全挨不着边儿的角色之间来去自如地转换，这也正是这个主角最为吸引读者之处，是小说中很多矛盾冲突的根本。读者震撼于小说中暴力美学的淋漓发挥，如廖学兵在收拾小帮派时长挂在嘴边的"朱雀桥以西，飞车党第一"的嚣张口号，凭着一把外形炫酷、威力无穷的沙漠之鹰手枪大闹盂兰盆会时的霸气果断，和敌人硬碰硬时绝处逢生的酣畅都令年轻读者热血沸腾。读者又感动于这个冷酷的黑帮老大内心固有的单纯、善良和他满口胡言背后的倔强自我，如小说中廖学兵多次遇到被欺辱的弱势老人都会上前打抱不平，哪怕自己身处绝境也不愿滥杀无辜去脱险，甚至当班上一个很少与他打交道的学生林小肯跳楼时，他也丝毫不顾自己的生命去相救，强烈的反差和对比构成了这个极具戏剧色彩但又十分真实的男主。而作者也很擅长用细节来刻画人物形象、反映角色心理，如在第一次见到校长时就抓住了办公室整体装潢这一具体的细节，通过豪华装饰品、高高在上的天花板、多层的水晶灯等来表现校长华而不实的庸俗气质，又通过班级不同学生的穿着打扮、家庭背景以及同学之间的说话态度、活动状况等细节来表现学生们的鲜明个性和问题所在，而男主对于教师职业的热爱和责任感也体现在他处事时总把学生放在第一位的细节中，这些翔实的细节从多个维度丰富了小说人物。

二是多线交织的叙事方式和跌宕起伏的情节设置。小说由三线交织并行：一是廖学兵在学校的教书育人之线；二是飞车党老大兵哥在中海黑帮搅弄风云之线；三是"情圣"廖学兵和多个女主之间的多条感情线。这三条线并不是独立存在，反倒是三线之间的角色都彼此牵连，各个支线也互相对比映照，这就使得各条叙事线之间既存在一定的交叉和重叠又具有彼此独立的新鲜内容，从而达成小说整体叙事错落的美感。比如中海巨头贝世骧是廖学兵班上学生贝晓丹的父亲；同事兼情敌莫永泰又是廖学兵熟识的黑道教父莫老五的儿子；恋爱对象之一大明星慕容冰雨甚至还是最依赖廖学兵的同学慕容蓝落的姑姑；还有班上关慕云、李玉中、叶玉虎、崔政等问题学生和中海一些小帮派之间的关联，都是连接这三条叙事线索的纽带，也是廖学兵之后不得不重新插手黑帮生活，解决中海纠纷的引子。小说前半部分重叙事，后半部分重情节，故事编排较为曲婉，用人物主导故事。一开始作者就将飞车党和一群个性鲜明的学生以及几个主要老师介绍清楚，并以此展开活动，后续就慢慢引入了更多相关的角色，展现出了复杂的人物关系，主角廖学兵的种种行为则推动着故事情节不断向前发展，他从初入郁金香高中时被学生整蛊、讨厌到赢取少数同学的尊敬、好感再到最后感化整个"死亡班级"，他在黑帮争斗中从身为无名小卒到介入盂兰盆会再到最后历经几次生死劫数控制整个中海甚至南方的局势，在泡妞过程中更是从一个其貌不扬、无人理睬的邋遢鬼不期然间变成了受尽追捧的"万人迷"。

三是小说语言富于画面感，写作技法上颇具蒙太奇手法。文字的力量无疑是无穷无尽的，因为阅读文字可以激发无限的想象，构建一个全新的世界，《超级教师》的叙事语言在表现情节画面这一方面还是不错的。比如在写男主初入郁金香高中时，对于校道、操场和路边嬉戏的女学生们的描写就为读者刻画了故事发生的背景——青葱校园，恬淡的少女，幽雅的环境，牵动读者对后续故事的期待，与此同时，男主和恋人相处时作者通过细致的环境描写展现温情画面，在无数次的生死决斗场面中作者对动作、决斗双方外形的刻画让读者如临现场，心神紧张。而作者在揭晓悬念时，也常常巧用蒙太奇手法，比如廖学兵和禁军教头林逾对决势处下风，在廖学兵身受重伤之时林逾提议要两人联合而廖学兵依然出言不逊拒绝了该提议后，读者内心极其渴望知道林逾接下来的反应，但是作者在下一章中并没有接着情节往下写，而是直接切换到一个人负重伤离开和一个人在草丛里已经动弹不得变成血人的对比画面，最终再报出两人姓名来向读者阐明最后的胜负，更有震撼、惊讶之感，打斗的画面虽没有直接描写出来，却能使读者在脑海中形成加倍精彩的想象。

如果说有什么不足之处，那就是本小说的臆想色彩过于强烈，玩笑成分多，语言表现不够从容，文中挖的很多坑也没有填好，到后面给人的感觉会有些乏味，特别是很多读者反应结尾无力支撑起整本小说。但是总体来说，《超级教师》在 2007 年也是掀起了一股风潮，其人物塑造、叙事技巧都达到了一定的高度，在商业上也取得了巨大的成功，张君宝本人也评价该作品是"一部成功的商业作品"。

（罗诗咏 执笔）

58. 只是小虾米：
打造属于自己的热血玄幻

【作者档案】

只是小虾米，原名付仁杰，男，生于 1987 年 4 月，湖南邵阳人。现为神起中文网签约作家，从事网络小说写作至今已有 6 年，热衷于玄幻小说的创作。主要作品有《武逆》《丹道宗师》《焚天战神》《噬日》，其中代表作《武逆》曾进入 17K 小说网全站订阅榜前十，玄幻频道前三，并于 2013 年底进入中国移动阅读基地（和阅读）原创畅销榜前三十，点击量高达 3.26 亿。

作家是令人艳羡的职业，在很多人的眼中，作家拥有着更高的自由度和不菲的收入。近十几年来，随着网络的普及，网络小说正欣欣向荣地发展，网络作家日益走进了人们的视野，为大众所熟知。

2012 年，尚未成为专职网络作家的只是小虾米出于对小说的喜爱，着手创作出了自己的第一部练手作品。尽管这并未给他带来可观的收入，但经验的积累和写作带来的成就感，使得这位原本热爱网络小说的年轻人毅然决定辞去原本稳定的工作，成为一名专职网络写手。这是一个需要莫大勇气的决定，网络小说的创作不仅需要投入大量的时间，最初创作时的微薄收入更是成为了横亘在现实与梦想间的屏障。

"起初压力很大，又因为辞去了工作，不敢告诉家里人。写书，要有收入，其实有一个漫长的过程。"谈到曾经的不易，只是小虾米坦然说道："其实看书写作，最享受的还是过程。"幸运的是，创作的艰辛没有磨灭掉他创作的热情，《武逆》在上架后一个月内便带给了他一笔颇丰的收入。"沉眠三载，不知岁月流江。"《武逆》的简介里有着这样一句话，让人记忆犹新，与其说这是对小说里男主人公风浩的描写，倒不如说这是只是小虾米本人的自白。写作的过程往往是孤独的，沉寂是为了将更好更触动人心的作品带给读者，从中收获的成就感自然无法用言语道尽。

现如今只是小虾米已完成了数本小说的创作，玄幻修真小说《丹道宗师》尚在连载中。对于写作，只是小虾米坚持勤耕不辍，《丹道宗师》保持着每日万字的更新速度，风雨无阻。每日情节构思完成后便是长达 6 小时的写作时间。写作之余，只是小虾米谈到了他的一大爱好——阅读。在成为网络作家前，他也曾是网络小说的忠实读者，广泛阅读了辰东、天蚕土豆、我吃西红柿、唐家三少等著名网络作家的作品，文风深受其影响。正是长期的阅读积累，为其玄幻小说中瑰丽世界的展现埋下了伏笔，笔下诞生的数篇长篇小说虽仅百万字，剧情线的展现却有条不紊。谈到作为读者的一面，只是小虾米打趣道，从事网络小说写作的另一个重要原因就是自己当时追的众多小说更新速度太慢，看得不过瘾，于是决定自己动手写，而这一写便沉醉其中一发不可收拾。

【主要作品】

《噬日》，2011 年 9 月首发于 17K 小说网，约 118 万字，已完结。

《武逆》，2012 年 3 月首发于 17K 小说网，约 677 万字，连载中。该作品的影响：上架销售后获得新人第一，同年 7 月销售名列全站前三 3 年之久。至今《武逆》每日点击量仍然能达到近百万，总点击量达 3.8 亿。在移动阅读、掌阅小说网、书旗小说网、QQ 阅读上架以来，成绩优异，都曾名列前茅。《武逆》还在台湾持续出版繁体字版实体书，保持优秀的成绩。

《焚天战神》，2015 年 6 月首发于天地中文网，约 254 万字，已完结。

《丹道宗师》，2015 年 11 月 6 日首发于神起中文网，约 418 万字，连载中。

【代表作评介】《武逆》

玄幻小说《武逆》是作家只是小虾米的代表作之一，这部作品延续了他一贯的热血玄幻风格，讲述了主角风浩，一位拥有人族三大神主之一虚无之神神体的少年，在幼年时期因无法激活血脉受尽侮辱嘲笑，在上一代神体拥有者灵魂焚老的指导下，不断淬炼自己的体质，和伙伴们一起踏上了追求更强实力的修炼之路。在冒险途中他收获了肝胆相照的兄弟情谊和甜蜜的爱情，找回了先祖遗物并认祖归宗回归家族。最终主角风浩打破天道的封印，突破帝境，聚齐九颗灵珠，成就盘古混沌神体，开创新世，自此天下太平。故事情节跌宕起伏，高潮迭起，读来令人欲罢不能。

从古至今，人们从来没有停止过对超现实力量的想象，从开天辟地的神话到如今的奇幻异能小说，包含幻想元素的作品一直层出不穷。对现实中自身力量的不满足，对未知的探索与想象，对平凡生活的抗争与打破等等无数种复杂的情感，融汇成对生活的无限追求与渴望，让这些充满想象力的故事得以生生不息。其中，吸收融合了中国古代传统文化的玄幻小说更是备受国人的青睐。作者只是小虾米从上古神话中吸取灵感，在《武逆》中全面多层次地构建了一个宏大的玄幻世界，有四大古神盘古、女娲、鸿钧、鲲鹏开创天地万物的历史；有各大强势的家族与王国之间不断的政治纷争；有延续上古血脉、各怀绝技的几大种族等等充满想象力的设定，随着作者的叙述一点点展开，为读者打开了一个不同以往的全新天地，也为主角风浩未来的道路设下了无限可能。小说中对能力等级的设定尤为详细，从武徒到古神一共十四个等级划分明确，这也是《武逆》做得非常出彩的一点。明确的等级分层就像是网络游戏中的不同级别，既见证了主角风浩一路走来的成长经历，是他实力增长的指标，同时也在不断向读者深化小说的世界观，呼应主题。

读者们看着主角风浩一步步积攒力量走出人族开辟的小空间天武大陆，走向更广阔的天地；看着他一步步成长，保护朋友，结交伙伴，打败敌人，从无知无觉地顺应规则，到为爱与理想而拼搏，用顽强的精神打破常规，创造奇迹，以满腔豪情向压迫众生的天道宣战，并战胜其余的上古神灵，真正成为世界的强者。在这一过程中读者仿佛也置身玄幻大陆，从无到有触摸和改变一个未知的世界，和主角一同欢笑，一同成长，体验与现实生活截然不同的曲折人生，收获无限的阅读快感。特别是主角风浩最后打败自世界诞生以来便压制万物生灵的天道，重新制定规则，更是释放了每个人心中对命运的茫然和无力。以武为尊、打怪升级的模式看似简单，但可以让人暂时抛开现实生活中繁杂的规则束缚。毕竟每个人心中都有过这样的梦，少年意气快意恩仇，结交好友闯荡天下，为红颜一怒冲冠，为兄弟焚天煮海，如有不平便可在生死擂上一较高下。这样的故事能激发人心中的热血豪情，和中国文化中一脉相承的武侠文化亦有共通之处。

作者对小说的节奏掌握得很好，成功地保持了连载的魅力，除了有层出不穷的珍奇异兽和性格鲜明的各色人物轮番登场，场景的转换也接连不断。每当主角风浩达成一定阶段的成就后作者就会开启一个新的世界，一开始，主角在魔兽森林淬炼体质，接着进入憾金帝国，为了认祖归宗，又踏入琅邪域。每个场景都有不同的风土人情和实力变化，使这个奇幻世界变得更加丰富多元，顺理成章地推进了剧情的发展并反复制造高潮，使读者能够沉浸在玄幻世界独有的瑰丽想象中，保持新鲜刺激的阅读感受。

《武逆》作为一本成功的玄幻小说，几乎展现了玄幻世界的所有经典元素，但遗憾的是它也没能避免一般玄幻小说的通病。作为一本连载小说，它每天必须保证大量文字的更新，为了保持节奏的连贯和便于读者理解剧情，作者采用了线性结构叙事，主角的行为是沿着一条路直线往前走，每解决完一个问题才会出现第二个问题，前篇出现过的疑问一定是后文的伏笔。比如开篇写风浩特殊的体质，接下来马上就出现高人揭晓可以通过修炼衍决提升实力，这样的情节稍稍显得有些程式化。虽然阅读起来很顺畅，但是会造成故事的容量偏小，悬念有些不够。另外，小说中对配角的刻画稍显单薄，几个反派的性格都属于狂妄自大的类型，略显脸谱化，女性角色的成长也不太明显。为了保证更新量，作者对语言的雕琢稍显不够，通篇基本是最具代表性的词句，导致小说中的用词稍显重复，比如表现角色惊讶时总会用"浮现一抹错愕"，生气时总会用"闪现寒意"等。但总体来说，《武逆》仍旧是一本各方面都很不错并且非常吸引读者的玄幻小说。

玄幻作为一种小说类型如今已趋近成熟，玄幻作家们在进行创作时逐渐有了自己适应的写作方式，对作品世界观、情节等方面的把握也有了较为明确的模式。随着网络作品数量的节节攀升，玄幻小说在未来定会有新的突破，让我们一起期待作者只是小虾米在未来写作道路上的新发展！

（李明露　文琪　执笔）

59. 直上青云：军旅妙笔，铁血柔情

【作者档案】

直上青云，原名旷明，女，出生年月不详，湖南人。现为云起书院现代言情代表性作者之一，起点中文网大神级作家，也是湖南省网络作家协会会员、鲁迅文学院第十一届学员。

直上青云的网络文学创作始于 2013 年，目前共发表两部作品，虽起步时间晚、作品数量少，但累计创作字数已达 750 余万字，着实是一名后起之秀。

【主要作品】

《爱妻入骨：独占第一冷少》，军旅言情类。2014 年 3 月 11 日在云起书院正式上架连载，2016 年 2 月番外完结，共计 353.45 万字。目前点击量近 230 万，推荐约 7 万，已然让其脱离了"小透明"行列。

《重生军营：军少，别乱来》（又名《重生军营之王牌军婚》），军旅言情类。2016 年 2 月 25 日于云起书院连载，至今更新已超 400 万字，尚未完结。目前共获得 203.2 万总点击、5.7 万推荐，并在原创文学风云榜排第十一名，较第一部作品反响更好，作者的人气也进一步提升。

【代表作评介】《重生军营：军少，别乱来》

《重生军营：军少，别乱来》描述了女主叶简在亲人迫害下身死重生至少年时，在老革命家的教导和男主夏今渊的带领下一步步强大，成为国之尖兵利器并为母报仇、为国献身的故事。

重生前的叶简活在一个巨大的阴谋之下。年幼父母双亡的她寄养在叔叔叶志帆家，而叔叔为了仕途听从"神秘人"的指令，有意养废叶简，使

其变得唯唯诺诺，面对亲人的打骂和不断升级的陷害毫无还手之力。虽然多年的相处和背井离乡后的遭遇让叶简逐渐认清了所谓亲人的可憎面目，并决心变得强大，但终究是一步错步步错，面对心机深沉又靠山强大的堂妹，叶简避无可避，退无可退，最终在28岁时香消玉殒。

命运对叶简是不公的，却也是偏爱的。28岁的一次迫害让无力抗争的叶简失去了生命，命运却又将美丽而坚韧的她带回了14岁，那个将要背负"勾引老师"罪名而被村民唾弃的年岁。

重生回1995年的叶简依旧寄居在叔婶家，依旧有堂妹叶盈的利用和陷害，村民和初中的老师依旧碍于叔叔叶志帆的副镇长身份不敢为叶简说话，但上辈子的经历让叶简学会了冷静，学会了狠，学会了利用自己的优势化解困难，最终成功摆脱了堂妹叶盈对她"勾引老师"的诬陷，迈出改变命运的第一步。此后，叶简以逆天的记忆力和无数的满分在初中同学心中封神，扭转了此前被大姨孙冬晴和堂妹叶盈刻意败坏的形象，并在一级军士长根爷爷的帮助下拿回了属于自己的户口，终于从叶志帆家中脱离出来。

自信、坚韧且金手指满满的叶简吸引了无数人的目光，也让长根爷爷和前世界级狙击手陈校长有了栽培她的意向，通过无数个日日夜夜的魔鬼训练，叶简一步步走近军旅生活，也一步步走近男主——雪域大队特种兵夏今渊。仅在初中，叶简便斩获了不少荣誉：帮助捕获盗取部队机密的罪犯，参与抓捕境外活动间谍，代表中国出征"世界奥理竞赛"，在澳洲作为线人联合中方军人将国际贩毒组织一网打尽……一项项荣誉、一次次作战开拓了叶简的眼界，加深了叶简与夏今渊的联系，更坚定了叶简的军旅梦。

初中毕业，叶简随陈校长前往藏区训练，巧遇雪域大队千里追凶，双方并肩作战，成功将他国雇佣兵歼灭。结束训练回村的叶简拿着录取通知书前往市一中报到，没想到市一中副校长在叶志帆的"招呼"下，把"中考帮人作弊"的罪名安到叶简头上，只让叶简以旁听生身份就读，叶简当场指出校方诬陷，并撕毁录取通知书，决定休学一年，同陈校长前往沙漠和森林进行狙击训练。

一年时间转瞬即逝，1997年叶简再度参加中考，凭借优异的成绩和夏今渊的保驾护航成功进入省一中就读，与堂妹叶盈成为校友。高中三年，叶简收获了友情与爱情，得到了同学的尊重，也依靠超凡的作战技能斩获不少军功，眼界与心境已然与前世截然不同。面对崭露锋芒的叶简，一心与其争个高低的叶盈嫉恨不已，多次亲自下场或怂恿他人陷害叶简，却最终自食恶果，坏了名声也失去了高考资格，与叶简的差距愈发拉大。

在军部有意培养下，考入国科大的叶简参加了风暴训练营的新兵入选培训、打击邪教组织任务、风暴突击队与雪域大队对抗等一系列训练，逐步完成从"最强单兵"到"团队作战指挥者"的转变。与此同时，叶老太太、小姑（叶芷香）、小姑夫（孙耀祖）回村后的恶意行为与蔡局长提出的重重疑惑让叶简意识到父母离世不是"意外"，开始着手调查父母死亡的真相。

叶简的成就让"神秘人"愈发不安。为制衡和打压叶简，其不仅让叶志帆步步高升，甚至为叶志帆搭线欲将叶盈送入军营。在陈校长的教诲下，叶简逐渐认识到人脉关系的重要性，即便自己够努力、够优秀也敌不过现实的残酷。此后，叶简在商场偶遇留学回国的叶盈，江山易改，本性难移，留学的经历并没有让叶盈的思想有所改变，两人而后继续展开激烈的对峙。与此同时，叶志帆已经利用杜副参谋长的关系将叶盈送入部队，面对这种不公，叶简自然不会放过，随即展开对叶家背后勾当的调查。

都说特种兵的爱情是没有浪漫可言的，而是充满了战争的血与泪。叶简在国外执行任务时偶遇夏今渊，战场上的短暂相遇，令两个人悲喜交加，两人之间虽有浓浓爱意，但也只能在战争的枪林弹雨中偶尔温存，深沉的爱意没有华丽的辞藻修饰，也没有绵绵情话在耳边呢喃，一切都表现在用自己的生命来保护对方安全的实际行动中。匆匆一别后，夏今渊帮助叶简找到叶盈出国留学时的不良勾当录像带，成功将叶家势力打败。而随着叶简获得妈妈的遗物，其身世真相也慢慢浮出水面。

原来叶简是航天卫星界领袖人物傅老爷子的亲孙女，而一直以冷酷严厉著称的"魔王"、叶简在风暴训练营训练时的队长，居然是她唯一的哥哥——黎堇年。有了傅家和夏家作为叶简的强大后盾，这一世的叶简再也不像前世那般孤苦伶仃和无助。

在国外战场执行任务时叶简接触到了一位大使——秦修，一个名副其实的优质男，此人对叶简产生了好感。面对这么一位家族显赫的优秀外交官，虽然夏今渊对自己和叶简的爱情信心十足，却也有了危机感，他意识到身边的叶简随着岁月的更替已然成长为一颗耀眼的星。战场上紧张刺激的画面和两人独处时的温情爱意在脑海中交叉上演。叶简作为一名女特种兵，在战场上的表现极其优异果敢，甚至碾压同行作战的男性战友。在子弹不长眼的战场上，叶简从未退缩，智慧与勇气并存的她逐渐成长为一名可以和夏今渊并肩作战的优秀战士。回到夏今渊怀里的叶简又360度大转变，害羞的面容和娇嗔的声音跟那个战场上的叶简形成鲜明的对比。

大国安康和平，国富兵强下的小家也该幸福美满。有了傅家的背景做支撑，叶简不再是没人关心、没人爱的孩子，就连夏今渊也要过了大舅子、岳父和爷爷那一关。平日里威风凛凛的夏队在见家长时也像个蹑手蹑脚的乖猫猫一样，时刻注意自己的言行，生怕给对方留下不好的印象。

前路漫漫，依旧前行。在感受爱情的温热之余，作为一名特种兵的叶简又接到新的任务，投入四校学员的比赛式训练中。作为四所军校的代表，参赛的选手们个个都是狠角色，总而言之，这是一场实力较量，也是一场荣誉的争夺战，而叶简的战斗从未停止……

直上青云的《重生军营：军少，别乱来》虽被划分为言情作品，但其叙事形态更偏向于宏大叙事，极具教育性。行文中作者旗帜鲜明，提倡什么、反对什么、歌颂什么都十分明朗，对于军人的敬仰和推崇更是溢于言表。用作者本人的话来说："《重生军营：军少，别乱来》体现了当代年轻人爱国、护国、卫国的热血情怀，为守护祖国可抛头颅、洒热血，不畏牺牲，全文都在弘扬爱国主义精神，维护正确世界观、人生观、价值观。"也正是因为其极具正能量和热血情怀的内容，《重生军营：军少别乱来》与其他着重描写情爱的言情小说区别开，在云起书院打出一片天地。

读者随意翻阅小说便能感受到浓浓的军旅气息。叶简踏遍祖国大地，与犯罪分子斗智斗勇，让读者热血沸腾。作者用极具现实感的描绘将战争狰狞与残酷的一面展露在读者眼前，让读者从激烈的打斗场面中，思考战争的残酷。

作为一本言情小说，纵使军旅铁血贯穿全文，也不曾掩盖男女主相伴相依中的点点柔情蜜意。战争的紧张场面与两人独处的温情画面贯穿全文，自然切换，两种极端情绪的交错提升了小说的阅读趣味。作者试图利用多维度的叙事方式为故事情节的发展增添色彩，避免了战争场面的单调性。值得一提的是，文中所描绘的战争大多涉及国与国之间的利益争夺，为文章增添了浓厚的爱国主义色彩，使读者在阅读时很容易代入爱国情怀并生出一股身在强国的自豪感。而文中两个主人公突如其来的偶遇与短暂的相逢使战事带给读者的紧张感得到缓解，一不小心就跌入作者设置好的温柔乡。虽然"特种兵的爱情是最苦的爱情，是不能走到阳光之下的爱情，只能在黑暗、潮冷的角落里痛苦挣扎，便是相思也是疼入骨"，但叶简与夏今渊认定了对方便从未有过犹豫挣扎，只是互相牵挂，携手共进，只为更好地坚守军人使命，为国家而战，为人民而战。这样的爱情虽没有过多的风花雪月，却格外动人与美好，充满了浪漫主义与英雄主义色彩。

从小说的可读性来说，《重生军营：军少，别乱来》还是比较成功的。首先，不落俗套且跌宕起伏的情节便为小说加了不少分。女主虽是重生复仇却并没有一心扎在仇人身上，反而从自我提升着手，通过不断的训练与一步步的侦查逐渐实现梦想、为母报仇。由此看来，此文便与网络上随处可见的重生金手指复仇爽文有所不同。且作者在行文时多次利用女主执行任务的情节推动故事发展，相比男女主的情情爱爱，战斗场面更惊心动魄，吸引了一部分男性读者，从而拓宽了文章的受众群体。其次，小说中人物形象的塑造也有其取胜之处。作者通过场景和身份的转换将男女主人公面对任务、面对日常生活的不同性格与思维方式刻画得栩栩如生，执行任务时他们杀伐果断内心坚定，是国之尖兵利器，而生活中的他们也拥有柔情蜜意和细腻情怀，是会哭会笑、有血有肉的人，使读者能有较好的角色代入感。此外，从文笔上来说，流畅、舒适的阅读体验让人很明显地感受到了作者成熟的写作功底，使此文基本不存在阅读门槛，提高了小说的受众接受程度，虽偶有错字漏字，但相较作者的更新速度已是良心出品。

根据网友的评论反馈，不难发现作品总体上赢得了大部分读者的喜爱：有人称赞这本书的节奏很适中，相比同类重生文的快意恩仇，此书则延长了反派的寿命，且在其中穿插了男女主突如其来的小浪漫，使读者阅读起来更过瘾且不至于陷于报仇的悲痛束缚中；有人认为中国军魂在文中的每位军人身上都有了深刻的体现，让人热血沸腾。但也有部分网友热议其有金手指之嫌，称作者赋予了男女主角太多的强悍技能：有聪明绝顶的头脑、超凡的作战能力、豪门望族的身世背景以及爆表的颜值等等。私以为此书男女主角虽拥有一定程度上的金手指，却并非热评上说的那么不堪。不像某些修仙玄幻类小说中所描写的因奇遇而得的超能力，本文中男女主人公的金手指很大一部分在理论上是能够实现的。文中用了大量的篇幅介绍女主在课业和训练上花费的超乎常人的精力，由此可见女主的能力并非与生俱来、一蹴而就，且作者通过对女主执行任务时不怕受伤、强忍疼痛的描写将女主的坚毅性格展露无疑，这种性格特点下的人物成长出强大能力显得合情合理。

《重生军营：军少，别乱来》无疑是较好的军旅言情文，如果说有什么不足，我认为文章更新至今似乎有了一定的模式，女主一直在"训练—学习—打脸奇葩—作战—谈恋爱"中循环，矛盾冲突十足，新颖度却稍显欠缺。作者预计 600 万字左右完结，目前虽已解开母亲身死的谜团，距完结也尚有一段路要走，相信后文会有更多精彩的场面。

（戴靓　张忠秀　执笔）

60. 左妻右妾：纵是英雄也柔情

【作者档案】

左妻右妾，原名廖梅辉，男，1983年2月出生，湖南湘潭人，目前居住在衡阳，网络作家，现为阿里文学签约作者。2005年毕业于湖南工学院机械制造与自动化专业。毕业之后在一家公司从事质检方面的工作，出色的表现让他做到了部门经理。自2011年全职创作以来，获得看书网年度作家、咪咕阅读认证名家等多项荣誉，在网络文学界的影响力也越来越大，在第一届和第三届网文之王评选活动中获提名。写作之余，喜欢看书、旅游、搏击等活动。长期的写作让他的颈椎产生不适，坚持运动对他来说是一个维持健康和写作的不错选择。

为何从工科转行到文学创作，从他的成长过程可以探知一二。他的母亲是一位喜爱看书的女性，受到熏陶的他很小就开始看小说。不同于一般的读书爱好者，他在阅读的过程中产生了强烈的创作冲动，从初中就开始练笔。大量的阅读和写作练习让他的习作水平稳步提升，学校作文竞赛的榜上总能看见他的名字。大学毕业参加工作后，他依旧保持着从小养成的习惯，闲暇时间总是热衷于看书。相比小时候，他看的书更多更"杂"了，创作实践也越来越多。有灵感时就写写小说练练笔。有了自认为拿得出手的成果，但苦于没平台出版。2011年初他试着将《极品纨绔》发到看书网。没想到该书极受欢迎，三个月后就给他带来了月入过万的收入。不久后他辞职开始职业写作，此后他的收入也越来越多，目前达到月均数万的水平。此外，版权卖出也给他带来不菲的收入。

从事写作七个年头，在他自己看来，坚持和自律的好习惯成就了今天的他。网络文学创作不在于一朝一夕的爆发，而在于长期的坚持与努力。为此，他给自己定下了规律的作息时间：上午九点到十点、下午四点到五点、晚上八点到九点这三个时间段各写一章，一天工作六个小时左右。对于未来的写作，左妻右妾认为他至少还能坚持十年。近期他还准备突破自己比较擅长的都市题材，写一部正能量的玄幻题材作品。对网络作家来说，只有不断地突破，才能有持续的生命力。

【主要作品】

《极品纨绔》，2011 年首发于看书网，已完结。

《超级圣手》，2014 年首发于看书网，已完结。

《修真高手混都市》，2014 年首发于看书网，已完结。

《超级狂少》，2016 年首发于创别书城，已完结。

《撩妹兵王在都市》，正连载于阿里文学。

【代表作评介】《撩妹兵王在都市》

故事梗概

神秘组织"幽龙"是一支为国家解决国际纷争的特工队伍，其中的成员个个身怀绝技，武艺高强的他们经常为国家出生入死，过着刀口舔血的紧张生活。"幽龙"特战大队队长周天天赋异秉，年仅 25 岁的他在武学方面就已经达到"化劲高手"的级别；除此之外，他还继承了师父陈天机鲜为人知的中医传统绝学"九转针法"，堪称五百年来难得一遇的武学和医学天才。武力值惊人的他经常在境外执行任务，恐怖的战斗力让他声名远扬，因此被赋予"狼王"的称号。

一次，他在泰国执行秘密任务时，被岛国的特工机构派出的十八个高手围杀。任他是多么无敌的高手，以一己之力抵挡十八高手也是非常吃力。这一场战斗异常惨烈，最后这十八个高手都被他所杀，但他自己也身受重伤，差点丢失性命。这激烈的一战引发了周天的杀戮之心，一旦遇到打打杀杀的情况，他就控制不住自己的情绪，这成了他的一个心魔。为此，他的师父建议他从军中退役，而厌倦了这种你追我杀生活的他也乐意接受这个提议。退役后的他本想过过清净的生活，在师父的安排下前往吴越市保护一名女子柳飞雪。原本计划半年结束的简单工作，却在他到达吴越市后变得异常复杂。

为了更好地保护柳飞雪，周天决定前往她所在的唐朝文化传媒公司应聘保镖一职，却意外发现她的老板就是周天前几天在俄国休假时住在他隔壁房间的御姐美女唐紫尘，两人在初次见面时发生的不愉快让这次见面变得剑拔弩张。腹黑的周天为了顺利应聘想出了一个损招让唐紫尘录用了他，却在唐紫尘心中留下了极度糟糕的印象。

作为一个富有高度责任感的退役军人，周天对自己的工作尽心尽责，强大的实力让他轻松自信、无所畏惧。在帮助柳飞雪解决威胁的过程中，他得知自己真正要保护的对象是自己的未婚妻唐紫尘，而唐紫尘独特的身世注定让他无法过上平稳的日子。

周天始终保持高度紧张的精神状态，他一面与各方恶势力作斗争，打击为所欲为的"地头蛇"，帮助警察抓捕国际通缉犯，揭露黑医生的无耻行径，击杀国外地下黑社会组织的重量级人物。但同时他又热血心肠，喜欢行侠仗义，对于比他弱小的好人，他总是不计回报地给予保护，还经常利用自己的医术为诸多受病痛困扰的人无偿治疗，深受他们的尊重和爱戴。凭借心中的一腔热血和满身的本事，他还赢得了多个女孩的芳心。以前在组织中难以见到女孩的他在都市中却桃运连连，冰山女神、性感白领、清纯软妹子、金发女郎等等都由衷欣赏这超出常人、充满能量的男人。唯有能解他心魔的未婚妻唐紫尘却因误会太深而难以接受他，两人之间注定要历经许多波折才能在一起。

唐紫尘的父亲和弟弟唐开因为军人身份树敌太多而让唐紫尘屡次遭遇暗杀，为了让自己变得更加强大以便保护好她，周天还把触角伸进娱乐圈，凭借自己的人脉和经营生意的头脑，把事业越做越大。但"狼王"退役的消息逐渐传开，国外的特工组织和杀手组织都蠢蠢欲动，在华夏边境有所行动。组织亟须周天回来帮忙解决这些麻烦，满腔热血的周天在"心魔"未解的情况下毅然出征，一双铁拳再度出世。

作品赏析

1. 人物性格多面丰富

小说写了一个"武学天才青年"周天，凭借着在武学方面的造诣，行侠仗义，不论走在哪里都散发出强大的正能量。他不仅在身体机能上有着逆天的本事，听力好到可以听见隔壁房间的窃窃私语，跑步速度可以和武侠小说中会轻功的武者相媲美；而且有着强大的技能，医术高到可以起死回生，武术水平基本到达武学巅峰，少有对手。小说的主要内容也以此为线索展开，正是因为男主人公的一身本事，他在数次危险中化险为夷，征服对手，俘获美女的芳心。

书中的人物主要分为两个阵营：一是周天的敌方，二是周天的友方。故事情节围绕两个阵营展开，因而故事中同时呈现出暴力和温情两种氛围；面对作恶多端的敌人时，周天坚决打击，毫不手软；面对需要帮助的普通人时，他慨然出手，不求回报。作品中经常出现周天与一些邪恶势力真枪实弹地交锋，由于作家平时喜欢习武健身，观看格斗比赛，因此将这些场景描写得非常真实，扣人心弦。如果说这些正面抗击表现了周天英勇的一面，那么他宁愿被人误会也要尽自己所能帮助别人时所展现出来的精神就是他同情弱小、乐于助人的美好人性的体现。他擅长针灸术，但他只愿将针灸术用在好人的身上，面对位高权重却作恶多端的人，他绝不会救治。在这个角度上，周天是正义理念的化身，而普通的读者能够在他的义举当中获得满足感。应该说，作者赋予周天超强的甚至是脱离现实的能力，但主人公在都市的经历又是读者所熟悉的现实生活中的事情，因而不会让读者觉得陌生、难以理解，而他身上所呈现出来的那种嫉恶如仇、惩恶扬善的精神和我们传统文化中那些有情有义的侠士的精神有异曲同工之妙，又能够让读者觉得熟悉亲切。

作者无意将周天的形象树立得十全十美，他并不是一个一般意义上的好人。在他的身上我们可以看见人性的闪光点；但在男女关系的处理上，他超越了常规的道德规范，不介意享受齐人之福。为了控制某些人物，他也会采用一些不光明正大的手段来控制对方。主人公道德方面的问题构成了他形象的另外一面。由此，他的形象就不是一个高大上的符号，而是真实的有血有肉的人，一定意义上展现了人物的真实性与丰富性。

2. 阅读快感与正能量价值观交相辉映

与玄幻、穿越小说等不同，该小说以都市生活为题材来源，不同题材中故事发生的场景虽然不尽相同，但一样可以在故事演绎过程中给读者带来强大的快感体验。玄幻小说中，通过描写主人公修炼，打怪，升级，成就事业的过程，和幻想的场景营造快感体验，而这篇以都市生活为题材来源的小说则是把"现实"生活场景作为快感体验的场所。一方面主人公凭借自身能力可以除恶扶弱，不仅彰显了主人公的社会责任感，也给读者带来强大的满足感；一方面又能凭借个人魅力得到各种美女的青睐，可以给读者带来强烈的感官刺激。快感体验的叠加让读者在阅读的过程中能够实现在现实生活中难以达成的欲求，得到一定的心理补偿，从而吸引读者读下去。

稍微有点遗憾的是，作家在构造主人公与其他势力斗争的过程中，存在一些"类型化"的倾向：或者是周天强大的武力始终力压对方，而对方总是无知者无畏，开始装大爷，被实力碾压之后就求饶装孙子；或者是对手实力强大并且做好部署准备暗杀周天，却还是能够被他想办法成功逃脱。主角的过于强大让故事缺少一些惊心动魄的感觉，一定程度上也削弱了读者的阅读快感。

注重阅读快感并没有让作家放弃作品的思想性。作家致力于为读者塑造一个鲜活生动且能够为读者所记住的人物形象，塑造周天是他的一个尝试。在作者看来三观正的小说才有可能是一本有价值的小说，而他所创作的小说主人公正好能说明这一点。主人公周天的愿望、动机、行为等后面都渗透着作者的内心尺度、世界观和价值观。

作为一名华夏的前任无敌特工，他将自己的技能用在了对祖国对社会都有利的地方。他对祖国有足够的责任感，面对来到华夏的杀手组织老大，他严正抗议，多次警告，抗议警告无效后绝不留情，一举将其击杀。除了周天，小说中还有一些武功高强的人，这些人仗着自己的功夫甘心沦为恶势力的打手，完全罔顾为人的道义，周天对这些人是十分蔑视的，对付这样的人他也绝不会手软。有时他会为了控制某些人物而对这些人下毒，但控制了之后，他又不会为所欲为地利用这些人，只在合理范围内要求对方提供一些服务。开娱乐公司时坚决反对行业潜规则，给优秀的人才发展的机会，对破坏他规则的人也绝不留情。在面对那些厉害人物时周天是杀伐果断的，而在面对那些遭遇灾难的人时，他的面孔又是温润的，充满善意的。女警察被人追堵时他帮着她躲过一劫；得知一个小女孩被卖身给当地大佬时他义气相助，使女孩脱离魔掌，最后还给予物质上的帮助等，诸如此类的善举足以用来说明这个人物的正义性。这些美好的品质是作家倾注在主人公身上的信念，这些信念通过具体的人物形象、人物行为展示出来，以一种具体的形式呈现在读者的面前，也多多少少会影响到读者的心理。

读者在充满快感的阅读体验中，通常会不知不觉地接受作家传递出来的价值观，也会自发地捍卫其合理性。

总体来说，这部书一定程度上能够代表作家的创作风格，因为作家本人比较崇拜军人，也喜欢国术，因此主角多为兵王和格斗高手。此外，作家的创作大方向不会偏移"正能量"这个范畴，而这个故事正好反映了这些特点。当然，故事的整体呈现是瑕瑜相交的，但作家真诚善良的信念是可贵的。

（刘小菲　执笔）

附录:
湖南省网络作家协会第一批会员名单
(461 人)

序号	姓名	网名
1	丁洁	谦叶
2	丁晓倩	公子夜
3	卜圆勇	大帅匪
4	于光进	湖里灵鱼
5	于航	我欲乘风
6	于耀	浪漫忧伤
7	马昕	板栗少女
8	马珊丽	mo 晓紫
9	马赵飞	老黄羽
10	马娟	素手点红妆
11	马能周	周星
12	马强志	一桶布丁
13	王万如	会狼叫的猪
14	王小杨	司马清
15	王竹林	彰坤
16	王汝聪	叶绵绵
17	王志明	孤仙不明
18	王芸	沉沉
19	王李	疯狂冰咆哮
20	王凯雷	金牛断章

续表

序号	姓名	网名
21	王孟华	浮世清欢
22	王虹	会跳舞的喵
23	王思思	梵鸢
24	王重阳	一念心安
25	王顺顺	凡炎
26	王彦珊	嫣青
27	王莺	白拾弍
28	王娟	绛美人
29	王梦	沐双
30	王彪	有仙越界
31	王辉	舒望
32	王谦	红枣
33	王新宇	寞斜
34	王慧	半弯弯
35	王翰	王翰
36	毛志	微尘曙辉
37	毛境宇	蔷薇晓晓
38	勾志文	任青
39	文兴辉	星辉
40	文武	风卷红旗
41	文浩	紫叶罗兰
42	文翊	文雕龙，七月秋色
43	文紫湘	水抱潇湘
44	方君宏	盛夏微暗
45	方育龙	泡杯大红袍
46	尹蛟瀚	天地有缺
47	尹鹏轩	轩少侠
48	邓汉民	笑清风

续表

序号	姓名	网名
49	邓佑超	邓丁
50	邓昕然	秦小缺
51	邓莉	行走的荔枝
52	邓海翔	流浪的法神
53	邓章超	大好糖人
54	邓谦	乙己
55	邓楚杰	贰蛋
56	邓碧丹	偏偏太胖
57	左剑	紫彤
58	左燕	菡笑
59	石磊	肆月
60	龙立新	龙立新
61	龙翔飞	时语
62	卢高蓉	卢小乔
63	卢蕾	红枣
64	叶纯	妃小猫
65	叶凌云	秃笔居士
66	田德政	独木桥自横
67	田霞	芸恋
68	付仁杰	只是小虾米
69	付丛菻	路易拾捌
70	付雷鸣	付火
71	冯一	Qoo
72	冯胜杰	笑语飘零
73	冯振	冯和尚
74	冯娟	喵小姐
75	冯熠芝	十八深
76	兰力文	王者荣耀

续表

序号	姓名	网名
77	皮梅梅	墨啊
78	吉祥	幻星虎
79	成丕立	霹雳
80	成雨晴	红尘浮华
81	毕娇	紫霞生烟
82	毕勇	骆尘
83	吕佩刚	梦里寻她
84	朱龙辉	墨来疯
85	朱伏龙	澧水渡口
86	朱思奇	可大可小
87	朱美娇	温暖的月光
88	朱振宇	诗和少年
89	朱智	飘渺轻尘
90	朱湘贵	罗汉果
91	乔薇尔	渔火三乔，乔薇尔，小乔
92	伍虹宇	白发古稀
93	任红娟	浮生如梦
94	任灿辉	Ren
95	伊成	天下1
96	向任全	香猪
97	向艳春	女神晶，慕子曦
98	向娟	天下尘埃
99	刘丰	不信天上掉馅饼
100	刘云	独孤逝水
101	刘少林	崀山白云
102	刘方	棠之依依
103	刘左霖	风无极光
104	刘平安	风凌北

续表

序号	姓名	网名
105	刘耒	小北
106	刘西洋	夏风
107	刘成	打死都要钱
108	刘庆	茄子豆角
109	刘志军	村夫，souz
110	刘芬	花浅笑，浅笑
111	刘芳	小无相公
112	刘良兵	韩子奇
113	刘英	稻花香香，香香丫头
114	刘杰	慕斯泡泡
115	刘明	欲不死
116	刘明	玉面魔头
117	刘念群	羊角猫
118	刘波辉	血海兵锋
119	刘思敏	烟雨嫁山西
120	刘勋	刘青洵
121	刘顺丰	小白楼
122	刘洁瑜	刘梦翎，坚强的鱼妞
123	刘洋	楚中天
124	刘晓英	萝卜吃萌兔
125	刘倩	月牙儿
126	刘益	宇文道炅
127	刘盛琪	雨典
128	刘婉	锦瑟
129	刘惠来	要离刺荆轲
130	刘锋	叶天南
131	刘蓓	柒柒若
132	刘群	小熊猫

序号	姓名	网名
133	刘磊	人生如梦
134	刘懿波	刘懿波
135	关云	贼眉鼠眼
136	江伯松	龙傲天
137	江春华	缭云
138	汤江	汤圆
139	汤红辉	汤红辉
140	汤高峰	青橄榄树
141	许玲莉	洛蝶衣
142	许峰峰	骆驼
143	许婵丽	小诺
144	许瑞丹	朱朱向晚
145	孙永雄	暗夜幽魂
146	孙海祎	天御无极
147	阳利雄	邪心未泯
148	阳珊	沐樱雪
149	牟京华	木头脑
150	严宏霞	悄悄酱
151	严新	妖孽
152	李大成	铁骑绕龙城
153	李凡凡	金佑木木
154	李卫	卧梅闻花
155	李卫林	河东人
156	李木	光辉岁月
157	李文龙	老司击
158	李世锦	江南活水
159	李运洋	封青冥
160	李青	天青秀士

续表

序号	姓名	网名
161	李典清	五彩贝克
162	李忠腾	玄晴
163	李宜红	肥尾蝎
164	李春丽	清媛
165	李思敏	Tsundere
166	李顺	黑袍
167	李奕兵	大花裤衩
168	李昶毅	浮一
169	李勇	十年砍柴
170	李桂龙	李桂龙
171	李晓敏	菜刀姓李
172	李海洋	鲟鱼
173	李海琴	半悦
174	李家旺	李暮歌
175	李容中	大喜
176	李菁	迷鹿
177	李晨曦	西山村人
178	李琴	风云桔子
179	李琦	素手折枝
180	李紫嫣	纳兰凤瑾
181	李晶金	水怪
182	李程龙	浪子星辰
183	李蓓蕾	逆雪绯蕾
184	李蒙	浅知
185	李裔	精品香烟
186	李慧	小葵
187	李镇东	也人
188	杨芝	江小湖

续表

序号	姓名	网名
189	杨国炜	我是老杨
190	杨凯月	石榴小姐
191	杨春	西北十三郎
192	杨珍义	倾城武
193	杨洁	洛小阳
194	杨莉	晨露嫣然
195	杨晓纲	玲珑四犯
196	杨涨朕	烈火人龙
197	杨琼	井井然
198	杨景灿	缘去自夺
199	杨尊民	独步闲庭
200	杨瑞	九天舞
201	杨新龙	杨半仙
202	杨蔚然	杨蔚然
203	杨慧	灰儿
204	杨德亮	末日战神
205	肖云	喔麻
206	肖众成	苗荷，灵枝
207	肖佳	酒小鱼
208	肖洲	悠悠帝皇
209	肖海燕	南湖老妖
210	肖裕豪	喜火车
211	吴双辉	番薯
212	吴若祥	大刀砍鬼子
213	吴展团	千年飞山
214	吴章	吴章
215	吴辉	窗子
216	吴登平	千叶大师

序号	姓名	网名
217	旷明	直上青云
218	呙莎菲	不如妖精
219	何玉凤	柠檬紫，娴雅玫瑰
220	何礼楷	HUGONGHEWEI，谁念潇湘
221	何坚	乘风御剑
222	何瑛	应景小蝶
223	余艳	沉鱼燕子
224	余颛顼	临江渔
225	余德威	余言
226	邹亚奇	蓝小鲤
227	邹围	酒中酒霸
228	邹昂	深沉的麻罗
229	冷绪武	晓午
230	沈鹏	临江仙
231	宋绍东	高山
232	宋春波	独孤求剩
233	宋思静	云深不知处
234	宋钦	灯火蓝山
235	张光明	虚幻大帝
236	张兴诚	荔溪老农
237	张欢	月黑风高
238	张玥	一路欢歌
239	张显兵	hnylzxb
240	张贻中	沈靓
241	张保思	一座城池
242	张勇	暴雨梨花针
243	张振坤	西楼月
244	张莹	迎飞雪

序号	姓名	网名
245	张倩	南小湘
246	张鄢	张鄢
247	张镇枫	一坨狗
248	陆一开	悟了空
249	陆元林	小陆探花
250	陈成	小炫
251	陈华东	渔舟映月
252	陈旭华	老树昏鸭
253	陈宇	云中羊
254	陈运仙	蓝笔头
255	陈志辉	成辛，万成，望城莫及
256	陈诗俊	麓山下的鹿
257	陈珍	茶杯猫
258	陈柱尧	老三亦梅
259	陈炼	元气少女歌
260	陈勇	王排
261	陈积科	请你吃香蕉
262	陈智辉	坚强的向日葵
263	陈湘荣	风雨凉秋
264	陈睿	二目
265	武清影	小北北北
266	范长	神奇
267	范文颐	坏宝
268	林斌	玄鹉
269	欧阳冰	欧阳烈
270	欧阳烨	一梦十六年
271	明大熔	矮个子
272	易思嘉	麦小冬

序号	姓名	网名
273	易浪高	金老虎
274	易鑫	黄金沙加
275	罗云	榴莲糖甜
276	罗文	御姐销魂
277	罗业勇	罗霸道
278	罗宇航	鱼翁翁
279	罗杨文涛	无量功德，无谅
280	罗明举	石头和水
281	罗建勋	火车拉来的小提琴手
282	罗智	陆萌
283	罗煌	巧克力
284	周艺文	周艺文
285	周文	天权星
286	周世杰	白子洛
287	周东飞	周东飞
288	周仕谋	吃猫的鱼
289	周列银	玄武
290	周光曙	周光曙
291	周舟	亦辰
292	周利安	八百里加急
293	周英铮	绝世大忽悠
294	周昕	粉粉猫
295	周怡	思羽
296	周政	周政
297	周莎	箫和
298	周健良	流浪的军刀
299	周娟	千煦的城
300	周甜甜	柒月甜

序号	姓名	网名
301	周琴	一枚糖果
302	周琼	小木屋
303	周皓	浩荡辣椒
304	周裙裙	临寒
305	周嘉文	月球
306	周璇	林栀蓝
307	赵虎	唐家有酒
308	赵明进	吴钩
309	赵珉	赵冲
310	赵强	歌者与魂
311	赵默聪	无量摩诃
312	郝志龙	巫良
313	胡艺华	逸骅
314	胡召虎	湘南笑笑生
315	胡多枚	柴曼
316	胡俊杰	三度春秋
317	胡娟（女）	梅妃儿
318	胡雪焘	胡雪焘
319	胡婧	高冷的沐小婧
320	胡婷	庭院深深
321	胡蓉	叶四四
322	胡群广	火九
323	胡蔓霞	棠溪
324	柯美墙	霸王说唱
325	柏子瑄	安琪拉
326	钟灵芝	夜灵
327	钟意	风顾云
328	侯守明	兀自成霜

序号	姓名	网名
329	侯俊逸	九月酒
330	施俊杰	有熊氏
331	闻琴	芳苓，赵安歌，拨弦的人
332	姜良大山	小鬼上酒
333	姜路	开荒
334	姜赛天	秦毅
335	姚林君	摇铃铛
336	贺久财	司徒北
337	贺卓智	明月
338	贺俊兴	舞小俊
339	贺姜华	九白，水果粒，白云传说等
340	贺斌	汉隶
341	袁绍恒	静听潮音
342	袁烜	三藏大师
343	袁愈武	寂寞雏田
344	莫革文	帝国良民
345	莫惠君	淡看浮华三千
346	夏云	皇甫奇
347	夏延军	酷似叶子
348	夏欢	一笑生晖
349	夏熊飞	小飞侠
350	顾寿文	新丰
351	钱铁辉	稻村渔夫
352	倪茜	深小北
353	倪南祝	坚持到底
354	徐石梅	师妹不爱吃西瓜
355	徐扬	徐扬
356	徐金铃	缘宝

序号	姓名	网名
357	徐建元	玄派谛听
358	徐盼	24k 纯暧昧
359	徐峰	小财神
360	徐梦珍	慕惜
361	徐道明	秋水蝈蝈
362	凌力	烟灰
363	高扬超	不想睡醒的猫咪
364	高延超	王宴宴
365	高明宇	一梦黄粱
366	郭计	一页
367	郭平	静悠
368	郭闻亮	小小维儿
369	郭康源	季老板
370	郭鑫	十九楼
371	唐小刚	神话
372	唐有荣	莫乱广，夜色湘江
373	唐先彬	醉梦彬涯
374	唐旭日	旭日红药
375	唐丽	楚雁飞
376	唐杰	鸿钧长征
377	唐泳顺	刚大木
378	涂致远	发呆到天亮
379	黄小红	洪城卫士
380	黄双华	沐子
381	黄先敏	云中仙客
382	黄宏	子不语
383	黄临	斑竹
384	黄袁蔚	如果你爱我乖，浮光掠影

序号	姓名	网名
385	黄钰坡	黄四多
386	黄彩虹	顾暖暖
387	黄雄	妖夜
388	黄燕	五爷
389	黄亲师	失心落
390	萧正贻	铁马潇潇
391	曹一帆	南希北庆
392	曹安琪	焦尾琴鸣
393	曹玻	妖月夜
394	曹高林	含钙的墨汁
395	曹海波	萧漠
396	曹富乐	唐以莫
397	龚永	落月天风
398	龚晓庆	林晓深
399	盛佳思	阿九
400	盛涛	玄冥
401	盘婷婷	余尺素
402	梁广	菜农种菜
403	彭文	博耀，火龙果
404	彭东洋	骑着牛皮上天
405	彭伟宏	华晓鸥
406	彭绍雪	雪中银狐
407	彭勇	入雲深处
408	彭继侠	绿豆
409	彭银华	华子
410	彭燕丽	悠芝芝
411	蒋开军	钓鱼1哥
412	蒋芳	里里

序号	姓名	网名
413	蒋律律	醉笑笑
414	蒋艳辉	昨日繁花
415	韩飞	香烟的世界
416	韩文东	七公子
417	韩嘉利	萧萧月印
418	喻虎友	时也
419	喻峰	暮酒
420	喻倩如	浅茶浅绿
421	程杰	尼古拉斯赵四
422	舒适	小雨清晨
423	舒慧芳	冰山
424	童旭	余烬
425	曾伟	曾紫若
426	曾志远	曾饮沧海
427	曾昕	熔海
428	曾勋	勋无极生太极
429	曾琦	Tulip小棋子
430	曾登科	愤怒的香蕉
431	曾翠平	萌萌
432	曾攀	博兰山
433	游朝晖	七叶参
434	谢坚	疯狂小强
435	谢依尔	南音音
436	谢思鹏	谢思鹏
437	谢彪	WS浮夸
438	谢敏	考拉
439	鄢睿	一笙浮华
440	靳晰	悦凝兮

续表

序号	姓名	网名
441	路宇	夜孤魂
442	蔡建明	苹果炒西红柿
443	蔡晋	蔡晋
444	廖文亮	权利
445	廖优	笔尖柔情
446	廖定胜	张君宝
447	廖海翔	名人堂灬王者
448	廖梅辉	左妻右妾
449	谭敏	安如好
450	翟萍	山月清
451	翟猛	风吹过的秋天
452	熊英	水墨烟雨
453	熊星	寂寞读南华
454	樊海旗	找一个角落
455	颜长清	高山侃流水
456	澎湖	澎湖
457	潘黄妹	古三木
458	霍猛	纳兰如玉
459	戴方财	雨后晴空
460	戴若雨	青丘千夜
461	魏承华	wch98765

注：此名单由湖南省网络作家协会提供

后　记

　　湖南是文学大省，"文学湘军"在全国久负盛名。网络文学兴起后，"敢为天下先"的湖南人也不甘人后，一批"文学圆梦族"迅速挺进互联网，开辟了自己的网络创作空间，使网络文学湘军成为全国网文界一支不可小觑的有生力量。

　　事实上，面对新兴的网络文学，湖南人是"起步早，动作快"的。中国作协多年前首次统计的全国最具影响力的617位网络作家中，湖南就占有34席。我国第一个年薪超百万的网络写手就是湘籍作家（血红，2004年）。从近年发布的全国"网络作家富豪榜"看，排名前十的作家中，湘籍网络作家连续三年占据2席（梦入神机、血红），足见网络文学湘军的不凡实力。近几年，有关网络文学领域的标志性荣誉，如国家广电总局的优秀网络文学原创作品推介、中国作协网络文学排行榜、网络文学双年奖、茅盾文学新人奖、网络文学新人奖、中国网络文学20年20部作品评选等等，几乎每次都能看到湖南作家（作品）的身影。橙瓜网（2018年5月19日）发布的第三届"网文之王"榜单中，湖南就有梦入神机（湘籍）入选"五大至尊"，妖夜、血红（湘籍）入选"十二主神"，还有愤怒的香蕉、流浪的军刀、丛林狼（湘籍）、极品妖孽、张君宝、罗霸道、皇甫奇等一批作家入选年度"百强大神"。2017年7月，湖南省成立了网络作家协会，第一批会员就多达461人。在网络文学理论批评领域，湖南更是得全国风气之先，处于领先的地位。2005年5月成立的湖南省作协网络文学委员会是全国各省市中最早成立的网络文学委员会。2017年成立了湖南网络作家协会，并相继成立了湘潭、衡阳等地市级网络作家协会。我国第一个网络文学研究团队就诞生在长沙（2000年，中南大学），我国最早的网络文学研究基地也诞生在这里（2004年春，湖南省网络文学研究基地在中南大学挂牌）。国家社科基金设立的第一个网络文学项目、教育部设立的第一个网络文学项目、国家社科基金重大招标的第一个网络文学课题均落户中南大学。2013年成立的中国文艺理论学会网络文学研究会，中南大学成为会长单位和秘书处单位。2016年4月，中国作协网络文学委员会第一个研究基地也在中南大学挂牌。可见传承湖湘文化基因的网络文学湘军不仅有勇气，有开拓精神，而且有底气，有彰显度。

有鉴于此，我们湖南作家研究中心、湖南网络文学研究基地、湖南省网络文学研究会从2017年9月开始，由团队老师带领一批博士生、硕士生，以及中文系2016级三个班的本科同学（此时我正在为他们上《文学原理》课），进行了为期半年多的湖南网络作家群调研，还有个别已经毕业了的研究生（如撰写过罗霸道评论的林丛晞）也参与了这次活动。我们从在册的400多名湖南网络作协会员中，根据网络创作成就、文学影响力、持续创作时限、网络创作收入等条件，遴选出近百人，最后由湖南省网络作协确定60人作为本次调研对象。这些上网写作的"宅男""宅女"分布在湖南三湘四水，我们要求每位作者走近他们，阅读他们的作品，全方位了解他们的创作与生活，不仅要与作家本人建立联系，撰写的文稿也需经由作家本人过目。在本书中，参与撰写的75名作者均在各自执笔的文末署名。参与统稿的除主编外，还有禹建湘教授、聂庆璞副教授、吴钊博士，以及贺予飞、邓祯、曾照智三个即将毕业的博士生。这是我们中南大学网络文学研究团队又一次成功的合作，是教学融合科研、理论接触实践、课堂连接社会的一次有益尝试。特别是50余名本科同学的积极参与，这对他们不仅是一次学习和锻炼，也让本、硕、博不同层次同学在学研结合上的携手同心凝聚在这本"湖南网络作家英雄谱"的字里行间。

感谢湖南省网络作协主席余艳女士和常务副主席黄雄（网名妖夜）先生的热情帮助，感谢入选本书的60位湖南网络作家对本次活动的积极配合与支持，感谢参与本课题调研、座谈、撰写、统稿的所有老师和同学。在纪念网络文学发展20周年之际，谨以此书向云蒸霞蔚的中国网络文坛献礼，向默默奉献而创造了网络文学璀璨星空的所有网络作家和文学网站从业人员致敬！

谨此为记。

欧阳友权

2018年5月22日于长沙岳麓山下